卓越工程师教育培养计划食品科学与工程类系列教材

食品感官评价

叶淑红　主编

科学出版社
北京

内 容 简 介

本书是“卓越工程师教育培养计划食品科学与工程类系列教材”之一。全书共有 11 章，深入系统地阐述了感官评价的基本理论、评价的条件、常采用的方法，介绍了食品（原料）感官评价的应用实例，并附有实验指导和相关的附表。每章后面有小节和思考题，便于读者总结和练习。

本书内容翔实，条理清楚，注重理论，突出技术。可供轻工食品类、食品营养与检测、食品质量与安全等专业作为教材，也可作为食品企业及行政管理部门从事感官评价、食品质量监督、产品研发等方面工作的相关科技人员的参考书。

图书在版编目（CIP）数据

食品感官评价/叶淑红主编. —北京：科学出版社，2018.2
卓越工程师教育培养计划食品科学与工程类系列教材
ISBN 978-7-03-055719-3

Ⅰ. ①食… Ⅱ. ①叶… Ⅲ. ①食品感官评价-高等学校-教材
Ⅳ. ①TS207.3

中国版本图书馆 CIP 数据核字（2017）第 294129 号

责任编辑：席 慧 刘 晶/责任校对：何艳萍
责任印制：赵 博/封面设计：铭轩堂

科学出版社 出版
北京东黄城根北街 16 号
邮政编码：100717
http://www.sciencep.com
北京富资园科技发展有限公司印刷
科学出版社发行 各地新华书店经销
*
2018 年 2 月第 一 版 开本：787×1092 1/16
2025 年 7 月第八次印刷 印张：18 1/4
字数：455 000
定价：69.00 元
（如有印装质量问题，我社负责调换）

《食品感官评价》编写委员会

主 编 叶淑红

编 者 （以姓氏笔画为序）

丁 燕 万惠萍 王洪伟

叶淑红 刘兆芳 张 彧

周 君 温成荣

前　言

感官评价领域的研究和应用已经成熟起来，形成了自己的理论和实践体系。产品感官质量影响了消费者对产品的消费意向，直接与产品的市场接受性相关，是食品及消费品产业的一个重要组成部分。食品感官评价已经成为食品企业进行新产品开发、工艺改进、降低成本、产品优化和质量控制等工作的重要手段之一。我国食品感官评价科学技术总体上发展较为缓慢，基础相对薄弱，很大程度上仍被视为对理化检验或微生物检验进行补充或辅助检验的一种经验型技术，缺乏对感官评价学科本身规范化、科学化水平和功能的认知。

本书是“卓越工程师教育培养计划食品科学与工程类系列教材”之一，是在广泛参考了国内外相关文献和教材的基础上，结合编者多年教学的实践经验及对本门学科的理解编写而成的，内容具有较强的科学性、系统性和逻辑性。同时，本书在理论的基础上，结合我国食品工业的发展现状和特点，增强了在实践中的可操作性，故实用性较强。本书共 11 章，主要内容包括：食品感官评价的基础，食品感官评价的条件，感官评价方法的分类和标度，常采用的方法和手段，部分食品（原料）感官评价的应用实例，部分实验指导及相关的附表。

本书以培养技术型、应用型人才为宗旨，注重理论、突出技术。可作为轻工食品类、食品营养与检测、食品质量与安全等专业的教材，也可作为各类食品企业及行政管理部门从事感官评价、食品质量监督、产品研发等方面工作的相关科技人员的参考书。

在本书编写过程中，编者本着科学的态度，力图系统、全面地展现食品感官评价所涉及的理论知识，并结合大量的典型案例来介绍相关的检验方法，循序渐进。编者参考引用了大量的书籍、论文及相关法规等，在此向其作者表示感谢，但由于引用数量较大，如有疏漏标注之处，特此致歉。由于编者的专业水平有限，书中定有许多不足之处，恳请广大读者批评指正。

编　者

2017 年 6 月

《食品感官评价》教学课件索取单

凡使用本书作为教材的高校主讲教师，可获赠教学课件一份。欢迎通过以下两种方式之一与我们联系。

科学 EDU

1. 关注微信公众号“科学EDU”索取教学课件

关注→“样书课件”→“科学教育平台”

2. 填写教学课件索取单拍照发送至联系人邮箱

姓名：	职称：	职务：
学校：	院系：	
电话：	QQ：	
电子邮箱（重要）：		
所授课程1：		学生数：
课程对象：□研究生 □本科（ 年级）□其他		授课专业：
所授课程2：		学生数：
课程对象：□研究生 □本科（ 年级）□其他		授课专业：
使用教材名称/作者/出版社：		食品专业教材 最新书目

联系人：林梦阳　咨询电话：010-64030233　回执邮箱：linmengyang@mail.sciencep.com

目　　录

第6章 分级试验

第7章 描述性分析检验法

第8章 偏好性检验法

第1章 绪论

一、食品感官评价的起源

感官评价（评估、评定、鉴评、检验）由来已久，人类评估所使用和消费的商品，如食物、水、武器等，都在对其进行着感官测试。感官，即感觉器官，由感觉细胞或一组对外界刺激有反应的细胞组成，这些细胞获得刺激后，直接将这些刺激信号通过神经传导给大脑。感官评价是通过人的直观感受来判断某种产品品质的一种手段。食品感官评价是通过人的嗅觉、味觉、视觉、触觉等，根据已确定的方法和标准，进行数据分析，进而评价一款食品特性的方法。它结合了食品科学、统计学、心理学、生理学等多门学科，以科学的方法接触产品，将最真实的感性体验转为可视化数据，通过统计学分析得到结果，用于评价产品。消费者体验逐渐成为各领域考量新产品的重要指标，感官评价正是评估产品使用性能的最佳标准。感官分析不仅应用在食品上，而且还应用在其他各类消费产品上，如服装、印刷业、日化用品等。食品行业中，食品感官评价在研发新产品、控制食品质量、市场推断及产品评级等方面得到充分应用。与此同时，商品的发展刺激着感官评价的正规化，购买方希望所有商品呈现的品质与样品一样，销售方也依据商品的品质来定价。随着时代的发展，有些商品，如红酒、茶、咖啡、黄油、肉品等的品质梯度也在细化。

最早的感官评价可追溯到 20 世纪 30 年代，欧美国家和地区首先进行了感官品评方法的研究，Tilgner 于 1957 年用波兰语写成第一部感官学专著《定量与定性感官分析法》。20 世纪早期，在发展迅速的食品、饮料和化妆品行业，专业的品评师和顾问开始关注产品的品质梯度。有文献中用“感官测试”表示感官属性，即所谓的客观测量。在现实中，测试往往带有主观性，品尝者很少能不搀杂个人的见解。Pangborn（1964）追溯感官分析的历史渊源，认为感官分析起源于战争时期对美国军队提供可接受食品的要求，并在斯堪的纳维亚三角试验的基础上发展起来。加州大学戴维斯分校的食品科学专业在整个感官评价的发展过程中起了重要作用，1965 年纽约科学出版社出版了由 Amerine 等编写的《食品感官原理》（*Principles of Sensory Evaluation of Food*），这本著作中对该学科进行了全面的回顾，标志着食品感官评价真正作为一门学科而产生了。

二、食品感官评价的发展

整个感官品评技术的蓬勃发展是在 20 世纪 60～70 年代，随着食品加工业的兴起而开始迅速发展。在这期间，各种评价方法、标示方法、评价观念、评价结果的表现方式等不断被提出、讨论及验证。纵观感官科学技术的发展，主要经历了三个阶段。

（1）从管理者品评起步的感官评价，是人类最为原始、简单、有效的使用工具和技术手段。传统上，食品感官评价来自少数生产管理者或专业技术人员的评价。

（2）以专业感官品评小组品评为主体，多学科交叉与应用，感官评价活动标准化。专业感官品评小组品评为主体，多学科交叉与应用，感官评价活动标准化管理者不一定能够真实、完全地反映消费者或消费群体对产品的需求，而且身体状况、感情倾向、利益冲突等因素都会影响管理者作出正确的判断。

（3）将感官分析与理化分析相结合，仪器测量辅助感官评价。呈现出人机结合、智能感官渐成主流、市场消费需求与消费意向的感官分析技术，感官营销推进了学科应用的发展态势。感官分析与理化分析相结合，仪器测量辅助感官评价食品的感官特性一般包括色、香、味、形几个方面。

科学家们最近开发的感官测试作为一个正式的结构化编码方法，发展了新的理论，以改进现有的方法。专有期刊 *Chemistry Senses*、*Journal of Sensory Studies*、*Journal of Texture Studies* 记录了感官技术的现状，在 *Pangborn Symposia* 和国际感官指标组刊物上、*Food Quality and Preference* 和 *Weurman Symposia* 期刊里都刊登了相关论文，提交到 IFT（Institute of Food Technologists）的感官论文通常刊登在 IFT 的食品化学或食品技术的专刊里。

国内的感官评价起步比国外晚，从 1975 年开始有学者研究香气和组织的评价。20 世纪 90 年代后，“感官评价”被大量应用在食品科学的研究中，得到了迅速的发展和普及。虽然我国的感官评价起步晚，基础相对薄弱，但是逐步形成了一门较为完善和规范化的学科。目前我国的食品企业在产品改进及新产品开发等方面大多还缺乏规范性、严谨性和科学性，对感官分析技术与标准的研究及应用落后于发达国家。近几年来，随着计算机的普及和应用，使得感官分析的应用、结果处理更加方便和快速。随着电子技术、生物技术、仿生技术的发展，“感官评价”必将得到进一步的完善和提高。

自 1988 年起，我国相继制定并颁布了感官分析方法的国家标准。随着行业的发展，也对相应的感官分析的国家标准进行了更新，如《感官分析　方法学　总论》（GB/T 10220—2012）、《感官分析　术语》（GB/T 10221—2012）、《感官分析专家的选拔、培训和管理导则》（GB/T 16291—2012）和《感官分析　建立感官分析实验室的一般导则》（GB/T 13868—2009）等。这些标准大都参照采用或等效采用相关的国际标准（ISO），具有较高的权威性和可比性，是执行感官分析的依据。感官理论的发展与经济利益息息相关。感官分析不仅评价了商品的品质，而且可以反映消费者的接受程度。感官检验可以评估备选方案，通过有效和可靠的测试，为决策者提供依据。

整体而言，我国食品感官科学技术的研究与应用分为三个阶段：一是满足食品工业质量管理、市场营销、新产品开发的目的，提高传统感官品评方法的科学化程度；二是结合我国的特点进行系统的感官品质研究，尤其是对一些传统食品，如白酒、茶叶、馒头、米饭等的感官评价与仪器分析数据的相关性进行的系统研究，截至目前已积累了较丰富的科学数据；三是站在学科发展前沿，在感官评价信息管理系统、智能感官分析方法与设备研究方面参与国际竞争。

三、食品感官评价的特点与类型

1. 食品感官评价的特点

感官评价是一种用评价员来进行测量、分析的实验，具有以下特点。

（1）简单、迅速、费用低。人的触觉简单反应时间为 90～220 ms，听觉为 120～180 ms，视觉为 150～220 ms，嗅觉为 310～390 ms，温度觉为 280～600 ms，味觉为 450～1080 ms，痛觉为 130～890 ms，因此，使用感官来分析十分迅速，而且不需要使用昂贵的仪器和化学试剂，分析费用低廉。

（2）结果不易量化。食品感官质量标准大部分是非量化的标准，一般包括预先制备的基准样品、文字说明、照片、图片、录音、味和嗅的配方及某种风味特征等。

（3）误差影响因素众多。人相对仪器来说，具有不稳定性和容易受到外界干扰的缺点。感官评价的工作条件、方法、环境及试验样品的抽取与制备等都会对感官评价产生影响。此外，在感官分析人员方面，其性别、年龄、习俗、嗜好、性格、身体状况、文化程度、阅历、心理和生理健康状况等都可能影响评定结果。因此，对于同一食品，不同的人会有不同的评定，甚至有截然相反的看法，而且这种误差很难校正。

2. 食品感官评价实验要求

1）*环境要求*　人接触一个事物往往是通过多种感官方式共同判断的，是一个交互性的结果。食品感官评价要求评价员在舒适、不受干扰的环境中对样品进行品评。感官实验室的建立应按照GB/T 13868—2009的要求，通风环境好、无异味、安静、整洁，样品准备区、品评区、讨论区应隔开。尽量使样品准备区与品评区相邻，保证样品呈送至评价员过程中不受外界因素的影响；视觉对味觉也有一定的影响，因此样品准备区要有独立空间，保证评价员在进行品评之前不能看到样品准备的任何环节；品评区一般设置为若干独立小隔间，保证评价员在品评过程中彼此互不影响。

2）*人员要求*　在食品感官实验中，评价员作为一种分析工具，对其感官敏感度、生理状况、评价心理都有严格的要求。评价员对于食品感官评价结果的可信度至关重要，尤其是分析型评价人员。评价员应经过培训与考核，培训内容包括味道的标准、熟识度、品尝技巧、描述语言等。考核时，若发现评价员评价结果不准确或重复性低，应反复试验，及时纠正不标准的评价行为。同时，要求评价员的评价心理和生理状况稳定，身体状况不同的条件下会影响整体评价的结果。随着评价员掌握经验的丰富，自己可以达到更好的评价状态，因此评价员要注重对自身经验的积累。

3）*样品要求*　样品在感官分析中处于相当重要的位置，样品制备情况直接影响品评结果的准确性和可靠性。首先要保证样品干净、新鲜、无毒害。待评价样品准备除特征性能之外，其他各项条件应完全一致，包括温度、湿度、份量等。盛装样品的器具会影响评价员的心理和生理状况，所以在挑选样品盛放用具时要选择无毒无味的普通餐具，尽量减小外界因素对评价员主观感受的影响（特殊要求的食品除外）。在品尝液体饮料或较黏稠的半固体样品时，应注意保持样品状态均一、无沉淀、无分层，如遇特殊组成样品，应向评价员讲解情况，以免影响评价员的客观评价。

进行食品感官评价时，样品的温度应综合考虑该种食品平常食用时的温度、容易检出品质间差异的温度、试验中容易保持的温度、不易产生感觉疲劳的温度、不使样品变性的温度等几个方面来确定。所提供的每一组样品的温度应保持一致，因为温度的不同会影响产品的滋气味、口感和组织状态。呈送给每个鉴评人员的样品份量应随试验方法和样品种类的不同而分别进行控制。有些试验要严格控制样品份量，而另一些试验则不需控制份量，但要保证每位评价员拿到的样品数量一致。

3. 常用的食品感官评价方法

食品感官评价，一般分为具有不同作用的两个类型：分析型检验和偏爱型（嗜好型）检验。

分析型检验是以人的感官作为仪器，对食品质量特性进行分析，任务是检出样品与标准品之间，或者样品与样品之间的差异，以及差异的程度和客观评定样品特性等。

偏爱型检验是叙述其个人的喜好，喜爱哪种产品或对产品的喜爱程度，这种判断属于个人的主观评定，因而不需要专门的训练，不要求他们具有食品感官分析的经验和专门知识。承担食品偏爱分析的人员必须能代表广大消费者，人员的组成应综合考虑年龄、性别、职业、居住地区、生活水平及对食品的食用频度等因素。

进行食品感官评价时，由于工作的目的和要求不同，所选用的方法也不一样。常用的感官评价试验方法有：差别检验、分级检验、描述性检验、标度和类别检验等。

差别检验用于区别几种产品的差异，能够判断出两种或者两种以上产品的差异性，分析产品是否在某些方面存在感官差别。主要方法有成对比较、三点检验、二-三点检验、五中取二检验、

“A”－“非 A”检验等。简单的差别检验非常实用并被广泛采用。

分级检验是以某个级数值来描述食品的属性，评价的两个样品可能属于同一级数，也可能属于不同级数，而且它们之间的级数差别可大可小。主要方法有评分法、成对比较法、加权评分法、模糊数学法和阈值试验等。

描述性检验用于描述产品的具体特征，可将产品的感官性质进行量化。这种方法需要参与者具有丰富的经验，或经过严格的训练。描述性检验已被证明是最全面、信息量最大的感官评价工具，适用于表述各种产品的变化和食品开发中的研究问题。主要方法有简单描述检验法、定量描述检验法和感官剖面描述检验法等。

标度和类别检验方法的目的是估计差别的顺序或大小及样品应归属的类别或等级。该类方法通常有评分法、分等法、量值估计法及线性标度法等。

掌握食品感官评价知识，首先要在理论上掌握每种食品感官评价的方法：明确各种方法的试验原理、试验目的，适用于哪种类型的试验，具体可应用在哪些生产实际之中。之后熟悉感官评价的术语所表述的意义，例如，甜味，由某些物质（如蔗糖）的水溶液产生的一种基本味道；厚味，味道浓的产品；平味，一种产品，其风味不浓且无任何特色等。明确评价标准之后，即可进行数据分析，通过统计学方法分析数据的差异性，并学会作出准确的判断。

四、感官评价的发展趋势

近年来，感官评价的应用日益受到重视，与采用各种仪器设备相比，人们通过感官技术对产品进行的分析，更加简便易行、灵敏度高、直观，所以它是从事食品生产、销售、管理等工作的人员所必须掌握的一门技能。

目前食品感官评价有以下几个发展趋势：①发展更符合人类感官系统机制的仪器，如电子鼻、电子舌的应用研究；②在气味或风味研究方面，气相层析嗅闻技术的应用有普遍化的趋势；③研究不同的分析仪器与感官特性之间的各种相关性。

在食品加工行业，开发新产品的目的中最重要的就是研制出适合消费者的产品。食品感官评价技术能够客观地判断出市场动向及消费者需求，为食品产品的研发提供数据支持，使研发团队更快、更准确地了解消费者，并开发出营养价值与经济价值并重的产品。一份功能完备的感官检验计划对一个公司在满足消费者期望及确保产品的市场成功方面是很有帮助的，所提供信息的效用直接与感官测试的质量有关。随着市场和消费者消费习惯的变化，以及食品行业竞争的加剧，感官评价技术在食品工业中的应用会更加广泛。

第2章 食品感官评价的基础

感觉是生物（包括人类）对外界事物属性的反应。任何事物都是由诸多属性组成，如食品具有的颜色、形状、气味、滋味、质构等属性，不同属性刺激不同的感觉器官，经过大脑产生不同的感觉。一种属性产生一种感觉，感觉的总和就能产生对一种物质的认识，即知觉。或者说，通过各种感觉的加和反应，可以知道某种物质的性质。食品感官评价就是在科学设计的基础上，依靠人体的感觉对特定食品作出主观判断，然后再对判断得到的结果进行统计学分析，最后得到对这种食品的感官评价结论。感官评价中，评价员的选择实际上主要是对候选评价员感觉敏感性的测定。针对不同实验，挑选不同评价员，如参加评试音响音质的评价员至少具有正常人的听觉，否则，评定结果难以说明问题。另外，评价员的培训目的是提高评价员的感觉敏感性，所以人体的感觉是食品感官评价的物质基础和前提。

感觉的敏感性因人而异，受先天和后天因素的影响。人的某些感觉可以通过训练或强化获得特别的发展，即敏感性增强。反之，某些感觉器官发生障碍时，其敏感性降低甚至消失。例如，乐队指挥具有非常敏锐的听觉，对演奏中出现的微弱不和谐音都能分辨；评酒大师的嗅觉和味觉具有超出常人的敏感性；后天失明的残疾人，其听觉等其他感觉常常会加强。

第一节　感觉的特性及影响因素

人类生存的过程中时刻都在感知外部环境，这种感知是多途径、多方面的，并且人多数都要通过人类在进化过程中不断变化的各种独立的感觉器官来分别接收、传导这些引起感官反应的外部刺激，然后经大脑分析而形成对客观事物的综合、完整认识，因此，感觉就是客观事物的各种特征和属性通过刺激人不同的感觉器官引起的兴奋，即眼、鼻、耳、口和皮肤的反应。与之对应，人的感觉也有5种类型，即视觉、听觉、嗅觉、味觉和躯体感觉，这些感觉经神经传导反映到大脑皮层的神经中枢，从而产生反应，而感觉的综合就形成了人对这一事物的认识及评定。按照这样的观点，感觉应是客观事物的不同特性在人脑中引起的反应。一个物体有它的颜色、形状、滋味、质地、组织结构、口感、光线、声音、温度、气味等属性，我们没有一个感觉器官可以把这些属性都加以认识，每个感觉器官对物体一个属性反映产生一种感觉，如眼睛看到了光线、耳朵听到了声音、鼻子闻到了气味、舌头尝到了滋味、皮肤感受到了物体的温度和光滑程度。又如，一块面包，通过视觉可以感受到它的颜色和形状；通过嗅觉可以感受到它的风味；通过味觉可以感受到它的味道；通过触摸或咀嚼可以感受到它的软硬等。

感觉是生物（包括人类）认识客观世界的本能，是外部世界通过机械能、辐射能或化学能刺激到生物体的受体部位后，在生物体中产生的印象和（或）反应。因此，感觉受体可按下列不同的情况分类。

（1）机械能受体：听觉、触觉、压觉和平衡觉。

（2）辐射能受体：视觉、热觉和冷觉。

（3）化学能受体：味觉、嗅觉和一般化学感。

以上三者也可更广义地概括为物理感（视觉、听觉和触觉）和化学感（味觉、嗅觉和一般化学感觉，后者包括皮肤、黏膜或神经末梢对刺激性物质的感觉）。

人的感觉远比一般动物复杂，除了感知外，还有复杂的心理活动。任何事物都是由许多属性组成。例如，一块面包有颜色、形状、气味、滋味、质地等属性。不同属性通过刺激不同感觉器官反映到人的大脑，从而产生不同的感觉。人的感觉不仅反映外界事物的属性，也反映人体自身活动情况。感觉虽然是低级的反映形式，但它是一切高级复杂心理活动的基础和前提，感觉对人类的生活具有重要的作用和影响。

一、感觉的特性

（一）感觉的属性

人体形成的感觉是通过不同的感受器获得的。**感受器**是指分布在体表或组织内部的一些专门感受机体内外环境变化信息的结构或装置。它有多种多样的组成形式。例如，有些感受器本身就是外周感觉神经末梢，如痛觉感受器；有些感受器是在裸露的神经末梢外再包裹一些特殊的组织结构，如感受触压刺激的环形小体；还有些感受器是由结构和功能高度分化的感受细胞以突触的形式与感觉神经末梢相联系，形成了感觉器官，如眼、耳等。这些感受器或感觉器官具有一些共同的生理特性。

感觉是由感觉器官产生的，具有如下属性。

（1）人的感觉可以反映外界事物的属性。换句话说，事物的属性是通过人的感官反映到大脑被人们所认知的，感官是感觉事物的必要条件。

（2）人的感觉不仅反映外界事物的属性，也反映人体自身的活动和舒适情况。人感知自己是躺着或是走着、是愉悦或是忧郁，正是凭着对自身状态的感觉。

（3）感觉虽然是低级的反映形式，但它是一切高级复杂心理的基础和前提。外界信息输入大脑是感觉最先提供了一切，有了感觉才会有随后一切高级心理感受，所以感觉对人的生活有重要作用和影响。

（4）感觉的敏感性因人而异，受先天因素和后天因素的影响。人的某些感觉可以通过后天训练或强化获得特别的发展，即敏感性增大。反之，某些感觉器官发生障碍时，其敏感性降低甚至消失。例如，食品感官评价员具有非常敏锐的感觉能力，对食品中微弱的品质差别均能分辨，评酒大师的嗅觉和味觉都有超出常人的敏感性。又如，后天失明的残疾人，其听觉等其他感觉必然会加强。在感官分析中，评价员的选择实际上主要就是对候选评价员感觉敏感性的测定。针对不同试验，挑选不同评价员。例如，参加评试酒的评价员，至少具有正常人的味觉能力，否则，评试结果难以说明问题。另外，感觉敏锐性可以通过后天的培养得到提高，所以评价员的培训就是为了提高评价员的感觉敏感性。

（二）感官的特征

在人类产生感觉的过程中，感觉器官直接与客观事物特性相联系。不同的感官对于外部刺激有较强的选择性。感官由感觉受体对外界刺激有反应的细胞组成，这些受体物质获得刺激后，能将这些刺激信号通过神经传导到大脑。感官通常具有下面几个特征：

（1）一种感官只能接受和识别一种刺激；

（2）对周围环境和机体内部的化学和物理变化非常敏感；

（3）只有刺激量在一定范围内才会产生反应；

（4）感官受某种刺激连续作用一段时间后，会产生疲劳现象，灵敏度随之明显下降；

（5）心理作用对感官识别刺激有影响；
（6）不同感官在接受信息时，会相互影响。

（三）感觉阈值

并不是所有变化都会引起感官或感受体产生反应，只有当外部刺激达到一定的强度范围，感受器才能发生反应，产生正常的感觉。刺激强度过小或过大都会造成感受体无反应，而不产生感觉或反应过于强烈而失去感觉。对各种感觉来说，都有一个感受体所能接受的外界刺激变化范围，而感觉刺激强度的衡量就采用感觉阈值来表述。感觉阈依照测量技术和目的的不同，可以分为察觉阈、识别阈、差别阈和极限阈，详见第 4 章第二节“感官阈值”。

二、感觉的影响因素

影响感官评价的因素包括环境因素和自身因素，而环境和自身都包含了各方面因素的影响。例如，实验的温度、湿度不仅可以影响食品的理化性质，还可能对评价员的感觉产生微妙的影响。再如，评价员对食品原料来源的厌恶，导致在评定过程中自发地、主观地将食品与其原料来源联系、比较，甚至作为评定依据。

（一）影响感觉的现象

1. 疲劳现象

疲劳现象也称为适应现象，是指当感官长时间受到一种刺激后，该感官敏感性发生变化，产生疲劳现象。疲劳现象发生在感官的末端神经、感受中心的神经和大脑的中枢神经上，疲劳的结果是感官对刺激感受的灵敏度急剧下降。嗅觉器官若长时间嗅闻某种气体，就会使嗅感受体对这种气味产生疲劳，敏感性逐步下降，随着刺激时间的延长甚至达到忽略这种气味存在的程度。“入芝兰之室，久而不闻其香”，就是典型的嗅觉适应的描述。再如，刚刚进入出售新鲜鱼品的水产鱼店时，会嗅到强烈的鱼腥味，随着在鱼店逗留时间的延长，所感受到的鱼腥味渐渐变淡，而对长期工作在鱼店的人来说甚至可以忽略这种鱼腥味的存在。对味觉也有类似现象产生，如吃第二块糖总觉得不如第一块糖甜；人从亮处走进暗室，最初什么也看不见，经过一段时间适应黑暗环境后，才有视觉反应。除痛觉外，几乎所有感觉都存在这种现象。

感觉的疲劳程度依所施加刺激强度的不同而有所变化，在去除产生感觉疲劳的强烈刺激之后，感官的灵敏度会逐渐恢复。一般情况下，感觉疲劳产生越快，灵敏度恢复就越快。值得注意的是，强烈刺激的持续作用会使感觉产生疲劳，敏感度降低；而微弱刺激的结果，会使敏感度提高。

2. 对比现象

对比现象是指当两个刺激同时或连续存在于同一个感受器中，一般会对两个刺激进行对比的现象。当两个刺激同时或连续作用于同一个感觉器官时，由于一个刺激的存在造成另一个刺激增强的现象称为对比增强现象。在感觉这两个刺激的过程中，两个刺激量都未发生变化，而感觉上的变化只能归于这两种刺激同时或先后存在时对人心理上产生的影响。例如，在舌头的一边先舔上低浓度的食盐溶液，在舌头的另一边舔上甜味浓度在阈值以下的砂糖，也会感到甜味；将深浅度不同的同种颜色放在一起观察，会感觉颜色深者更深，颜色浅者更浅，这些是同时对比增强现象。在吃过糖后，再吃山楂会感觉山楂特别酸，这是常见的先后对比增强现象。

对比减弱现象与对比增强现象相反，是指一种刺激的存在减弱了另一种刺激的现象。各种感觉都存在对比现象。对比现象提高了两个同时或连续刺激的差别反应。因此，进行感官检验时，应尽量避免对比现象的发生。

3. 变调现象

变调现象是指当两个刺激先后施加时，一个刺激造成另一个刺激的感觉发生本质变化的现象。例如，尝过氯化钠或奎宁后，即使再饮用无味的清水也会感觉到微微的甜味。变调现象和对比现象虽然都是前一种刺激对后一种刺激的影响，但前者的结果是本质的改变。

4. 相乘作用

相乘作用是指当两种或两种以上的刺激同时施加时，感觉水平超出每种刺激单独作用效果的现象。例如，20 g/L 的味精和 20 g/L 的核苷酸共存时，鲜味强度超过 20 g/L 味精单独存在的鲜味与 20 g/L 的核苷酸单独存在的鲜味加和。相乘作用的效果已广泛应用于调味料的复配。

5. 阻碍作用

阻碍作用或拮抗作用是指由于某种刺激的存在导致另一种刺激的减弱或消失。例如，产自西非的神秘果会阻碍味感受体对酸味的感觉，在食用过神秘果后，再食用酸味物质，会感觉不出酸味的存在；匙羹藤酸能阻碍味感受体对苦味和甜味的感觉，但对咸味和酸味无影响。

（二）外界因素

外界环境对食品感官分析的影响十分重要。研究表明，在防音、防振、恒温、恒湿和设备完善的感官评价室进行的感官评价，准确率为 71.1%；而在一般的感官评价室中准确率仅为 55.9%。外界因素包括微气候、环境照明、振动、噪声和空气洁净度等。

1. 微气候

微气候又称工作环境的气象条件，由气温、湿度、气流速度（风速）和热辐射构成。气温、湿度、气流速度和热辐射对人及试样的影响是可以互相替代的。例如，人体受热辐射获得的热量可以被低气温抵消；当气温增高时，若气流速度增大，会使人体散热增加。因此，微气候对感官分析的影响要综合分析。

1）温度　人体对温度有一定的适应性，对低温的适应能力比对热的适应能力差。在低温条件下，人体易产生不舒适感，机能迅速下降，人脑内高能磷酸化合物的代谢降低，神经兴奋性与传导能力减弱，出现痛觉迟钝和嗜睡状态；随温度降低，灵活性下降；暴露的时间越长，灵活性越差。

温度对分析试样的影响也极为显著，温度过高或过低都会使试样的品质劣化。例如，温度过高，会使试样的水分散失，香味物质挥发，色泽形状发生变化；过低又会使一些试样的硬度增大等。

食物温度对感觉也有影响。食物可分为热食食物、冷食食物和常温食用食物。如果将最适食用温度弄乱，就会造成不良效果。理想的食物温度因食品的不同而异，以体温为中心，一般在±（25～30）℃的范围内。热菜的温度最好在 60～65℃，冷菜最好在 10～15℃。适宜于室温下食用的食物不太多，一般只有饼干、糖果、西点等。

2）湿度　空气相对湿度严重影响着人体的热平衡和湿热感。高温高湿时，人体散热困难；低温高湿时，人会感到更加寒冷。湿度变化影响试样的水分，进而引起试样的变化。湿度高时，试样水分含量增加，容易发生霉变；湿度低时，试样水分含量降低，各项感官质量指标也可能发生变化。

3）气流速度　空气的流动可促使人体散热，但当气温高于人体皮肤时，空气流动将促使人体从外界环境吸收更多的热。在寒冷的冬季，气流使人感到更加寒冷，特别在低温高湿时，若气流速度大，则会使人因散热过多而冻伤。

4）热辐射　除了太阳辐射，热辐射还包括人体与周围环境之间的辐射。任何两种不同温度的物体之间，都有热辐射存在，热量总是从温度较高的物体向温度较低的物体辐射，直至两物体的温度相平衡。当环境温度高于人体皮肤（或试料）温度时，热量从周围向人体（或试料）辐射，使人体（试料）受热；当周围环境温度比人体皮肤（或试料）低时，热量从人体（或试料）向环境辐射，使人体（试料）散热。

2. 环境照明

环境照明可分为天然采光、人工照明和混合照明，食品感官分析需要有足够亮的照明环境及合理的光源布局，照明会影响人体的视力、识别速度、明视持久能力、视觉和视野等。一般来说，人体的视觉与物体的亮度呈正相关，因为视觉强度与刺激强度的对数呈正比；但过于光亮的表面也会产生刺眼的眩光，使人视力下降。照明过强或过弱，都会引起视觉器官疲劳，使工作不能持久。适当的照明能使物体轮廓清晰，凹凸分明，相对位置显著，易于辨认物体的高低、深浅、前后、远近等。照明条件差，会使视野减小，同时也会使视觉持续下降，引起眼睛疲劳，视觉下降。

3. 噪声

噪声会使人烦恼、不愉快，引起听觉疲劳、视觉下降、神经功能性障碍、心血管系统异常、消化系统异常、心理状态浮动、语言交流障碍、工作效率降低、精力分散、记忆力下降等，从而导致感觉失敏。

4. 振动

当物体振动频率超过每分钟 1 万次时，人会产生烦躁、注意力不集中、视觉障碍和疲劳，从而影响人体感觉。

5. 空气洁净度

如果空气的洁净度太低，不仅会污染试样，而且空气中的尘埃和水蒸气会散射与吸收试样反射的光线，使试样模糊不清，影响人的视觉。

（三）因人而异

人的年龄、特殊生理周期、疾病情况、性别等都会对感觉产生影响。随着人年龄的增长，各种感觉的敏感程度下降，阈值升高，对食物的嗜好也会有很大的变化。人的生理周期对食物的嗜好也有很大的影响，平时觉得很好吃的食物，在特殊时期（如妇女的妊娠期）会有很大变化。许多疾病也会影响人的感觉敏感度。

第二节　食品的感官属性

在对食品进行感官评价时，我们通常将食品的感官属性分为以下 5 种：①外观；②风味；③香气与滋味；④黏度、浓度与质构；⑤声音。

一、外观

（一）颜色

不同波长的光刺激人眼视网膜产生的样品特性包括色彩、亮度、纯度和均匀性。

1. 物质呈色原理

自然光是由不同波长的射线组成的、肉眼能见到的光，其波长为 380～780 nm。在可见光区域内，不同波长的光显示不同的颜色（表 2-1）。不同的物质吸收不同波长的光，如果物质吸收的光，波长在可见光区域以外，那么这种物质就是无色的；如果物质吸收的光，波长属可见光区域内，那么这种物质就呈现不同的颜色，其颜色与可见光中未被吸收的光波所反映出的颜色相同，即被吸收光的互补色。

表 2-1　不同波长光显示的颜色及肉眼所见到的颜色（引自周家春，2013）

吸收光		互补色	吸收光		互补色
颜色	波长/nm		颜色	波长/nm	
紫	400～450	黄绿	黄绿	560～580	紫
蓝	450～480	黄	黄	580～610	蓝
青	480～490	橙	橙	610～650	青
青绿	490～500	红	红	650～780	青绿
绿	500～560	红紫			

2. 颜色的分类及基本特性

1）颜色的分类　颜色可分为彩色系列和无彩色系列两大类。无彩色系列是指黑色、白色，以及由两者按不同比例混合而产生的灰色。彩色系列是指除无彩色系列以外的各种颜色。

2）颜色的基本特性

（1）色调：指不同波长的可见光在视觉上的表现，如红、橙、黄、绿、青、蓝、紫等。

（2）明度：指颜色的明暗程度。物体颜色的明度与物体的反射率有关，当照明度一致时，反射率的大小与照明度的高低呈正比。对彩色系列来说，掺入的白色光越多，就越明亮；掺入的黑色光越多，就越暗。

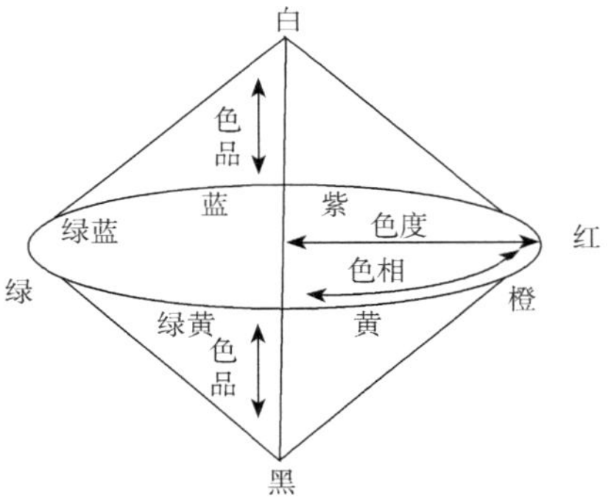

图 2-1　颜色基本特性之间的关系（引自滕秀金等，2007）

（3）饱和度：指颜色的深浅、浓淡程度，即某种颜色色调的显著程度。物体反射光中，白色光越少，饱和度越高。

为了更容易地理解颜色的基本特性，可用一个空间纺锤体来表示色调、明度和饱和度之间的关系（图 2-1）。纺锤体垂直轴代表白黑系列明度的变化，顶部是白色，底部是黑色；水平面上的圆周代表不同的色调，圆周上的变化代表色调的变化，如红、橙、黄、绿、青、蓝、紫等；纺锤体半径方向代表饱和度的变化，圆周中心的色调是灰色，从中心向圆周过渡表示饱和度的增加。

3）颜色对人的心理和生理作用　颜色对人的心理和生理作用十分显著，如表 2-2 和表 2-3 所示。

表 2-2　各种颜色的抽象概念（引自欧阳文昭，1991）

颜色	抽象概念
红	革命、热烈、牺牲、豪迈、危险、激动
绿	和蔼、悠闲、和平、娴雅、安憩、健康、冷感
蓝	沉静、深远、冷淡、和平、善良
白	洁白、纯净、清洁、轻松、真挚
黑	恐怖、绝望、寂静、沉重、悲哀、神秘
黄	温暖、高贵、显赫、豪华、希望、光明、向上
赤黄	快乐、光明
紫	优雅、温厚

表 2-3　各种颜色的心理作用（引自欧阳文昭，1991）

颜色	引起心理作用和感觉的联想																	
	兴奋	忧郁	安憨	热情	爽快	轻松	沉重	遥远	接近	温暖	寒冷	安静	愤怒	力量	柔和	希望	警觉	安详
红	o			o			o		o	o			o					
橙	o									o				o			o	
橙黄	o			o					o									
黄	o			o		o			o	o								
黄绿						o				o		o						
绿			o		o			o			o	o			o	o		o
绿蓝						o		o			o	o						
天然						o		o			o	o						
浅蓝			o		o	o		o										
蓝		o			o		o	o			o				o			
紫		o			o		o	o			o							
紫红	o									o								
白					o	o												
浅灰						o												
深灰		o					o											
黑		o					o											

注：o 表示有此心理作用。

对食品来讲，以红色为主的食品，使人感到味道浓厚，吃起来有愉快感，能刺激神经系统兴奋，增加肾上腺素分泌和增强血液循环；黄色食品往往给人清香、酥脆的感觉，可刺激神经和消化系统；绿色能给人明媚、鲜活、清凉、自然的感觉，淡绿和葱绿能突出食品（蔬菜）的新鲜感，使人倍感清新味美，具有一定的镇静作用；白色则给人以质洁、嫩、清香之感，能调节人的视觉平衡及安定人的情绪等。

某些颜色或颜色组合成某类食品，在表现上有特殊联系，如白色和淡蓝色结合，往往同乳制品相配；红色和黄色往往同肉类制品相配等。

3. 食品的色泽

食品呈现的各种颜色，主要来源于食品中固有的天然色素和人工合成的色素。

1）*食品中的天然色素*　食品中固有的天然色素一般是指在新鲜原料中眼睛能看到的有色物质，或者本来无色而能经过化学反应呈现颜色的物质。天然色素一般都对光、热、酸、碱等条件敏感，在加工、贮存过程中容易发生褪色或变色。

食品中天然色素按来源不同可分为：植物色素，如蔬菜中的绿色（叶绿素）、胡萝卜的橙红色（胡萝卜素）、草莓和苹果的红色（花青素）等；动物色素，如牛肉、猪肉的红色（血红素）、虾和蟹的表皮颜色（类胡萝卜素）等；微生物色素，如红曲色素等。在这三类色素中，以植物色素最为缤纷多彩，是构成食物色泽的主体。按化学结构不同天然色素可分为：四吡咯衍生物，如叶绿素、血红素和胆素；异戊二烯衍生物，如胡萝卜素；多酚类衍生物，如花青素、花黄素（黄酮素）、儿茶素、单宁等；酮类衍生物，如红曲色素、姜黄素等；醌类衍生物，如虫胶色素、胭脂虫红素等。按溶解性质的不同，天然色素还可分为：水溶性色素，如花青素；脂溶性色素，如叶绿素和类胡萝卜素。

2）*人工合成色素*　由于天然色素的不稳定性，以及产地、品种的差异和加工过程中的褪色等原因，制成食品的色泽会产生一些差异，因而有了人工着色的需要。人工着色可用天然色素，也可以用人工合成的食用色素。

食用天然色素安全性好，而且许多还具有营养成分或药理作用。允许使用的天然色素有叶黄素、天然胡萝卜素、甜菜红、紫甘薯色素等，使用时一般不做限量规定。

人工合成色素一般较天然色素色彩鲜艳、坚牢度大、性质稳定、着色力强，可任意调色，而且成本低廉，使用方便。但人工合成色素由于其化学性质可能危害人体健康，或因在代谢过程中产生有害物质，使用时有限量规定。

3）食品色泽的评定　要评定食品色泽的好坏，必须全面衡量和比较食品色泽的色调、明度和饱和度，这样才能得出公正、准确的结论，对食品色泽的色调、明度、饱和度的微小变化都能用语言或其他方式恰如其分地表达出来，这是食品感官分析人员必须掌握的知识。

色调对食品的色泽影响最大，因为肉眼对色调的变化最为敏感。如果某食品的色泽色调不是其特有的，说明该食品的品质低劣或不符合质量标准。明度和食品的新鲜程度关系密切，新鲜食品常有较高的明度；不新鲜食品的明度往往会降低。饱和度和食品的成熟度有关，成熟度较高的食品，其色泽饱和度往往较高。

（二）大小和形状

食品的形状包括食品的外形（造型）、表面纹理或图案。食品的形状既可以是天然形成的，也可以人工造就。一个好的形状一般具有如下特征：①易于识别；②能给人留下深刻印象，不易遗忘；③能替换的形状少；④便于人们食用；⑤能充分利用包装、储存、运输空间；⑥美观。

（三）表面的质构

产品的表面特性，包括光泽/暗淡、平滑/粗糙度、干燥/湿润、软/硬度、酥脆/发艮等。食品的质构是指食品的质地和组织结构，包括食品的机械特性和流变特性等。具体包括以下四个方面。

（1）硬度：即通常说的软硬，或者使食品变形所需的最小力。

（2）凝集性：包括三个方面。脆弱性，即食品内部结合力的大小；咀嚼性，即破碎食品所需的力；胶性，即咀嚼固体、半固体食品所需的能量。

（3）黏性：反映食品松散还是黏稠的指标，即1个单位的力使其流动的程度。

（4）弹性：即去掉外力时食品恢复原形的能力。

（四）透明度

透明液体或固体的浑浊程度或透明度，以及肉眼可见的颗粒存在情况，如浑浊的、澄清的、透明的和有颗粒的等。

二、风味

食品的风味是指食品入口前后对人体的视觉、味觉、嗅觉和触觉等器官刺激所引起的综合感受。人的各种感觉不是孤立存在的，它们在神经-体液系统的协同作用下互相联系、互相制约。一种风味可以通过多种方式感受到。例如，食品的味道可以直接通过口品尝，也可通过鼻嗅到，甚至通过眼睛看到食品的外观、色泽想象出其味道。可以说，人吃东西时，视觉、味觉、嗅觉、触觉、听觉等都不同程度地参与其中，因此，风味是一种综合感觉现象，所以风味带有强烈的个体性、地区性、民族性倾向。

食品的风味多种多样：华贵、典雅、瑰丽、清新、明快、含蓄、粗犷、精致等。好的风味助人雅兴、美人心灵，给人留下不可磨灭的印象。

食品的色泽、形状属于外在感官质量；食品的香气、滋味、口感（质构）属于内在感官质量。如果食品只有悦目的形状、色泽，而香气不正、滋味低劣，难以咀嚼下咽，食之不化，“金玉其外，败絮其中”，此非美食也；如果食品只是香气诱人、滋味可口、质构良好，但形状、色泽不佳，对这种食品，就不能说感官质量良好。因此，食品的色、香、味、形、质应该同时兼备、不可偏废。

三、香气与滋味

（一）食品的香气

1. 食品香气中的香味物质

食品的香气会增加人们的愉快感，促进人们的食欲，间接地增加人体对营养成分的消化和吸收，所以食品的香气备受人们重视。食品的香气由多种呈香的挥发性物质所组成。食品中呈香物质种类繁多，现已被证实的成分有 10 万余种，但含量极微，在食品中的总量为 1～1000 mg/kg。其中大多数属于非营养性物质，而且耐热性很差，它们的香气与其分子结构有高度的特异性。近年来，凭借气相色谱-质谱联用仪（GC-MS）、电子鼻等分析方法的应用，已能鉴别出食品香味复杂组成中的各种物质。

判断一种物质在食品香气中所起作用的数值称为香气值（发香值）。

香气值＝香味物质的浓度（mg/kg）/ 绝对阈值（mg）

香气阈值是指在同空白实验作比较时，能用嗅觉辨别出该种物质存在的最低浓度。只有当香气值大于或等于 1 时，人的嗅觉器官才能感觉到这种物质的香气。

香味物质的化学结构与气味的关系极其复杂。有些化学结构完全不同的香味物质，气味却很相似；而有些化学结构相似的香味物质，气味却大不一样；甚至有些香味物质的分子完全相同，只是某些原子的空间排列不同，也可能产生不同的气味。无机化合物中除 SO_2、NO_2、NH_3、H_2S 等气体有强烈的气味外，大部分均无气味。有气味的物质一般在分子中都具有某些原子或原子团，这些原子或原子团称为发香团。发香团有下列类型：羟基、羧基、醛基、醚基、酯基、羰基、苯基、硝基、亚硝酸基、酰胺基、异氰基、内酯等。大多数发香原子在化学元素周期表中属Ⅳ族至Ⅶ族。

2. 食品香气形成途径和评定

食品香气形成的途径大体分为 5 种：生物合成、直接酶作用、间接酶作用、高温分解作用及微生物发酵作用，见表 2-4。

表 2-4　食品香气形成的不同途径（引自王飞生和芮汉明，2008）

类型	说明	举例
生物合成	直接由生物合成形成的香味成分	香蕉、苹果、荔枝等水果香气的形成
直接酶作用	酶对香味前体物质作用形成香味成分	葱、蒜和卷心菜等香气的形成
间接酶作用	酶促生成氧化剂对香味前体物质氧化生成香味成分	红茶香气的形成
高温分解作用	加热或烘烤处理使前体物质成为香味成分	花生、芝麻、咖啡、面包、红烧肉等加热烘烤时产生的香气
微生物发酵作用	传统的发酵类食品或调味品的香味成分	黄酒、面酱 、食醋 、豆腐乳 、酱油等香气的形成

食品香气的评定一般包括食品香气的正异、强弱、持续时间等几个方面。若不是某食品特有的香气或香气不正，通常认为食品不新鲜或已腐败变质。

食品香气的强度与食品的成熟度有关。香气强弱不能作为判断食品香气好坏的依据，要具体分析，有时香气太强，反而使人生厌。一般来说，放香长的食品优于放香短的食品。例如，康明丽等（2014）研究发现不同成熟度大叶尾张蜜柑果汁的主要香气成分及其含量不同（表 2-5）。

表 2-5　不同成熟度大叶尾张蜜柑果汁的主要香气成分及其含量（引自康明丽等，2014）

化合物		含量/（μg/mL）		
		未成熟果	充分成熟果	过熟果
醇类	2-己烯-1-醇	—	—	0.149±0.032
	香芹醇	0.399±0.024	0.797±0.037	1.395±0.044
	顺式-6-壬烯-1-醇	0.448±0.031	0.847±0.028	0.149±0.009
	反式-3-蒈烯-2-醇	—	—	0.100±0.011
	α-松油醇	0.548±0.022	1.395±0.064	—
	小计	1.395±0.042	3.039±0.078	1.793±0.059
酯类	9, 12, 15-三烯十八酸甲酯	1.644±0.037	1.694±0.041	0.149±0.007
	异戊酸香叶酯	3.986±0.152	9.965±0.248	1.395±0.079
	甲氧基乙酸-2-十三烷基酯	11.958±0.268	11.410±0.211	5.630±0.154
	十八烷酸丙酯	7.574±0.274	11.012±0.312	5.331±0.144
	甲氧基乙酸-2-十四烷基酯	4.385±0.114	15.297±0.285	3.438±0.082
	N-甲基氨基苯甲酸甲酯	0.448±0.072	8.221±0.137	—
	小计	29.995±0.337	57.599±0.651	15.943±0.082
酮类	2, 5-二甲基-4-甲氧基-3（2H）呋喃酮	0.050±0.006	0.249±0.014	0.149±0.004
	2, 6-双（1, 1-二甲乙基）-2, 5-环己二烯-1, 4-二酮	20.828±0.517	17.788±0.442	12.058±0.351
	2, 5-双（1, 1-二甲丙基）-2, 5-环己二烯-1, 4-二酮	—	11.062±0.472	—
	P-孟 3, 6-二烯-2, 5-二酮	14.898±0.285	14.450±0.371	3.887±0.106
	3, 5-二叔丁基-4-羟基苯乙酮	13.104±0.273	—	6.627±0.154
	小计	48.880±0.037	43.549±1.007	22.721±0.615
醛类	α-甲基肉桂醛	0.448±0.014	3.338±0.107	0.349±0.021
	β-甜橙醛	0.747±0.032	7.673±0.179	0.648±0.029
	小计	1.195±0.046	11.011±0.072	0.997±0.050
烃类	α-水芹烯	0.249±0.011	0.199±0.007	0.349±0.021
	1R-α-蒎烯	2.591±0.113	1.893±0.078	2.940±0.092
	β-蒎烯	0.847±0.022	0.548±0.017	0.747±0.035
	3-蒈烯	3.338±0.144	2.093±0.101	4.086±0.162
	α-松油烯	0.648±0.037	0.698±0.042	0.648±0.011
	m-伞花烃	4.833±0.122	6.328±0.178	8.371±0.214
	柠檬烯	300.506±2.544	258.552±3.683	376.044±4.551
	γ-松油烯	24.316±0.257	16.493±0.316	20.628±0.228
	异松油烯	1.495±0.112	1.644±0.089	1.844±0.074
	1, 3, 8-对孟三烯	0.249±0.018	0.448±0.043	0.399±0.029

续表

化合物		含量/（μg/mL）		
		未成熟果	充分成熟果	过熟果
烃类	δ-榄香烯	2.541±0.106	2.840±0.092	2.840±0.115
	巴伦西亚橘烯	11.161±0.324	7.474±0.285	5.830±0.147
	α-广藿香烯	9.168±0.442	20.280±0.651	3.986±0.174
	异喇叭烯	2.740±0.106	—	0.598±0.044
	3-甲基十五烷	5.680±0.237	3.936±0.206	3.289±0.179
	3-甲基十六烷	13.702±0.392	17.639±0.471	4.833±0.226
	2-甲基十七烷	3.289±0.257	—	5.331±0.418
	小计	387.353±3.686	341.065±4.325	442.763±3.726
其他	2, 6-二（1, 1-甲基乙基）-4-丙氧基苯酚	2.541±0.158	7.175±0.392	—
	2-（1, 1-二甲乙基）-4-（1-甲基丙基）苯酚	3.139±0.279	1.594±0.103	3.388±0.315
	小计	5.680±0.437	8.769±0.495	3.388±0.315
	挥发性化合物总量	474.498±3.394	465.032±7.933	487.605±2.724

（二）食品的滋味

1. 食品中的呈味物质

食品中的呈味物质是多种多样的，溶于唾液，因为只有溶于唾液才能刺激舌面的味蕾，产生味觉。完全不溶于唾液的物质是没有味的。呈味物质的呈味强度及引起味觉所需的时间和维持时间因其溶解度的不同而不同，有快有慢、有长有短。这与其在舌各部位的味觉阈值有关（表 2-6）。

表 2-6　舌各部位的味觉阈值（引自郑坚强，2013）　　（单位：s）

滋味（名称）	舌尖	舌边	舌根
甜（蔗糖）	0.49	0.72～0.76	0.79
咸（食盐）	0.25	0.24～0.25	0.28
酸（盐酸）	0.01	0.06～0.07	0.016
苦（硫酸奎宁）	0.000 29	0.0002	0.000 05

容易溶解的呈味物质，引起味觉较快，但消失也快；难溶的呈味物质则与此相反。例如，蔗糖比较容易溶解，因而味觉产生较快，其消失也快；较难溶解的味精，其味觉产生较慢，但维持的时间较长。

2. 滋味的评定

一般从食品滋味的正异、浓淡、持续时间长短来评定食品滋味的好坏。滋味的正异是最为重要的，食品有异味或杂味，意味着该食品已腐败或有异物混入；滋味的浓淡要根据具体情况加以评定；滋味悠长的食品优于滋味维持时间短的食品。

四、黏度、浓度与质构

这类属性不同于化学感觉和味道，主要包括以下三个方面。

1. 黏度

用以评定牛顿液体和非牛顿液体。黏度是指液体在某种力（如重力）的作用下流动的速度。

不同物质的黏度差异很大，可以通过黏度计、流变仪等准确测量出来，变化范围大概在 10^{-3} Pa·s（如水和啤酒类）到 1 Pa·s（果冻类产品）之间。

2. 浓度

用以评定非牛顿液体、均一的液体和半固体。浓度（如浓汤、酱油、果汁、糖浆等液体）原则上也能被测量出来，一些标准化评价测量需要借助于浓度计。

3. 质构

用以评定固体或半固体。质构可以定义为产品结构或内部组成的感官表现。这种表现可以来源于两种行为：①产品对压力的反应，通过手、指、舌、颌或唇的肌肉运动知觉测定其机械属性（如硬度、黏性、弹性等）；②产品的触觉属性，通过手、唇或舌、皮肤表面的触觉神经测量其几何颗粒（粒状、结晶、薄片）或湿润特性（湿润、油质、干燥）。

食品的质构属性包括三个方面：机械属性、几何特性、湿润特性。机械属性即是产品对压力的反应，可以通过肌肉运动的知觉测定，如易碎的、易裂的、塑性的、软的、硬的、稀的、稠的等（表 2-7）。产品的几何特性可以通过触觉感知颗粒大小、形状及其在产品中的排列，如粗粒的、颗粒的、细粒的、蜂窝状的、结晶状的、纤维状的等（表 2-8）。而湿润特性可以通过触觉感知产品的水、油或脂肪的特性，如油的、腻的、干燥的、潮湿的、多汁的等（表 2-9）。

表 2-7　食品的机械属性（引自张晓鸣，2006）

机械属性	定义	描述
硬度	强迫变形	坚硬（压缩）、硬（咬）
黏结性	样品变形的强度（未破裂）	黏着的、不易嚼碎的
黏附性	迫使样品从某表面移除	黏的（牙齿、上腭、牙缝）
密度	横截面的精密度	稠密的、轻的、膨胀的
弹性	变形后恢复原来形状的比例	有弹性

表 2-8　食品的几何特性（引自张晓鸣，2006）

描述	感知	描述	感知
光滑度	所有颗粒的存在	粉状的	细颗粒
有砂砾的	小、硬颗粒	含纤维的	长、纤维颗粒（有绒毛的织物）
多粒的	小颗粒	多块状物的	大、平均片状或突出物

表 2-9　食品的湿润特性（引自张晓鸣，2006）

描述	感知	描述	感知
湿润	水或油存在的程度	油的	液体脂肪含量
水分释放	水或油散发的程度	油脂的	固体脂肪含量

五、声音

咀嚼食物或抚摸纤维制品时产生的声音虽然是次要的感官属性，但却是不可忽视的一项感官特性。食品撕裂发出的声音可以为我们鉴定产品提供信息，因为这些声音可以和硬度、紧密性、脆性相联系。通常测量咀嚼时产生声音的频率、强度和持久性，尤其是频率与强度有助于加强评价员的整个感官印象。食品破碎时产生声音的频率和强度的不同，是判断产品新鲜与否的重要指标和方法之一，如苹果、花生和油炸薯片等发出的清脆声音是该类食品的主要广告手段。声音持续的时间和产品的特性有关，可以帮助我们了解其他属性，如强度、硬度、新鲜度、韧性、黏性等。声音特性是指感受到的声音，包括音调、音量的持续性。常见的声音特性包括以下几个方面：①音调，声音的频率；②音量，声音的强度；③持续性，声音随时间的持续程度。

没有经过培训的感官品评人员对同一个词汇可能有完全不同的理解。因此，描述分析实验的有效性和可靠性主要取决于三点：①在全面理解产品风味、质地、外观等感官特性产生原理的基础上，正确选择描述词汇；②采用大量的复杂参照样品及单一成分参照样品，对品评人员进行全面的培训，使品评人员对所描述词汇的理解和应用一致；③合理使用参照词汇表，保证实验结果的一致性。此外，感官特性的选择和对这些特性给出的定义，一定要与产品的理化性质相联系，对产品理化性质的了解有助于品评人员对描述性词汇的理解、对描述性数据的分析和解释，由此形成对产品感官特性的客观描述。

第三节　食品感官的生理学和心理学基础

一、食品感官的生理学

（一）适应性

适应性是指感官长时间、持续地受到同一种或相似的刺激而造成的，对所给刺激物的感觉敏感性降低或改变的现象。适应性会引起感官评价中的感官阈值和感官强度的误差，因此是必须要避免的因素。值得注意的是，在整个刺激过程中，刺激物的性质、强度并没有发生改变，只是由于连续或重复刺激，使感受器的敏感性发生了暂时的变化。根据感官评价产生的效果，适应性又分为“交叉–适应”和“交叉–增强”。

“交叉–适应”即感觉疲劳，发生在感官的末端神经、感觉中心的神经和大脑的中枢神经上，其结果是感官对刺激感受的灵敏度急剧下降。嗅觉器官若长时间嗅闻某种气味，就会使嗅感受体对这种气味产生疲劳，灵敏性逐渐下降，严重时甚至忽略这种气味的存在。例如，刚刚进入羊肉店，会嗅到强的羊肉膻味，随着逗留时间的延长，所感觉到的羊膻味逐渐变淡；对于长期工作在羊肉店的人来说，可能忽略这种膻味的存在。感觉的疲劳程度依所施加刺激强度的不同而有所变化，在去除产生感觉疲劳的强烈刺激后，感官的灵敏度还会逐步恢复。一般情况下，感觉疲劳产生越快，感官灵敏度恢复就越快。

表 2-10 是“交叉–适应”的例子。在条件 B，先品尝蔗糖，再品尝阿斯巴甜，评价员一定会认为阿斯巴甜的甜度比实际的低，因为前面品尝的蔗糖降低了他对甜味的敏感性；而在条件 A，先品尝水，再品尝阿斯巴甜，水没有甜味，不会造成甜味疲劳，甜味感觉不会降低，因此对甜味的敏感性不会受到影响。

表 2-10　“交叉–适应”例子（引自马永强等，2005）

项目	适应物	测试物
条件 A	水	阿斯巴甜
条件 B	蔗糖	阿斯巴甜

“交叉–增强”也称为相乘作用，表 2-11 是“交叉–增强”的例子。其中适应物与表 2-10 相同，测试物改成苦味奎宁。在条件 B，先品尝蔗糖，再品尝奎宁，评价员会认为奎宁的苦度比实际的高，因为前面品尝的蔗糖增强了他对苦味的敏感性；而在条件 A，先品尝水，再品尝奎宁，不会

对苦味的感觉产生影响。

表 2-11 "交叉-增强"例子（引自马永强等，2005）

条 件	适应物	测试物
条件 A	水	奎宁
条件 B	蔗糖	奎宁

（二）增强或抑制

现实生活中大多数食品不止含有一种呈味物质，因此风味也不是单纯的基本味，而是由两种或者两种以上的基本味组合而成。因此，混合物中存在的各刺激物之间相互作用可能引起基本味之间的增强或抑制。

1. 增强

增强是指由于一种物质的存在而增强了另一种物质被感知的强度，分为同时增强和先增强。例如，吃过糖后，再吃柠檬则感觉柠檬特别酸。表达式为：$A+B=B'>B$。

2. 协同

协同是指由于一种物质的存在而使该物质和另外一种物质的混合强度得到增强，即两种物质混合强度高于两种物质的强度之和。例如，将麦芽酚添加到饮料或糖果中能明显增强甜味。表达式为：$A+B=A'>A$ 和 $A+B=B'>B$。

3. 抑制

抑制是指由于一种物质的存在而减弱了另一种物质被感知的强度。例如，吃了含有匙羹藤酸的食物后，再吃苦味或者甜味的物质就感觉不到味道了，而对咸味和酸味没有影响。表达式为：$A+B=B'<B$。

（三）身体健康状况

疾病是影响味觉的一个重要因素。许多疾病会影响人的感觉敏感度，导致变味、味觉迟钝，甚至失味。有些疾病所引起的感觉变化是暂时性的，随着身体恢复后可以恢复；而有些变化则是永久性的，不可恢复。此外，味觉、嗅觉等感觉突然出现异常，往往是重大疾病的信号。因此，品尝人员有发烧、感冒、口腔疾病或者齿龈炎，触摸人员有皮肤或免疫系统失调，以及情绪压抑或者感觉压力过大等都不能参与评定工作。

此外，体内部分营养素的缺失也可能造成对某些味道的敏感性发生改变。例如，缺乏维生素 A 的人群对苦味比较敏感，甚至拒绝食用带有苦味的食物，严重的话，可能也会拒绝接受咸味，当维生素 A 补充足后，对咸味的接受度可以恢复，而对苦味的接受度则不能得到恢复。此外，吸烟者长期摄入苦味的尼古丁，对苦味产生了味觉疲劳，阈值明显增大，但对甜、酸、咸的味觉影响不大。因此，要求感官评价人员在评定实验前数小时（至少 0.5 h）就应停止吸烟，并用清水漱口。

（四）饥饿和睡眠的影响

人的饥饿状态不同会对感觉的阈值产生影响，感官评价员在饭前和饭后对同一样品的评定会有所不同。有研究证明，4 种基本味的敏感性在饭前（上午 11：30）达到最高，在进食后 1 h 内敏感性明显下降，降低的程度与膳食的热量摄入有关，这是因为进食后，味觉细胞处于一种"休眠"状态，敏感度下降。因此，为了保证评定结果的准确性，品尝一般不在餐后的 2 h 内进行，不宜处于饮食过量状态，也不宜处于饥饿状态。虽然饥饿对敏感性有一定影响，但对于喜好性却几乎没有影响。

缺乏睡眠对咸味和甜味阈值不会产生影响，但是能明显提高酸味的阈值。适宜的鉴定工作时间（对日班的人员而言）是上午 10：00 到午饭时间。一般来说，每个鉴评员的最佳时间取决于生物钟，一般为一天中最清醒和最有活力的时间。

（五）年龄和性别的影响

人随着年龄的增长，舌头上的味蕾数量减少，对各种感觉敏感程度下降，阈值升高，对食物的嗜好会发生很大的变化，这种现象在 60 岁以上的人群中尤其明显。20～30 岁的年轻人平均味蕾数是 70 岁以上人的 3 倍左右。老人的口味往往很难满足，就是因为他们的味觉在衰退，吃什么东西都没有味道，认为食物没有以前的好吃了。小孩对甜的敏感度是成人的 2 倍，随着年龄的增长，人对甜的敏感度逐渐下降。

性别对食品感官的影响有两种观点：一种观点是基本没有影响；而更多研究者则认为性别引起生理作用不同，会引起食品感官不同，并指出性别对苦味敏感性没有影响，而女性对咸味和甜味的敏感性比男性强，男性对酸味的敏感性比女性强。

（六）生理期的影响

人的生理周期对食物感官评价有很大的影响。平时觉得很好吃的食物，在特殊时期（如妇女的妊娠期、更年期）会有很大的变化。妊娠期妇女喜欢吃酸的，主要就是因为对酸味的敏感性降低。

二、食品感官的心理学

人的心理现象复杂多样，心理活动的变化毫无规律，心理生活的内容也丰富多彩。食品感官评价是以人的感官为试验工具进行的活动，必然受到人心理效应的影响。在样品的制备、提供和评定的整个过程中，人为的心理因素会对评定结果产生一系列突出的影响，所以在食品感官评价的全过程中，必须重视人心理因素对评定结果的影响，主要有以下几个方面。

（一）经验作用

尽管现在感官评价越来越趋于合理和科学，但是感官评价是要通过人的感官来进行试验的，最终不可避免地会受评定人员的影响，所以在感官评价打分过程中必然会产生失误，给出异常分和重分。

（二）位置效应

位置效应是指当试验样品置于与试验质量无关的特定位置时，往往会出现多次选择放在特定位置上的现象。感官评价时，评定人员一般倾向于选择中间的样品，而样品多时，则易选择两端的样品。

（三）疲劳效应

人体在生理和心理上均会产生疲劳效应，当某种刺激连续施加到感官上一段时间后，感官会产生疲劳效应，感官灵敏度随之明显下降，引起评定结果出现偏差。

（四）顺序效应

顺序效应是指当对比两个客观顺序无关的刺激时，经常会出现过大地评定最初的刺激或第二个刺激的现象。人的判断能力随时间而减弱，往往对第一个品尝的样品比较敏感。即使评判能力较强，品尝到最后一个试样时也会感到厌烦疲倦。所以，评定样品的数量不宜过多，否则会使评价员产生感觉疲劳，产生顺序效应。当连续进行多种试验时，可优先安排不易引起疲劳的项目进行。此外，为了减小疲劳效应对试验结果的影响，可将样品的品尝顺序无规则化。但如果两个样品的品尝间隔时间过长，也会导致过分评定第二个刺激。

（五）期待效应

期待效应也称为预期效应，是指从样品上即可领会到一些暗示的现象，你总是寻找你所期望找到的。例如，品尝一组样品，其浓度次序从低至高，品尝人员无需品尝后面的样品便会察觉出样品浓度的排列顺序，引起判断力的偏差。

（六）记号效应

人们对于自己所熟悉的记号具有一定的倾向性，对数字、符号等均会产生一定的喜好，或中立或排斥的感情，如对数 3、4、6、8、9 的不同喜好，这些也会影响评定人员判断的准确性。

（七）基准效应

每个评价员在评定样品时的评定基准不同或者基准不稳定，均会影响感官评价的客观性和准确性。

（八）判断连续性和对称性倾向

当品尝样品较多时，要避免所给样品的判断连续性和对称性倾向。例如，选择样品质量好坏时，提供的样品连续都是次品，评价员有时会怀疑自己的判断，而认为其中有一个质量好的样品。同样，如果给定的样品是好坏和好坏的对称排布，评价员也会对自己的评定结果产生质疑。

（九）分组效应

分组效应是指当质量不好的同种样品分在一组，其中一个样品质量较好，则样品的评分结果会比其单独品尝时的评分低。

（十）样品判断的相对性

样品判断的相对性是指试验过程中，对每一个样品进行绝对性分析时，尽管常选用评估和分析等方法，但实际上也不可能完全独立地判断某一样品的现象。例如，对 A 样品进行评估时，ABCD 的样品组与 AEFG 的样品组，对 A 样品的评定结果不可能完全一致。

第四节　食品感官评价中的主要感觉

每种感官或感受体都有较强的专一性。人体不同部位的感官受体分别接受外界不同的刺激会产生不同的感觉，这些感觉被划分成 5 种基本感觉：味觉、嗅觉、视觉、听觉和触觉。此外，人类还可辨认温度觉、痛觉、疲劳觉等多种感觉。

根据人体对外界的化学或者物理变化所产生的不同反应，可以将感觉分为化学感觉和物理感觉两大类。

化学感觉不是化学物质本身引起的感觉，而是化学物质与感觉器官产生一定的化学反应后出现的感觉。例如，人体口腔内带有味感受体，而鼻腔内有嗅感受体，当它们分别与呈味物质或呈嗅物质发生化学反应时，就会产生相应的味觉和嗅觉。人类有三种主要的化学感受，它们是味觉、嗅觉和三叉神经感觉。味觉通常用来辨别进入口中的不挥发化学物质；嗅觉用来辨别易挥发的物质；三叉神经的感受体分布在黏膜和皮肤上，它们对挥发与不挥发化学物质都有反应，更重要的是能区别刺激及化学反应的种类。在香味感觉过程中，虽然嗅觉起到主要作用，但另外两个化学感受系统都参与其中。

物理感觉是通过物理方式刺激感觉器官产生的感觉，不发生化学反应，包括视觉、听觉和触觉。视觉是由位于人眼中的视感受体接受外界光波辐射的变化而产生的；位于耳中的听觉受体接受声波的刺激产生听觉；遍布全身的触感神经接受外界压力刺激产生触觉。

一、味觉

味觉伴随人类的进化和发展全过程，是人的基本感觉之一。味觉一直是人类辨别、挑选和决定是否接受某一食物的最关键因素。同时，由于食品本身所具有的风味对味觉产生不同的刺激和效果，使得人类在进食的时候，不仅可以满足维持正常生命活动吸收营养成分的需求，还会在饮食过程中产生相应的愉悦精神享受。味觉在食品感官鉴评上占据重要地位。

（一）味觉的产生和机制

1. 味觉的产生

味觉是一种化学感觉，它涉及味蕾对溶解在水、油和唾液中刺激的辨别。呈味物质溶液对口腔内的味感受体形成的刺激，由神经感觉系统收集并传递信息到大脑的味觉中枢，经大脑的综合神经中枢系统的分析处理，使人产生味感。

1）味感受体　人类对味的感受体主要依靠覆盖在舌面上的味蕾及自由神经末梢。这些味蕾主要分布在舌头表面的乳突中，小部分分布在软腭、咽喉和会咽等处，尤其是舌黏膜皱褶处的乳突侧面。人舌的表面是不光滑的，乳突覆盖在极细的突起部位上。舌头上的味乳突（味突）有两种：一种不能感受味道，只具有防滑的作用；另一种负责感受味道。医学上根据乳突的形状将其分类为丝状乳突、蕈状乳突、叶状乳突和轮廓乳突。丝状乳突最小、数量最多，主要分布在舌前 2/3 处，无味蕾，没有味感。蕈状乳突、轮廓乳突及叶状乳突上有味蕾。蕈状乳突呈蘑菇状，主要分布在舌尖和舌侧部。成人的叶状乳突不太发达，主要分布在舌的后部。轮廓乳突是最大的乳突，直径 1.0～1.5 mm，高约 2 mm，呈“V”字形分布在舌根部位。每一个味乳突有一个或多个味蕾（真正的味觉感受器）。因此人们吃食物时，除了舌头接受味道的刺激外，口腔的其他部位（如咽喉）都能受到不同程度的刺激。胎儿几个月就有味蕾，10 个月时支配味觉的神经纤维生长完全，因此，新生儿能辨别咸味、甜味、苦味、酸味四种基本味。味蕾在哺乳期最多，甚至在脸颊、上腭咽头、喉头的黏膜上也有分布，以后就逐渐减少、退化，成年后味蕾的分布范围和数量都减少，只在舌尖和舌侧的舌乳突和轮廓乳突上，因而舌中部对味较迟钝。不同年龄，轮廓乳突上味蕾的数量不同（表 2-12）。20 岁时的味蕾最多，随着年龄增大，味蕾数减少。味蕾的分布区域，随着年龄增大逐渐集中在舌尖、舌缘等部位的轮廓乳突上，一个乳突中的味蕾数也随着年龄增长而减少。同时，老年人的唾液分泌也会减少，所以老年人的味觉能力一般都明显衰退，通常是从 50 岁开始出现迅速衰退的现象。人们对五官感觉的认识以味觉最迟。19 世纪初期，著名生物学家贝尔第一次发现舌的味蕾是味觉的器官。1925 年，科学家进一步证实，人的舌面上不同部位的味蕾掌管不同的滋味，才初步揭开了味觉感受器的构造。味蕾的构成及在口腔中的分布如图 2-2 所示。

表 2-12　一个轮廓乳突中的味蕾数（引自郑坚强，2013）

年龄	0～11 月	1～3 岁	4～20 岁	30～45 岁	50～70 岁	74～85 岁
味蕾数/个	241	242	252	200	214	88

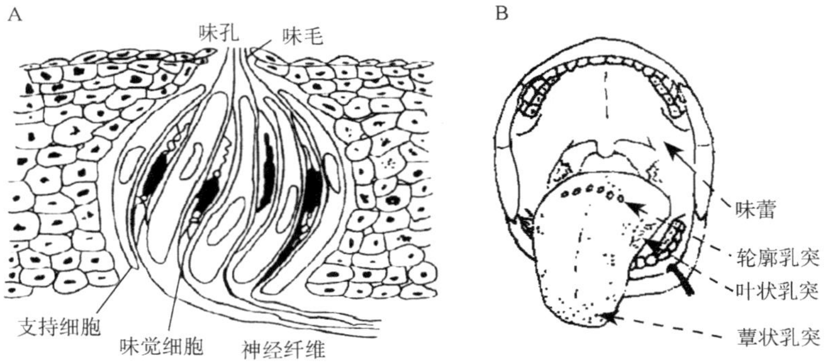

图 2-2　味蕾的构成及在口腔中的分布（引自张水华等，2006）
A. 味蕾的构成；B. 味蕾在口腔中的分布

味蕾通常由 40～150 个香蕉形的味细胞按板样排列成桶状组成，内表面为凹凸不平的神经元突触。神经元突触由上皮细胞转变而成，10～14 天更换一次。味细胞表面的蛋白质、脂质及少量的糖类、核酸和无机离子可以接受不同的味感物质，如蛋白质是甜味物质的受体，脂质是苦味和咸味物质的受体，也有人认为苦味物质的受体可能与蛋白质相关。

2）味觉神经　　味觉系统可以认为由以下两部分组成：一是用于传导化学信号的受体元素；二是用于收集和传送化学神经信息的末端感觉神经系统，其是用于分析传导过来的感觉神经信息的一种复杂的中枢神经系统。

无髓神经纤维的棒状尾部与味细胞相连。把味的刺激传入脑的神经有很多，不同的部位信息传递的神经不同。舌前的 2/3 区域是鼓索神经，舌后部 1/3 是舌咽神经，面部神经的分支称为岩浅大神经，负责传递来自上腭部的信息。另外，咽喉部感受的刺激由迷走神经负责，因而，它们在各自位置上支配着所属的味蕾。试验证明，不同的味感物质在味蕾上有不同的结合部位，尤其是甜味、苦味和鲜味物质，其分子结构有严格的空间专一性，即舌头上不同的部位有不同的敏感性。一般来说，人的舌前部对甜味最敏感，舌尖和边缘对咸味较为敏感，而靠腮两边对酸味敏感，舌根部则对苦味最为敏感，但因人而异。

各个味细胞反应的味觉，由神经纤维分别通过延髓、中脑、视床等神经核送入中枢，来自味觉神经的信号先进入延髓的孤束核中，由此发出味觉第二次神经元，反方向交叉神经进入视床，来自视床的味觉第三次神经元进入大脑皮质的味觉区域。延髓、中脑、视床等神经核还掌管反射活动，决定唾液的分泌和吐出等动作，即使没有大脑的指令，也会由延髓等的反射而引起相应的反应。大脑皮质中的味觉中枢，是非常重要的部位，如果因手术、患病或其他原因受到破坏，将导致味觉的全部丧失。

口腔内提供化学受体的末梢感觉神经系统位于四种不同的头部神经节内。味觉的神经传导见

图 2-3。这四种神经节为：三叉神经节、面部膝状神经节、颞骨岩部神经节和迷走神经节。三叉神经节含有提供口腔所有部位的自由神经末端的感觉神经，另三个神经节支配着味蕾。蕈状乳突上及前软腭上的味蕾受位于面部膝状神经节内的感觉神经支配；处于叶状乳突上、丝状乳突上、后软脖、扁桃体及咽门上的味蕾受舌咽神经的颞骨岩部神经节上的细胞支配；在会厌、喉部及食管上 1/3 以上的味蕾受迷走神经节上的神经支配。生理学和生理物理学对这些不同神经和神经节的功能性的研究表明：在不同神经节上的化学感觉系统，对化学物质不同的化学性能方面有选择性的反应。

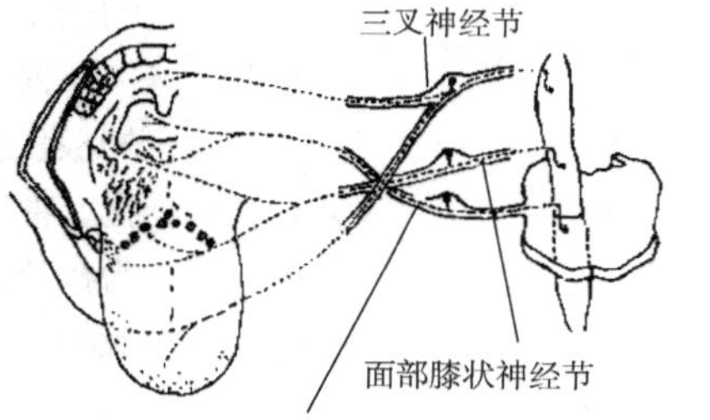

图 2-3　味觉神经传导（引自方忠祥，2010）

当味蕾感受到味觉后，需要由神经传导至人脑中枢，人体才能感觉到。参与这一过程的神经很多，面神经的鼓索只传导舌前 2/3 的味觉，舌咽神经传导舌后 1/3 的味觉，迷走神经传导咽部感觉，三叉神经、面神经和舌咽神经可能都参与了口腔味蕾的神经分配。味觉传入神经纤维主要投射到脑干下部的孤束核，但一些研究提示部分味觉传入纤维可投射到脑桥的味觉区域。味觉信息从上述两个部位再投射到丘脑腹底侧，然后进入大脑皮层的躯体感受区。对味觉通路各级水平的神经元进行研究，发现这些神经元能对一种以上的味觉刺激起反应，结合味蕾神经支配的交叉特点，提示中枢神经元可对几条传入纤维的信息进行比较和综合分析，最后识别味觉的性质。

3）口腔唾液腺　唾液与味感关系极大，是呈味物质的良好溶剂。味蕾有一个个味孔与舌面相通，每个味觉细胞有一根味毛经味孔伸入口腔，与来自皮下神经丛的神经纤维相接。味蕾的这一构造，要求味感物质须溶于水才能进入刺激味细胞，口腔内腮腺、颌下腺、舌下腺和无数小唾液腺分泌的唾液是食物的天然溶剂。只有带有滋味的液体物质，或者能够溶解于唾液的有滋味的物质，才能与味觉细胞的神经末梢接触从而产生兴奋或者抑制。一块糖，当它未曾与口腔内的唾液拌和时，无法感觉到它的甜，只有当它融化于唾液中时，才能逐渐品味出它的味道。由此可以看出，唾液不仅是消化的媒介，而且也是味觉不可缺少的中介。

唾液分泌的数量和成分，受食物种类的影响。唾液的清洗作用，有利于味蕾准确地辨别各种味。食物在舌头和硬腭间被研磨最易使味蕾兴奋，因为味觉通过神经几乎以极限速度传递信息。人的味觉感受到滋味仅需 1.6～4.0 ms，比触觉（2.4～8.9 ms）、听觉（1.27～21.5 ms）和视觉（13～46 ms）都快得多。自由神经末梢是一种囊包着的末梢，分布在整个口腔内，也是一种能识别不同化学物质的微接受器。

2. 味觉机制

关于味觉机制的研究尚处于探索阶段。当前已有定味基和助味基理论、生物酶理论、物理吸附理论、化学反应理论等，多数依据化学感觉这一方面。借助现代仪器方法及化学各领域获得的进展，可以用新的理论重新阐述机制。

现在普遍接受的机制是呈味物质分别以质子键、离子键、氢键和范德瓦耳斯力形成四类不同化学键结构，对应酸、咸、甜、苦四种基本味（图 2-4）。在味细胞膜表层，呈味物质与味受体发生一种松弛、可逆的结合反应过程，刺激物与受体彼此诱导相互适应，通过改变彼此构象实现相互匹配契合，进而产生适当的键合作用，形成高能量的激发态，此激发态是亚稳态，有释放能量的趋势，从而产生特殊的味感信号。不同的呈味物质的激发态不同，产生的刺激信号也不同。例如，甜味受体穴位是由按一定顺序排列的氨基酸组成的蛋白体，若刺激物极性基的排列次序与受体的极性不能互补，就会受到排斥，不能产生甜感；可见，甜味物质是有严格结构的。苦味受体是由表蛋白结合的多烯磷脂组成的，对刺激物的极性和可极化性同样有相应的要求。咸味和酸味的受体与磷脂头部

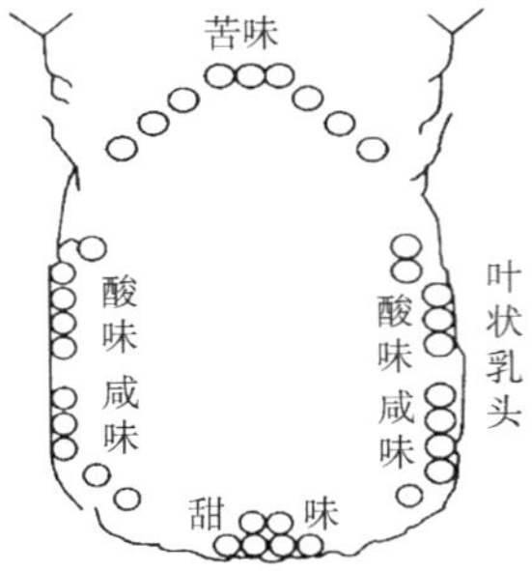

图 2-4　四种基本味在舌上的最敏感部位（引自韩北忠等，2016）

的亲水基团有关，因此，对咸味剂和酸味剂的结构限制较小。

20 世纪 80 年代初期，中国学者曾广植（1984）提出了味细胞膜的板块振动模型。针对受体的实际构象和刺激物受体构象的不同变化，曾广植提出构型相同或互补的脂质和（或）蛋白质按结构匹配结为板块，形成一个动态的多相膜模型，如与体蛋白或表蛋白结合成脂质块，或以晶态、似晶态组成各种胶体脂质块。板块既可以阳离子桥相连，也可在有表面张力的双层液晶脂质中自由漂动，其分子间的相互作用与单层单尾脂膜相比，多了一种键合形式，即在脂质的头部除一般盐键外还有亲水键键合，其烃链的 C_9 前段还有一种由两个烃链向两侧形成的疏水键键合，在其 C_9 后段则有范德瓦耳斯力的排斥作用。必需脂肪酸和胆固醇都是形成脂质板块的主要组分，两者在生物膜中发挥相反而相辅的调节作用。无机离子也影响胶体脂质块的存在，以及板块的数量、大小。对于味感的高速传导，曾广植认为，呈味物质与味受体的结合之初就已有味感，并引起受体构象的改变，通过量子交换，受体所处板块的振动受到激发，跃迁至某特殊频率的低频振动，再通过其他相似板块的共振传导，成为神经系统能接受的信息。由于相同的受体板块产生相同的振动频率范围，不同结构的呈味物质可以产生相同味感。通过计算得出，在食物入口的温度范围内，食盐咸味的初始反应的振动频率为 213 Hz，甜味剂约在 230 Hz，苦味剂低于 200 Hz，而酸味剂则超过 230 Hz。

通过味细胞膜的板块振动模型，一些味感现象可以被合理的解释。

（1）镁离子、钙离子产生苦味，是因为它们在溶液中水合程度远高于钠离子，从而破坏了味细胞膜上蛋白质-脂质间的相互作用，导致苦味受体构象的改变。

（2）神秘果能使酸变甜和朝鲜蓟使水变甜，则是因为它们不能全部进入甜味受体，但能使味细胞膜发生局部相变而处于激发态，酸和水的作用只是触发味受体改变构象和启动低频信息。而一些呈味物质产生后味，是因为它们能进入并激发多种味受体。

（3）味盲是一种先天性变异。甜味盲者的甜味受体是封闭的，甜味剂只能通过激发其他受体而产生味感，因为少数几种苦味剂难打开苦味受体上的金属离子桥键，所以苦味盲者感受不到它们的苦味。

（二）食品的味觉识别

1. 四种基本味的识别试验

制备甜（蔗糖）、咸（氯化钠）、酸（柠檬酸）和苦（咖啡碱）四种呈味物质的两个或三个不同浓度的水溶液，按规定号码排列顺序（表 2-13）。然后，依次品尝各样品的味道。品尝时要求将样品一点一点地啜入口内，并使其滑动时接触舌的各个部位（尤其应注意使样品能达到感觉酸味的舌边缘部位）。样品不得吞咽，在品尝两个样品的中间应用 35℃的温水漱口去味。

表 2-13　四种基本味的识别（引自郑坚强，2013；张水华等，2006）

样品	基本味觉	呈味物质	试验溶液/（g/100 mL）	样品	基本味觉	呈味物质	试验溶液/（g/100 mL）
A	酸	柠檬酸	0.02	F	甜	蔗糖	0.60
B	甜	蔗糖	0.40	G	苦	咖啡碱	0.03
C	酸	柠檬酸	0.03	H	—	水	—
D	苦	咖啡碱	0.02	I	咸	NaCl	0.15
E	咸	NaCl	0.08	J	酸	柠檬酸	0.40

2. 四种基本味的感觉阈试验

味觉识别是味觉的定性认识，阈值试验才是味觉的定量认识。

制备一种呈味物质（蔗糖、NaCl、柠檬酸或咖啡碱）的一系列浓度的水溶液（表 2-14）。然后，按浓度增加的顺序依次品尝，以确定这种味道的感觉阈。

表 2-14　四种基本味的感觉阈（引自郑坚强，2013；张水华等，2006）

物（味） 浓度/（g/100mL） 样品	蔗糖（甜）	NaCl（咸）	柠檬酸（酸）	咖啡碱（苦）
1	0.00	0.00	0.000	0.000
2	0.05	0.02	0.005	0.003
3	0.10	0.04	0.010	<u>0.004</u>
4	0.20	0.06	0.013	0.005
5	0.30	0.03	<u>0.015</u>	0.006
6	<u>0.40</u>	0.10	0.018	0.008
7	0.50	<u>0.13</u>	0.020	0.010
8	0.60	0.15	0.025	0.015
9	0.60	0.18	0.030	0.020
10	1.00	0.20	0.035	0.030

注：下画线为平均阈值。

（三）电子舌及其在食品味觉识别中的应用

从 20 世纪 90 年代末电子舌投入生产开始，对电子舌的研究逐渐增多，随着传感器数据融合技术、模式识别、人工智能、模糊理论、概率统计等交叉的新兴学科的发展，电子舌的功能进一步增强，具有更高级的智能，并以其独特的功能，拥有更加广阔的应用前景。电子舌技术主要用于液体食物的味觉校测和识别，对于其他领域的应用尚处于研究和探索阶段。

延展阅读

电子舌的结构及基本原理　电子舌是一种模拟人类味觉鉴别味道的仪器，由味觉传感器、信号采集器和模式识别工具三部分组成。其中，味觉传感器是由数种可敏感味觉成分的金属丝组成（多传感器阵列），这些金属丝能将味觉信号转换成电信号；信号采集器将样本收集并存储在计算机内存中；模式识别工具则是模拟人脑将采集的电信号加以分析、识别。它是具有识别单一和复杂味道能力的装置。电子舌的输出信号表明，它可以对不同的味道质量，也就是不同的化学物质成分进行模式识别。

电子舌可以对四种基本味感——酸、甜、苦、咸进行有效的识别。日本的 Toko（1995）应用多通道类脂膜味觉传感器对氨基酸进行研究。结果显示，可以把不同的氨基酸分成与人的味觉评定相吻合的五个组，并能对氨基酸的混合味道做出正确的评定。同时，通过对 L-甲硫氨酸这种苦味氨基酸的研究，得出生物膜上的脂质（疏水）部分可能是苦味感受体的结论。

目前，使用电子舌技术能容易地区分多种不同的饮料。俄罗斯的 Legin（2003）使用由 30 个传感器组成阵列的电子舌技术检测不同的矿泉水和葡萄酒，能可靠地区分所有的样品，重复性好，2 周后再次测量结果无明显的改变。另外，电子舌技术也能对啤酒和咖啡等饮料作出评定。对 33 种品牌的啤酒进行测试，电子舌技术能清楚地显示各种啤酒的味觉特征，且样品并不需要经过预处理，因此这种技术能满足生产过程在线检测的要求。对于咖啡，通常认为咖啡碱是咖啡形成苦味的主要成分，但不含咖啡碱的咖啡喝起来反而让人觉得更苦。因为味觉传感器能同时对许多不同的化学物质作出反应，并经过特定的模式识别得到对样品的综合评定，所以它能鉴别不同的咖啡，显示出这种技术独特的优越性。

电子舌技术不仅可以用于液体食物的味觉检测，也可以用在胶状食物或固体食物上。例如，对番茄进行味觉评定，可以先用搅拌器将其打碎，所得到的结果同样与人的味觉感受相符。

此外，越来越多的研究者尝试把电子舌与电子鼻这两种技术融合在一起，从不同角度分析同一个样品，模拟人的嗅觉与味觉的结合，在一些情况下能大大提高识别能力。

二、嗅觉

嗅觉是指挥发性物质刺激鼻腔嗅觉神经，并在中枢神经引起的感觉。嗅觉也是一种基本感觉，比味觉复杂。在人类没有进化到直立状态之前，原始人主要依靠嗅觉、味觉和触觉来判断周围环境。随着人类转变成直立姿态，视觉和听觉成为最重要的感觉，而嗅觉等退至次要地位。尽管现在嗅觉已不是最重要的感觉，但嗅觉的敏感性还是比味觉敏感性高很多。最敏感的气味物质——甲基硫醇只要在 1 m^3 空气中有 4×10^{-5} mg（约为 1.41×10^{-10} mol/L）就能感觉到；而最敏感的呈味物质——马钱子碱的苦味，要达到 1.6×10^{-6} mol/L 浓度才能感觉到。嗅觉感官能够感受到的乙醇溶液的浓度是味觉感官所能感受到的浓度的 1/24 000。

食品除含有各种味道外，还含有各种不同气味。食品的味道和气味共同组成食品的风味特性，影响人类对食品的接受性和喜好性，同时对内分泌亦有影响。因此，嗅觉与食品有密切的关系，是进行感官分析时所使用的重要感官之一。

（一）嗅感器官的特征

人体的嗅觉器官是鼻子（图 2-5），鼻腔前庭部分有一块约 5 cm^2 的嗅感上皮区——嗅黏膜，这一位置对防止伤害也有一定的保护作用。只有很小比例的空气可传播物质能流经鼻腔，真正到达这一感觉器官附近。许多嗅细胞和其周围的支持细胞、分泌粒在上面密集排列形成嗅黏膜。由嗅纤毛、嗅小胞、细胞树突和嗅细胞体等组成的嗅细胞是嗅感器官，人类鼻腔每侧约有 2000 万个嗅细胞。支持细胞上面的分泌粒分泌出的嗅黏液，形成约 100 μm 厚的液层覆盖在嗅黏膜表面，有保护嗅纤毛、嗅细胞组织及溶解食品成分的功能。嗅纤毛是嗅细胞上面生长的纤毛，不仅在黏液表面生长，也可在液面上横向延伸，并处于自发运动状态，有捕捉挥发性嗅感分子的作用。

人体嗅觉产生如图 2-6 所示，人在正常呼吸时，挥发性嗅感分子随空气流进入鼻腔，先与嗅黏

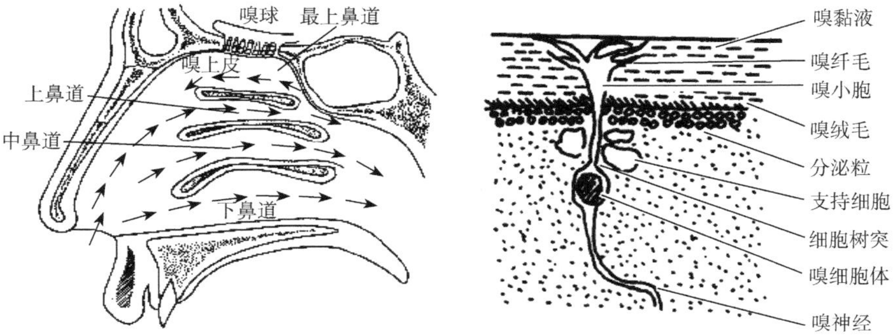

图 2-5　鼻腔解剖图和嗅黏膜构造图（引自周家春，2013；韩北忠等，2016）

膜上的嗅细胞接触，然后通过内鼻进入肺部。嗅感物质分子应先溶于嗅黏液中才能与嗅纤毛相遇而被吸附到嗅细胞上。溶解在嗅黏膜中的嗅感物质分子与嗅细胞感受器膜上的分子相互作用，生成一种特殊的复合物，再以特殊的离子传导机制穿过嗅细胞膜，将信息转换成电信号脉冲。经与嗅细胞相连的三叉神经的感觉神经末梢，将嗅黏膜或鼻腔表面感受到的各种刺激信息传递到大脑。

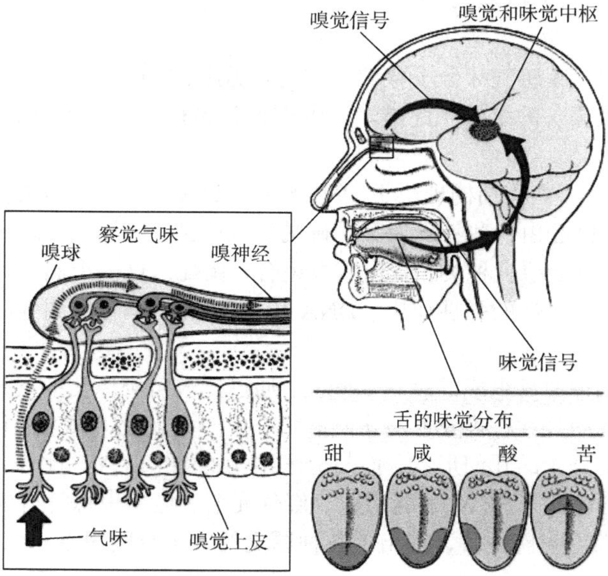

图 2-6　嗅觉产生的示意图（引自方忠祥，2010）

（二）嗅觉的特征

人的嗅觉相当敏锐，可感觉到浓度很低的嗅感物质，灵敏度超过化学分析中仪器方法。我们可以检测许多重要的、在 10^{-9} 水平范围内的风味物质，如含硫化合物。

嗅觉在人所能体验和了解的性质范围上相当广泛。试验证明，人所能标识的比较熟悉的气味数量相当大，而且似乎没有上限。训练有素的专家能辨别 4000 种以上不同的气味。但犬类嗅觉更加灵敏，它比普通人的嗅觉灵敏约 100 万倍，连现代化的仪器也不能与之相比。

嗅觉对区分强度水平的能力相当差。相对于其他感觉，测定的嗅觉差别阈值经常较大，对于未经训练的个体辨别或标识气味类别能力的早期试验表明，人只能可靠地分辨大致三种气味强度水平，而且分析识别复杂气味混合物中的成分能力也是有限的。人体是将气味作为一个整体的形式而不是作为单个特性的堆积加以感受的。

不同人的嗅觉差别很大，即使嗅觉敏锐的人也会因气味而异。通常认为女性的嗅觉比男性敏锐，但世界顶尖的调香师都是男性。对气味极端不敏感的嗅盲则是由遗传因素决定的。

嗅觉细胞在持续的刺激下易产生疲劳而处于不灵敏状态，如人闻芬芳香水时间稍长就不觉其香，同样，长时间处于恶臭气味中也能忍受。因一种气味的长期刺激可使嗅球中枢神经处于负反馈状态，感觉受到抑制，产生对其的适应。另外，注意力的分散会使人感觉不到气味，时间长些便对该气味形成习惯。由于疲劳、适应和习惯这三种现象是共同发挥作用的，因此很难彼此区别。

嗅感物质的阈值受身体状况、心理状态、实际经验等人的主观因素的影响尤为明显，当人的身体疲劳、营养不良、生病时可能会发生嗅觉减退或过敏现象。例如，人患萎缩性鼻炎时，嗅黏膜上缺乏黏液，嗅细胞不能正常工作造成嗅觉减退；心情好时，敏感性高，辨别能力强。实际辨别的气味越多，越易于发现不同气味间的差别，辨别能力就会提高。

（三）嗅觉机制

目前对嗅感学的研究多集中于嗅感物质与鼻黏膜之间的对应变化方面，对嗅感过程的解释则主要有化学学说、振动学说和酶学说三种。

1. 化学学说

化学学说认为嗅感是嗅感气味分子微粒扩散进入鼻腔，与嗅细胞之间发生化学反应或物理化学反应（如吸附与解吸等）的结果。此类学说中较著名的有立体结构理论、外形-官能团理论、渗透和穿刺理论。

1）立体结构理论　立体结构理论于 1949 年由 Moncrieff 首先提出，后经 Amoore 补充发展而成，其关键性论据已经由一些特殊而又明确的实验验证。利用这一理论，可依据分子的几何形状，预测它的气味，确定原臭种类，找出数量组合，调配出这些天然气味。这一理论也曾在解释酶促反应机制、抗原与抗体的弹性反应、DNA 与 mRNA 的耦合作用等方面取得成功，是目前保留下来的学说之一。

在嗅感由有限的几种原臭组成的刺激基础上，通过比较每类原臭的气味分子外形，确定相同气味分子的外形有很大的共性，若分子的几何形状发生较大变化，嗅感也相应发生变化，即决定物质气味的主要因素是分子的几何形状，而与分子结构的细节无关。此外，有些原臭的气味取决于分子所带的电荷。进一步采用 X 射线衍射、红外光谱、电子束探针等研究手段，研究了某些已知结构式的分子三维空间模型后，提出了各种原臭的分子空间模型（表 2-15）。

表 2-15　各种原臭的分子空间模型（引自张水华等，2006）

原臭	醚臭	樟脑	麝香	花香	薄荷	刺激臭和腐败臭
分子形状	似棒状	近似球形	圆盘状	连一条尾巴的圆盘	楔形	
关键尺寸	厚约 0.5 nm	直径约 0.75 nm	直径约 0.9 nm	头直径 0.9 nm，尾巴 0.4 nm		
其他特点					形成氢键的强电负性基团	带有不同电荷

与气味分子（相当于“锁匙”）相对应，在嗅黏膜上也存在有若干种形状各异的凹形嗅小胞（如同“锁眼”），某种气味的“锁匙”刺激，需要相应的“锁眼”——特异嗅细胞匹配，从而产生嗅感，因此亦称“锁和锁匙学说”。对于那些原臭之外的其他气味，则相当于几种原臭同时刺激了不同形状的嗅细胞后产生的复合气味。

2）外形-官能团学说　外形-官能团学说是 Beets 在 1957 年提出的另一个较为成功的嗅感学说。

嗅感作用和分子识别是以模型识别原理及潜意识分析原理为基础的。用“基本模式”表示一类物质所表现的气味，与嗅细胞作用产生同型的信息，也可称为“信息单元”，嗅觉及其识别是人脑对由不连续的、有限的基本模式所组成的信息图形的下意识感知和认识。不能感知某种基本模式就是嗅盲。

嗅觉器官没有特别的受体部位，嗅感分子与庞大数量的各种受体细胞膜的可逆性物理吸附和相互作用产生嗅觉，而具有受体功能的部位则位于细胞的外围膜上，其作用是使嗅细胞能够产生信息并传导到嗅觉体系中。嗅觉过程包含：气味分子以杂乱的向位和构象接近嗅黏膜，分子被吸附于界面时两者形成一个过渡状态。该过渡状态能否形成取决于气味分子形状和体积及官能团的本质及位置这两种属性，显然，当空间障碍阻止分子的有关结构部位与受体部位的相互作用，或缺乏官能团，或有官能团但有空间障碍，将导致相互作用的效率最低，不会产生嗅感；相反，效率大，产生的能量效应也大，易引起嗅细胞的激发。大多数极性分子可能是处于定向和有序状态，大多数非极性分子可能是处于混乱无章的状态。只有那些能形成定向和有序状态的分子，才能与嗅细胞作用。

3）渗透和穿刺理论　嗅细胞被气味的刚性分子渗透和极化，穿过定向双脂膜进行离子交换，产生神经脉冲。

2. 振动学说

振动学说认为嗅觉与嗅感物的气味固有的分子振动频率（远红外电磁波）有关，当嗅感分子的振动频率与受体膜分子的振动频率一致时，受体接受气味信息，不同气味分子产生不同的振动频率，从而形成不同的嗅感。另一种观点认为，有效的刺激是嗅感分子中价电子等分子内振动，并与受体膜实际接触才产生嗅感信息。

3. 酶学说

酶学说认为嗅感是因为气味分子刺激了嗅黏膜上的酶，使酶的催化能力、变构传递能力、酶蛋白的变性能力等发生变化而形成的。不同气味分子对酶的影响不同，从而产生不同的嗅觉。

需要说明的是，各种嗅感学说目前都不够完善，每一种学说都有自己的道理，但还没有任何一个学说能提出足够的证据来说服其他的学说，各自都存在一定的矛盾，有的尚需要实验验证。但相比之下，化学学说被更多人所接受。

（四）食品的嗅觉识别

1. 嗅技术

嗅觉受体位于鼻腔最上端的嗅上皮内，在正常的呼吸中，吸入的空气并不倾向通过鼻上部，多通过下鼻道和中鼻道。带有气味物质的空气只能极少量而且缓慢地通入鼻腔嗅区，所以只能感受到有轻微的气味。要使空气到达这个区域获得一个明显的嗅觉，就必须做适当用力的吸气（收缩鼻孔）或煽动鼻翼做急促的呼吸，并且把头部稍微低下对准被嗅物质使气味自下而上地通入鼻腔，使空气易形成急驶的涡流。气体分子较多地接触嗅上皮，从而引起嗅觉的增强效应。

这样一个嗅过程就是所谓的嗅技术（或闻）。

延展阅读

注意：嗅技术并不适应所有气味物质，如一些能引起痛感的、含辛辣成分的气体物质。因此，使用嗅技术要非常小心。通常对同一气味物质使用嗅技术不超过三次，否则会引起“适应”，使嗅敏感度下降。

2. 气味识别

1）范氏试验　范氏试验是指一种气体物质不送入口中而在舌上被感觉出的技术。先用手捏住鼻孔通过张口呼吸，然后把一个盛有气味物质的小瓶放在张开的口旁（注意：瓶颈靠近口，但不能咀嚼），迅速地吸入一口气并立即拿走小瓶，闭口，放开鼻孔使气流通过鼻孔流出（口仍闭着）从而在舌上感觉到该物质。这个试验已广泛地应用于训练和扩展人们的嗅觉能力。

2）气味识别训练　各种气味就像学习语言那样可以被记忆。人们时时刻刻都可以感觉到气味的存在，但由于无意识或习惯性也就并不察觉它们。因此要记忆气味就必须设计专门的实验，有意识地加强训练这种记忆（注意：感冒者例外），以便能够识别各种气味，详细描述其特征。

训练实验通常是选用一些纯气味物（如十八醛、对丙烯基茴香醚、肉桂油、丁香等）单独或者混合用纯乙醇（99.8%）作溶剂稀释成 10 g/mL 或 1 g/mL 的溶液（当样品具有强烈辣味时，可制成水溶液），装入试管中，或用纯净无味的白滤纸制备尝味条（长 150 mm、宽 10 mm），借用范氏试验训练气味记忆。

3. 香识别

1）啜食技术　因为吞咽大量样品不卫生，品茗专家和鉴评专家才发明了这项专门技术来代替吞咽的感觉动作，使香气和空气一起流过后鼻部被压入嗅味区域。这种技术是一种专门技术，对于一些人来说要用很长的时间来学习正确的啜食技术。

品茗专家和咖啡品尝专家使用匙把样品送入口内并用力地吸气，使液体杂乱地吸向咽壁（就像吞咽时一样），气体成分通过鼻后部到达嗅味区。吞咽变得不必要，样品可以被吐出。品酒专家随着酒被送入张开的口中，轻轻地吸气进行咀嚼。酒香比茶香和咖啡香具有更多挥发成分，因此品酒专家的啜食技术更应谨慎。

2）香的识别训练　香识别训练首先应注意色彩的影响，通常多采用红光以消除色彩的干扰。训练用的样品要有典型，可选各类食品中最具典型香的食品进行。如果蔬汁要用原汁，糖果蜜饯类要用纸包原块，面包要用整块，肉类应该采用原汤，乳类应注意异味区别的训练。训练方法用啜食技术，并注意必须先嗅后尝，以确保准确性。

（五）电子鼻在食品嗅觉识别中的应用

延展阅读

电子鼻的构成及原理　电子鼻是模拟动物及人的嗅觉系统研制出的一种人工嗅觉系统。它由气体传感器阵列（初级神经元）、相应的电路和运算放大器（嗅球）及计算机（大脑）组成。工作时，气味或气体在气体传感器上产生一定信号，经电路转换和放大，再经计算机对信号进行处理。这里对信号处理是应用模式识别原理，建立相应的数学模型和信息处理技术，最终形成对气味或气体的决策、判断和识别。当然，人类大约有1亿个嗅觉细胞，而目前电子鼻所拥有的传感器阵列远远少于这个数目，而且大脑的活动要比计算机强很多，因此，电子鼻还远没有人和动物嗅觉系统所具有的功能和敏感程度。但作为一种先进的感觉测试仪器，电子鼻已经在食品工程、医疗等领域得到一定范围的应用。随着该项技术的不断完善和发展，其应用领域将会得到进一步的拓展。

1. 在食品品质检测中的应用

对不同酒类进行区分和品质检测可以通过对其挥发物质的检测进行。传统的方法是采用专家组进行评审，此外，还可以采取化学分析方法，如采用气相色谱法（GC）和色谱-质谱联用技术（GC-MS），虽然这种方法具有高的可靠性，但处理程序复杂，需要的时间长、费用大。因此需要有一个更加快速、无损、客观和低成本的检测方法。

Guadarrama 等（2000）用电子鼻两种西班牙红葡萄酒和一种白葡萄酒进行检测和区分。为了有对比性，他们同时还检测了纯水和稀释的酒精样品。他们的电子鼻系统采用 6 个导电高分子传感器阵列，数据采集采用 Test Point™ 软件，模式识别技术采用 PCA 方法，在 Matlab v 4.2 上进行，同时他们对这些样品进行气相色谱分析。结论是：电子鼻系统可以完全区分 5 种测试样品，测试结果和气相色谱分析结果一致。

茶叶的挥发物中包含了大量的化合物，而这些化合物在很大程度上反映了茶叶本身的品质。Ritaban Dutta 等（2003）对 5 种不同加工工艺（不同的干燥、发酵和加热处理）的茶叶进行分析和评定。他们用电子鼻检测其顶部空间的空气样品。电子鼻由费加罗公司生产的 4 个涂锡的金属氧化物传感器组成，数据采集和存储用 LabVIEW 软件，数据处理用 PCA、FCM 和 ANN 等方法。结论是：采用 RBF 的 ANN 方法分析时，可以 100%的区分 5 种不同制作工艺的茶叶。

Sullivan 等（2003）用电子鼻和 GC-MS 分析 4 种不同饲养方式的猪肉在加工过程中的气味变化，所有数据采用 Unscramble Reversion 7.6 软件进行处理。同时邀请了 8 位专家进行评审。得到的结论是：电子鼻不仅可以清晰地区分不同饲养方式的猪肉，也可以评定猪肉加工过程中香气的变化，同时，其分析结果具有很好的重复性和再现性。

2. 在食品成熟度检测和新鲜度检测中的应用

水果所散发的气味能够很好地反映水果内部品质的变化，所以可以通过闻其气味来评定水果的品质。然而人只能感受出 1 万种独特的气味，特别是在区分相似的气味时，人的辨别力受到了限制。水果在储藏期间，通过呼吸作用进行新陈代谢而变熟，因此在不同的成熟阶段，其散发的气味会不一样。糖度、pH 和坚实度等是水果成熟度的标志之一，而这些指标都要进行有损检测获得。Oshita 等（2000）将日本的“La Franch”梨在不成熟时候进行采摘，然后将它们分成 3 组，第 1 组在 4℃下储藏 115 天（未成熟期）；第 2 组在 4℃下储藏 115 天后，在 30℃下放置 1 天（成熟期）；第 3 组在 4℃下储藏 115 天后，在 30℃下放置 5 天（完熟期）。用 32 个导电高分子传感器阵列的电子鼻系统进行分析，采用 Non-linear Mapping 软件进行数据处理，同时用化学分析方法、GC 和 GC-MS 对三个不同阶段的梨进行分析。结论是：电子鼻能够很明显地区分出三种不同成熟时期的梨，并且同其他分析方法的结果有很强的相关性。

传统鱼肉的新鲜度评定可以通过电流计生物传感器来测定胺或用酶反应来测定。这些方法在实际检测中不是很方便。O’Connell 等（2001）采用 11 个费加罗公司生产涂锡金属氧化物传感器阵列构成的电子鼻系统，来评定和分析阿根廷鳕鱼肉的新鲜度。实验表明，电子鼻可以区分不同储藏天数的鱼肉，不受鱼肉样品的质量影响。

3. 在食品早期败坏检测中的应用

乳制品的保存期较短，且易因微生物引起败坏和变质，所以早期快速、定性地检测其败坏和变质非常重要。GC-MS 可以定量分析乳制品挥发物的成分，但它也存在许多的不足，如不能得到样品的总体信息。Naresh Magan 等（2001）采用 14 个导电高分子传感器阵列组成的电子鼻系统，采用 PCA、DFA 和 CA 等方法进行数据处理，很好地区分了未损坏的乳制品和由 5 种单一微生物或酵母引起品质改变的乳制品，而且也可以区分和鉴别由单一微生物或酵母引起的乳制品品质变化的程度。

总之，电子鼻技术作为一个新兴的技术，正持续快速地发展着，它必将为食品品质，特别是食品气味的检测带来一次技术的革命。然而，受敏感膜材料、制造工艺、数据处理方法等方面的限制，现今电子鼻的应用范围与人们的期望还存在距离。这些问题主要有：降低成本、取样浓缩装置的小型实用化、气敏传感器的灵敏度、检测的时间和速度、合适的数据分析方法、如何培训电子鼻技术以建立起完整的检测数据库。这些问题的解决，将使电子鼻技术逐步从实验室走向实用。

三、触觉

食品的触觉主要是口部和手与食品接触时产生的感觉，通过对食品的形变所加力产生刺激的反应表现出来，表现为咬断、咀嚼、品味、吞咽的反应。

（一）触觉感官特性

1. 大小和形状

口腔能够感受到食品组成的大小和形状。Tyle（1993）评定了悬浮颗粒的大小、形状和硬度对糖浆沙粒性口部知觉的影响。研究发现，柔软的、圆的，或者相对较硬的、扁的颗粒，大小约80 μm，人们都感觉不到有沙粒。然而硬的、有棱角的颗粒在11～22 μm的大小范围内时，人们就能感觉到口中有沙粒。在口中可察觉的最小单个颗粒大小<3 μm。

感官质地特性受到样品大小的影响。样品大小不同，口中的感觉可能也会不一样。一个有争论的问题是：人类对样品大小间的差异是否会做出一些自动的补偿，或是否只对样品大小的很大变化敏感。Cardello 和 Segars（1989）研究了样品大小对质地感知的影响，而这个目的明确的研究只是这方面研究的极少之一。他们评定了样品大小对能感知到的咀嚼度的影响，如奶油乳酪、美国干酪、生胡萝卜和中间切开的黑麦面包、无皮的全牛肉及 Tootsico 糖果卷。被评定的样品大小（体积）为 0.125 cm^3、1.00 cm^3 和 8.00 cm^3，实验条件是与样品的顺序同时呈现，样品以任意的顺序呈现或者按大小的顺序进行排列。被蒙住了眼睛和没有被蒙住眼睛的评定员对样品进行评定，此外，有时允许、有时不允许评定员触摸样品。研究发现：硬度和咀嚼度与主体对样品大小的意识无关，而是作为样品大小的一个函数，随着样品变大而增加。因此，质地知觉并非与样品大小无关。

2. 口感

口感特征表现为触觉，通常其动态变化要比大多数其他口部触觉的质地特征更少。原始的质地剖面法只有单一与口感相关的特征——黏度。Szczesniak（1979）将口感分为11类：关于黏度的（稀的、稠的），关于软组织表面相关的感觉（光滑的、有果肉浆的），与 CO_2 饱和相关的（刺痛的、泡沫的、起泡性的），与主体相关的（水质的、重的、轻的），与化学相关的（收敛的、麻木的、冷的），与口腔外部相关的（附着的、脂肪的、油脂的），与舌头运动的阻力相关的（黏糊糊的、黏性的、软弱的、浆状的），与嘴部的后感觉相关的（干净的、逗留的），与生理的后感觉相关的（充满的、渴望的），与温度相关的（热的、冷的），与湿润情况相关的（湿的、干的）。Jowitt（1974）对这些口感的许多术语进行了定义。Bertino 和 Lawless（1995）使用多维度的分类和标度，在口腔健康产品中，测定与口感特性相关的基本维数。他们发现，这些维数可以分成三组：收敛性、麻木感和疼痛感。

3. 口腔中的相变化（融化）

人们并没有对食品在口腔中的融化行为及与质地有关的变化进行扩展研究，由于在口腔中温度的增加，许多食品在嘴中经历了一个相的变化过程，巧克力和冰淇淋就是很好的例子。Hyde 和 Witherly（1993）提出了一个“冰淇淋效应”，他们认为动态地对比（口中感官质地瞬间变化的连续对比）是冰淇淋和其他产品高度美味的原因所在。

Lawless（2010）对一个简单的可可黄油模型食品系统进行研究，发现这个系统可以用于研究脂肪替代品的质地和融化特性。按描述分析和时间-强度测定到的评定溶化过程中的变化，与碳水化合物的多聚体对脂肪的替代水平有关。但是，Mela 等（1994）已经发现，评定人员不能利用在口腔中的融化程度，来准确地预测溶化范围是 17～41℃的水包油乳化液（类似于黄油类产品）中的脂肪含量。

4. 手感

纤维或纸张的质地评定经常包括用手指对材料的触摸。这个领域中的许多工作都来自于纺织品艺术。感官评价在这个领域和食品领域一样，具有潜在的应用价值。

Civille 和 Dus（1990）描述了与纤维和纸张相关的触觉性质，包括机械特性（强迫压缩、有弹力和坚硬）、几何特性（模糊的、有沙砾的）、湿度（油状的、湿润的）、耐热特性（温暖）及非触觉性质（声音）。由 Civille（1996）发展起来的纤维、纸张方法建立在一般食品质地剖面的基础上，并且包括一系列用于每个评估特性的参考值和精确定义的标准标度。

（二）触觉识别阈

对于食品质地的判断，主要靠口腔的触觉进行感觉。通常口腔的触觉可分为以舌头、口唇为主的皮肤触觉和牙齿触觉。皮肤触觉识别阈主要有：两点识别阈、压觉阈和痛觉阈等。

1. 皮肤的识别阈

皮肤组成（图 2-7）决定了其触觉敏感程度，常用两点识别阈表示。所谓两点识别阈，就是对皮肤或黏膜表面两点同时进行接触刺激，当距离缩小到开始要辨认不出两点位置区别时的尺寸，即可以清楚分辨两点刺激的最小距离。这一距离越小，说明皮肤在该处的触觉越敏感。

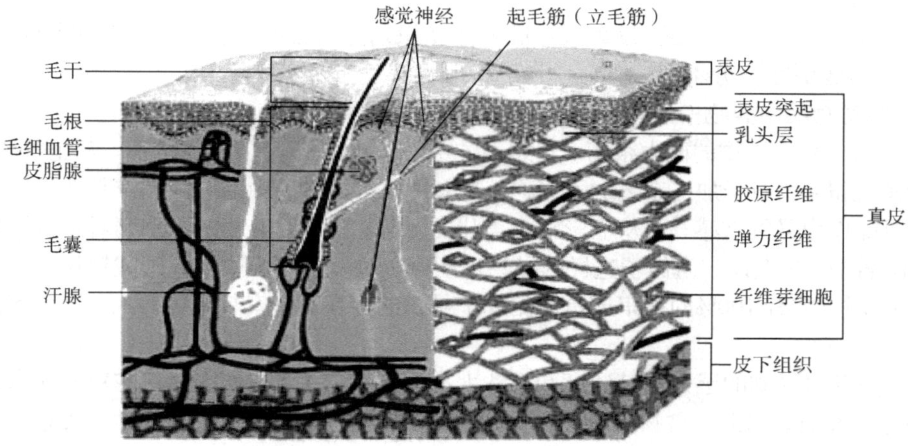

图 2-7　人体皮肤组成截面图（引自马基德，2005）

口腔前部感觉敏感，因为这里是食品进入人体的第一关，需要敏感地判断这食物是否能吃、需不需要咀嚼，这也是口唇、舌尖的基本功能。感官品尝试验中，这些部位都是非常重要的检查关口。

口腔中部因为承担着用力将食品压碎、嚼烂的任务，所以感觉迟钝一些。从生理上讲这也是合理的。口腔后部的软腭、咽喉部的黏膜感觉也比较敏锐，这是因为咀嚼过的食物，在这里是否应该吞咽，要由它们判断。

口腔皮肤的敏感程度也可用压觉阈值或痛觉阈值来分析。压觉阈值的测定是，用一根细毛，压迫某部位，把开始感到疼痛时的压强称为这一部位的压觉阈值。痛觉阈值是用微电流刺激某部位，当觉得有不快感时的电流值。这两种阈值都同两点识别阈一样，反映出口腔各部位的不同敏感程度。例如，口唇舌尖的压觉阈值只有 10～30 kPa，而两腮黏膜在 120 kPa 左右。

2. 牙齿的感知功能

在多数情况下，对食品质地的判断是通过牙齿咀嚼过程感知的。因此，认识牙齿的感知机制，对研究食品的质地有重要意义。牙齿表面的珐琅质并没有感觉神经，但牙根周围包着具有很好弹性和伸缩性的齿龈膜，它被镶在牙床骨上。用牙齿咀嚼食品时，感觉是通过齿龈膜中的神经感知。因此，安装义齿的人，由于没有齿龈膜，所以比正常人的牙齿感觉迟钝得多。据测定，义齿的感觉是正常牙齿的 1/10。

3. 颗粒大小和形状的判断

在食品质地的感官评价中，试样组织颗粒的大小、分布、形状及均匀程度，也是很重要的感知项目。例如，某些食品从健康角度需要添加一些钙粉或纤维质成分，如果这些成分颗粒较大就会造成粗糙的口感。为了解决这一问题，就需要把这些颗粒的大小粉碎到口腔的感觉阈值之下。与感觉相关的口腔器官有：口唇与口唇、口唇与牙齿、牙齿与牙齿、牙齿与舌头、牙齿与颊、舌与口唇、舌与腭、舌与齿龈等，通过这些器官的张合、移动而感知。在与食品接触中，各器官组织的感觉阈值不同，接受食品刺激的方式也不同。所以，很难把对颗粒尺寸的判断归结于某一部位的感知机构。一般在考虑颗粒大小的识别同时，需要从两个方面分析：一是口腔可感知颗粒的最小尺寸，二是对不同大小颗粒的分辨能力。以金属箔的口腔识别阈试验表明，对感觉敏锐的人，可以感到牙间咬有金属箔的最小厚度为 20～30 μm。但有些感觉迟钝的人，这一厚度要增加到 100 μm。对不同粗细的条状物料，口腔的识别阈为 0.2～2 mm。门齿附近比较敏感。有人用三角形、五角形、方形、长方形、圆形、椭圆形、十字形等小颗粒物料，对人口腔的形状感知能力作了测试，发现人口腔的形状识别能力较差。通常三角形和圆形尚能区分，多角形之间的区别往往分不清。

4. 口腔对食品中异物的识别能力

口腔识别食品中异物的能力很高。例如，吃饭时，食物中混有毛发、线头、灰尘等很小异物，往往都能感觉得到。由于加工工艺的不当，一些果酱糕点类食品中的糖结晶或其他正常添加物的颗粒，就可能作为异物被感知，从而影响对美味的评定。因此，异物的识别阈对感官评价也很重要。Manly 曾对 10 人评审组做了这样的异物识别阈试验。在布丁中混入碳酸钙粉末，当添加量增加到 2.9%时，才有 100%的评审成员感觉到了异物的存在。对安装义齿的人，这一比例要增加到 9%以上。

此外，口腔对异物的感知与其浓度和尺寸大小都有一定关系。如人体口腔对钢粉末直径的感觉阈为 50 μm 左右，与混入食物的种类无关。总之，人对食品美味（包括质地）的感觉机制十分复杂，它不仅与味觉、口腔触觉有关，还与人的心理、习惯、唾液分泌及口腔振动、听觉有关。

四、视觉

视觉是人类重要的感觉之一，绝大部分外部信息要靠视觉来获取。视觉是认识周围环境、建立客观事物第一印象的最直接和最简捷的途径。由于视觉在各种感觉中占据非常重要的地位，因此在食品感官分析上（尤其是消费者试验中），视觉起相当重要的作用。

（一）视觉的生理特征及视觉形成

视觉是眼球接受外界光线刺激后产生的感觉。眼球形状为圆球形，其表面由三层组织构成。最外层是起保护作用的巩膜，它的存在使眼球免遭损伤并保持眼球形状。中间一层是布满血管的脉络膜，它可以阻止多余光线对眼球的干扰。最内层大部分是对视觉感觉最重要的视网膜，视网膜上分布着柱形和锥形光敏细胞。在视网膜的中心部分只有锥形光敏细胞，这个区域对光线最敏感。在眼球面对外界光线的部分有一块透明的凸状体，称为晶状体，它的屈曲程度可以通过睫状肌肉的运动而变化，保持外部物体的图像始终集中在视网膜上。晶状体的前部是瞳孔，这是一个中心带有孔的薄肌隔膜，瞳孔直径可变化以控制进入眼球的光线（图 2-8）。

光波是产生视觉的刺激物质，但不是所有的光波都能被人所感受，只有波长在 380～770 nm 范围内的光波才是人眼可接受光波，不在此范围的光波都是不可见光。物体反射的光线，或者透过物体的光线照在角膜上，透过角膜到达晶状体，再透过玻璃体到达视网膜，大多数的光线落在视网膜中的一个小凹陷处——中央凹上。视觉感受器、视杆细胞和视锥细胞位于视网膜中。这些感受器含有光敏色素，当它受到光能刺激时会改变形状，导致电神经冲动的产生，并沿着视神经传递到大脑，这些脉冲经视神经和神经末梢传导到大脑，再由大脑转换成视觉。

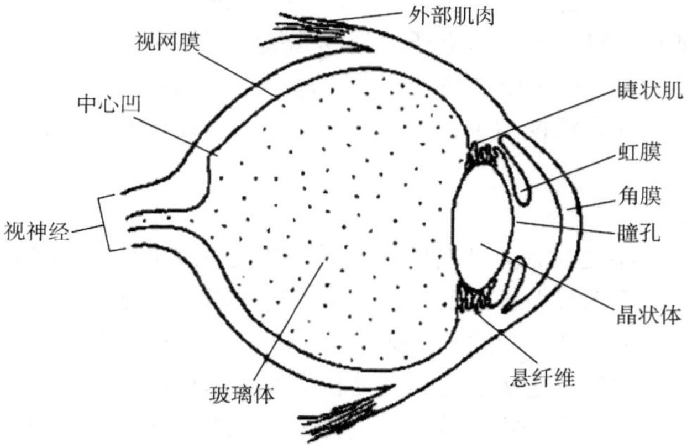

图 2-8　眼球截面图（引自韩北忠等，2016）

（二）视觉的感觉特征

1. 闪烁效应

当用一系列明暗交替的光线刺激眼球时，就会产生闪烁感觉，当刺激频率增加到一定程度时，闪烁感觉消失，由连续的光感所代替。出现上述现象的频率称为极限融合频率（CFF）。在研究视觉特性及视觉与其他感觉之间关系时，都以 CFF 值变化为基准。

2. 颜色与色彩视觉

颜色是光线与物体相互作用后，对其检测所得结果的感知。感觉到的物体颜色受三个实体的影响：物体的物理和化学组成、照射物体的光源光谱组成和接收者眼睛的光谱敏感性。改变这三个实体中的任何一个，都可以改变感知到的物体颜色。

照在物体上的光线可以被物体折射、反射、传播或吸收。在电磁光谱可见光范围内，如果所用的辐射能量几乎完全被反射，那么该物体呈现白色；如果光线在整个电磁光谱可见光范围内被部分吸收，那么该物体呈现灰色；如果可见光谱的光线几乎完全被吸收，那么该物体呈现黑色。这也取决于环境条件。

物体的颜色能在三个方面变化：①色调，消费者通常将其代表性地作为物体的“色彩”；②明亮度，也称为物体的亮度；③饱和度，也称为色彩的纯度。

对物体颜色明亮度的感知，表明了反射光与吸收光之间的关系，但是没有考虑所含的特定波长。物体的感知色调是对物体色彩的感觉，这是由于物体对各个波长辐射能量吸收不同的结果。因此，如果物体吸收较多的长波而反射较多的短波（400～500 nm），那么，物体将被描述为蓝色；在中等波长处有最大光反射的物质可描述为黄绿色；而在较长波长（600～700 nm）处有最大光反射的物体会被描述为红色。颜色的色度（饱和度或纯度）表明某一特定色彩与灰色的差别有多大。

产生颜色的视觉感知是由于在电磁光谱的可见光范围（380～770 nm）内，某些波长比其他波长强度大的光线对视网膜的刺激而引起的（紫色 380～400 nm、蓝色 400～475 nm、绿色 500～575 nm、黄色 570～590 nm、橙色 590～700 nm、红色 700～770 nm）。颜色可归于光谱分布的一种外观性质，而视觉的颜色感知是大脑对由光线与物体相互作用后对其检测产生的视网膜刺激而引起的反应。或者说，在没有被所视物体吸收的电磁光谱中，可见光部分的波长被眼睛所看到并被大脑翻译为颜色。

色彩视觉通常与视网膜上的锥形细胞和适宜的光线有关。在锥形细胞上有三种类型的感受体，每一种感受体只对一种基色产生反应。当代表不同颜色的不同波长的光波以不同强度刺激光敏细胞时，产生彩色感觉。对色彩的感觉还会受到亮度（光线强度）的影响。在亮度很低时，只能分辨物体的外形、轮廓，分辨不出物体的色彩。每个人对色彩的分辨能力有一定差别。不能正确辨认红色、绿色和蓝色的现象称为色盲。色盲对食品感官评价有影响，在挑选感官评价人员时应注意这个问题。

3. 暗适应和亮适应

当人从明亮处转向黑暗处时，会出现视觉短暂消失而后逐渐恢复的情况，这样一个过程称为暗适应。在该过程中，由于光线强度骤变，瞳孔迅速扩大以适应这种变化，视网膜也逐步提高自身灵敏度，从而使分辨能力增强。因此，视觉从一瞬间的最低程度渐渐恢复到该光线强度下正常的视觉。亮适应正好与此相反，是从暗处到亮处视觉逐步适应的过程，但是所经历的时间要比暗适应短。这两种视觉效应与感官分析实验条件的选定和控制相关。视觉感觉除上述特征外，还有残像效应、日盲、夜盲等。

（三）视觉与食品感官评价

视觉虽不像味觉和嗅觉那样对食品感官鉴评起决定性作用，但仍有重要影响，视觉往往是感官评价的第一感觉。食品的颜色变化会影响其他感觉。实验证实，只有当食品处于正常颜色范围内才会使味觉和嗅觉对该种食品正常评定，否则这些感觉的灵敏度会下降，甚至不能正确感觉。颜色对食品的分析评定具有下列作用。

（1）便于挑选食品和判断食品的质量。食品的颜色比另外一些因素，诸如形状、质构等对食品的接受性和食品质量影响更大、更直接。

（2）食品的颜色和接触食品时环境的颜色会显著增加或降低人们对食品的食欲。

（3）食品的颜色常常决定其受人欢迎的程度。备受喜爱的食品常常是因为这种食品带有使人愉快的颜色。没有吸引力的食品，颜色不受欢迎是一个重要因素。

（4）通过各种经验的积累，可以掌握不同食品应该具有的颜色，并据此判断食品所应具有的特性。

以上作用显示，视觉在食品感官分析尤其是喜好性分析上占据重要地位。

五、听觉

听觉也是人类用作认识周围环境的重要感觉。听觉在食品感官分析中主要用于某些特定食品（如膨化谷物食品）和食品的某些特性（如质构）的评析上。

（一）听觉的感觉过程

听觉是接受声波刺激后而产生的一种感觉，感觉声波的器官是耳朵。人类的耳朵构造分为内耳和外耳，内耳、外耳之间通过耳道相连接。外耳由耳廓构成；内耳则由耳膜、耳蜗、中耳、听觉神经和基膜等组成（图 2-9）。外界的声波以振动的方式通过空气介质传送至外耳，再经耳道、耳膜、中耳、听小骨进入耳蜗，此时声波的振动已由耳膜转换成膜振动，这种振动在耳蜗内引起耳蜗液体相应运动进而导致耳蜗后基膜发生移动，基膜移动对听觉神经的刺激产生听觉脉冲信号，这种信号传至大脑即感受到声音。

影响听觉的两大因素是声波的振幅和频率。声波振幅大小决定听觉系统所感受声音的强弱。

振幅大则声音强，振幅小则声音弱。声波振幅通常用声压或声压级表示，即分贝（dB）。频率是指声波每秒钟振动的次数，它是决定音调的主要因素。正常人能感受频率为 30～15 000 Hz 的声波；对其中 500～4000 Hz 频率的声波最为敏感。频率变化时，所感受的音调相应变化。通常把感受音调和音强的能力称为听力。和其他感觉一样，将能产生听觉的最弱声信号定义为绝对听觉阈，而把辨别声信号变化的能力称为差别听觉阈。正常情况下，人耳的绝对听觉阈和差别听觉阈都很低，能够敏感地分辨出声音的变化并察觉出微弱的声音。

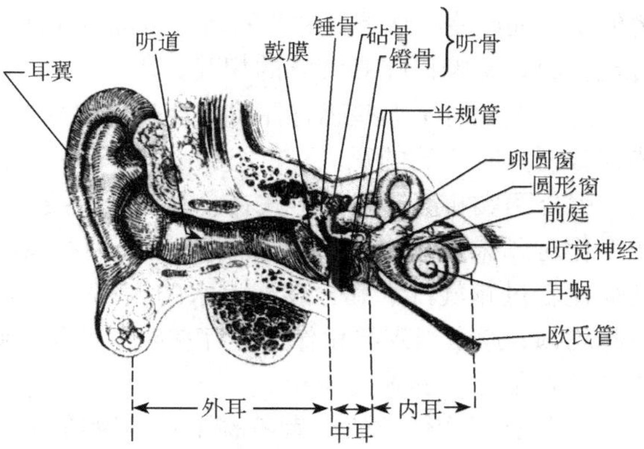

图 2-9　耳朵解剖图（引自韩北忠等，2016）

（二）听觉与食品感官评价

听觉与食品感官评价有一定的联系。食品的质感特别是咀嚼时发出的声音，在决定食品质量和食品接受性方面起重要作用。例如，焙烤制品中的酥脆薄饼、坚果类和爆米花等食品，在咀嚼时应该发出特有的声响，否则认为质量已变化而拒绝接受这类产品。可见声音对食欲也有一定影响。

六、感官的相互作用

各种感官感觉不仅受直接刺激该感官所引起的反应的影响，而且感官感觉之间还有相互作用。

食品整体风味感觉中味觉与嗅觉相互影响最复杂。烹饪技术认为风味感觉是味觉与嗅觉的结合，并伴随着质地和温度效应，甚至也受外观的影响。但在心理物理学实验室的控制条件下，将蔗糖（口味物质）和柠檬醛（柠檬的气味、风味物质）简单混合，表现出几乎完全相加的效应，对各自的强度评分很少或没有影响。食品专业人员和消费者普遍认为味觉和嗅觉以某种方式相关联。以上问题部分是由于使用“口味”一词来表示食品风味的所有方面。但如果味觉限定为口腔中被感知的非挥发性物质所产生的感觉，那么味觉与主要表现为嗅觉的香气和挥发性风味物质有相互影响。

从心理物理学角度而言，感官强度是叠加的。设计关于产品风味强度总体印象的味觉和嗅觉刺激的总和效应时，几乎没有证据表明这两种模式间有相互影响。人们会将一些挥发性物质的感觉误认为是“味觉”。

令人难受的味觉一般抑制挥发性风味，而令人愉快的味觉则使其增强。这一结果提出了几种可能性。一种解释是将这一作用看成是一种简单的光环效应。按照这一原理，光环效应意味着一种突出的、令人愉快的风味物质含量的增加会提高对其他愉快风味物质的得分；相反，令人讨厌的风味成分的增加会降低对愉快特性的强度得分（“喇叭”效应）。换句话说，一般的快感反应对于品质评分会产生相关性，甚至是那些生理学上没有关系的反应。这一原理的一个推论是评价员一般不可能在简单的强度判断中将快感反应的影响排除在外，特别是在评定真正的食品时。虽然在心理物理学环境中可能会采取一种非常独立的和分析的态度，但这在评定食品时却困难得多，特别是对于没有经验的评价员和消费者，食品仅仅是情绪刺激物。

口味和风味间的相互影响会随它们的不同组合而改变。这种相互影响可能取决于特定的风味物质和口味物质的结合，该模式由于这种情况而具有潜在的复杂性，且相互间的影响会随对受试者的指令而改变。给予受试者的指令可能对于感官评分有较大影响，受试者接受指令所作出的反应也会明显影响口味和气味的相互作用。

这一发现对于那些感官评价应该加以引导的方法，特别是对复合食品的多重特性进行评分的描述分析具有广泛的意义。

另外两类相互影响的形式在食品中很重要：一是化学刺激与风味的相互影响；二是视觉外观的变化对风味评分的影响。目前关于三叉神经风味感觉与味觉和嗅觉的相互影响了解很少。然而，任何比较过跑气汽水和含碳酸汽水的人都会认识到二氧化碳所赋予的麻刺感会改变一种产品的风味均衡，通常当碳酸化作用不存在时对产品风味会有损害。跑气的汽水通常太甜，脱气的香槟酒通常是很乏味的葡萄酒味。

一些心理物理学研究者考察了化学物质对三叉神经的刺激与口味和气味感觉的相互作用。在大多数心理物理学实验中，这些研究注重于单一化学物质在简单混合物中所感知的强度变化。最先考察化学刺激对嗅觉作用的研究人员发现了鼻中二氧化碳对嗅觉的抑制作用。即使CO_2麻刺感的出现比嗅觉的产生略微有些滞后，这一现象也会发生。由于许多气息也含有刺激性成分，有些抑制作用在日常风味感觉中是一件平常的事情也是有可能的。如果有人对鼻腔刺激的敏感性降低了，芳香的风味感觉的均衡作用有可能被转换成嗅觉成分的风味。如果刺激减小，那么刺激的抑制效应也将减小。

人类是一个视觉驱使的物种。在许多具有成熟烹调艺术的社会中，食品的视觉表象与它的风味和质地特性同样重要。在消费者检验中普遍相信食品色泽越深，就会得到越高的风味强度得分。

关于改变脂肪含量的牛奶感觉的文献可以作为视觉对于食品感觉影响的例子。大多数人认为从外观、风味和质地（口感）上，脱脂奶很容易与全脂奶（甚至与 2%的低脂奶）相区分。但他们对于脂肪含量的感觉大多数受外观的影响。有经验的描述评价员很容易根据外观（颜色）评估、口感和风味区分脱脂奶和 2%的低脂奶。当视觉因素被清除后，风味和质地对于脂肪含量的心理物理学函数就变得较平缓，差别明显被削弱。当用冷牛奶在暗室中检验时，脱脂奶与 2%低脂奶仅能在偶然情况下才被区分出来，只得到脱脂奶难以下咽的结果。这一研究强调人类对食品感官的刺激是整体做出的反应，即使是较为“客观”的描述性评定也可能会受视觉偏见影响。

任何位于鼻中或口中的风味化学物质可能有多重感官效应。食品的视觉和触觉印象对于正确评定和接受很关键。声音同样影响食品的整体感觉。咀嚼食物时，产生的声音与食物的松脆程度有紧密的关系。

总之，人类的各种感官是相互作用、相互影响的。在食品感官鉴评实施过程中，应该重视它们之间的相互影响对鉴评结果所产生的影响，以获得更加准确的鉴评结果。

小结

食品感官评价以人的感觉为基础。因此，在食品感官评价前，必须十分了解人的感觉属性和食品的感官属性。此外，食品感官评价结果不但要受客观条件的影响，也要受主观条件的影响。食品感官分析的客观条件包括外部环境条件和样品的制备过程，而主观条件则涉及参与感官评价实验人员的基本条件、素质、心理和生理等。因此，在食品感官评价过程中，外部环境条件、样品制备和参与实验的评价员是实验得以顺利进行并获得理想结果的三个必备要素，三个要素可以单独影响食品感官评价，同时，也产生相互协同作用影响食品感官评价。只有在控制得当的外部环境条件中，经过精心制备测试样品和参与实验的评价员的密切配合，才能取得可靠而且重现性强的客观评定结果。

思考题

1．感觉的概念、属性、特性和影响因素。

（提示：感觉是生物认识客观世界的本能；属性：4个；特性：6个；影响因素：几种现象，外界因素、因人而异。）

2．食品的感官属性。

（提示：①外观；②风味；③香气与滋味；④浓度、黏度与质构；⑤声音。）

3．影响食品感官的生理学因素和心理学因素。

（提示：生理学因素5项，心理学因素10项。）

4．味觉产生的机制，嗅觉的产生机制。

（提示：味觉，定味基和助味理论、生物酶理论、物理吸附理论、化学反应理论等；嗅觉，化学学说、振动学说和酶学说。）

第 3 章 食品感官评价的条件

食品感官评价以人作为测量工具，而人是主动、开放、发展和变化的生物体系，其评定结果易受生理、心理和环境等多种因素的影响。影响食品感官评价的因素包括客观因素和主观因素，客观因素包括外部环境条件和样品的制备及呈送，而主观因素则涉及参与食品感官评价的评价员的基本条件和素质。

为了保证评价员的评定结果敏锐、可靠和有效，食品感官评价一定要按照过程控制/程序控制的思想，规范食品感官评价实施的关键过程要素。因此，对于食品感官评价试验，外部环境条件、参与试验的评价员、样品的制备和呈送是试验得以顺利进行并获得理想结果的必备条件。只有在控制得当的外部环境条件中，通过精心制备所试样品和参与试验的评价员的密切配合，才能取得可靠而且重现性强的评定结果。

第一节　食品感官评价实验室的要求和设置

食品感官评价实验室是进行样品制备、感官评价、结果评定与讨论等重要活动的场所，其环境条件对食品感官评价有很大的影响，主要体现在对评价员的生理、心理上的影响和对样品品质的影响。食品感官评价实验室应保证感官评价在已知和最小干扰的可控条件下进行，减少生理因素和心理因素对评价员判断的影响，尽可能地将食品感官评价实验室的环境因素标准化，才能够保证感官评价小组得出的可靠的评定结果。目前，规范的食品感官评价实验室应按照 GB/T 13868—2009《感官分析　建立感官评价实验室的一般导则》或 ISO8589—2007 *Sensory Analysis-General Guidance for the Design of Test Room* 建设。

一、一般要求

食品感官评价实验室宜建在感官评价员易于到达的地方，且除非采取了减少噪声和干扰的措施，应避免在交通流量大的地段（如餐厅附近）。同时还应考虑采取合理措施以使特定感官评价员（如残疾人）易于到达。设计食品感官评价实验室时，一般要考虑噪声、振动、室温、湿度、色彩、气味、气压等因素可能导致评价员精力分散及产生身体不适或心理变化，影响评定结果的准确性和可靠性。

二、功能要求

食品感官评价实验室至少由两个基本部分组成，即进行食品感官评价的样品检验区和制备评定样品的制备区。若条件允许，也可设置一些附属部分，如办公室、休息室、更衣室、盥洗室、样品贮藏室等。食品感官评价实验室的布局示意图见图 3-1 至图 3-4。评价员在进入评定间之前，感官评价实验室最好能有一个集合或等待的区域，此区域应易于清洁以保证良好的卫生状况。

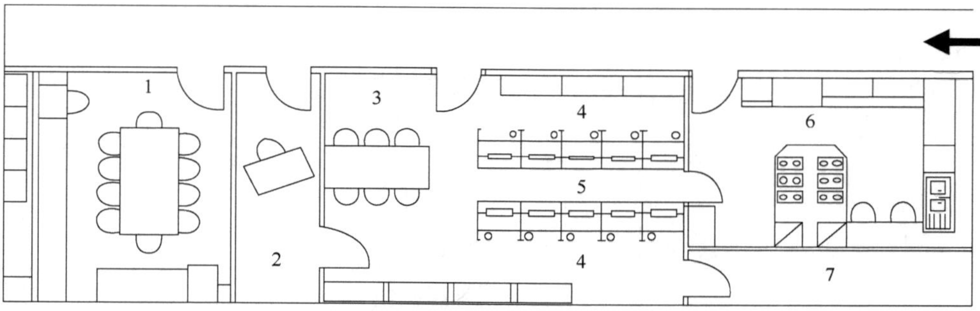

图 3-1　感官评价实验室平面图示例 1（引自 GB/T 13868—2009）

1. 会议室；2. 办公室；3. 集体工作区；4. 评价小间；5. 样品分发区；6. 样品藏室；7. 贮藏室

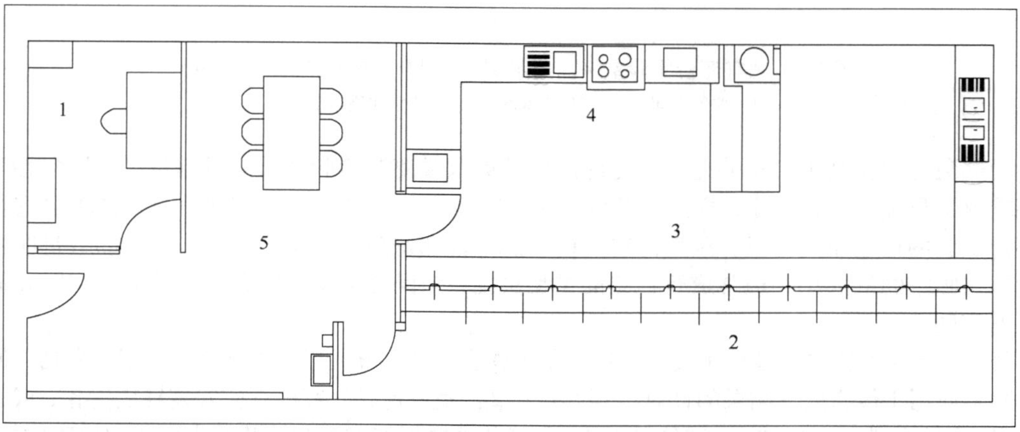

图 3-2　感官评价实验室平面图示例 2（引自 GB/T 13868—2009）

1. 办公室；2. 评价小间；3. 样品分发区；4. 样品制备区；5. 会议室和集体工作区

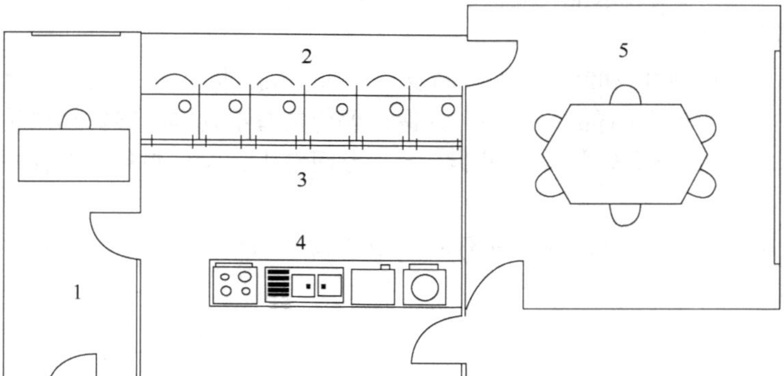

图 3-3　感官评价实验室平面图示例 3（引自 GB/T 13868—2009）

1. 办公室；2. 评价小间；3. 样品分发区；4. 样品制备区；5. 会议室和集体工作区

（一）样品检验区（评定区）

样品检验区是感官评价员进行感官评价的场所，也是感官评价实验室的核心部分。样品检验区应紧邻样品制备区，以便于提供样品，但两个区域应隔开，以减少气味和噪声等干扰。

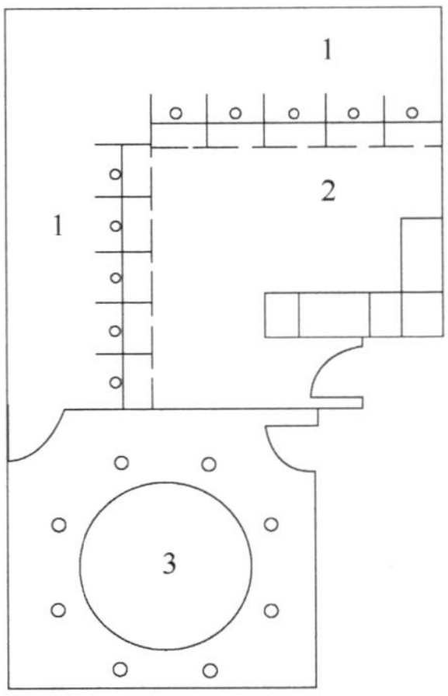

图 3-4　感官评价实验室平面图示例 4（引自 GB/T 13868—2009）

1. 评价小间；2. 样品制备区；3. 会议室和集体工作区

为避免对检验结果带来偏差，不允许评价员进入或离开检验区时穿过制备区。许多感官评价要求评价员独立进行评定，样品检验区通常由多个只能容纳一名感官评价员在内独自进行感官评价试验的评定小间构成，减少评定过程中的干扰和避免相互交流。评定小间的数量应根据检验区实际空间的大小和通常进行检验的类型决定，并保证检验区内有足够的活动空间和提供样品的空间。

每一评定小间内应设置以下几个空间。①工作台：应足够大以能放下评定样品、器皿、回答表格和笔或用于传递回答结果的计算机等设备；②舒适的座位：座椅下应安装橡皮滑轮，或将座位固定，以防移动时发出响声；③信号系统：使评价员在做好准备和检验结束可通知检验主持人，特别是制备区与检验区有隔墙分开时尤为重要；④漱口设施：一般为水池或痰盂，并应备有有盖的漱口杯和漱口剂；如果安装水池，应控制水温、水的气味和水的响声；⑤数字或符号标识：方便感官评价员识别就座。

若评定小间是沿着检验区和制备区的隔断设立，则应在隔断上开一个窗口以传递样品（图 3-5 和图 3-6）。窗口的设计应便于样品的传递，并保证评价员看不到样品准备和样品编号的过程，同时安装静音的滑动门或上下翻转门等（图 3-7）。为方便使用，应在制备区沿着评定小间外壁安装工作台。

推荐使用固定的评定小间，若条件有限，也可使用临时的、移动的评定小间（图 3-8 和图 3-9）。

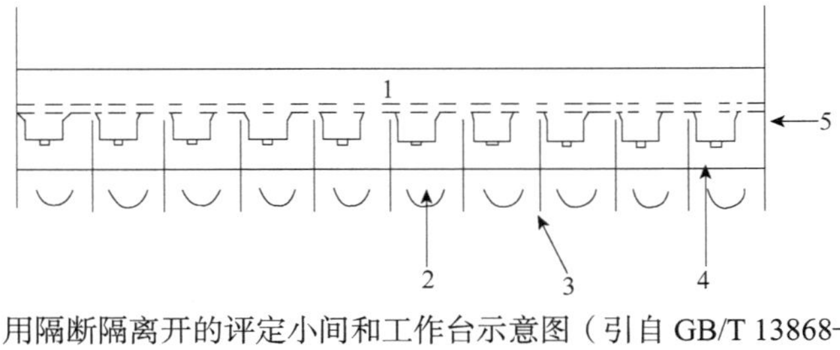

图 3-5　用隔断隔离开的评定小间和工作台示意图（引自 GB/T 13868—2009）

1. 工作台；2. 评价小间；3. 隔板；4. 小窗；5. 开有样品传递窗口的隔断

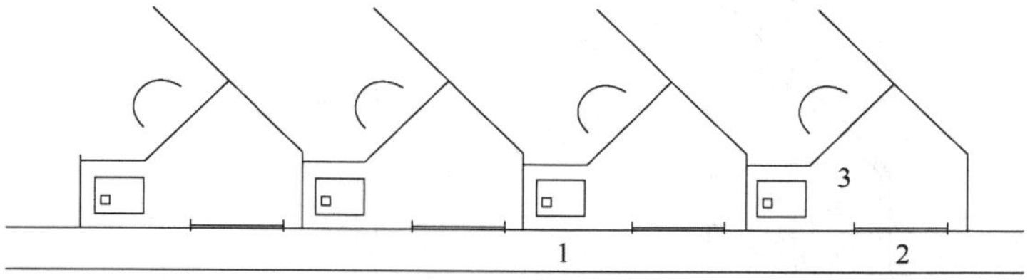

图 3-6　人字形评定小间（引自 GB/T 13868—2009）

1. 工作台；2. 窗口；3. 水池

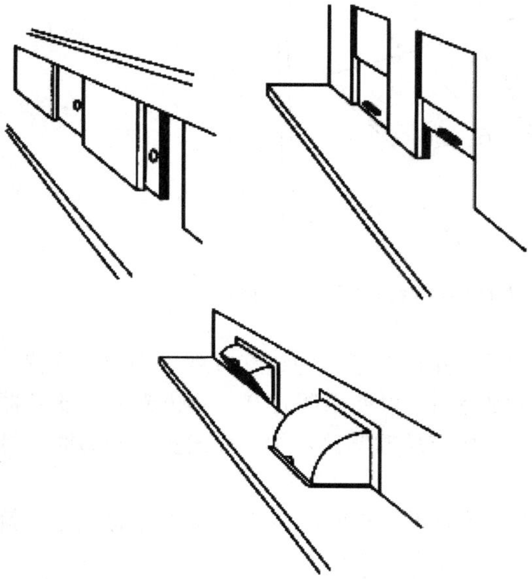

图 3-7　传递样品窗口的式样（引自 GB/T 13868—2009）

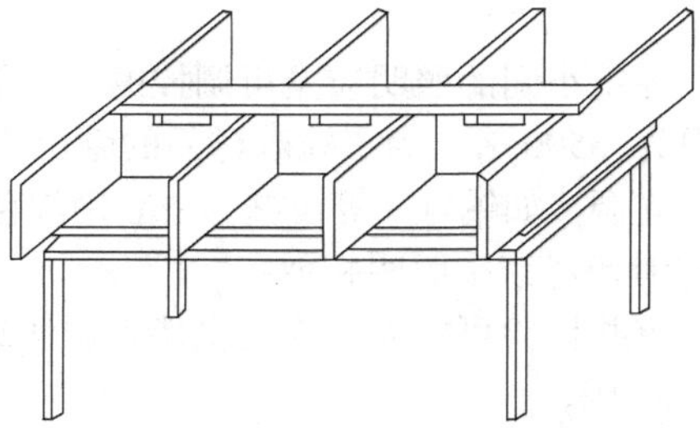

图 3-8　带有可拆卸隔板的桌子（引自 GB/T 13868—2009）

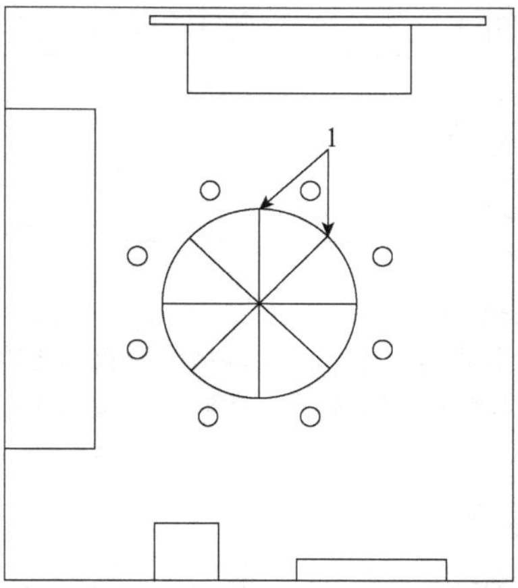

图 3-9　用于个人检验或集体工作的带有可拆卸隔板的桌子（引自 GB/T 13868—2009）

1. 可拆卸的隔板

评定小间尺寸应保证评价员舒适地进行评定，既互不干扰，又应节省空间。推荐隔档工作区长 900 mm，工作台宽 600 mm，工作台高 720～760 mm，座高 427 mm，两隔板之间距离为 900 mm。隔档设计见图 3-10。

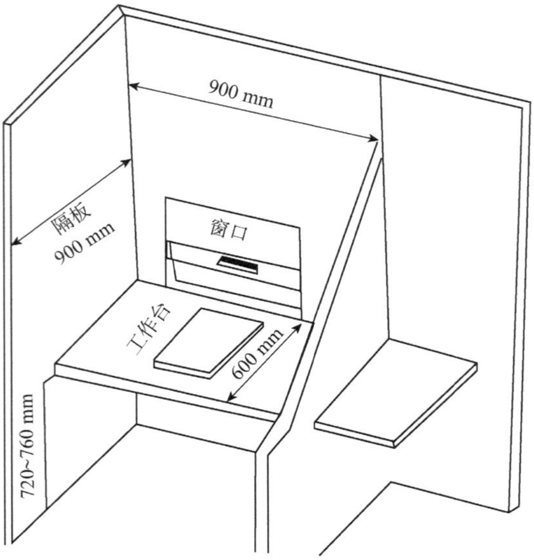

图 3-10　评定小间的尺寸设计（引自徐树来和王永华，2009）

评定小间的照明应是可调控的、无影的和均匀的，并且有足够的亮度以利于评定，推荐灯的色温为 6500 K。为了掩蔽样品的颜色或其他特性的差别，可使用调光器、彩色光源、滤色器、单一光源（如钠灯）等设施。一般用红色或绿色来掩蔽样品的颜色差别。在消费者检验时，灯光应与消费者家中照明相似。

有些检验可能需要检验主持人现场观察和监督，此时可在检验区设立坐席供检验主持人就座（图 3-11）。

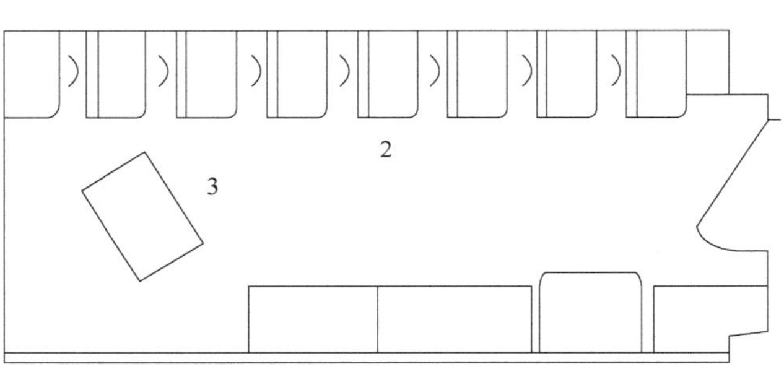

图 3-11　设立检验主持人座位的检验区（引自 GB/T 13868—2009）

1. 横向布置的评定小间；2. 分发区；3. 检验主持人座位

（二）样品制备区（准备区）

样品制备区是准备试验样品的场所，其功能类似于整体厨房，要求布局合理，使样品的准备工作便捷高效。样品制备区内应配备：工作台；水池；用于制备样品的必要设备（容器、盘子、天平等）；用于样品的烹调、烹调的控制、保存及清洁的必要电器设备（如炊具、烤箱、温度控制器、冰箱、冷冻机、洗碗机等）；仓储设施及辅助设施。用于制备和保存样品的器具和设施应采用无味、无吸附性的惰性材料制成，并未被污染。制备区还应充分重视样品制备区的通风性能，防止制备过程中样品的气味传入检验区。

样品制备区应靠近检验区，但应避免评价员进入检验区时看到样品的制备过程，更不允许评价员进入检验区，防止评价员得到一些片面的、不正确的信息，影响其感官响应和判断。

样品制备区工作人员应是经过一定培训，具有常规化学实验室工作能力、熟悉食品感官评价有关要求和规定的人员。

（三）集体工作区

集体工作区是评价员集体工作的场所。它用于评价员之间的讨论，也用于评价员的培训、授课等。

集体工作区应设一张大型桌子及 5～10 把舒适的椅子。桌子应较宽大，能放下每位评价员的检验用具及样品。桌子应配有可拆卸的隔板，使评价员相互隔开，单独评定。集体工作区应配有黑板及图表，用以记录讨论要点。若条件允许，可配置投影仪等设备。

集体工作区一般设在检验区内，但也可设在单独房间内。

（四）办公室

办公室主要是感官分析师的办公场所，一般配置常用办公设备，使感官分析师能进行评定表单的设计、数据的统计分析、感官评价报告的撰写等工作，以及讨论试验方案和评定结果、征求意见反馈等。有条件的办公室可配置网络终端与评定小间的计算机相连，方便感官分析师随时在线察看评定过程的进展情况。

（五）辅助区

如果有条件，可在检验区附近建立休息室、更衣室和盥洗室。

三、环境要求

建立食品感官评价实验室时，应尽量创造有利于感官检验顺利进行和评价员正常评定的良好环境，设置应尽可能减小评价员的偏见，提高他们的敏感性，并消除样品以外的所有差异，减少外界因素对感官评价员的干扰，尽量减少评价员的精力分散及可能引起的身体不适或心理因素的变化，避免判断上产生错觉。规范的样品检验区应对温度、湿度、噪声、气味、室内颜色装饰及采光照明等环境条件有严格的要求和控制。

1. 温度和相对湿度

当处于不合适的温度和相对湿度环境中时，不仅会给评价员带来不适感，而且会对嗅觉、味觉等感官感觉能力有较大影响。除非样品评定有特殊条件要求，检验区的温度和相对湿度都应尽量让评价员感到舒适。检验区的温度和相对湿度应是可控和适宜的，一般检验区室温保持在 20～25℃，相对湿度控制在 50%～60%。

2. 噪声

噪声会影响人的听力，使人的血压上升，呼吸困难，唾液分泌减退；令人产生不快感、焦躁感，注意力下降，工作效率下降等。感官评价实验室宜使用降噪地板，最大限度地降低因步行或移动物体等产生的噪声。感官评价实验室在检验期间应控制噪声，可采用隔离声源、吸音处理、遮音处理、防震处理等方法将噪声控制在 40 dB 以下。

3. 气味

外来气味会干扰评价员对样品的评定，食品感官评价检验区的环境必须是无味的。检验区的建筑材料、内部设施和清洁器具均应无味、不吸附和散发气味。有些食品本身带有挥发性气味，加上试验人员的活动，检验区易产生和存在异味。检验区应采用装有过滤装置的换气设备来净化空气，如安装可定期更换的活性炭过滤器。需要时可在检验区增大大气压强以减少外界气味的侵入，但不能使评价员感觉到有风。空气流速应小于 0.3 m/s，每分钟换气量一般为室内容积的 2 倍。检验区的建筑材料应易于清洁，不吸附和不散发气味。检验区内的设施和装置（如地毯、椅子等）也不应散发气味干扰评定。根据实验室用途，应尽量减少使用织物，因其易吸附气味且难以清洗。使用的清洁剂在检验区内不应留下气味。

4. 室内颜色装饰

检验区的色彩应适应人的视觉特点，不仅要有助于改善采光照明的效果，更要有助于消除疲劳，避免使人产生郁闷情绪。检验区墙壁、地板和内部设施的颜色应为中性色，采用稳重、柔和的颜色，以免影响检验样品。推荐使用乳白色或中性浅灰色（地板和椅子可适当使用暗色），其颜色不能影响到被检样品的色泽。

5. 采光照明

采光照明会影响样品的颜色及外观的评定，感官评价中采光照明的来源、类型和强度非常重要。检验区的采光照明应是可调控的、无影的和均匀的，并且有足够的亮度以利于评定。自然采光时，光线变化很大，因此应适当采用窗帘和百叶窗调节光线。人工照明主要使用白炽灯和荧光灯，灯的色温为 6500 K。检验区的适宜照度为 200～400 lx，分析样品外观或色泽时需要的照度可达 1000 lx。

进行产品或材料的颜色评定时，评定小间的特殊照明尤其重要。为掩蔽样品不必要的、非检验变量的颜色或视觉差异，可能需要特殊照明设施，包括调光器、彩色光源、滤光器、黑光灯、单色光源（如钠光灯）等。

在消费者检验中，通常选用日常使用产品时类似的照明。感官评价实验中所需照明的类型应根据具体感官评价的方法而定。

第二节　食品感官评价小组的建立与维护

食品感官评价是在科学、有效的组织下进行的以人作为测量仪器的试验活动，评价员在试验中起着至关重要的作用。参加试验的评价员必须具有敏感的生理感觉能力和良好的评定心理，才能取得可靠而且重现性强的客观评定结果。由于个体感官灵敏性差异较大，而且有许多因素会影响到感官灵敏性的正常发挥，因此，食品感官评价员的选择和训练，是使感官评价试验结果可靠和稳定的首要条件。

食品感官评价试验主要包括差别检验法、描述分析法和消费者情感检验，各类试验对评价员的要求不完全相同。感官评价员按照在感官评价上的经验及相应训练层次的不同，可分为以下 5 类。

1. 消费者型

消费者型感官评价员由不同类型的消费者代表组成，是代表性最广泛的一类。消费者型感官评价员仅从自身的主观愿望出发，评定是否喜爱或接受所试验的产品及喜爱和接受的程度，而不对产品的具体属性或属性间的差别进行评定。

2. 无经验型

无经验型感官评价员一般在感官评价实验室小范围内，由与所评定产品有关的人员组成，无需经过特定的筛选和训练程序，根据情况轮流参加感官评价试验。这一类评价员也只对产品的喜爱和接受程度进行评定，但代表性不及消费者型。

3. 有经验型

有经验型感官评价员需通过感官评价员筛选测试，并具有一定分辨差别能力。他们可以专业从事差别类试验，但是要经常参加有关的差别试验，以保持分辨差别的能力。

4. 训练型

训练型感官评价员是有经验型感官评价员经过进一步筛选和训练后的评价员，具有描述产品感官特性及特性差别的能力，专门从事对产品感官特性的评定。训练型感官评价员语言表达能力较强，专门从事对产品感官特性的评定。

5. 专家型

专家型感官评价员是感官评价员中层次最高的一类，专门从事产品质量控制、评估产品特定属性与记忆中该属性标准之间差别、评选优质产品等工作。此类评价员数量最少而且不容易培养，如专业的品酒师、品茶师等。他们不仅需要积累多年专业工作经验和感官评价经历，而且需要在特性感觉上具有一定的天赋，在特征表述上具有突出的能力。

由于各种因素的限制，通常建立在感官实验基础上的感官评价员组织，都不包括专家型和消费者型，只考虑上述其他三类人员。

食品感官评价小组的建立与维护一般依据图 3-12 的流程进行。

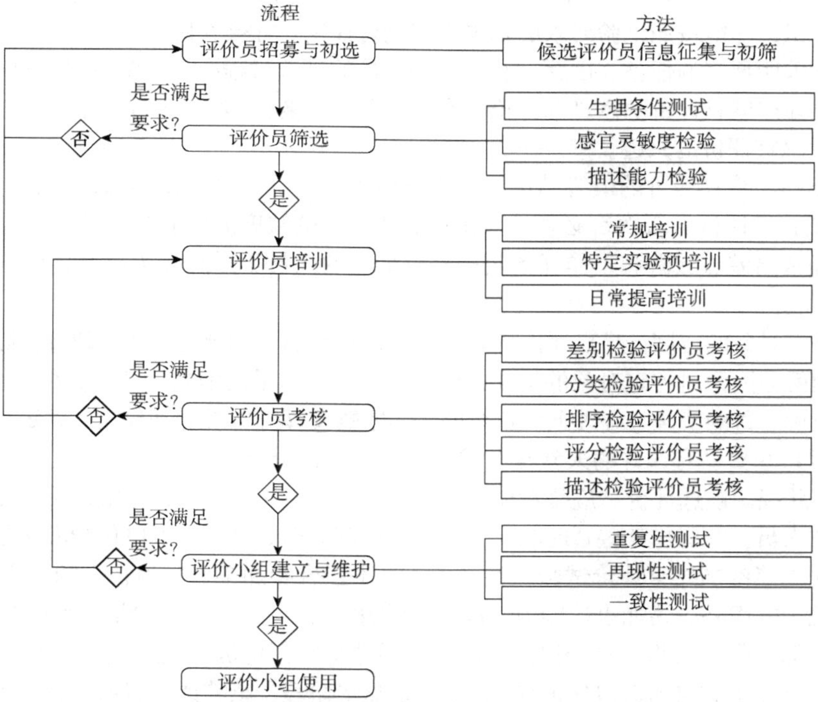

图 3-12　评定小组建立与维护流程图（引自赵镭和刘文，2011）

一、感官评价员的招募与初选

招募评价员是建立感官评价小组的重要基础工作，通过候选评价员自己填写清晰明了的调查表，以及经验丰富的感官评价人员对其进行面试，收集候选评价员的信息，再对候选评价员进行考察，从中选出最适合评定样品或参加培训的人员作为感官评价员。招募评价员建立感官评价小组时需要考虑以下三个问题：在哪里寻找组成该小组的人员、需要招募多少人员及如何挑选评价人员。

候选评价员的招募方式主要有三种：内部招募、外部招募和混合评定小组。内部招募是从办公室、工厂或实验室职员中招募评价员，但是建议避免那些与被测样品密切相关的人员，特别是技术和销售人员加入，因为他们可能造成结果偏离。外部招募是从单位外部招募，常用的招募方式有：①通过在当地出版社、专业刊物或在免费报刊等上的分类广告招募等（此种情况下，会有各类人员应聘，必须做初步筛选）；②通过调查机构，这些机构能够提供可能感兴趣的候选人的姓名和联系方式；③内部“消费者”档案，来自广告宣传活动或产品投诉记录；④单位来访人员；⑤个人推荐。混合评定小组由内部和外部招募人员以不同比例组成。

单位的经济状况和要求、需进行测试的类型和频度、是否有必要对结果进行统计分析等因素会对招募人数产生影响。经验表明，招募后由于味觉灵敏度、身体状况等原因，选拔过程中大约要淘汰一半人，需要招募人数至少是最后实际组成评定小组人数的2～3倍。例如，为了组成10个人的评定小组，需要招募40人，挑选20人。为了特定的目的，需要更高水平的招募。

尽管不同类型的感官评价试验方法对评价员要求不完全相同，但下列几个因素在挑选各类型感官评价员时是必须考虑的。

（1）兴趣。兴趣是挑选候选评价员的前提条件。只有对感官评价有兴趣的人才能认真学习感官评价相关知识，才能按照试验要求的基本操作进行评定，才会在感官评价试验中集中注意力，并圆满完成试验所规定的任务。因此，在候选评价员的挑选过程中，组织者要通过一定的方式，让候选评价员知道感官评价的意义和评价员在试验中的重要性。组织者要收集反馈信息并判断各候选评价员对感官评价的兴趣。

（2）可用性。感官评价的最终结论是评定小组中各个评价员评定结果的综合，感官评价试验要求参加试验的评价员每次都必须按时出席，评价员的缺席或实验过程的不完整都会对结果产生影响。经常出差、旅游和工作任务较多难以抽身的人员不适宜作为感官评价试验的候选评价员。

（3）对评定对象的态度。感官评价员必须客观地对待所有的评定对象，即要去除对评定对象的好恶，否则就会因为对评定对象的偏爱或厌恶造成评定结果的偏差。只有那些无偏见、适应能力强、动机正确、目的明确、心理上无负担的人，才能发挥好主观能动作用，评定结果的可靠性才会提高。对某些食品有偏好的人常常会成为好的描述性分析评价员。

（4）健康状况。候选评价员应是身体健康、感官正常、无病痛、无过敏症及未服用影响感官灵敏度药物的人员。感冒或某些暂时状态（如短期过度疲劳、妊娠）不应作为淘汰候选评价员的理由，但暂时不能参加感官评价试验。戴义齿人员不适合参加某些质地特性的感官评价。

除上述几个方面外，诸如表达能力、职业、教育程度、工作经历、感官评价的经验、年龄、性别、宗教信仰、是否吸烟、是否酗酒等因素在挑选感官评价员时也应充分考虑。

感官评价员的招募与初选包括报名、填表、面试等阶段，感官评价试验组织者可以通过发放问卷或面谈的方式获得候选者的信息，目的是淘汰明显不适合做感官评价员的候选者。

问卷要精心设计，不但要求包含候选评价员选择时所应该考虑的各种因素，而且要能够通过答卷人的回答获得准确信息。调查问卷的设计一般要满足以下几个方面的要求：问卷应能提供尽量多的信息，问卷应能满足组织者的需求，问卷应能初步识别合格与不合格人选，问卷应通俗易懂、容易理解，问卷应容易回答。

感官评价试验组织者和候选评价员之间的面谈能够得到更多的信息。这种双向交流中，组织者可以收集问卷调查单中没有或者不能反映的问题，从而可获取更丰富的信息，而候选评价员也可以询问相关的问题。面谈应以感官评价组织者的精心准备和其所拥有的感官评价知识及经验为基础，否则很难达到预期的效果。为了使面谈更富有成效，应注意以下几点：①组织者应具有感官评价的专业知识和丰富的经验；②面谈之前，组织者应准备所有的要询问的问题要点；③面谈应在轻松融洽的气氛下进行；④组织者应认真听取并做记录；⑤问题应遵循一定的逻辑性，避免随意发问。

以下为感官评价员初选常用表举例（表 3-1～表 3-3）。

表 3-1　风味评价员筛选调查表（引自马永强等，2005）

个人情况：

姓名________________________

地址________________________

联系电话________________________

你从哪里获知我们这个项目的？

____

时间：

1. 一般来说，从周一到周五，你哪一天没有空余时间？

____

2. 从×月×日到×月×日之间，你要外出么？外出多长时间？

____

健康状况：

1. 你有下列情况吗？

义齿________________________

糖尿病________________________

口腔或牙龈疾病________________________

低血糖________________________

食物过敏________________________

高血压________________________

2. 你是否在服用对感官有影响的药物，尤其对味觉和嗅觉？

____

饮食习惯：

1. 你目前正在限制饮食吗？如果有，是哪一种食物？

____

2. 你每个月有几次外出就餐？________________________

3. 你每个月有几次只吃速冻食品？________________________

4. 你每个月吃几次快餐？________________________

5. 你最喜欢的食物是什么？________________________

6. 你最不喜欢的食物是什么？________________________

7. 你不能吃什么食物？________________________

8. 你不愿意吃什么食物？________________________

9. 你认为你的味觉和嗅觉的辨别能力如何？

	嗅觉	味觉
高于平均水平	________	________
平均水平	________	________
低于平均水平	________	________

10. 你目前的家庭成员中有人在食品公司工作吗？________________

11. 你目前的家庭成员中有人在广告公司或市场研究机构工作吗？________________

风味小测验：

1. 如果一种配方需要橘子香味物质，而你手头又没有，你会用什么来替代？

2. 有哪些食物吃起来感觉像酸奶？

3. 为什么往肉汁里加咖啡会使其风味更好？

4. 你怎样描述风味和香味之间的区别？

5. 你怎样描述风味和质地之间的区别？

6. 用于描述啤酒的最合适的词语（一个字或两个字）？

7. 请对酱油的风味进行描述。

8. 请对可乐的风味进行描述。

9. 请对香肠的风味进行描述。

10. 请对苏打饼干的风味进行描述。

表 3-2　口感、质地评价员筛选调查表（引自马永强等，2005）

个人情况：

姓名________________

地址________________

联系电话________________

你从哪里获知我们这个项目的？

时间：

1. 一般来说，从周一到周五，你哪一天没有空余时间？

2. 从×月×日到×月×日之间，你要外出么？外出多长时间？

健康状况：

1. 你有下列情况吗？

义齿

糖尿病

口腔或牙龈疾病

低血糖

食物过敏

高血压

2. 你是否在服用对感官有影响的药物，尤其对味觉和嗅觉？

饮食习惯：

1. 你目前正在限制饮食吗？如果有，是哪一种食物？

2. 你每个月有几次外出就餐？

3. 你每个月有几次只吃速冻食品？

4. 你每个月吃几次快餐？

5. 你最喜欢的食物是什么？

6. 你最不喜欢的食物是什么？

7. 你不能吃什么食物？

8. 你不愿意吃什么食物？

9. 你认为你的味觉和嗅觉的辨别能力如何？

	嗅觉	味觉
高于平均水平		
平均水平		
低于平均水平		

10. 你目前的家庭成员中有人在食品公司工作吗？

11. 你目前的家庭成员中有人在广告公司或市场研究机构工作吗？

质地小测验：

1. 你如何描述风味和质地之间的不同？

2. 请在一般意义上描述一下食品的质地。

3. 请描述一下咀嚼食品时能够感受到的比较明显的几个特性。

4. 请对食品中的颗粒做一下描述。______________________________

5. 描述一下脆性和易碎性之间的区别。______________________________

6. 马铃薯片的质地特性是什么？______________________________

7. 花生酱的质地特性是什么？______________________________

8. 麦片粥的质地特性是什么？______________________________

9. 面包的质地特性是什么？______________________________

10. 质地对哪一类食品比较重要？______________________________

表 3-3 香味评价员筛选调查表（引自马永强等，2005）

个人情况：

姓名______________________________

地址______________________________

联系电话______________________________

你从哪里获知我们这个项目的？

____

时间：

1. 一般来说，从周一到周五，你哪一天没有空余时间？

____

2. 从×月×日到×月×日之间，你要外出么？外出多长时间？

____

健康状况：

1. 你有下列情况吗？

鼻腔疾病______________________________

低血糖______________________________

过敏______________________________

经常感冒______________________________

2. 你是否在服用一些对感官，尤其是对嗅觉有影响的药物？

____

日常生活习惯：

1. 你使用香水么？______________________________

如果用，是什么牌子？______________________________

2. 你喜欢带香味还是不带香味的香皂、洗涤剂或纤维软化剂？______________________________

原因______________________________

3. 请列出你喜欢的香味样品______

它们的牌子______

4. 请列出你不喜欢的香味样品______

它们的牌子______

5. 哪些气味让你感到恶心？______

怎么恶心？______

6. 你喜欢哪些气味、味道或者香气？______

7. 你认为你辨别气味的能力是

高于平均______平均水平______低于平均______

8. 你目前的家庭成员中是否有人在香皂、食品、个人用品公司或广告公司工作？

______

如果有，是哪一家？______

9. 评价员在评定期间不能用香水，在评定小组成员集合前 1 h 不能吸烟，如果你被选为评价员，你愿意遵守以上规定吗？______

______

香气测验：

1. 如果某种香水类型是“花香”，你还可以用什么词汇来描述它？

______

2. 哪些样品具有植物香气？

______

3. 哪些样品有甜味？

______

4. 哪些气味与“干净”、“新鲜”有关？

______

5. 你怎样描述水果味和柠檬味之间的不同？

______

6. 你用哪些词汇描述男用香水和女用香水的不同？

______

7. 哪些词语可以用来描述一篮刚洗过的衣物的气味？

______

8. 请你描述一下面包坊里的气味。

______

9. 请你描述一下一种液体厨具洗涤剂的气味。

______

10. 请你描述一下块状香皂的气味。

______

11. 请你描述一下地下室的气味。

______

12. 请你描述一下快餐店里的气味。

______

二、感官评价员的筛选

食品感官评价员的筛选工作要在初步确定候选评价员后，通过一定的筛选试验方法，观察候选评价员是否具有感官评价能力。选择评价员应综合考虑其将要承担的任务类别、面试表现及其潜力，而不仅是当前的表现。获得较高测试成功率的候选评价员理应比其他人更有优势，但那些在重复工作中不断取得进步的候选评价员在培训中可能表现很好。

筛选试验的主要检验内容包括：①对候选评价员感官功能的检验；②对候选评价员感官灵敏度的检验；③对候选评价员描述和表达能力的检验。根据筛选试验的结果获知每个参加筛选评价员在感官评价试验上的能力，从而决定候选评价员是否符合参加感官评价的条件。

（一）感官功能检验

感官评价员应具有正常的感官功能，每个候选评价员首先确定其感官功能，如视觉、嗅觉、味觉等是否有缺陷或缺失，然后利用匹配检验来测定其感官识别能力。匹配检验是制备明显高于阈值水平的有味道和（或）气味的物质样品（表 3-4 和表 3-5），每个样品都编上不同的三位数随机编码。每种类型的样品提供一个给候选评价员，让其熟悉这些样品，相同的样品标上不同的编码后，将原样品数量 2 倍的新样品提供给候选评价员，要求他们再与原来的样品一一匹配。样品的浓度不能高至产生很强的遗留作用，从而影响以后的检验。品尝不同样品时应用无味无嗅的水来漱口。

表 3-4　味觉匹配检验的物质示例（引自 GB/T 16291.1—2012）

味觉	物质	室温下水溶液/（g/L）
甜	蔗糖	16
酸	酒石酸或柠檬酸	1
苦	咖啡因	0.5
咸	氯化钠	5
涩	鞣酸[a]	1
	或槲皮素	0.5
	或硫酸铝钾（明矾）	0.5
金属味	水合硫酸亚铁（$FeSO_4 \cdot 7H_2O$）[b]	0.01

a．此物质不易溶于水。

b．为避免由于氧化作用而出现黄色显色作用，需要用中性或弱酸性水配制新溶液。如果出现黄色显色作用，将溶液在密闭不透明容器内或在暗光或有色光下保存。

表 3-5　嗅觉匹配检验的物质示例（引自 GB/T 16291.1—2012）

气味	物质	室温下乙醇溶液[a]/（g/L）	气味	物质	室温下乙醇溶液[a]/（g/L）
鲜柠檬	柠檬醛（$C_{10}H_{16}O$）	1×10^{-3}	百里香	百里酚（$C_{10}H_{14}O$）	5×10^{-4}
香子兰	香草醛（$C_8H_8O_3$）	1×10^{-3}	花卉、山谷百合、茉莉	乙酸苄酯（$C_9H_{10}O_2$）	1×10^{-3}

a．原液用乙醇配制，配制后用水稀释，且乙醇含量（体积分数）不超过 20%。

一般来说，如果候选评价员对这些物质和浓度的正确匹配率低于 80%，则不能作为优选评价员。最好能对样品产生的感觉作出正确描述，但这是次要的。

（二）感官灵敏度的测试

确定候选者具有正常的感官功能后，应对其进行感官灵敏度的测试。感官评价员不仅应能够区别不同样品之间的性质差异，而且应能够区别相同样品某项性能的差别程度或强弱。

1．刺激物识别测试

刺激物识别测试通过三点检验（见 GB/T 12311—2012 或本书三点检验的章节）进行。按表 3-6 配置几种不同感官特性的样品，每次测试一种被检材料，向每位候选评价员提供两份被检材料样品和一份水或其他中性介质的样品，或者一份被检材料样品和两份水或其他中性介质样品。被检材料的浓度和中性介质（如果使用），由组织者根据候选评价员参加的评定类型来选择。最佳候选评价员应能够 100%正确识别。经过几次重复检验候选评价员还不能识别出差异，则表明其不适于这种检验工作。

表 3-6　刺激物识别测试常用材料示例（引自 GB/T 16291.1—2012）

材料	常温下水溶液浓度	材料	常温下水溶液浓度
咖啡因	0.27 g/L	蔗糖	12.00 g/L
柠檬酸	0.60 g/L	顺-3-烯醇	0.40 mL/L
氯化钠	2.00 g/L		

2．刺激物强度水平之间辨别测试

刺激物强度水平之间辨别测试通过排序检验（见 GB/T 12315—2008 或本书排序检验的章节）进行，用来说明候选评价员在所试物质特定强度下的辨别能力。按表 3-7 将几种不同感官特性的材料分别制备 4 个浓度的样品，每个样品用随机三位数字编码，然后将 4 个具有不同感官特性强度的样品以随机的顺序提供给候选评价员，要求他们以感官特性强度递增的顺序将样品排序。应以相同的顺序向所有候选评价员提供样品，以保证候选评价员排序结果的可比性，避免由于提供顺序的不同而造成的影响。对于规定的浓度，候选评价员如果将顺序排错一个以上，则认为其不适合作为该类分析的优选评价员。具体实验时可根据自身要求对推荐使用的材料及其浓度进行适当调整，以确保测试难度适合所选评定小组。

表 3-7　排序检验常用材料示例（引自 GB/T 16291.1—2012）

检验项目	材料	常温下水溶液浓度
味道辨别	柠檬酸	0.1 g/L，0.15 g/L，0.22 g/L，0.34 g/L
气味辨别	乙酸异戊酯	5 mg/kg，10 mg/kg，20 mg/kg，40 mg/kg
质地辨别	适合有关产业的代表性样品（如奶油干酪、果泥、明胶）	质地从硬到软
颜色辨别	布、颜色标度等	同一种颜色强度的排序，如由深红色至浅红色

（三）描述能力测试

对于参加描述性感官评价试验的评价员来说，只有分辨样品之间差别的能力是不够的，他们还应具有对于关键感官性质进行描述的能力，并且能够从量上正确地描述感官强度的不同。表达能力的测试一般是呈送给评价员一系列差别明显的样品，要求评价员对其进行描述。评价员要能够用自己的语言对样品进行描述，这些词语包括化学名词、普通名词或者其他有关词汇等。评价员必须能够用这些词汇描述出 80%的刺激感应，对剩下的那些应该能够用比较一般的、不具有特殊性的词汇进行描述，如甜、咸、酸、涩、一种辣的调料、一种浅黄色的调料等。描述能力测试的目的是检验候选评价员描述感官感觉的能力，可通过气味描述检验和质地描述检验来完成。

1. 气味描述检验

气味描述检验向候选评价员提供5～10种与评定样品相关的嗅闻样品，最好是评定样品的气味特征参比样，用来检验候选评价员描述气味刺激的能力。嗅闻样品应包含一些熟悉的、比较容易识别的样品和一些生疏的、不常见的样品，浓度应在识别阈值之上，但不能比实际样品中的含量高出太多。

样品准备主要有直接法和鼻后法。直接法是使用包含气味的瓶子、嗅条或胶丸；鼻后法是从气体介质中评定气味，如通过放置在口腔中的嗅条或含在嘴中的水溶液评定气味。最常用的方法仍然是通过瓶子评定气味，也可将样品吸收在嗅条上。

一次只提供给候选评价员一个嗅闻样品，要求其描述并记录他们的感受。初次评定后，组织者可主持一次讨论以便引导出更多的描述以充分显示候选评价员描述刺激的能力。气味描述检验常用材料及其描述见表3-8，可根据评定的需求进行选择或调整，与描述语相近似的词汇也可认为是正确答案。

表3-8　气味描述检验常用材料示例（引自GB/T 16291.1—2012）

材料	由气味引起的通常联想物	材料	由气味引起的通常联想物
苯甲醛	苦杏仁、樱桃	茴香脑	茴香
辛烯-3-醇	蘑菇	香兰醛	香子兰
苯-2-乙酸乙酯	花卉	β-紫罗酮	紫罗兰、悬钩子
烯丙基硫醚	大蒜	丁酸	酸败的奶油
樟脑	樟脑、药物	乙酸	醋
薄荷醇	薄荷	乙酸异戊酯	水果、酸水果糖、香蕉、梨
丁子香酚	丁香	二甲基噻吩	烤洋葱

注：可以使用食物产品、调味品、提取液、浸剂或有气味化学物质。

根据下列标准对候选人表现分类：

3分，能正确识别或作出确切描述；
2分，能大体上描述；
1分，讨论之后能识别或作出合适描述；
0分，描述不出。

气味描述测试的候选评价员其得分至少应达到满分的65%，否则不宜做此类检验。

2. 质地描述检验

质地描述检验是检验候选评价员描述不同质地特性的能力。以随机的顺序向候选评价员提供一系列样品，并要求描述这些样品的质地特征。固态样品应加工成大小不同的形状，液体样品应置于不透明的容器内提供。质地描述检验常用材料及其描述见表3-9，可根据评定的需求进行选择或调整，与描述语相近似的词汇也可认为是正确答案。

表3-9　质地描述检验常用材料示例（引自GB/T 16291.1—2012）

材料	由样品引起的对质地的联想	材料	由样品引起的对质地的联想
橙子	多汁、汁胞粒	砂糖	透明的、粗糙的
早餐谷物（玉米片）	酥脆	药用蜀葵调料	黏、有韧性
梨	砂粒结晶质的、硬而粗糙	栗子泥	面糊状

续表

材料	由样品引起的对质地的联想	材料	由样品引起的对质地的联想
粗面粉	有细粒的	太妃糖	胶黏的
二次分离稀奶油	油腻的	枪乌贼（墨鱼）	弹性、有弹力、似橡胶
食用明胶	黏的	芹菜	纤维质
玉米松饼	易粉碎	生胡萝卜	易碎的、硬

根据表现按下列标准对候选评价员分类：

3 分，能正确识别或作出确切描述；
2 分，能大体上描述；
1 分，经过讨论后能识别或作出合适描述；
0 分，描述不出。

质地描述测试的候选评价员其得分至少应达到满分的 65%，否则不适合做此类检验。

三、感官评价员的培训

筛选过关的评价员还要经过感官评价技术、感官评价方法、产品知识等培训，通过培训，感官评价员可以更加熟悉样品和评定技术，可以增强辨别能力，可以使每个人的反应保持稳定，这对于样品的评定结果能否作为依据是非常重要的。

培训的人数应是评定小组最后实际需要人数的 1.5～2 倍。为了保证候选评价员逐步养成感官分析的正确方法，应在标准的感官评价实验室中进行。除了偏爱检验之外，应要求候选评价员在任何时候都要客观评定，不应掺杂个人喜好和厌恶情绪。应对结果进行讨论并给予候选评价员再次评定样品的机会。要求候选评价员在评定之前和评定过程中禁止使用有香味的化妆品，且至少在评定前 60 min 避免接触香烟及其他强烈味道或气味。手上不应留有洗涤剂的残留气味。应向候选评价员强调，如果他们将任何气味带入检测房间，检测可能无效。

（一）感官评价技术的培训

感官评价技术的培训包括认识感官特性的培训、接受感官刺激的培训和使用感官检验设备的培训。

认识感官特性的培训是要使评价员能认识并熟悉各有关感官特性，如颜色、质地、气味、味道、声响等。

接受感官刺激的培训是培训候选评价员正确接受感官刺激的方法。例如，在评定气味时，应浅吸而不应该深吸，并且吸的次数不要太多，以免嗅觉混乱和疲劳。对液体和固态样品，应规范评定时样品的摄入量、样品在嘴中停留的大约时间、咀嚼的次数及是否可以咽下。另外，要培训评价员如何适当地漱口及两次评定之间的时间间隔，以保证感觉的恢复，但要避免因间隔时间过长而失去区别能力。

使用感官检验设备的培训是培训候选评价员正确并熟练使用有关感官检验设备。

（二）感官评价方法的培训

感官评价方法的培训主要包括有差别检验方法的培训、使用标度的培训、设计和使用描述词的培训。

1. 差别检验方法的培训

差别检验方法的培训要使候选评价员学习熟练掌握差别检验的各种方法，包括：成对比较检验、三点检验、"A" - "非 A" 检验等。样品的制备应体现由易到难、循序渐进的原则。例如，有关味道和气味的感官刺激的培训，刺激物最初可由水溶液给出，在有一定经验后可用实际的食品或饮料代替，也可以使用两种成分按不同比例混合的样品。在评定气味和味道差别时，变换与样品的味道和气味无关的样品外观，有助于增加评定的客观性。用于培训和检验的样品应具有市场样品的代表性，同时应尽可能与最终评定的样品相联系。表 3-10 列出了培训阶段中所使用样品的例子。

表 3-10 差别检验方法培训常用材料示例（引自徐树来和王永华，2009）

材料	浓度/（g/L）
蔗糖	16
酒石酸或柠檬酸	1
咖啡因	0.5
氯化钠	5
鞣酸	1
糖精	0.1
硫酸奎宁	0.2
葡萄柚汁	
苹果汁	
黑刺李汁	
冷茶	
蔗糖溶液	10，5，1，0.1
四种浓度蔗糖溶液（浓度同上）分别添加硫酸奎宁（浓度 0.2 g/L）和黑刺李汁	
己醇	0.015
乙酸苯甲酯	0.01
酒石酸加己六醇	分别为 0.3、0.03，或分别为 0.7、0.015
黄色的橙味饮料；橙色的橙味饮料；黄色的柠檬味饮料	
（连续品尝）咖啡因、酒石酸、蔗糖	分别为 0.8、0.4、5
（连续品尝）咖啡因、蔗糖、咖啡因、蔗糖	分别为 0.8、5、1.6、1.5

2. 使用标度的培训

通过按样品的单一特性强度将样品排序的过程给评价员介绍名义标度、顺序标度、等距离标度和比率标度的概念，并使用不同的标度方法给样品赋值。在培训中要强调 "描述" 和 "标度"，在描述评定当中同样重要。让评价员既要注重感官特征，又要注重这些特性的强度，让他们清楚地知道描述评定是使用词汇和数字对样品进行定义和度量的过程。在培训中，最初使用的基液是水，然后引入实际的食品和饮料及混合物。表 3-11 列出了味道和气味培训阶段所使用的材料的例子，最初使用的基液是水，然后可引入实际的食品、饮料及混合物。

表 3-11 标度培训常用材料示例（引自徐树来和王永华，2009）

材料	浓度/（g/L）
柠檬酸	0.4，0.2，0.1，0.05
丁子香酚	1，0.3，0.1，0.03
咖啡因	0.51，0.34，0.22，0.15
酒石酸	0.7，0.4，0.15，0.05

续表

材料	浓度/（g/L）
乙酸乙酯	0.05，0.02，5×10^{-3}，0.5×10^{-3}
不同硬度的豆腐干/乳酪	
果胶冻	
柠檬汁及其稀释液	0.05，0.01
布（辨色）	颜色强度从强到弱（如从深蓝到浅蓝）

3. 设计和使用描述词的培训

通过提供一系列简单样品给评定组，并要求开发描述其感官特性的术语，特别是那些能将样品区别的术语，向评定小组成员介绍质地剖面的概念。术语应由个人提出，然后通过研究讨论并产生一个至少包含 10 个术语且一致同意的可用于评定样品的术语表。培训过程中可向评价员介绍包括外观、风味、口感和质地方面的描述性词汇，并使之与事先准备好的、与这些词汇相对应的一系列参照物，要尽可能多地反映样品之间的差异。同时，向评价员介绍一些感官特性在人体上产生感应的化学和物理原理，从而使评价员有丰富的知识背景，让他们适应各种不同类型样品的感官特性。表 3-12 给出了可用于描述词培训的产品实例。

表 3-12　描述词培训常用材料示例（引自徐树来和王永华，2009）

材料	
市场销售的果汁样品及混合果汁样品	豆腐干/干酪
面包	绞碎的水果或蔬菜

（三）样品知识的培训

通过讲解生产过程或到工厂参观，向评价员提供所需评定样品的基本知识，通常包括：商品学知识，特别是原料、配料和成品的一般的和特殊的质量特征知识；有关技术，特别是会改变样品质量特性的加工和贮藏技术。

四、感官评价员的考核

进行了一个阶段的培训后，需要对评价员进行考核以确定优选评价员的资格。考核主要是检验候选评价员操作的正确性、稳定性和一致性。正确性，即考察每个候选评价员是否能正确地评定样品，如是否能正确区别、正确分类、正确排序、正确评分等。稳定性即考察每个候选评价员对同一组样品先后评定的再现程度。一致性即考察各候选评价员之间是否掌握同一标准作出一致的评定。目前很多专业软件，如 PanelCheck、XLSTAT 等可以对候选评价人员的正确性、稳定性和一致性进行分析。

不同类型的感官评价试验要求评价员具有不同的能力。对于差别检验，要求评价员具有以下能力：区别不同产品之间性质差异的能力；区别相同产品某项性质程度的大小、强弱的能力。对于描述分析试验，要求评价员具有以下能力：对感官性质及其强度进行区别的能力；对感官性质进行描述的能力，包括用语言来描述性质和用标尺描述强度；抽象归纳的能力。被选择作为适合一种目的的评价员不必要求他能适合于其他目的，不适合于某种目的的评价员也不一定不适合于从事其他目的的评定。

（一）差别检验评价员的考核

1）区别能力的考核　　采用三点检验的方法考核评价员的区别能力。使用实验中将要评定的材料样品，提供 3 个一组，共 10 组样品，让候选评价员将每组样品区别开来，根据正确区别的组数，判断候选评价员的区别能力。

2）稳定性考核　　经过一定的时间间隔，再重复进行上述的考核，比较两次正确区别的组数，根据两次正确区别的样品组数的变化情况判断该候选评价员的稳定性。

3）一致性考核　　用同一系列样品组对不同的候选评价员分别进行上述的考核。根据各候选评价员正确区别的样品组数，判断该批候选评价员差别检验的一致性。

（二）分类检验评价员的考核

1）分类正确性考核　　让候选评价员分别评定一组包括感官指标合格与不合格的 P 个样品。合格用数字 0 表示，不合格用数字 1 表示。根据对样品合格与否的分类，考核候选评价员分类的正确性。

2）分类稳定性考核　　经过一段时间，对同一样品组让某一候选评价员重复进行分类正确性考核，然后进行 Mcnemar 检验以考核该候选评价员的分类稳定性。具体作法如下。

（1）对所评定的样品按前后两次检查结果分为（0，0），（1，1），（0，1），（1，0）四类。统计结果为（0，1）的个数记作 m；结果为（1，0）的个数记作 n。

（2）计算概率：

$$P=\sum_{K=0}^{\min(m,n)} C_{m+n}^{K}\left(\frac{1}{2}\right)^{m+n}$$

式中，min（m，n）表示 m 与 n 中的最小者；C_{m+n}^{K} 表示 $m+n$ 个元素中 K 个元素的组合。

（3）若所得概率 P 小于指定的显著性水平，则认为该候选评价员缺乏稳定的判别能力。必须更换或再培训；若所得概率 P 大于指定的显著性水平 α，则认为该候选评价员通过了这次检验。

3）分类一致性考核　　为了评定 q 个评价员对 p 种样品的分类评定是否一致，可使用 Cochran 的 Q 检验，具体做法如下。

（1）对 q 个候选评价员分别进行分类正确性考核，记录结果（表 3-13）。

表 3-13　分类一致性考核结果记录表（引自徐树来和王永华，2009）

评价员	样品					
	1	2	…	$p-1$	p	和
1						T_1
2						T_2
…						…
$q-1$						T_{q-1}
q						T_q
合计	L_1	L_2	…	L_{p-1}	L_p	

（2）计算 Q 值：

$$Q=\frac{q(q-1)\left[\sum_{j=1}^{q}T_j^2-\left(\sum_{j=1}^{q}T_j\right)^2/q\right]}{q\sum_{i=1}^{p}L_i-\sum_{i=1}^{p}L_i^2}$$

（3）将统计量 Q 值与自由度为 $q-1$ 的 χ^2 分布数值比较，若 Q 值大于或等于相应的 χ^2 值则认为这批候选评价员的分类评定显著不一致。若 Q 值小于相应的 χ^2 值则认为这批候选评价员通过了分类一致性检验。

（三）排序检验评价员的考核

1）排序正确性考核　将一系列特性强度已知的样品提供给候选评价员排序，根据候选评价员排序的错误次数，考核其排序的正确性。

2）排序稳定性考核　可用 Spearman 秩相关检验，具体做法如下。

（1）让同一候选评价员在不同的时间对同一系列的 p 个样品排序，记录排序结果（表 3-14）。

表 3-14　排序稳定性考核的结果记录表（引自徐树来和王永华，2009）

秩数 样品 次数	1	2	…	p
第一次	r_{11}	r_{12}	…	r_{1p}
第二次	r_{21}	r_{22}	…	r_{2p}
两次秩数差	d_1	d_2	…	d_p

（2）计算秩相关系数：

$$\rho=1-\frac{6(d_1^2+d_2^2+\cdots+d_p^2)}{p(p^2-1)}$$

（3）根据指定的显著性水平 α 值所对应的 Spearman 秩相关检验临界值表找出相应的临界值 ρ_α。

若 $\rho<\rho_\alpha$，则认为该候选评价员缺乏稳定的判断能力。若 $\rho\geqslant\rho_\alpha$，则认为该候选评价员通过了排序稳定性考核。

3）排序一致性考核　进行 Friedman 检验，具体方法如下。

（1）将 q 个评价员对 p 个样品的评定结果进行记录（表 3-15）。

表 3-15　排序一致性考核的评定结果记录表（引自徐树来和王永华，2009）

秩数 样品 次数	1	2	…	p
1	r_{11}	r_{12}	…	r_{1p}
2	r_{21}	r_{22}	…	r_{2p}
…	…	…	…	…
q	r_{q1}	r_{q2}	…	r_{qp}
秩和	R_1	R_2	…	R_p

（2）计算 F 值

$$F=\frac{12}{qp(p+1)}(R_1^2+R_2^2+\cdots+R_p^2)-3q(p+1)$$

（3）查相应的 Friedman 秩和检验临界值表，找出对应于 p，q 的值 $F_{p,q}(\alpha)$。若 $F\geqslant F_{p,q}(\alpha)$，则可得出各候选评价员的评定基本上是一致的结论。说明他们通过了排序一致性考核。若 $F<F_{p,q}(\alpha)$，则说明他们没有通过排序一致性检验。当评定的样品数 p 或评价员数 q 超过 Friedman 表中 p、q 值时，临

界值可取自由度为 $p-1$ 的 χ^2 分布表中的相应的值。

（四）评分检验评价员的考核

1）**评分区别能力的考核**　对每个评价员评定结果进行方差分析，具体方法如下。

（1）让每个候选评价员给 p 组样品评分，每组由 3 个同种样品组成，各组样品不相同。应按随机次序分发样品。必要时可分几次评定。评定记录如表 3-16。

（2）根据表 3-16 中的值，对 q 个评价员分别计算表 3-17 中的值。

表 3-16　评分记录表（引自徐树来和王永华，2009）

样品组	评价员						总平均
	i		j		q		
	分数	平均	分数	平均	分数	平均	
1	r_{1i1} r_{1i2} r_{1i3}	$\bar{r}_{1i.}$	r_{1j1} r_{1j2} r_{1j3}	$\bar{r}_{1j.}$	r_{1q1} r_{1q2} r_{1q3}	$\bar{r}_{1q.}$	$\bar{r}_{1..}$
2	r_{2i1} r_{2i2} r_{2i3}	$\bar{r}_{2i.}$	r_{2j1} r_{2j2} r_{2j3}	$\bar{r}_{2j.}$	r_{2q1} r_{2q2} r_{2q3}	$\bar{r}_{2q.}$	$\bar{r}_{2..}$
…							
i	r_{ii1} r_{ii2} r_{ii3}	$\bar{r}_{ii.}$	r_{ij1} r_{ij2} r_{ij3}	$\bar{r}_{ij.}$	r_{iq1} r_{iq2} r_{iq3}	$\bar{r}_{iq.}$	$\bar{r}_{i..}$
…							
p	r_{pi1} r_{pi2} r_{pi3}	$\bar{r}_{pi.}$	r_{pj1} r_{pj2} r_{pj3}	$\bar{r}_{pj.}$	r_{pq1} r_{pq2} r_{pq3}	$\bar{r}_{pq.}$	$\bar{r}_{p..}$
平均	$\bar{r}_{.i.}$		$\bar{r}_{.j.}$				$\bar{r}_{...}$

表 3-17　结果计算值（引自徐树来和王永华，2009）

自由度（v）	平方和（SS）	均方（MS）	F
样品之间 $v_1=p-1$	$SS_1=3\sum_{i=1}^{p}(\bar{r}_{ij.}-\bar{r}_{.j.})^2$	$MS_1=SS_1/v_1$	$F=MS_1/MS_2$
残差 $v_2=p(3-1)$	$SS_2=\sum_{i=1}^{p}\sum_{k=1}^{3}(\bar{r}_{ijk}-\bar{r}_{ij.})^2$	$MS_2=SS_2/v_2$	
总和 $v_3=3p-1$	$SS_3=\sum_{i=1}^{p}\sum_{k=1}^{3}(\bar{r}_{ijk}-\bar{r}_{.j.})^2$	$MS_3=SS_3/v_3$	

（3）查 F 临界值表，找出对应于自由度为（v_1v_2）显著性水平为 α 的 F 值 F_α（v_1v_2）。若 $F<F_\alpha$（v_1v_2）则认为候选评价员对样品的评定缺乏区别能力。若 $F\geqslant F_\alpha$（v_1v_2）则认为该候选评价员对样品具有一定的评分区别能力。

2）**评分稳定性考核**　MS_2 见表 3-17，根据 MS_2 值的大小判断该候选评价员评分稳定性程度，其值越大说明其评分稳定性越差。

3）**评分一致性考核**　对全部评定结果作两种方式分组的方差分析，具体作法如下。

（1）将 q 个评价员的评定结果汇集如表 3-16。然后计算表 3-17 和表 3-18 中的值。

表 3-18　结果计算值（引自徐树来和王永华，2009）

自由度（v）	平方和（SS）	均方（MS）	F
样品之间 $v_4=p-1$	$SS_4=3q\sum_{i=1}^{p}(\overline{r}_{i..}-\overline{r}_{...})^2$	$MS_4=SS_4/v_4$	
评价员之间 $v_5=q-1$	$SS_5=3q\sum_{j=1}^{p}(\overline{r}_{j.}-\overline{r}_{n})^2$	$MS_5=SS_5/v_5$	$F_2=MS_5/MS_7$
交互作用 $v_6=(p-1)(q-1)$	$SS_6=3\sum_{i=1}^{p}\sum_{j=1}^{q}(\overline{r}_{ij.}-\overline{r}_{n})^2-SS_4-SS_5$	$MS_6=SS_6/v_6$	$F_1=MS_6/MS_7$
残差 $v_7=pq(3-1)$	$SS_7=\sum_{i=1}^{p}\sum_{j=1}^{q}\sum_{k=1}^{3}(\overline{r}_{ijk}-\overline{r}_{ij.})^2$	$MS_7=SS_7/v_7$	
总和 $v_8=3pq-1$	$SS_8=\sum_{i=1}^{p}\sum_{j=1}^{q}\sum_{k=1}^{3}(\overline{r}_{ijk}-\overline{r}_{ij.})^2$	$MS_8=SS_8/v_8$	

其中，$\overline{r}_{i..}=\dfrac{\sum_{j=1}^{q}\sum_{k=1}^{3}r_{ijk}}{3q}$，$\overline{r}_{.j.}=\dfrac{\sum_{i=1}^{p}\sum_{k=1}^{3}r_{ijk}}{3q}$，$\overline{r}_{ij.}=\dfrac{\sum_{k=1}^{3}r_{ijk}}{3}$，$\overline{r}_{...}=\dfrac{\sum_{i=1}^{p}\sum_{j=1}^{q}\sum_{k=1}^{3}r_{ijk}}{3pq}$。

（2）作方差齐次性检验

计算：

$$C=\frac{MS_{2\max}}{\sum_{i=1}^{q}MS_{2i}}$$

式中，$MS_{2\max}$表示其中最大值。将 C 值与相应临界值 C_α 比较（见 χ^2 分布表），若 $C\geqslant C_\alpha$，说明具有的评价员的评定变异性明显大于其他评价员，则剔除该评价员的全部评定结果，重复进行方差齐次检验，至通过了该检验为止。

（3）查 F 临界值表找出相应于自由度为（v_6v_7）的 F 值 F_α（v_6v_7）。若 $F_1\geqslant F_\alpha$（v_6v_7）则说明交互作用显著，这批候选评价员没有通过评分一致性考核。

（4）若 $F_1<F_\alpha$（v_6v_7），则进一步查 F 临界值表，找出相应于自由度为（v_6v_7）的 F 值 F_α（v_6v_7）。若 $F_2\geqslant F_\alpha$（v_6v_7），则说明候选评价员之间有显著性差异，也没有通过评分一致性考核。若 $F_2<F_\alpha$（v_6v_7），则这批候选评价员通过了评分一致性检验。

（五）描述检验评价员的考核

定性描述检验评价员的考核主要在培训过程中考查和挑选，也可以提供对照样品及一系列描述词让候选评价员识别与描述。若不能正确地识别和描述 70%以上的标准样品，则不能通过该项考核。

定量描述检验的评价员的考核，可以按照定性描述检验评价员的考核方法，提供 3 个一组、共 6 组不同样品。使用评分检验评价员的考核方法，考核候选评价员定量描述的区别能力、稳定性和一致性。

五、评定小组的建立和维护

（一）评定小组表现的评估

评定小组表现的评估与上述评价员考核的着眼点不同。评价员考核是为了根据不同的用途筛选出适用的评价员，而一旦建立起评定小组后，关注的就是小组或评价员所应具有的感官评价能力，主要从重复性、再现性和一致性三个方面评估感官评价的信度和效度。

（1）重复性。重复性是指同一评价员或评定小组在相同的时间、相同的环境下，对同一样品感官评价结果的离散情况。

（2）再现性。再现性是指不同条件下，对同一样品感官评价结果的离散情况，包括：同一评定小组短期内结果的重现（同一样品不同天的重复评定）；同一评定小组中长期内结果的重现（同一样品不同月的重复评定）；不同评定小组在同一实验室或不同实验室的结果重现。

（3）一致性。一致性是指评价员个人的评定结果与评定小组结果的一致性，以及评价员或评定小组结果与真值的一致性。在感官评价中，真值可以为理论值（如排序法中的理论排序）或最优估计值（针对标准样品，由多位评价员或评定小组建立的特性测量值，通常为小组平均值）。

（二）评价员的淘汰和补充

评价员考查结束后，分析不合格评价员的状态。如果由于暂时原因导致不合格则留用观察；如果因评价员个人态度、生活因素或者感官问题等造成无法胜任评定工作，则应予淘汰。因淘汰评价员造成评定小组人数不足时需要及时补充，补充的过程依据评价员的筛选、培训及考核的过程进行。

（三）评价员的再培训

如果在考查或实验中发现评价员的能力有所下降，则需要对评价员进行再培训，以保持或提高其评定能力。如果需要对评价员进行专业训练或者产品训练，则要组织专项培训对评价员进行再培训。

第三节　样品的制备和呈送

样品间的差异性是感官评价的核心，也是感官评价的对象和出发点。样品制备过程中所使用的设备、盛样器皿及制备的方式和过程，都影响着评定结果的准确性和可靠性。样品的呈送顺序会引起时序误差、趋中误差、反差与趋同误差等，对感官评价产生心理影响，进而影响评定结果的准确性和可靠性。样品的温度、容积、形状、大小及样品呈送的器皿等非试验因子，也可能对评价员产生暗示或影响。在感官评价试验中，必须控制样品制备与呈送过程中的操作标准化，尽可能保持样品间的真实差异，避免因为样品制备与呈送而扩大或缩小这种差异。

一、样品制备的要求

1）均一性　均一性是指制备的样品除所要评定的特性外，其他感官特性（包括样品量、颜色、外观、形态、温度等）应完全相同。要获得可重复、再现的结果，样品的均一性十分关键，样品在其他感官特性上的差别会造成对所要评定特性的影响，甚至会使评定结果完全失去意义。面包、蛋糕等表面和中心位置感官特性不同的烘焙样品，应从中心位置取样后放置在密封容器中以保证样品尺寸、颜色、硬度均一。对不希望出现差别的感官特性，采用不同方法消除样品间该感官特性上的差别，如可以使用无味的色素物质掩盖样品间的色差，使评价员能准确地分辨出样品间的风味差异。

2）样品量　感官评价试验的样品量体现在两个方面，即评价员在一轮试验中所能评定的样品个数及试验中提供给评价员的每个样品的数量。呈送的样品量对评价员的判断会产生很大影响，因此在试验中要根据样品品质和试验目的，提供给合适的样品个数和每个样品的样品量。

大多数食品感官评价试验在考虑到各种因素影响后，每轮试验的样品数应控制在 4～8 个，每评定一轮样品后，应休息一段时间再评定下一轮。对含酒精样品和带有强刺激性（如辣味）的样品，每轮评定样品数应限制在 2～4 个；对于气味重、油脂高的样品，如调味料、熏肉，则每次只能评定 1～2 个样品；如果仅需视觉评定的样品，每轮可评定的样品数为 20～30 个。

每次评定的样品量，首先应一致，以保证不同轮次及不同评价员之间评定结果的可比性。应根据评价员的感官响应、感官疲劳及样品的经济性来确定每次评定适宜的样品呈送量。一般来说，液体、半固体样品每份 15～30 mL，固体样品的大小、尺寸、质量，根据预实验确定。确定每次评定的样品量还需要考虑试验难易程度，以及评价员对试验了解的程度、对样品感官特性的熟悉程度和对试验的兴趣和认识。

3）样品的温度　在食品感官评价试验中，样品温度除了会因为过冷、过热造成评价员感官不适、感觉迟钝，还会加快挥发性气味物质挥发速度，改变松脆性、黏稠性等质构和溶解结晶等其他物理特性，从而影响评定结果。温度变化会影响样品的风味、口感和组织形态，只有样品保持在恒定或适当的温度下进行评定，才能获得充分反映样品感官特性并可重复的结果。在试验中，可事先制备好样品恒温保存，然后统一呈送，保证样品温度恒定和一致。

样品温度的控制应以最容易感受所检验特性为基础，通常是将样品温度保持在该样品日常食用的温度。

4）器皿　制备和呈送样品时应根据样品的数量、形状、大小、食用温度等选择合适的器皿，一般应为素色、无气味、清洗方便的玻璃或陶瓷器皿，同一批次试验中的器皿、大小、形状、颜色、材质、重量、透明度等方面应一致。试验器皿应选择安全、无味的清洗剂洗涤，并在 93℃下烘烤数小时以除去不良气味。

通常感官评价试验过程中器皿的使用量大，在实际工作中常使用一次性塑料或纸质的杯子、托盘，既避免清洗处理的工作量，又不易破碎，不占空间。在使用一次性器皿时，需要特别注意环保、安全卫生和有无异味等问题。如果需要在较高温度下评定样品，就不要使用塑料的器皿，因为塑料会对样品（如热饮料）的风味产生负面影响。

5）不能直接进行感官评价的样品　有些试验样品由于食品风味浓郁或物理状态（黏度、颜色、粉状度）等原因而不能直接进行感官评价，如香精、调味料、黄油、糖浆等。为此，需根据评定目的用一种化学组分确定的物质（如水、乳糖、糊精等）稀释或分散，或将样品添加到中性的食品载体中，再按照常规食品的样品制备方法进行制备与分发、呈送。例如，斯科维尔指数（Scoville heat unit，SHU）测定辣椒的辣度，就是通过将辣味提取液按比例稀释，让评价员找出刚刚能觉察出辣味的浓度最低的样品，根据样品的稀释倍数转化成辣度。

二、样品的呈送

所有呈送给评价员的样品都应编码，通常采用随机的三位数字编码以免给评价员心理暗示。在同批次的感官评价试验中，呈送给每个评价员的样品，其编码最好互不相同；同一样品应有几个编码，以保证不同评价员拿到的样品编码不重复；连续多次试验时，避免使用重复编码，干扰评定结果。此外，不要选择评价员忌讳或喜好的数字，如 250、888 等。

样品呈送的顺序也会对感官评价的试验结果产生影响，因此样品的摆放顺序应避免可能产生的某种暗示，或者对感觉顺序上的误差，应注意让样品在每个位置上出现的概率相同或采用圆形摆放法。

样品呈送的顺序首先要遵守平衡的原则。平衡是指每个样品在同一位置出现的次数相同。例如，A、B、C 三个样品在试验中可按以下顺序呈送：

ABC—ACB—BCA—BAC—CBA—CAB

所以这个试验需要评价员的数量应为 6 的倍数，这样才能使每个样品出现在同一位置的次数相同。

样品的呈送还应是随机的，即哪一个评价员评定的样品是随机的，评定样品的顺序也是随机的。样品的呈送与试验设计有关。考虑样品的感官性质和数量，常采用下面几种方法设计试验。

（1）完全随机设计：完全随机设计只考虑单一因素对试验结果的影响，适用于只有一种待测样品或者评价员不能同时评定多种样品的情况。这种试验设计把全部样品随机分送给每个评价员，即每个评价员只品尝一种样品。在不能做到所有评价员将所有样品都品尝一遍的情况下，如在不同地区进行的试验，可以使用该种方法。

（2）随机完全区组设计：随机完全区组设计是考虑评价员间差异和样品间差异这两个因素对试验结果的影响。此方法将评价员看成是区组，每个评价员评定所有的样品，各评价员得到的样品以随机或平衡的次序呈送，即是随机完全区组设计，或随机区组设计。当评定样品数量较少，评价员即使评定完所有样品也不会引起感官疲劳，即可采用该法。

（3）平衡不完全区组设计：平衡不完全区组设计常用于样品数量太多或容易引起感官疲劳的情况。此方法将评价员看成是区组，但每个评价员不评定所有的样品，仅评定其中的部分样品，但要求试验完成后每一对样品出现的次数相同，以及每个样品被评定的次数也相同，从而使整个试验达到平衡。在试验中区组出现顺序是随机的，且组内提供样品的顺序也是随机的。

样品的相关信息，如样品的来源、加工工艺、贮藏条件、呈送状态等，对于试验设计和结果的解释是非常重要的，应在感官评价试验过程中详细记录。

小结

本章主要讨论了食品感官评价实验的外部环境条件、评定人员的筛选和培训、样品的制备这三个必备要素的控制原则和方法，通过规范感官评价实施过程的关键过程要素，有效规避或控制影响感官评价的非实验因素，保证感官评价在可控条件下的科学的感官测量过程，提高评定结果的可比性和可靠性。

思考题

1．食品感官评价实验室通常应包括哪几个部分？各部分的平面位置一般应如何排布？

2．样品检验区的环境应如何控制？

3．样品制备区应满足哪些要求？

4．根据经验及训练层次的不同，可将感官评价员分成几类？各类感官评价员应具备哪些条件？

5．候选评价员应具备哪些基本要求？如何对候选评价员进行初选？

6．对候选感官评价员的筛选包括哪些内容？

7．感官评价员的培训内容有哪些？如何对感官评价员的培训结果进行考核？

8．食品感官评价时对样品的制备有哪些要求？

9．食品感官评价时呈送样品应遵守什么原则？

第 4 章

感官的阈值及标度

食品感官评价是在相对稳定的环境条件下，以感官评价员的感觉器官为基础，采用适当的数理统计方法检验产品的感官特性相关的一种试验方法。它广泛地应用于食品的生产、加工、贮运、贸易、消费等方面，在食品市场调研、新产品开发、生产质量控制等工作环节中起重要作用。

在食品生产过程中，可以利用感官评价方法来评价原材料质量，或通过中间产品的感官特性来预测产品的质量，同时也为加工工艺的合理选择、正确操作、优化控制提供可靠的数据参数，以控制和预测出厂产品的质量及顾客的满意程度。食品感官评价主要是研究怎样从大多数食用者当中选择必要的人选（称消费者型评价员），在一定的条件下对试验样品加以评价，并将结果填写在问答卷（评分表）中，然后对他们的回答结果进行统计分析，来客观地评定食品的质量。可见，食品的感官评价绝不是简单的品尝，对于试样、评价员、环境等很多方面均具有严格的规定，由于测试目的和要求不同，其要采用的感官评价方法也就不同。

食品感官分析是建立在人的感官感觉基础上的统计分析法。随着科学技术的发展和进步，这种集人体生理学、心理学、食品科学和统计学为一体的新学科日趋成熟和完善，感官分析方法的应用也越来越广泛。目前常用于食品领域中的感官分析方法有数十种之多。

第一节　感官评价方法的分类

一、感官评价按方法的应用目的分类

按应用目的可分为分析型感官评价和嗜好型感官评价两类。

（一）分析型感官评价

分析型感官评价，即把人的感觉器官作为测定分析仪器，测定食品的特性或差别的方法。在分析型中，一种主要是描述产品，另一种是区分两种或多种产品，其中区分的内容有确定差别、确定差别的大小、确定差别的影响等。质量检查、产品评优等都属于分析型感官评价。例如，检验酒的杂味；判断用多少人造肉代替香肠中的动物肉，人们才能识别出它们之间的差别；评定各种食品的外观、香味、食感等特性，都属于分析型感官评价。

检查白酒过程中，一批产品的某种香料添加过多，导致风味改变，而检测人员对此种风味情有独钟，但是仍然检测为不合格，这类分析型感官评价主要依赖于检验者检验经验。分析型感官评价是通过感觉器官的感觉对食品的可接受性作出判断。因为感官评价不仅能直接对食品的感官性状作出判断，而且可察觉是否存在异常现象，并据此提出必要的理化检测和微生物检验项目，便于食品质量的检测和控制。因此，为了降低个人感觉之间差异的影响，提高检测的重现性，以获得高精度的测定结果，必须注意评定基准的标准化、实验条件的规范化和评价员的素质。

1. 评定基准的标准化

在感官测定食品的质量特性时，对每一测定项目，都必须有明确、具体的评定尺度及评定基

准物，也就是说评定基准应统一、标准化，以防评价员采用各自的评定基准和尺度，使结果难以统一和比较。对同一类食品进行感官评价时，其基准及评定尺度，必须具有连贯性及稳定性。因此，制作标准样品是评定基准标准化的最有效方法。

2. 实验条件的规范化

感官评价中，分析结果很容易受环境及实验条件的影响，故实验条件应规范化，如必须有合适的感官实验室、有适宜的光照等，以防实验结果受环境、条件的影响而出现大的波动。

3. 评价员的素质

从事感官评价的评价员，必须有良好的生理及心理条件，并经过适当的训练，感官感觉敏锐等。

分析型感官评价是评价员对物品的客观评定，其分析结果不受人的主观意志干扰。

（二）嗜好型感官评价

嗜好型感官评价，即根据消费者的嗜好程度评定食品特性的方法，如饮料的甜度怎样算适宜、电冰箱颜色怎样最好等。它是以样品为工具，来了解人的感官反应及倾向。这种评定必须用人的感官来进行，完全以人为测定器，调查、研究质量特性对人的感觉、嗜好状态的影响程序。这种检验的主要问题是，如何能客观地评定不同检验人员的感觉状态及嗜好的分布倾向。

嗜好型感官评价不像分析型那样需要统一的评定标准和条件，而是依赖人们生理和心理上的综合感觉，即人的感觉程度和主观判断起着决定性作用。分析的结果受到生活环境、生活习惯、审美观点等多方面的因素影响，因此其结果往往是因人、因时、因地而不同。例如，一种辣味食品在具有不同饮食习惯的群体中进行调查，所获得的结论肯定是有差异的，但这种差异并非说明群体之间的好坏，只是说明不同群体的不同饮食习惯，或者说，某个群体更偏爱于某种口味的食品。因此，嗜好型感官评价完全是一种主观的行为，结果往往不可靠、不准确。

弄清楚感官检验的目的，分清是利用人的感觉测定物质的特性（分析型），还是通过物质来测定人们的嗜好程度（嗜好型），这是设计感官检验的出发点。例如，对两种冰淇淋，如果要研究二者的差别，就可以把冰淇淋溶解或用水稀释，应在最容易检查出其差别的条件下进行检验；但如果要研究哪种冰淇淋受消费者欢迎，通常必须在能吃的状态下进行检验。

在食品的研制、生产、管理和流通等环节中，可根据不同的要求，选择不同的感官评价类型。

二、感官评价按方法的性质分类

感官评价按方法的性质又可分为差别检验、标度和类别检验及分析或描述性检验。差别检验用于确定产品间差异或相似的可能性；标度和类别检验用于估计差异的次序或大小，或者样品应归属的类别或等级；分析或描述性检验用于识别存在于样品中的特殊感官特性。

（一）差别检验

在差别检验中要求评价员评定两个或两个以上的样品中是否存在感官差异（或偏爱其一），它是感官评价中经常使用的方法之一。这种方法是让评价员回答两种样品之间是否存在不同，一般规定不允许评价员回答“无差异”，即评价员未能察觉出样品之间的差异，差别试验的结果分析是以每一类别的评价员数量为基础的。例如，有多少人回答样品 A，多少人回答样品 B，多少人回答正确。结果的解释基于频率和比率的统计学原理，根据能够正确挑选出产品差别的评价员的比率，来推算出两种产品间是否存在差异。因此，在差别检验中要注意避免因样品外表、形态、温度和数量等的明显差异所起的误差。分析的主要方法是统计学中的二项分布参数检查。差别检验的主要类型包括：成对比较检验法、三点检验法、二-三点检验法、五中取二检验法、“A”-“非 A”检验法，选择检验法和配偶检验法。

1. 成对比较检验法

以随机顺序同时出示两个样品给评价员，要求评价员对这两个样品进行比较，判定整个样品或者某些特征强度顺序的一种评定方法，称为成对比较检验法或者两点检验法。成对比较检验有两种形式，一种称为差别成对比较法（双边检验），也叫简单差别实验或异同实验，另一种为定向成对比较法（单边检验）。决定采取哪种形式的检验，取决于研究的目的。如果感官评价员已经知道两种产品在某一特定感官属性上存在差别，那么就应采用定向成对比较法。如果感官评价员不知道样品间何种感官属性不同，那么就应采用差别成对比较法。

2. 二-三点检验法

二-三点检验法是由 Peryam 和 Swartz 于 1950 年提出的方法。在检验中，先提供给评价员一个对照样品，然后提供两个样品，其中一个与对照样品相同或者相似。要求评价员在熟悉对照样品后，从后者提供的两个样品中挑选出与对照样品相同的样品，这种方法也被称为一-二点检验法。二-三点检验的目的是区别两个同类样品是否存在感官差异，但不能通过检验指明差异的方向，即感官评价员只能知道样品可觉察到差别，而不知道样品在何种性质上存在差别。

3. 三点检验法

三点检验是差别检验当中最常用的一种方法，是由美国的 Bengtson 及其同事首先提出的。在检验中，同时提供三个编码样品，其中有两个样品是相同的，另外一个样品与其他两个样品不同，要求评价员挑选出其中不同于其他两个样品的检验方法，也称为三角实验法。三点检验法可使感官专业人员确定两个样品间是否有可觉察的差别，但不能表明差别的方向。

三点检验法常被应用在以下几个方面：①确定产品的差异是否来自成分、工艺、包装和储存期的改变；②确定两种产品之间是否存在整体差异；③筛选和培训检验人员，以锻炼其发现产品差别的能力。

4. “A”-“非 A”检验法

在感官评价人员先熟悉样品“A”以后，再将一系列样品呈送给这些检验人员，样品中有“A”，也有“非 A”。要求参评人员对每个样品作出判断，哪些是“A”，哪些是“非 A”。这种检验方法被称为“A”-“非 A”检验法。这种是与否的检验法，也称为单项刺激检验。此实验适用于确定原料、加工、处理、包装和储藏等各环节的不同，所造成的两种产品之间存在的细微的感官差别，特别适用于检验具有不同外观或后味样品的差异检验，也适用于确定鉴评员对产品某一种特性的灵敏性。

5. 五中取二检验法

同时提供给评价员五个以随机顺序排列的样品，其中两个是同一类型，另三个是另一种类型。要求评价员将这些样品按类型分成两组的一种检验方法，称为五中取二检验法。该方法在测定上更为经济，统计学上更具有可靠性，但在评定过程中容易出现感官疲劳。

6. 选择检验法

从三个以上的样品中，选择出一个最喜欢或最不喜欢的样品的检验方法。它常用于嗜好性调查。

7. 配偶检验法

从两组试样中逐个取出各组的样品，进行两两归类的方法称为配偶检验法。

（二）标度和类别检验

标度和类别检验的目的是估计差异的次序或大小，或者样品应归属的类别或等级。它要求评价员要对两个以上样品进行评价，并判定出哪种样品好、哪种样品差，以及它们之间的差异大小和差异方向等，通过检验可得出样品间差异的顺序和大小，或者样品应归属的类别和等级。

感官分析中的测量方法可能是用于判定样品在类别、规格或等级中应处的位置，也可能是用于对样品特性大小或样品间的差异进行数值估计。用于导出数字的相应标度和记录值相应的测量标度之间没有直接的关系。因此，用获得响应标度数值的相同方法能够得到顺序测量标度（非等距间隔）的数值或位于等距测量标度（等距间隔）上的数值。对于顺序测量标度，不能认为两个记录值之间的差异大小就是反映可感知强度间的差异，也不能认为两个记录值的比率就是反映可感知强度间的比率。对于等距测量标度，较大的记录值与较大的可感知强度（或喜悦程度）存在对应关系，并且两个记录值间差异的大小反映了被测量性质可感知强度差异的大小。然而，零记录值并不表明性质的完全缺失，两个记录值的比率也不能反映可感知强度间的比率。响应标度的选择取决于研究目标和所研究产品。在任一特定事件中，需要从几个同等良好的标度中选择一个。无论采用哪种响应标度，都应便于使用、有鉴别性、无偏差及易于评价员理解。

不同的方法有不同的处理形式，结果取决于检验的目的及样品数量，常用 χ^2 检验、方差分析、t 检验等。它的主要类型有排序法、分类法、评估和评分法、分等法等。

1. 排序检验法

排序检验法是将系列样品按某一指定特性强度或程度次序进行排列的一种分类方法。该方法不评价样品间差异的大小，只排出样品的次序，表明样品之间的相对大小、强弱、好坏等，属于程度上的差异。此法的优点是可利用同一样品，对其各类特征进行检验，排出优劣，且方法较简单，结果可靠，即使样品间差别很小，只要评价员很认真，或者具有一定的检验能力，都能在相当精确的程度上排出顺序。如果序列上的位置用数字表示，那么所取得的测量标度是顺序标度。

排序检验法可用于快速表征具有复杂特性的（如特性和风味）少量样品（6个左右）或仅用外观特性评价的大量样品（20个左右）。当实验目的是就某一项性质对多个产品进行比较时，如甜度、新鲜程度等，使用排序检验法是进行这种比较的最简单方法。排序法比任何其他方法更节省时间，它常被用在以下几个方面。

（1）确定由于不同原料、加工、处理、包装和储藏等各环节而造成的产品感官特性差异。

（2）当样品需要为下一步的实验预筛或预分类，即对样品进行更精细的感官评价之前，可应用此方法。

（3）对消费者或市场经营者订购的产品的可接受性调查。

（4）企业产品的精选过程。

（5）评价员的选择和培训。

2. 分类检验法

分类检验法是评价员品评样品后，将样品（以自身特征或者样品的识别标记）划归到预先命名类别中的方法。它是先由专家根据某样品的一个或多个特征，确定出样品的质量或其他特征类别，再将样品归纳入相应类别的方法或等级的办法。此法是使样品按照已有的类别划分，可在任何一种检验方法的基础上进行。

分类检验法适用于欲将样品划归到无特定次序的、最适合的类别中的情形。例如，鱼可以按所属种分类、样品可按所具缺陷类型分类。分类的原则是将样品划归到最具典型特征的类别中去。如果用数字代表类别，那么测量数据即与命名标度相对应，而数字仅仅是标记。这些数字不反映差异的次序和大小。

3. 评估和评分检验法

评估是将每个样品定位于顺序标度上某一位置点的一种分类方法。可能有多个样品位于相同的标度点。标度可以是数字、文字、图示或者它们的组合，可以是连续的或离散的、单极的或双极的。如果标度是数字，这个过程就称为“评分”。使用样品作为参照来定义标度上的特殊位点，对评价员很有用。

评分法是指按预先设定的评定基准，对试样的特性和嗜好程度以数字标度进行评定，然后换算成得分的一种评定方法。在评分法中，所有的数字标度为等距或比率标度，如 1～10、−3～3 级（7 级）等数值尺度。该方法不同于其他方法的是所谓的绝对性判断，即根据评价员各自的鉴评基准进行判断。它出现的粗糙评分现象可由增加评价员人数的方法来克服。

评分法是商业中比较推崇也经常使用的一种评价方法，由专业的打分员用一定的尺度进行打分，经常用打分来评价的商品有咖啡、茶叶、调味料、奶油、肉等。评分法在商业中十分有用，因为它可以保证产品的高质量，但它也有自身的缺点，因为评分法都是评分员给样品打一个总体分，它综合了该样品所有的性质，因此很难从统计学的角度对其某项物理、化学性质进行分析。所以，评分法正在被许多其他方法逐步取代。但有一些经典方法仍在继续使用，如鱼的新鲜度评分标准、奶油和肉的评分标准等。

评估可以用于评价样品间一个或多个特性的强度或偏爱程度。虽然排序和评估都实行顺序标度，但它们并不等同。排序是将样品按照一定次序排列，其结果只涉及排序的样品组。评估则不论被评价样品的特殊性如何，因为使用相同的顺序标度，所以给出的是特性或偏爱程度的一个序列估计。由此可知，如果样品组之间的结果进行比较时，使用评估的方法更好些。但是，由于排序方法鼓励评价员运用样品间任何可感知的差异，因此，评估给出相同的结果时，排序则可能显示样品间有细微差异。

由于此方法可同时评定一种或多种产品的一个或多个指标的强度及其差异，所以应用较为广泛，尤其适用于评定新产品。

4. 分等检验法

分等是将样品按照质量的顺序标度进行分组的一种方法。分等适用于欲将样品划归到能反映质量特性的最适合的类别中。例如，鱼可按其新鲜程度分等，样品可按其缺陷程度分等。分等的原则是将样品划归到最具等级特征的类别中去，如果用数字代表等级类别，那么测量数据即与顺序标度相对应。这些数字仅表示等级差异的次序。

（三）分析或描述性检验

分析或描述性检验的目的是识别存在于某样品中的特殊感官指标，这个检验可以是定性的，也可以是定量的。它要求评价员可判定出一个或多个样品的某些特征或对某特定特征进行描述和分析，从而得出样品各个特性的强度或样品全部感官特征，如外观、嗅闻的气味特征、口中的风味特性（味觉、嗅觉及口腔的冷、热、收敛等知觉和余味）、组织特性和几何特性等。因此，它要求评价员除具备感知食品品质特性和次序的能力外，还要具备描述食品品质特性的专有名词的定义及其在食品中的实质含义的能力，以及总体印象或总体风味特性和总体差异分析能力。分析或描述性检验常采用 χ^2 检验、图示法、方差分析、回归分析、数学统计等方法，主要类型有简单描述检验法、定量描述和感官剖面检验法。

1. 简单描述检验法

简单描述检验法要求评价员对样品特征的某个指标或各个指标进行定性描述，尽量完整地描述出样品的品质。描述的方式通常有自由式描述和界定式描述，前者由评价员自由选择自己认为合适的词汇，对样品的特性进行描述，而后者则是首先提供指标检查表，或是评定某类产品时的一组专用术语，由评价员选用其中合适的指标或术语对产品的特性进行描述。

2. 定量描述和感官剖面检验法

定量描述和感官剖面检验法要求评价员尽量完整地对形成样品感官特征的各个指标强度进行描述。这种检验可以使用简单描述实验所确定的术语词汇中选择的词汇，描述样品整个感官印象的定量分析。这种方法可单独或结合地用于品评气味、风味、外观和质地。

第二节　感官阈值

一、阈值的概念及分类

关于阈值，美国检验和材料协会（ASTM）提出以下定义：存在一个浓度范围，低于该值，某物质的气味或味道在任何实际情况下都不会被感觉到；而高于该值，任何具有正常嗅觉和味觉的个体会很容易地觉察到该物质的存在。

阈值概念被广泛地应用于感官分析，常见于食品和饮料的感官研究文献中。化学刺激物的感官阈值数据常用于两个方面的研究：①度量评价员或评价小组对特殊刺激物的敏感性，阈值的大小可用来判断评价员的评价水平；②度量化学物质能引起评价员产生感官反应的能力，可作为某种化学物质特性的度量指标。

感觉用感觉阈来度量，感觉的产生需要有适当的刺激存在，如光波对眼睛、声波对耳朵的刺激。所谓适当刺激，是指能够引起感受器有效反应的刺激。刺激强度太小不能引起感受体的有效反应，而刺激强度太大则因反应过于强烈而失去感觉，这两种状况都产生不了感觉。

感觉阈是感官或感受器所能接受刺激变化的上下限，以及在这个范围内对最微小变化产生感觉的灵敏度。

绝对阈值是指以产生一种感觉的最低刺激量为下限，到导致感觉消失的最高刺激量为上限的一个范围值。刚刚能引起感觉的最小刺激量和刚刚导致感觉消失的最大刺激量为绝对感觉的两个阈限。通常我们听不到一根线落地的声音，也觉察不到落在皮肤上的尘埃，因为它们的刺激量不足以引起我们的感觉。但若刺激强度过大，超出正常范围，则原有的感觉消失而生成其他不舒服的感觉。低于该下限值的刺激称为阈下刺激，高于该上限值的刺激称为阈上刺激，而刚刚能引起感觉的刺激称为刺激阈值或察觉阈值。阈上刺激或阈下刺激都不能产生相应的感觉。例如，人眼只对波长为 380～780 nm 的光波刺激发生反应，人耳只对 20～20 000 Hz 范围的声波刺激起反映，范围以外的声光刺激均不能形成感觉。绝对阈值被看成是一个能量水平，低于这一水平刺激不会产生感觉，而高于这一水平感觉就能够传达到意识。历史上其他被测定的常见特性是差别阈，绝对阈值和差别阈值这两种测量都用于确定心理物理学函数，一旦跨过了绝对阈，这就是一个增加差别阈值的过程。

在人类感官功能中被测量的最早特性之一是绝对阈值，它反映了对外界刺激的敏感程度。味觉、嗅觉是人体对化学刺激的感官反应，视觉、听觉、触觉等是人体对物理刺激的感官反应，作为相应的刺激敏感性的度量，可分为四种类型，分别是察觉阈值（detection threshold）、识别阈值（recognition threshold）、差别阈值（difference threshold）、极限阈值（terminal threshold），见表 4-1。

表 4-1　阈值分类（引自张卫斌，2012）

阈值	释义	备注
察觉阈或刺激阈	引起感觉所需要的感官刺激的最小值，这时不需要对感觉加以识别	察觉阈值一般指从不含有这种成分到能觉察到差异而未识别其特征的最小浓度差别，测定方法一般是评价人员判断样品与空白样是否存在差别
识别阈	感知到的可以对感觉加以识别的感官刺激的最小值	识别阈值是察觉阈值增大到一定程度可以正确识别感官特征，测定方法中需要评价人员正确判定感官特征
差别阈	可感知到的两者刺激强度差别的最小值	差别阈值则主要在于两样品差别，样品可以是含有一定浓度的目标成分，差别阈与不同的样品浓度有关
极限阈	一种强烈感官刺激的最小值，超过此值就不能感知刺激强度的差别	由于是感受器官达到极限导致的无法识别，一般不测定

例如，对味觉感受来讲，在感觉的起始阶段有察觉阈值、识别阈值，在感觉的终点存在极限阈值，而在感觉的转变或变化阶段，则可以用差别阈值来衡量。大量的统计试验表明，食盐水浓度为 0.037%时，人们才能识别出它与纯水之间有区别，当食盐水浓度为 0.1%时，人们才能感觉出有咸味。我们把前者称为察觉阈值，把后者称为识别阈值。所谓察觉阈值是指某物质的味觉尚不明显的最低浓度；所谓极限阈值是指超过某一浓度后溶质再增加也无味觉感变化的最低浓度。阈值大小取决于刺激的性质和评判员的敏感度，阈值大小也因测定方法的不同而发生变化。而以绝对阈值为评价标准的敏感力、辨识力也就成为了品评人员的能力基础。

（一）察觉阈值

对刚刚能引起感觉的最小刺激量，也是可被感觉的刺激的最低物理量，或者说是在化学刺激情况下的最低浓度，我们称它为察觉阈值或感觉阈值下限。察觉阈值如果是一个固定的物理量，那么低于这一数值该刺激基本上不会被感觉到，而高于这一数值几乎总是能被感觉到。

理论上，察觉阈值是心理感受过程中的一个突变点，但事实上并不能在阈值的实际测量中起作用。察觉阈值只是一个个体对某特定刺激反应的瞬时状态。但是，瞬时状态很难测量，化学感觉特别容易变化，在感官适应中容易产生问题，对于测量的精度和正确度提出了一些挑战。在实验心理学中，由于个体所有时刻的感受性在分布上基本符合正态分布，根据统计学原理，对察觉阈值的操作定义是，有感觉与无感觉分界线上的刺激强度，或者在 50% 的试验次数中引起感觉的刺激值。对不同的感觉，近似的察觉阈值如表 4-2 所示。

表 4-2　不同感觉的近似察觉阈限（引自张卫斌，2012）

感觉种类	察觉阈限	感觉种类	察觉阈限
视觉	清晰无雾的夜晚 48 km 处看到的烛光	嗅觉	一滴香水扩散到三室一厅的整个房间
听觉	安静条件下 6 m 处表的滴答声	触觉	一只蜜蜂翅膀从 1 cm 高处落到你的背部
味觉	一茶匙糖溶于 8 L 水中		

察觉阈值数据常用于对评价人员或评价小组特殊刺激物的敏感性判断，即不同的察觉阈值可以反映人或小组的评价水平，同时化学物质引起人产生感官反应的浓度水平，也成了对其进行定量化评价的依据。不同人之间的感受性呈现较大的差异。例如，盲人由于不能用眼睛来了解这个世界，听觉、触觉比一般人要敏锐等。随着个体年龄的增长和生活实践的丰富，人的感受性也会随之逐渐发展，某些特殊职业要求从业者长期使用某种感觉器官，因而这些从业者相应的感觉比

一般人敏锐，如调味师的味觉、调香师的嗅觉比常人敏锐。

（二）识别阈值

识别阈值是表现出刺激特有的味觉或嗅觉所需要的最低水平，而且经常比察觉阈值高一点。例如，稀释的 NaCl 并不总是咸的，在刚刚高于察觉阈值的较低浓度下，它是甜味的感觉。NaCl 表现出咸味时的浓度要高得多。在食品研究中，食品中某一特定风味的识别阈值是很重要的，也许比察觉阈值更为重要，因为知觉的对象和适当的标识都可以有意识地得到并发挥作用。在不良风味或污染的情况下，识别可能与预测消费者的拒绝有强烈的快感联系，这种方法唯一的要求是与稀释液相区别。此外，观察者必须对刺激给出适当的描述。但是，很难设定一个必选实验来进行某些特征上的识别。例如，在味觉中，你可以让观察者从甜、苦、酸、咸四种典型的基本味觉中选择，但却不能保证这些标识对于描述所用的呈味物质是否足够。另外，在所有四种选择中是否有一个相等的反应偏差还不清楚。因此，对于统计检验或随机反应差别的期望频率或无差异假设也不清楚。在一项关于苦味的试验中，Lawless 曾通过在一连串的包括盐、酸和糖的序列中插入应被识别的苦味来控制这一偏差。但是人们不很清楚这种方法的成功之处，而且对于已经提出这一问题的识别阈值，目前也没有现成的方法。

人对味觉的感受能力是受到多方面因素的影响，表 4-3 中显示了在不同温度下，蔗糖、柠檬酸、氯化钠、硫酸奎宁等不同味觉物质感受能力的变化情况，随着温度的降低，甜味、酸味、咸味、苦味的阈值都随之增大，即敏感性减小。

表 4-3　几种物质的味的识别阈值（引自丁耐克，2001）

名称	味感	CT*/%	
		25℃	0℃
蔗糖	甜	0.1	0.4
食盐	咸	0.05	0.25
柠檬酸	酸	2.5×10^{-3}	3.0×10^{-3}
硫酸奎宁	苦	1.0×10^{-4}	3.0×10^{-4}

*CT，concentration threshold 阈值浓度。

表 4-3 中列出了几种物质的味感阈值。一种物质的阈值越小，表示其敏感性越强。

对味觉感受来讲，察觉阈值是感觉所需要的感官刺激的最小值，这是不需要识别出是一种什么样的刺激；识别阈值为感知到可鉴别的感官刺激的最小值，即物质能够被识别的最低浓度。也就是说，在感官反应的起点有一个最低的水平，即让个体将外界物理刺激所引起的心理感受和个体神经系统本身的噪声背景区分开，所需要增加的最小刺激量值。对于气味来讲，也存在相对应的几类阈值。例如，人对氨的察觉阈值为 0.1，而识别阈值为 0.6；对硫化氢的察觉、识别阈值分别为 0.0005 和 0.006；对甲硫醇则分别为 0.0001 和 0.0007 等。

相关研究表明，不同区域人群的绝对阈值存在一定的差异。在以韩国人群为基础的测定中，蔗糖的察觉阈值为 7.8 mmol/L、氯化钠为 3 mmol/L、柠檬酸为 0.063 mmol/L、盐酸奎宁为 0.004 22 mmol/L、谷氨酸钠为 2.1 mmol/L，识别阈值分别为 20.7 mmol/L、22.1 mmol/L、0.203 mmol/L、0.008 32 mmol/L、8.5 mmol/L（Hong et al.，2005）；日本人的蔗糖的绝对阈值为 16.5 mmol/L、氯化钠为 3.16 mmol/L、酒石酸为 0.0743 mmol/L、盐酸奎宁为 0.002 03 mmol/L；澳大利亚人对咖啡因、盐酸奎宁、丙基硫尿嘧啶的察觉阈值分别为 1.2 mmol/L、0.0083 mmol/L、0.088 mmol/L；而中国女性的蔗糖阈值为 10.83 mmol/L；在滴试法的实验中，中国男性被测试对蔗糖的察觉阈值为 14.6 mmol/L，并且女性略低于男性（周奇和原通磊，2010）。其中，苦味的绝对阈值往往都比较小，有学者认为这是一种很重要的保护机制（Glendinning，1994），避免来自外界有毒物质的伤害。随年龄的增长，味觉阈值也会存在一定程度的差异。例如，在 3～6 岁的人群中，对蔗糖的察觉阈值为 31 mmol/L，对尿素的察觉阈值为 59 mmol/L；在 8～9 岁儿童和成人的对比研究中，四种基本味觉察觉阈值之间却并没有明显差异，但女性成年人和男性儿童之间存在显著差异，和成人相比，这可能和幼儿对作为能量来源的蔗糖需求水平有关。最近的研究显示，18～33 岁和 63～85 岁的人对蔗糖的察觉和识别阈值有显著性差异，这应该和生理功能随年龄的增加逐渐退化相关。Lim 等还测定了作为营养强化剂的硫酸亚铁、氯化亚铁、葡萄糖酸亚铁察觉阈值分别为 0.0992 mmol/L、0.066 mmol/L、0.0205 mmol/L（Lim et al.，2006）。

（三）差别阈值

差别阈值是指感官所能接收到的刺激的最小变化量。在刺激物引起感觉之后，人体能否感觉到刺激强度的微小变化，这就是差别敏感性的问题。以重量感觉为例，把 100 g 砝码放在手上，若加上 1 g 或减去 1 g，一般是感觉不出重量变化的。根据实验，只有重量增减达到 3 g 时才刚则能够觉察到变化，即 3 g 为重量感觉在 100 g 情况下的差别阈限。把这种刚刚能引起差别感觉刺激的最小变化量，称为差别感觉阈限或差别阈值。在心理学中，相应的把差别阈值定义为有 50% 的实验次数能引起差别感觉的两个刺激强度之差，而神经系统噪声背景将差别阈值理解为使神经系统产生差异感受所需的物理浓度的最小变化量。在绝对阈值之上是一个差别阈值的增加过程，并且每一个最小可觉差在心理上都是相等的。在感觉强度上的相等变化需要的浓度刺激并不相等，标准浓度越高，需要的浓度改变量就越大，即差别阈值越大，但差别阈值和标准浓度的比值却保持相对稳定。

差别阈不是一个恒定值，它会随着一些因素而变化。韦伯（E. H. Weber）、费希纳（G. H. Fechner）和史蒂文斯（S. S. Stevens）相继提出了差别检验的三大定律：韦伯定律、费希纳定律、史蒂文斯定律。以这三大定律为基础的理论研究，在一定程度上对差别检验的发展起到了非常重要的作用，而且随着研究的不断深入也在不断完善和发展中。韦伯-费希纳定律在实际应用中被发扬光大，这一定律已经被成功地应用于环境质量评价、生态环境保护、商业市场营销等方面。19 世纪 40 年代，德国生理学家韦伯在研究重量感觉的变化时发现，100 g 重量至少需要增减 3 g，200 g 重量至少需增减 6 g，300 g 至少需增减 9 g 才能察觉出重量的变化。也就是说，差别阈值随原来刺激量的变化而变化，并表现出差别阈与刺激量的比例为常数，在中等强度的刺激范围内，可用韦伯定律表示：

$$k=\frac{\Delta I}{I+I_r}$$

式中，ΔI 为差别阈；I 为刺激量；I_r 为刺激的变化量；k 为常数，称为韦伯分数。

I_r 代表因各种刺激的相互作用、神经敏感性的变化、注意力的转移或喜好程度不同等因素引起感觉差别所增加的刺激量。I_r 值在刺激量 I 值较高时，对 k 影响不大，而当刺激量降低时，随降低程度，I_r 逐步增大，以此保持 k 值的恒定。

如果知道了各种物质的韦伯分数也就知道了其差别阈值。韦伯定律的提出，为随后兴起的实验心理学奠定了重要的基础，被广泛应用于心理学、生理学、工程学等领域，为我们提供了一个比较辨别能力的重要指标。如果要比较不同个体某一感觉的辨别能力而所用的标准刺激不相同时，就不能用差别阈的绝对值进行比较，而要用韦伯分数来比较。韦伯分数越小，辨别就越灵敏。此外，由于韦伯分数的倒数 $1/k$ 可以用来作为感受性的指标，所以通过韦伯分数还能对不同感觉的感受性进行比较。而在这一范围内的浓度-差别强度变化为基础的感觉差别空间研究，对感官品质、产品品质、货架期质量控制等都有着直接的意义。

尽管韦伯定律揭示了引起差别感觉的一些定律，但是，它只适用于中等强度的刺激。在刺激过强或过弱时，韦伯定律就不再适用，其 k 值就会发生变化。

差别阈值是产品、属性有效区分的最基本要素，是进行感官测量的核心基础。差别检验是产品、属性差别阈值的测量检验，是感官品评最基础的检验方法，也是其他感官品评方法的理论和技术基础。换言之，感官品评就是基于感觉差别阈值的一种心理测量方法。

韦伯-费希纳定律揭示了连续意义上心理量与物理量之间的关系，并从不同角度对我们的生活产生着直接或间接的影响，但同时也已被证明并未精确描绘心理量和物理量之间的关系。这一定律告诉我们，在静态与单一样品感觉时，人们无法衡量差别的存在，只有通过比较才能感觉到相应的差别感受（Gescheider，1997），对不同的感觉通道来讲，这种差别感受规律可以用韦伯分数来表示。

由于差别阈值的广泛存在，从客观上也为食品产品开发者提供了有用的信息。例如，为了节约成本或其他目的，在一定程度上对产品配方中相应的物质增加或减少，消费者将很难察觉。按照视野理论，和盈利相比，人们对亏损反应更敏感。因而，在对配方进行任何调整时，都应该持较为谨慎的态度。

不同的感觉通道对外界刺激的敏感程度并不相同。例如，味觉的韦伯分数的理想值为 0.2 左右，嗅觉的理想值约为 0.01，即嗅觉对外界物质浓度的变化要比味觉更为灵敏。即使这样，味觉系统仍然极其“粗糙”，如在菜品中，在原来的基础上再放入一些盐并不会觉得咸味明显增加，这种差别阈值在复杂产品体系中可能比想象中要大得多。同样，人眼感觉不出的色彩差别量称之为颜色的宽容度。由于色彩差别量主要取决于眼睛的判断，对色彩复制和其他颜色工业部门来说，这种位于人眼宽容量范围之内的色彩差别量是允许存在的。人眼的宽容度约 1∶50 000，而数码相机只有 1∶64～1∶32，彩色负片为 1∶64，黑白胶片为 1∶128，专业黑白胶片可以达到 1∶500 左右。在音响的表现能力上，对各频段范围较大的宽容度才能保证在播放含有大量低音信息时不会增加失真的机会。对于产品的价格调整也是如此，价格改变量如果明显超过了消费者的差别感受能力，那么这种影响将会对消费者的购买行为产生直接的作用。

如前所述，由于差别阈值应用的广泛性，其数值测定对研究人员极具吸引力。在味觉方面，许多研究者在不同时期对蔗糖及氯化钠的韦伯分数分别进行了测定，其中，Lemberger 较为系统地测量了蔗糖溶液为 0.44%～18.75%时，韦伯分数为 0.14～0.36（Norwich，1993），平均值约为 0.19，而氯化钠的韦伯分数则为 0.07～0.24（Laska，1999）。在对差别阈值的测定方法的改进过程中，McBride 测定了蔗糖在不同浓度范围时的韦伯分数约为 0.13（McBride，1983），而另外的研究中报道甜味的韦伯分数为 0.20、苦味为 0.25、咸味为 0.15、酸味为 0.21（Gilmore et al.，1989）。但是在有关钠限制的饮食研究中，测定人可以感受到氯化钠的差别则为 0.2%（Mitchell et al.，2009）。Amerine 等从可滴定酸度角度对酸味的差别进行了研究，除酒石酸外，参与实验人员对 pH 分别为 0.03、0.035、0.042、0.093 的溶液，按酸的强弱都可准确排列（Amerine et al.，1965），以此为依据，酸味的韦伯分数则为 0.18、0.20、1.20。在灵长类动物的味觉行为研究中，得到的实验结果也与人的比较接近，如在猕猴的双瓶实验中，谷氨酸钠的韦伯分数为 0.1～0.5，氯化钠的韦伯分数则为 0.2～0.45（Laska et al.，2008）。结合研究结果，除了刺激强度很弱的条件下，韦伯-费希纳定律在大多数情况下都是成立的。

针对特定人群、以味觉为对象，对味觉感受的差别现象进行系统的研究在国内还很少，因此，以实验数据为基础，味觉差别感受行为的基础数据对食品产业的发展、产品配方的优化等都会产生直接的影响。

（四）极限阈值

极限阈值是一种强烈的感官刺激的最小值，超过此值则不能感知刺激强度的差别，即刺激水平远远高于感官所能感受的刺激水平，或是物理刺激强度增加而反应没有进一步增加所涉及区域，通常也称为感觉阈值上限。在这个水平上，感官已感受不到强度的增加，且有痛苦的感觉。

换句话说，感官反应达到了某一饱和水平，因为感受器或神经达到了最大反应或者某些物理过程限制了刺激物接近感受器。在某些心理物理学函数中有一个饱和水平是合理的，而且这也是根据神经生理学产生的感觉。因为感受器和神经数量是有限的，而且它们有最大的反应速率。

实际上极限阈值水平很少能达到。很少有食品或其他产品其饱和水平就是普通的感觉水平，虽然有一些非常甜的糖果和一些非常辣的辣椒酱可能是例外。对于许多物质的饱和水平由于一些新感觉的加入，如疼痛刺激而变得模糊。例如，一些气味在心理物理学函数的高水平处有一个低迷期，因为三叉神经的刺激开始产生，可能随后对气味强度有一个抑制作用。另一例是关于糖精苦味的副味觉。在高水平时，苦味对某些个体会盖过甜味的感觉，这使得对于其他甜味剂在高水平时难以找到作为糖精的甜味类似物。浓度的进一步增加只增加了苦味，这一额外的感觉对于甜味的感觉有一种抑制效应。所以，虽然反应的饱和似乎在生理学上是合理的，但非常强烈的、对该效应无法孤立测量的刺激可引起复杂的感觉。

一方面，在终点附近的感官反应接近饱和，对超过该水平后感官对物质浓度的增加很难区分，较难测量。有文献指出可以利用差别阈值的三类反应的方法来确定极限阈值。而用排序法测试中，研究人员根据发生排列错误的起始浓度及对应人数的关系，确定了人对蔗糖的极限阈值为 1213.68 mmol/L（周奇和原通磊，2010）。另一方面，较强的外界刺激可能会引起相应感觉器官的损伤，如导致视觉、听觉等的不可逆伤害，因此有关极限阈值测定的报道很少。同时，对甜味物质来讲，大多数甜味物质在到达其溶解度前会有物理性质的明显改变，实验中，葡萄糖溶液浓度在 1900 mmol/L、蔗糖溶液浓度在 1500 mmol/L、果糖溶液浓度在 2900 mmol/L 左右出现视觉可见的变稠、变黏等现象，而三氯蔗糖溶液浓度在 12 mmol/L 左右，部分实验人员会感觉出苦味。

二、阈值的影响因素

影响阈值的因素很多，如年龄和性别、吸烟、饮食时间和睡眠、疾病、温度等，简述如下（以味觉为例）。

（一）年龄和性别

随着年龄的增长，人们的感觉器官逐渐衰退，对味觉的敏感度降低。老年人会经常抱怨没有食欲感及很多食物吃起来无味。感官试验证实，60 岁以下的人味觉敏感性没有明显变化，而年龄超过 60 岁的人则对咸、酸、苦、甜四种基本味的敏感性会显著降低。造成这种情况的原因，一方面是年龄增长到一定程度后，舌乳头上的味蕾数目会减少，试验证明，人在 20～30 岁时舌乳头上平均味蕾数为 245 个，可是到 70 岁以上时，舌乳头上平均味蕾数只剩 88 个；另一方面，老年人自身所患的疾病也会阻碍对味道感觉的敏感性。有研究结果表明，50 岁左右味觉敏感性明显衰退、甜味约减少 1/2，苦味约减少 1/3，咸味约减少 1/4，但酸味减少不明显。在青壮年时期，生理器官发育成熟并且也积累了相当的经验，处于感觉敏感期。

另外，女性在甜味和咸味方面比男性更加敏感，而男性在酸性方面比女性较为敏感，在苦味方面基本不存在性别的差异。男女在食感要素的诸特性构成上均存在一定的差异。

（二）吸烟

有人认为吸烟对甜、酸、咸的味觉影响不大，其味阈值与不吸烟者比较无明显差别，但对苦味的味阈值却很明显。这种现象可能是由于吸烟者长期接触有苦味的尼古丁而形成了耐受性，从而使得对苦味敏感度下降。

（三）饮食时间和睡眠

处在饥饿状态下味觉敏感性会提高。有实验证明，四种基本味的敏感性在上午 11：30 达到最高。在进食后 1 h 内敏感性明显下降，降低的程度与所摄入食物的热量值有关。人在进食时味觉敏感性很高，证明味觉敏感性与体内生理需求密切相关。而进食后味敏感性下降，一方面是所使用食物满足了生理需求，另一方面则是因饮食过程造成味感受体疲劳而引起。但是这对于人的喜好性却几乎没有影响。为了使试验结果稳定可靠，更具有说服力，一般品尝试验安排在饭后 2～3 h 内进行。缺乏睡眠对咸味和甜味阈值不会产生影响，但是能明显提高酸味的阈值。

（四）疾病

疾病常是影响味觉的一个重要因素。很多患者的味觉敏感度会发生明显变化，降低、提高、失去甚至改变感觉。例如，人在患黄疸病的情况下，对苦味的感觉明显下降，甚至丧失；患糖尿病时，则对甜味刺激的敏感性显著下降；怀孕初期的妇女突然会改变口味的喜好，喜酸或喜辣，这些由于疾病或生理而引起的味觉变化有些是暂时性的，待疾病恢复后味觉可以恢复正常，有些则是永久性的变化。有试验证明，若用钴源或 X 射线对舌头两侧进行照射，7 天后舌头对酸味以外的其他基本味的敏感性均降低，大约 2 个月后味觉才能恢复正常。恢复期的长短与照射强度和时间有一定关系。

体内某些营养物质的缺乏和充盈也会造成对某些味道的喜好发生变化，若长期缺乏抗坏血酸，会对柠檬酸的敏感性明显增加。在体内缺乏维生素 A 时，会拒食或厌恶带有苦味的食物，若这种维生素 A 缺乏症持续下去，则对咸味也会产生厌恶。通过注射补充维生素 A 以后，对咸味的喜好性可恢复，但对苦味的喜好性却不再恢复。机体对食物或营养素的需求决定了味觉敏感性。因此在试验之前，应该了解评审员的健康状态，避免试验结果产生严重失误。

（五）温度

温度对味觉的影响较为显著，甘油的甜味阈值由 17℃的 2.5×10^{-1} mol/L（2.3%）降至 37℃的 2.8×10^{-2} mol/L（0.25%），有近 10 倍之差。

温度对味觉的影响表现在味阈值的变化上。例如，感觉不同味道所需要的最适温度有明显差别。在四种基本味中，甜味和酸味的最佳感觉温度在 35～50℃，而咸味的最适感觉温度为 18～35℃，苦味则是 10℃。各种味道的察觉阈也会随温度的变化而变化，而且这种变化在一定温度范围内是有规律的。例如，甜味的阈值在 17～37℃逐渐下降，而超过 37℃则又回升。咸味和苦味阈值在 17～42℃随温度的升高而提高。酸味在此温度范围内阈值变化不大。然而到目前为止，还没有确切的证据说明对味觉产生这种现象的真正原因，但有试验证明，温度变化可以引起痛觉。在食品感官检验中，除了按需要对某些食品进行热处理外，应尽可能保持同类型的试验在相同温度下进行。

通过上述影响阈值的各种因素可知，每个人生活的环境差异都很大，在饮食方面表现为所摄取的食物和嗜好的不同，都会影响到对基本味觉的察觉与识别，因此，对群体的平均阈值研究有着实际的意义。以甜味、咸味、酸味、苦味为例，ISO 的关于味觉敏感性测试的标准在经历了多年的应用后，根据人群的味觉感受的变化，分别调整了储备液和测试液的浓度，蔗糖、氯化钠的储备液浓度分别从 32 g/L、6.0 g/L 修订为 24 g/L、4.0 g/L，数值明显减小，柠檬酸、咖啡的储备液浓度分别从 1.0 g/L、0.2 g/L 修订为 1.2 g/L、0.54 g/L，数值则比原来要大。这四种味觉相对应的测试液浓度也分别从 8.0 g/L 或 6.0 g/L、1.5 g/L 或 3.0 g/L. 0.25 g/L 或 0.5 g/L、0.05 g/L 或 0.1 g/L 分别修订为 5.76 g/L、1.19 g/L、0.43 g/L、0.195 g/L，也是甜味与咸味呈减小趋势、酸味与苦味呈增大趋势。显而易见，这从一个侧面反映了生活条件的变化和人对健康的追求趋势，即人们对蔗糖、氯化钠的摄入越来越谨慎，因此敏感性在逐渐增强，而对酸味、苦味的感受能力也逐渐降低。此外，遗传因素也或许会对味觉敏感性造成差异。144 名具有不同种族背景的志愿者对浓度为 0～4%的 9 种糖溶液的甜度排序结果显示，与那些拥有世界其他地区血统的人相比，欧洲人的后裔对甜味更为敏感（Fushan et al.，2009）。

应当指出，对呈味物质的感受和反映，由于种族、习惯等原因，一般西欧人比东方人味盲多一些。所以由人来比较味的强度是不够全面和准确的，这也是引起各文献中阈值差异的原因之一。目前有人采用通过电生理学的方法，记录鼓索神经的电反应来确定味的强度，以期在检测方面有所突破。

第三节　标　　度

标度是报告评价结果所使用的尺度。它是由顺序相连的一些值组成的系统。这些值可以是图形的、描述的或数字的形式。在感官检验中，它是一门度量的科学，度量是将感官体验进行量化的关键一步，在此基础上才能将数据进行统计分析。标度方法广泛用于需要量化感觉、态度或喜好倾向性等各种场合，标度技术基于感觉强度的心理物理学模型，即增强物理刺激的能量或增加食品组分的浓度或含量，会导致其在感觉、视觉、嗅觉或味觉方面很大程度的增强。

标度法中既使用数字来表达样品性质的强度（甜度、硬度、柔软度），也使用词汇来表达对该性质的感受（太软、正合适、太硬）。如果使用词汇，应该将该词汇和数字对应起来。例如，非常喜欢＝9、非常不喜欢＝1，这样，就可以将这些数据进行统计分析。标度法也有它自身的不足，那就是品评人员容易只选择中间的数值。例如，要求对某种苹果汁按照从 0～9 的标尺，对其苹果风味进行评价。评价员一般不会选用 0、1 和 2，因为他们总以为还会有风味更低的样品，他们是把这些数值留给那些样品用，而这样的样品可能不会出现在试验中，同样，他们也不太会选择 7、8 和 9 这几个数值，他们是等待风味更浓的样品的出现时才用这些数值，而同样，这样的样品在该次试验中也可能根本不会出现。结果，这个标尺就不准确了，如苹果风味非常浓的样品只被标为 6.8，而苹果风味稍高于平均水平的样品被标为 6.2。

一、标度的形式

标度一个最大的进步是在同一属性因子下有较细致的感官标度区分，而这种区分的感官分辨率，又是根据实验心理学原理进行设计，感官品评人员只需要在一个小的区间内作出准确判断。

无论是针对差别的测量还是对喜好的测定，多样化的标度形式为感官研究提供了极大的便利，主要可分为以下三类。

（一）数值式标度

此类标度方式，由于和生活实践活动的关联性较大，加之使用起来较为方便，因而在实际评价过程中被广泛采用，如图 4-1 所示，给出一个数字系列，最常见构成方式是 3、5、7、9 的形式（即该数值为标度的最大值），并不单独使用，需要提供给参与实验人员一个强度或态度的选择或注释，通过对端点或中心点适当的注释，有助于使用者的理解。例如，按照甜味从弱到强用 1、2、3、4 进行排序，对样品某一属性的喜好强度评价等，另外以评分方式出现的标度也被广泛使用，使用过程中通常对分数段也要进行适当注释。

1　2　3　4　5　6　7　8　9
弱　　　　　　　　　　　　　强

图 4-1　一种数值标度形式（引自张卫斌，2012）

（二）文字式标度

为了更好地了解参与实验人员对某种感受的体验，有时也用纯文字的形式对某种感受进行描述。例如，常用的 9 点喜好标度：极其不喜欢、非常不喜欢、一般的不喜欢、稍微不喜欢、既不喜欢也不会不喜欢、稍微喜欢、一般的喜欢、非常喜欢、极其喜欢；恰好标度：极其弱（−2）、弱（−1）、恰好（0）、强（+1）、极其强（+2）等。图 4-2 是一种常见的文字与数值相结合的标度形式，但需要在统计分析时进行数字转换。

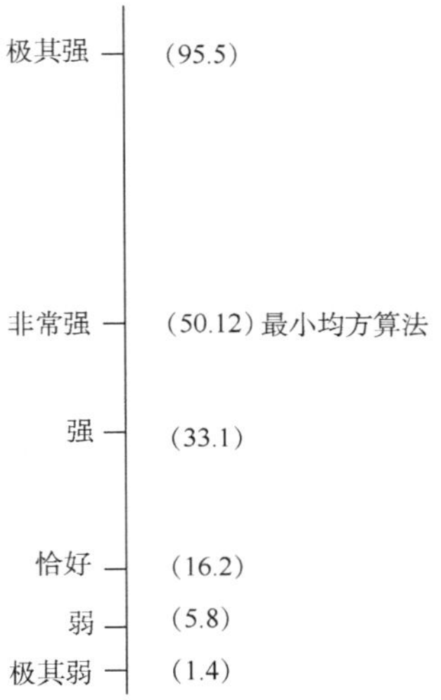

图 4-2　一种文字与数值相结合标度形式（引自 Green et al.，1993）

（三）图形化标度

图形化标度有线性或图形方式等，较为常见的是一段长度在 15 cm 左右的线段，对适当的刻度加以注释，如图 4-3 是对气味强度评价的一种标度。按照提示，参与实验人员只需要根据自己的感受在相应的位置做出记号，使用起来比较方便，但通常需要借助计算机来完成数据的收集和转换工作。根据幼儿或较小年龄人员的特点，他们对于数字的敏感性或文字的差异性表述可能会有理解上的、使用上的困难，设计了脸谱式或针对幼儿的面部表情的标度化方法等，如图 4-4，比较形象，便于特定研究人群的理解和使用。

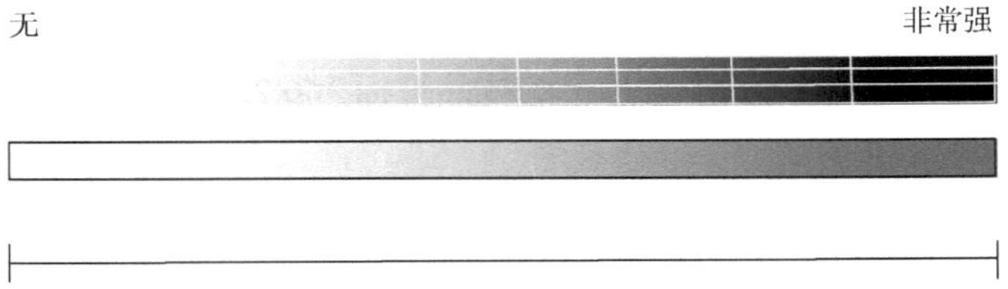

图 4-3　15 cm 的彩色、灰度或线性标度形式（引自 Reinbach et al.，2011）

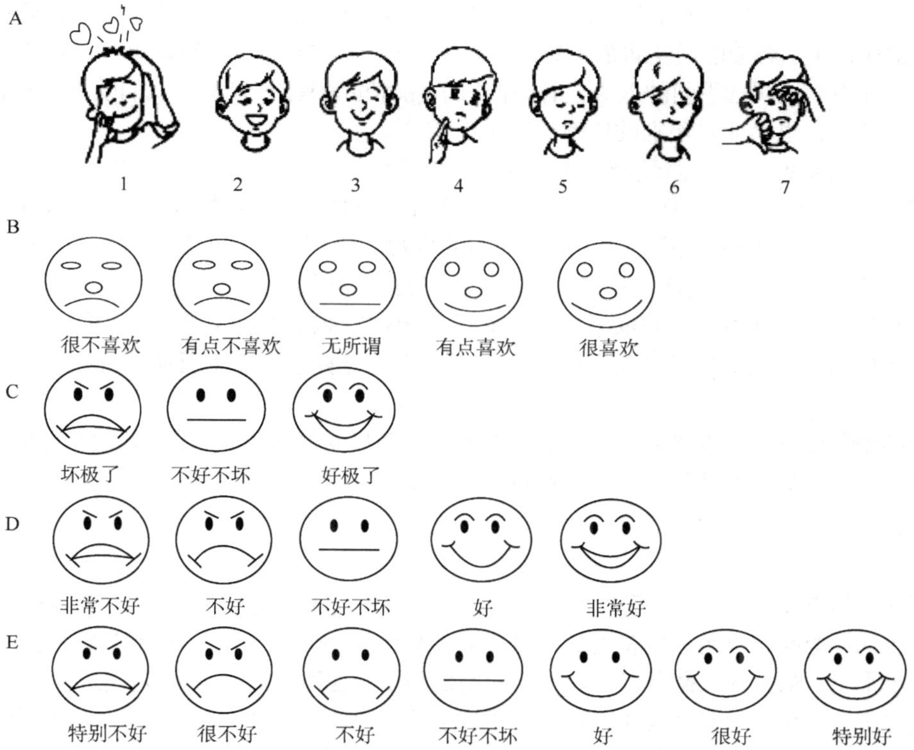

图 4-4　脸谱化的图形标度形式（引自 Guinard，2011）

二、标度的赋值方法

标度的产生源于人们对感官反应进行量化评价需求，对其有不同的赋值方式，根据感官中的应用情况，流行的用法中，至少有 4 种赋值方法，包括名义标度、顺序标度、等距标度和比率标度。这几种标度是根据测量理论中测量水平提出的，适用于各个水平的各类统计分析和不同的建模水平。

（一）名义标度

名义标度中，对于事件的赋值仅仅是作为较方便的标记。数值赋值仅仅是用于分析的一个标记、一个类项或种类。例如，为性别编码，将 0 代表男性，1 代表女性，它不反映序列特征，仅为方便标记。对这类数据的适当分析是进行频率计算并报告结果。对于不同产品或环境的不同反应频率，可通过卡方分析或其他非参数统计方法进行比较。利用这一标度各单项间的比较说明它们是属于同一类别还是不同类别（相等与不相等的结果），而无法得到关于顺序、区别程度、比率或差别大小的结果。

（二）顺序标度

顺序标度是以预先确立的单位或以连续级数排列点的一种标度。它赋值是为了对产品的一些特性、品质或观点（如偏爱）标示排列的顺序。该方法赋给产品的数值增加表示感官体验的数量或强度的增加。所以，对葡萄酒的赋值可根据感觉到的甜度来排序，或对香气的赋值可根据从喜爱到最不喜爱而排序。顺序标度既无绝对零点也无相等单位，只能提供对象强度，而不能提供对象之间差异大小，即此种标度中数值的大小能够对应事物属性的等级，但只要求将属性按某规则排出一个次序，并不需考虑标度间距离的大小。类似于比赛名次，我们知道第一、第二、第三等，但这种名次并不能说明选手间的差距或者他们所消耗时间的差异。所以，我们既不能对感知到差别的程度下结论，也不能对差别的比率或数量下结论。

排序的方法常见于感官偏爱研究中。许多数值标度法可能只产生序级数据，对此也存在很强的疑问，因为选项间的间距主观上并不是相等的。例如，关于常用的市场研究标度，“极好 — 很好 — 好— 一般 — 差”。这些形容词间的主观间距不均匀。评为“好”与“很好”的两个产品间的差别比评为“一般”和“差”的产品间的差别要小得多。但是，在分析时我们经常试图将 1～5 赋值给这些等级并取平均值，而且就像这些赋值数据反映相等的间距一样进行统计。一个合理的从“极好”到“差”的 5 点标度分析是计算各等级中反应者的数目，并进行频率比较。

通常排序数据分析可以报告反映的中值作为主要趋势的概括，或者报告其他百分数以得到额外的信息，而包含加法和除法（如平均数的计算）的数学运算并不恰当。

（三）等距标度

等距标度是有相等单位，但无绝对零点的标度。相等的单位是指相同的数字间隔代表相同的感官知觉差别。等距标度可以度量对象强度之间差异的大小，但不能比较对象强度之间的比率。在该标度水平下，赋值的数据可以表示实际的差别程度，这种差别度是可以比较的。用于感官科学的标度，几乎没有哪种能够建立得到等距测量水平的检验，而且该水平经常又是假定的。明确支持这种水平的一种标度方法是用于喜爱-厌恶判断的 9 点类项标度，通常称为 9 点快感标度。这是一个平衡的标度法，所标明的反映选项有大致相等的间距，如下所示：

非常喜欢
很喜欢
一般喜欢
有些喜欢
既不喜欢也不厌恶
有些厌恶
一般厌恶
很厌恶
非常厌恶

这些选项通常从 1 到 9，或者等间距（如－4～＋4）赋值进行编码和分析。对各种形容词标识的标度点间明确间距的大量研究导致了选择这些选项。上述标度的区别在于强调主体反映的形容词。

（四）比率标度

比率标度是既有绝对零点又有相等单位的标度，比率标度不但可以度量对象强度之间的绝对差异，而且可以度量对象强度之间的比率，这是一种最精确的标度。在这种方式下，0 点不是任意的，而且数值反映了相对比例。

比率标度中相同的数字比率代表相同的感官知觉比率。例如，对于“甜度”特性，样品 A 得 6 分，样品 B 得 3 分，比率 6/3 表示：判定样品 A 的甜度是样品 B 的 2 倍；若与得 18 分的样品 C 比较，则判定样品 A 的甜度是样品 C 的 1/3。

在感官评价中，一般通过所谓的量值估计法来获得比率标度，参比样品的数值可以固定或由评价员来选择；在后一种情形中，要求通过随后的数字计算比较每个评价员的结果。

三、常用标度方法

在实验中，用各种千差万别的方法来对感官体验赋值。有三种常用的标度方法：线性标度、类项标度和量值估计法。其中，量值估计法来自于心理物理学研究方法，使用这种方法，评价员可以对感觉赋予任何数值来反映其比率。而类项标度法，经过实际应用和在食品研究中的推广已经相当常见。另外还有一些不常用的标度技术，如类项-比率混合标度、间接标度及选择排序法。

这些方法存在两大方面的差异。一方面是评价员所允许的自由度及对反应的限制。开放式标度法不设上限，其优点是允许评价员选择任何合适的数值进行标度。不过，这种开放式的反应难以在不同评价员之间进行校准。数据编码、分析及翻译过程会复杂化。相反，简单的分类法则易于确定固定值或使参照标准化，便于校准评价员，而且数据编码与分析常常很直观。标度方法间差异的第二个方面是允许评价员的区别程度。有的允许评价员根据需要使用任意多个中间值，而有的则被限制只能使用有限的离散的选择。所幸的是，采用合适的标度点数量似乎可以减少这些差异。9 点（或更多）类项标度法与分级更精细的量值估计法及线性标记法结果很接近，尤其是当产品差异不是很大时。

（一）线性标度

线性标度也称为图标评估标度或视觉相似标度。该方法是评价员采用在一条线上做标记来评价感觉强度或喜爱程度。自从发明了数字化设备，以及随着在线计算机化数据输入程序的广泛应用，这种标度方法变得特别流行。其基本思想是让评价员在一条线段上做标记以表示感官特性的强度或数量。大部分情况下，只有端点做了标示。标示点也可以从线段两段缩进一点儿以避免末端效应，因为有的受试者不愿意使用标度的端点。其他中间点也可以标出来。一种常见的变化形式是标出一个中间的参考点，代表标准品或基线产品的标度值。所需检验的产品根据此参考点来进行标度，这样的一些变化形式如图 4-5 所示。经过训练的评价员对多特性进行描述分析时，这些技术是很常用的。在消费者研究中则较少应用。

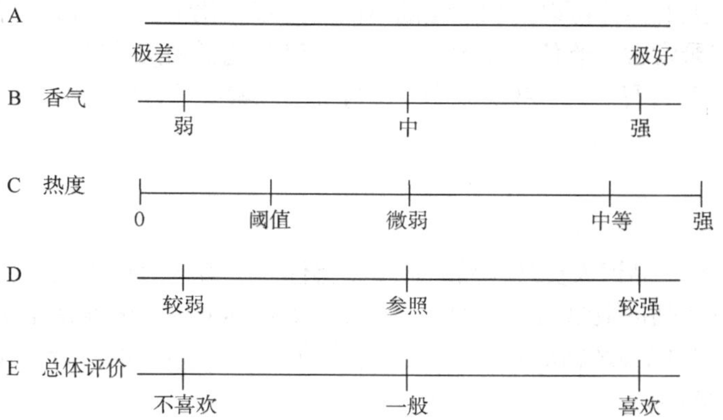

图 4-5　线性标度举例（引自 Harry et al., 2001）

A. 端点标示；B. 端点缩进；C. 附加点标示；D. 利用直线的相对参考点标度；E. 利用直线的快感标度

感官评价的线性标度起源于第二次世界大战中美国密歇根州农业实验站的一次实验。在Baten 的研究中，检验了苹果的各种贮藏温度。对水果的吸引力进行了简单的类项标度（从很理想到很不理想分成 7 个选项进行评估），然后他又使用了 6 in（1 in＝2.54 cm）的线性标度，线的左端标示为“极差”，线的右端标示为“极好”。对显示在线上的反应用英寸为单位进行测量。参加者的投票表明他们更偏爱类项标度而不是线性标度。

Baten 发现带有许多标示选项的详细类项标度有助于某些评价员进行选择，但也会妨碍另一些评价员的选择。线性标度提供了选项的连续等级选择，只受限于数据列表的测量能力。而且线性标度似乎很适合产品间的相对比较。当然这可能是由于他在选票上将一种标度放在另一种上面，这样，评判员可同时看到两个标度。为了减小这种前后效应，现在通常除去前面的评估以获得对产品更为独立的判断。

其他两个历史趋势也促成了线性标度的普及。Stone 等推荐将线性标度用于定量描述分析（quantitative descriptive analysis，QDA），继而形成一种标示各种重要感官特性的新方法。在定量描述分析中，使用一种近似于等距标度的标度方法是很重要的，因为在描述分析中方差分析已成为比较产品的标准统计技术。它在 QDA 上的应用是建立在 Baten 早前关于强度方法的发现及 Norman Anderson 关于功能测量理论的文献基础之上的。在其研究中，Anderson 使用了端点缩进的线性标度法。由于这些实验在性质上是属于心理物理学的，因此，所有刺激都是已知的，并常常在因数混合设计中表现出来。Anderson 提供了对受试者极端高和极端低的刺激样例来固定标度的使用。他在总结里这样提醒研究人员：“刺激终端是非常重要的。它们是附加的刺激，其强度远远超过实验研究中的刺激。终端刺激的一个作用是帮助我们确定参考的范围”。

自 QDA 出现以来，线性标度技术已被用于需要感官反应的各种不同场合。例如，Einstein 成功地用线性标度法让消费者评价啤酒的风味强度、丰满度、苦味和后味特征。所谓“成功”是指在检验实例中获得了统计上的显著差别。线性标度法的应用并不局限于食品和消费产品，在临床上对痛觉和祛痛的度量，也可利用水平线或垂直线进行线性标度。Lawless 用线性标度技术并结合比率指令，对口味和气味的强度及快感判断进行了混合研究。这是一个综合的方法，受试者根据指令进行线性标度，如同进行量值评估一样。例如，如果一种产品的甜度是前一种的 2 倍，那么就在线上 2 倍距离的位置标示出来。这种情况下，线的端点是一个问题，受试者被告知如果空间不够的话可以另附纸，但很少有人会这样做。在比较类项标度、线性标度和量值评估时，线性标度方法对产品的差别与其他标度技术几乎同样灵敏。

在线上标点后来也发展到了时间-强度标度法。最简单的方式就是在移动的卷纸上按照标度移动指针，根据卷纸上的标记可以得到感觉随时间的连续变化情况。最初是由参加者手握标记笔来进行的。笔记的记录常常被遮住不让评价员看到，以避免影响其反应。这种方法也可以和带比率指示的线性标度一起进行。在一些实例中，参与者在观察线性显示时也可拨动转盘或其他反应装置。

（二）类项标度

在类项标度中，要求品评人员就样品的某项感官性质在给定的数值或等级中为其选定一个合适的位置，以表明它的强度或自己对它的喜好程度。类项标度的数值通常是 7～15 个类项，取决于实际需要和品评人员能够区别出来的级别数。随着评价人员训练的进行，对强度水平可感知差别的分辨能力会得到提高。

类项标度的数值不能说明一个样品比另一个样品多多少，如在一个用来评价硬度的 9 点类项标度中，被标为 6 的样品其硬度不一定就是被标为 3 的样品硬度的 2 倍。在 3 和 6 之间的硬度差别可能与 6 和 9 之间的差别并不一样。类项标度中使用的数字有时是表示顺序的，有时是表示间距的。

类项标度有时也被通称为“评估标度”，尽管这个术语也用于指所有的标度方法。最简单的，也是历史上最常见的形式是利用整数来反映逐渐增强的感官强度。作为一种心理物理学方法，它在早期文献中以“单刺激方法”出现，但与其他比较技术相比，它较少被用于测量绝对阈和辨别阈。不过，直接标度被认为是最经济的。也就是说，尽管它们可能是“廉价的数据”，但它们的优势在于对一个单一刺激，你至少可以得到一个数据点。如果是剖面或描述性分析，你可以得到许多数据点，标度了各个特征。在实际的感官工作中，检验完成时间的快慢和有竞争力的产品开发的紧迫性通常都是重要因素，因此，对这种经济特性的关注似乎要超过对标度有效性的关注。简单类项标度的例子可见前述图 4-1 数值标度、图 4-4 适用于年幼儿童的脸谱化图示标度，还有如图 4-6 所示的形式。

A　语言类项标度

例：氧化　无感觉
　　痕量　不确定
　　极微量
　　微量
　　少量
　　中等
　　一定量
　　强
　　很强

B　端点标示的 15 点方格标度

例：甜味　□ □ □ □ □ □ □ □ □ □ □ □ □ □ □
　　　　　不甜　　　　　　　　　　很甜

C　相对于参照的类项标度

例：甜度　□ □ □ □ □ □ □
　　　　　较弱　　参照　　较强

D　整体差异类项标度

例：与参照的差别
　　无差别
　　差别极小
　　差别很小
　　差别中等
　　差别较大
　　差别极大

图 4-6　类项标度举例（引自张水华等，2006）

这类标度方法应用广泛。常见的例子是用大约 9 个点的整数反应。分级也可以更多，如 Winakor 等用 1～99 的选项来评估织物的手感特征。在频谱方法中研究者使用了 15 点类项，但允许把每类再分成 10 等份，理论上相当于变成了至少 150 点的标度。在快感或情感检验中，常用两级标度，有一个 0 点或中性点位于中间位置。这比强度标度简略，如在对儿童使用的“笑脸”

标度中，虽然对较年长的儿童可以使用9点法，但对很年幼的受试对象只采用3个选择。在以后的研究中，有研究者放弃使用标度或整数，以避免受试对象的偏见，因为人们常对特定的数字产生特定的含意。为解决这一问题，采用未标注的方格标度法。

在类项标度的最初应用中，研究者的观点是让受试者把类项当成是等间距的。并且受试者可能被要求根据所提供的标度范围来确定他们的判断。因此，最强的刺激被评为最高类项，而最弱的刺激则被标示为最低类项。这种指示经常出现。现在大部分实施人避免让受试者采用高于或低于项目设置期望范围进行判断，即使他们认为是合适的。事实上，大部分人都倾向于在标度范围内给出判断。但他们不喜欢过多使用标度上的某一部分，而是会将他们的判断移到相邻的反应类项上。数字类项标度中可用数字有上限的事实便于线性等距标度的实现。

如果应用合理，类项标度可以很接近等距测量。一个主要问题是要提供足够的选择，以表示评价人员能够分辨的差别。如果评价小组受过高度训练而能够辨别很多刺激水平的话，一个简单的3点标度是不够的。有个风味剖面标度的例子，开始用5个点来表示无感觉、阈值感觉、微弱、中等和强烈，但很快又发现评价人员需要另外的中间点，特别是在标度的中间范围，在此处发现了很多新产品。然而，有规律表明使用太多的标度点会降低回收率；进一步的详细研究可以将产品更好地区别到某一点上，而额外的反应选择只不过是记录了随机误差波动，从而使回收率降低。

对于个人倾向问题，尤其在消费者工作中，会以去除选项或截去端点的方法来简化标度。回避端点会引起不良结果。一些受试者往往不愿使用端点类项，以防在后面的检验中出现更强或更弱的情况，因此，人们自然倾向于避免端点类项，而将9点标度截为7点标度，可能使评价者实际上只能得到5点标度的作用。所以，最好避免在实验计划中截去标度点的倾向。

实验设计者要考虑是否对中间标度点给予物理学案例。这在端点类项中较为常见，而在中间点类项中的使用要少一些。这种做法的优点是可以获得一定的标准水平，这是受过训练的有描述能力的评价人员所希望的特征。因此，我们发现在质地剖面方法中用9点标度评价硬度时，所有的类项点都有相应的物理学案例，从非常软的像白色的煮鸡蛋那样到非常硬的像硬糖块那样，两个相邻的样品间保持的间距大致相等。其潜在的缺点是限制了受试者的标度。在实验者看来是等距的，在参与者看来却未必是等距的。这种情况下，最好的做法是让受试者在可选择标度范围内确定判断，但不假设中间点的案例是真正等距的。这一选择取决于实验者，其决定反映了他是更关心希望得到标准还是更关心反映限制或潜在偏差。训练有素的评价小组进行感官分析时更喜欢标准，而消费者偏爱评估时则喜欢减少限制。

在实践中，简单的类项标度对产品区别的敏感性几乎和其他标度技术，包括线性标度法和量值估计法一样。由于它们的简易性，所以特别适合于消费者工作。另外，它们在快速准确的数据编码和列表方面也有一些优势，因为它们的工作量要小于线性标度或变化更多的可能包含分数的量值估计法。当然，前提假设数据列表是手工进行的，如数据是利用计算机系统在线记录的，就不存在这一优势。具有固定类项的多种标度现在仍在使用，包括用于观点和态度的利开特(Liken)式标度，它的类项是基于人们对关于该产品的表述同意与否的程度，类别选项对很多情况具有灵活性。

类项标度的数值可以用 χ^2 分布来检验。如果数值间的间距被认为是相等的话，也可以用 t 检验、方差分析，以及回归分析来处理数据。

（三）量值估计

量值估计方法是流行的标度技术，它不受限制地应用数字来表示感觉的比率。在此过程中，评价员允许使用任意正数并按指令给感觉定值，数字间的比率反映了感觉强度大小的比率。例如，假设产品 A 的甜度值为 20，产品 B 的甜度是它的 2 倍，那么 B 的甜度评估值就是 40。应用这种方法需要注意对受试者的指令及数据分析技术。

量值估计有两种基本变化形式。第一种形式，给受试者一个标准刺激作为参照或基准，此标准刺激一般给它一个固定数值。所有其他刺激与此标准刺激相比较而得到标示，这种标准刺激有时称为“模数”。另一种变化形式则不给出标准刺激，参与者可选择任意数字赋予第一个样品，然后所有样品与第一个样品的强度比较而得到标示。实践中受试者可能“一环套一环”地根据系列中最靠近的一个样品给出评估。

在心理物理学家实验室，量值估计得到了初步应用，一般每次只标度一种属性。但是，评估多个特征或剖面分析也被用于味觉研究，这种方法也自然地被沿用到具有多重味道和芳香特征的食品研究中。

下面给出了参照样或赋以固定数值模数的量值估计应用示范指令：

请品尝第一个样品并注意其甜度。这是一个参照样品，它的甜度值定为“10”。请根据该参照样品来评价所有其他样品，给这些样品相应的数值以表示样品间的甜度比率。例如，如果下一个样品的甜味是参照样的 2 倍，则将其定值为“20”，如果其甜度是参照样的一半，则将其定值为“5”，如果其甜度是 3.5 倍，则将其定值为“35”。你可以使用任意的正数，包括分数和小数。

在这种方法中有时允许用数字 0，因为在检验时有些产品实际上没有甜味，或者没有需要评价的感官特性。但参照样品不能用 0 来赋值，参照样品最好能选择在强度范围的中间点附近。没有感觉特征的产品定值为 0 可以理解，但使数据分析复杂化了。

量值估计还有一种变化形式，即不使用参考点。这种情况下可以采用以下指令：

请品尝第一个样品并注意其甜度。请根据该参照样来评价所有其他样品，并给这些样品相应的数字以表示样品间甜度的比率。例如，如果下一个样品的甜味是参照样的 2 倍，则给该样品定值为第一个样品的 2 倍，如果其甜度是参照样的一半，则将其定值为第一个样品的一半，如果其甜度是 3.5 倍，则将其定值为 3.5 倍。你可以使用任意的正数，包括分数和小数。

参与者一般会选择他们感觉合适的数字范围。ASTM法建议第一个样品的值在30～100为宜，应避免使用太小的数字。参与者应注意避免前面使用有界限类项标度的习惯，如限制数字范围为 0～10。这对于以前受过训练使用其他标度方法的评价人员是一个很大的困难，因为人们总是习惯于坚持他们了解的而感到习惯的方法。有这种行为的评价人员可能没有理解指令中“比率”的特性。为避免这一问题，可以让参与者进行一些准备活动来帮助他们确切地理解标度指令。准备活动可以让他们估计不同几何图形的大小和面积，或者线段的长度。有时，要求评价人员同时标度多个特征，或将整体强度分解为特定的属性。如果需要这种“剖面”，几何图形可以包含不同的阴影区域，或者不同颜色的线段。

如果参加者允许选择他们自己的数字范围，那么，在统计分析之前有必要进行再标度，使每个人的数据落在一个正常的范围内。这样，可以防止受试对象选择极大数字而对集中趋势（平均值）测量和统计检验的不良影响。这一再标度过程也被称为“标准化”，尽管它与标准分布或 Z 分数并无关系。再标度的一种常用操作方法是：①计算每个人全部数据的几何平均值；②计算所有数据（将全部受试者综合起来）的总几何平均值；③对各受试者计算总几何平均值与各自几何平均值的比率，由此得到各受试者的再标度因子，构建这一因子也可以不用总几何平均值，而选用任何正数，如选用数值 100；④对于各受试者，用他们各自的数据点乘以他们相应的再标度因子。这样，产品就可以进行统计学比较，并得到几种趋势量度。如果数据在再标度前已经转化成对数值，那么，再标度因子则是基于对数的平均值，这样，它就变为用加法而不是用乘法了。记住 N 次观测产品的几何平均值是 N 次方根。这就像对数的算数平均值的反对数一样（即转化为对数的数据）。因此，以对数计算更为方便。

量值估计的数据常常在数据分析前转换成对数，这主要是因为数据趋向于对数常态分布，或者至少是正偏离。也就是说，在标度中有一些高度偏离，而大部分标度位于较低的数值范围内。这并不奇怪，因为标度在顶端是开放的，而在底部则以零为界。不过，当数据中包含零的时候，将数据转化成对数和几何平均值也会出现一些问题。0 的对数是没有意义的，而在用乘法计算 N 次几何平均值时也将使结果为 0，常用的有以下两种方法：一种方法是将数据中的 0 赋予一个小的正数，比如取受试者给出的最小标度值的一半。当然，结果分析会受这种选择的影响。另一种方法是在计算标准化因子时使用算数平均值或中间值。对于再标度它是可行的，但并未去除数据的偏离。这一点重要与否取决于非常态分布界面中的统计检验是否强有力。

在实践中，量值估计法可应用于训练有素的评价小组、消费者甚至是儿童。但是，比起受到限制的标度方法，量值估计法的数据变化更大，特别是出自未经训练的消费者之手的数据。该标度法的无界限特性，使得它特别适合于那些上限会限制评价人员、在评估感官特征中区分感官体验的能力情况。例如，像辣椒的辣度这样的刺激或痛觉，在类项标度法中可能都被评估为接近上限的强度。但在端点开放的量值估计法中，允许评价人员有更大的自由度来运用数字反应极强烈的感觉变化。

在喜爱和厌恶的快感标度中，使用量值标度还需要一个额外的决定。这种技术的应用有两种选择，一种使用单侧或单极标度来表示喜爱的程度，另一种使用双极标度，可以使用正数和负数，外加一个中性点。在喜爱和厌恶的双极量值标度中，允许使用正数和负数来表示喜爱和厌恶的比率或比例。对正数和负数的选择只表示数字代表的是喜欢还是不喜欢。在单极量值估计中，则只允许使用正数（有时包括 0）。低端表示厌恶，随着数值的增大，表明喜爱的程度成比例逐渐升高。设计这种标度时，实验者应明确单极标度对参与评价的人员是否合适，因为它没有认识到事实上存在中性反应的情况，也没有认识到存在明显的两种反应方式，即喜欢和不喜欢。如果能保证所有的结果都在快感的一侧，无论是都喜欢或都不喜欢，只是程度不同，那么单极标度才有意义。在少数情况下，对食品或消费产品的检验是可以采用的。这时，至少某些参与者可忽略变化或者观点的改变不明显。因此，像 9 点类项标度的双极标度更符合常识。

四、标度的应用

由量值估计标度法得到的数据具有比例性质，它避免了品评人员不愿意使用两端数值这一问题，而在类项标度法中，试验组织者要设计标尺，并确保品评人员了解如何使用。而量值估计标度法也有其不足，就是品评人员容易使用 5、10、15 这样粗略、易记的数值，而不大愿意使用 6、7 或者 1.3、4.2 这样比较精确的数值，就像日常生活中，在 9 点 30 分左右的时候我们习惯说 9 点半了，而不说 9 点 26 分了，即便当时的时间真的是 9 点 26 分。但实际上，一些应用表明，这两种方法并没有明显的差别。量值估计标度法在喜好程度的试验中作用不大，但在品评人员比较少（少于 20 人）的情况下，还是比较有用的。

有这么多的标度方法，那么到底哪一种更有效、更可靠或者比其他方法在某些方面更优越呢，Lawless 和 Milone 于 1986 年进行了一次广泛的系列研究（超过 20 000 次试验），对集中场所的消费者利用不同的感官系统（包括嗅觉、触觉和视觉形式）进行了检验。他们比较了线性标度、量值估计和类项标度法，利用产品间统计上的差别程度来作为方法有效性的标准。试验结果表明，各标度法的表现大致相同。Shand 等在 1985 年对有经验的评价员的试验也得到相似的结论，这些建立在试验基础上的研究表明了各方法之间的等同性。在实践当中，应该考虑的问题有：①标度的空间要足够大，以将产品区别开来；②考虑端点效应；③考虑参评人员的参考框架，包括语言和实际参照物；④被评价的感官特性要适当并有确切定义；⑤在分析前，要考虑数据是否能够进行统计分析。

标度方法为感官评价提供了用途非常广泛而各数据点花费又很低廉的工具，虽然低廉，但这并不意味着得到的信息一定是不可靠的或者不正确的。许多普通的感觉使用标度是必要的，事实上，设立一个标度，包括方法的选择、特征词汇的选择、末端标示语的选择和物理参照的选择，这都需要评价员作出合理的判断，评价员有很好的协作性，当要求做某件事情时他们很少会提出疑问，他们知道他们的工作就是给出数据。对于描述的、情感的甚至是简单差别检验的标度的广泛使用，证明利用标度方法可以适用于回答感官问题的简便性。虽然标度法有其优点，但需要考虑它表现出前后关联效应的倾向，而且易于得到关于测量性质的相对标度数据而非绝对值。

小结

在选择适宜的感官评价方法前，要确定评定的目标，针对给定问题进行充分地讨论或思考。通常要确定是否有如下目标：对产品进行分类、排序或描述；对两个或两个以上产品进行区分，重要的是理清所需要的检验目标，即差异是否存在、差异的大小、差异的方向（性质）、差异的影响、是否全部或部分人员能察觉到差异；确定产品没有差异。选择合适的检验方法很大程度上取决于检验目标的性质，同时，还需要考虑产品相关因素、评价员、检验环境、分析精度的预期水平及结论的统计置信度等。针对检验结果需要采取的各项措施应提前确定。虽然阈值的测量工作量非常大，阈值的研究仍然成为研究中非常重要的内容。

思考题

1．研究食品感官评价的意义是什么？
2．什么是感觉阈？可以分几种类型？使用韦伯公式、费希纳定律有何意义？
3．标度有几种常用方法？各有何优缺点？

第 5 章　差别检验

差别检验是感官评价中经常使用的方法之一。它要求评价员评定两个或两个以上样品中是否存在感官差异（或偏爱其一）。差别检验一般不允许“无差异”的回答（即强迫选择），即评价员未能觉察出样品之间的差异。如果允许出现“无差别”的回答，那么可用以下两种处理方法：①忽略“无差别”的回答，即从评定小组的总数中减去这些数；②将“无差别”的结果分配到其他类的回答中。

第一节　概　　述

差别检验是对样品进行的选择性比较，该方法的应用一般领先于其他检验，在许多方面有广泛应用。例如，调查两类或多类食品的感官质量是否存在差别、差别的方向、消费者的选择偏爱等，在食品加工过程中可以通过改变原料、添加剂或者加工工艺来筛选出较佳的设计方案，此外还可用于感官评价人员的选拔和评价。

一、α 值、β 值和 P_d 值

差别检验的应用很广。有些情况下，研究者的目的在于确定两种样品是否不同。而有些情况下，研究者的目的是区分两种样品是否相似，以致达到可以互相替换的程度。以上这两种情况可通过选择合适的试验敏感参数，如 α、β、P_d 来检验差别和相似性。

在统计学上，假设检验也称显著性检验，它是事先作出一个总体指标是否等于某一个数值或某一随机变量是否服从某种概率分布的假设，然后利用样本资料采用一定的统计方法计算出有关的统计量，依据一定的概率原则，用较小的风险来判断假设总体与现实总体是否存在显著差异，是否应当接受或拒绝原假设选择的一种检验办法。假设检验是依据样本提供的信息进行判断的，也就是由部分来推断总体，因而不可能绝对准确。根据样本资料对原假设作出接受或拒绝的决定时，可能会出现以下 4 种情况：

（1）原假设为真，接受它；

（2）原假设为真，拒绝它；

（3）原假设为假，接受它；

（4）原假设为假，拒绝它。

上面的 4 种情况中，很显然，（2）与（3）是错误的决定。当然人们都愿意作出正确的决定，但实际上难以做到。因此，必须考虑错误的性质和犯错误的概率。若原假设为真却被我们拒绝了，否定了未知的真实情况，把真当成假了，称为第 I 类错误；若原假设为假却被我们接受了，接受了未知的不真实状态，称为第 II 类错误。

α，也叫 α-风险，它的定义是错误估计两者之间的差异存在可能性，当感官差别不存在时，推断感官差别存在的概率，也叫第 I 类错误、显著性水平或假阳性率。α 常用水平为 0.1、0.05、0.01，是按所要求的精确度而事先规定的，它说明检验结果与拟定假设是否有显著性差距，如有

就应拒绝拟定假设。

β，也叫 β-风险，它的定义是错误估计两者之间的差异不存在的可能性，当感官差别存在时，推断感官差别不存在的概率，也叫第Ⅱ类错误或假阴性率。

P_d（proportion of distinguisher），是指能分辨出差异的人数的比例。

差别检验的目的不同，需要考虑的试验敏感参数也不同。在以寻找差异为目的的差别检验中，只需要考虑 α 值，而 β 值和 P_d 值通常不需要考虑。在以寻找相似性为目的的差别试验中，试验者要考虑合适的 P_d 值，然后确定一个较小的 β 值，α 值可以大一些。而某些情况下，试验者要综合考虑 α、β、P_d 值，这些才能保证参与评定的人数在可能的范围之内。在统计学上，α 值、β 值、P_d 值的范围表示意义如表 5-1 所示。

表 5-1　α 值、β 值、P_d 值的范围表示的意义（引自沈明浩和谢主兰，2011）

α 值	存在差异的程度	β 值	差异不存在（相似）的程度	P_d 值	能分辨出差异的人的比例
10%～5%	不显著	10%～5%	不显著	<25%	较小
5%～1%	中等显著	5%～1%	中等显著	25%～35%	中等
1%～0.1%	显著	1%～0.1%	显著	>35%	较大
<0.1%	非常显著	<0.1%	非常显著		

如果样品间的差别非常大，以至于很明显，则差别检验是无效的。当样品间的差别很微小时，差别检验是有效的。在试验中需要注意样品外表、形态、温度和数量等所引起的误差。差别检验中常用的方法有：成对比较检验法、二-三点检验法、三点检验法、“A”-“非 A”检验法、五中取二检验法、选择试验法、配偶试验法。

二、差别检验的条件和要求

（1）用书面形式明确检验目的。

（2）设备和小隔间应符合 GB/T 13868—2009 的要求。在完成所有评价前，应能防止评价员相互交流。

（3）在评价员视野外以完全相同的方式（即相同器具、相同容器、相同数量的产品）为每位评价员制备样品。

（4）评价员不能通过样品的呈送方式得出特性强度的结论。例如，在品尝检验中，避免任何外观差别。若检验目的不涉及色泽，用滤光器和（或）柔和灯光掩饰任何不相干的色泽差别。对于轻微外观差别，样品可不同时连续呈送。

（5）用统一的方式对样品或盛有样品的容器进行编码，宜在每次检验中使用随机选择的三位数。在一场检验中，每个评价员宜使用不同的编码。但若在一场检验中每个评价员仅使用每个编码一次，则同样的三位数编码可以在一次检验中用于所有评价员。

（6）每组样品呈送的数量或体积应相同，对于一种规定的产品类型在一系列检验内的所有其他样品也相同。应规定被评估的数量或体积。否则，应告知评价员无论什么样品，取相似的数量或体积。

（7）每组样品的温度应该相同，呈送产品的温度宜与通常食用时一致。

（8）应告知评价员是否吞咽样品或按其喜欢的方式自由选择。在后一种情况下，应要求评价员对所有样品按同样方式进行。

（9）检验期间，在完成所有检验前，应避免提供有关产品特性、期望的处理结果或个人表现的信息。

三、差别检验程序

（1）实施检验前准备工作表和评分表。

（2）连续或同时呈送一组样品。如可能，向每个评价员按同样的空间排列，同时提供每组样品（如同一排通常是从左到右取样）。在一组样品内，通常允许评价员按其需要对每个样品进行重复评价（当产品的特性允许重复评价）。

（3）每张评分表仅用于一组样品。如果在一场检验中一个评价员进行一次以上的检验，在呈送后续的样品之前，应收走填好的评分表和未使用的样品。评价员不应取回先前的样品或更改先前的检验结论。

（4）评价员作出选择后，不要问其有关偏好、接受或差别程度的问题。对任何附加问题的答案可能影响评价员作出的选择。这些问题的答案可通过独立的偏爱、接受、差别程度检验等获得（GB/T 10220—2012）。询问为何作出选择的陈述部分可包含评价员的陈述。

（5）差别检验是强迫选择程序，不允许评价员回答“无差别”。当评价员无法判断出差别时，应要求评价员随机选择一个样品，并且在评分表的陈述栏中注明，该选择仅是猜测。

四、差别检验的结果分析与表述

1. 差别检验

用各具体方法所对应的“确定存在显著性差别所需最少正确答案数”表，分析检验得到的数据。如果正确答案数大于或等于表中列出的值（符合评价员数和本检验选择的 α-风险水平），结论为：样品间存在感官差别。

如果需要，计算能识别样品的人员比例的置信区间。

2. 相似检验

根据各具体方法所对应的“推断两个样品相似所需最大正确答案数”表，分析三点检验获得的数据。如果正确答案数小于或等于表中列出的值（符合评价员数、本检验选择的 β-风险水平和 P_d 值），则结论为：样品间不存在明显差别。若结果用于一个检验与另一个检验的比较，则所有检验应选择相同的 P_d 值。

如果需要，计算能识别样品的人员比例的置信区间。

五、差别检验的检验报告

给出检验对象、检验结果和结论。建议给出以下附加信息。

（1）检验目的和样品处理特性。

（2）样品的全部标识：来源、制备方法、数量、状态、检验前的储藏、呈送的量、温度（无论如何，关于样品的信息应表明所有已进行的储藏、处理和制备操作，以使生产的样品仅由于关注点的变化而不同）。

（3）评价员人数、正确答案数或一致答案数和统计评价结果（包括检验使用的 α、β、P_d 值）。

（4）评价员：经验（感官检验中，对产品和检验样品的经验）、年龄和性别。

（5）对评价员给出的有关检验的任何信息和明确建议，尤其是在检验和（或）预检验中的准确定义和参照样品举例说明的特性已指示给评价员的情况下。

（6）检验环境：所用检验设施、同时或连续呈送，检验后样品特征是否公开，若公开，以何种方式。

（7）检验地点、日期及小组组长姓名。

六、差别检验的精密度和偏差

由于感官差别检验的结果是个体敏感性的功能，因此不能作出适于所有评价员结果再现性的一般陈述。对于一定数量的评价员，其精密度随小组规模的增加而提高，也随培训和对产品接触的增加而提高。

由于使用强迫选择程序，因此只有完全遵守检验程序的规定，检验方法获得的结果才无偏差。

第二节 成对比较检验法

以随机的顺序同时出示两个样品给评价员，要求评价员对这两个样品进行比较，判定整个样品或者某些特征强度顺序的一种评价方法，称为成对比较检验法（paired comparison test）或者两点检验法。它规定了确定两个产品的样品间感官特性强度是否存在可感觉到的感官差别或相似的程序。成对比较检验实际上是二选一的强迫选择检验。因为仅涉及两个产品，成对比较检验是现有最简单的分类检验。

一、成对比较检验法的用途

评价员接收一组两个样品（成对），指出被考察特性最强的样品，即使仅凭猜测。样品之一可能是对照样。对每个样品被选择的次数进行计数，检验完成前，应确定随后的统计检验是单边的还是双边的。

成对比较检验可用于以下几种情形。

（1）确定是否存在感觉差别（成对差别检验）。

（2）确定是否不存在感觉差别（成对相似检验）。例如，当配料、工艺、包装、处理或贮藏改进时。

（3）优选、培训或者考核评价员的能力。

（4）依据消费者检验的背景资料，比较对两种产品的偏爱程度。

与其他差别检验相比，成对比较检验的优点是简单且不易产生感官疲劳；缺点是当比较的样品数增加时，需要比较的数目迅速增大，以至于不具有可行性。

二、成对比较检验法的特点

以下分别介绍定向成对比较法和差别成对比较法的特点，并对试验中的注意事项进行阐述。

（一）定向成对比较法（单边检验）

在定向成对比较试验中，受试者每次得到两个（一对）样品，组织者要求回答这些样品在某一特性方面是否存在差异，如甜度、酸度、色度、易碎度等。两个样品同时呈送给评价员，要求评价员识别出在这一指定感官属性上程度较高的样品。

（1）试验中，样品有两种可能的呈送顺序（AB、BA），且呈送顺序应该具有随机性，评价员先收到样品 A 或样品 B 的概率应相等。

（2）评价员必须清楚地理解感官专业人员所指定的特定属性的含义。评价员不仅应在识别指定的感官属性方面受过专门训练，而且在如何执行评分单所描述的任务方面也应受过训练。

（3）该检验是单向的。定向成对比较检验的对立假设是：如果感官评价员能够根据指定的感官属性区别样品，那么在指定方面程度较高的样品，由于高于另一样品，因此被选择的概率较高。该检验结果可给出样品间指定属性存在差别的方向。

（4）感官专业人员必须保证两个样品只在单一的所指定的感官方面有所不同，否则此检验法则不适用。例如，增加蛋糕中的加糖量，会使蛋糕变得比较甜，但同时会改变蛋糕的色泽和质地。在这种情况下，定向成对比较法并不是一种很好的区别检验方法。

（5）低于 $n/2$ 的最大正确答案数不能推断出结论。

（二）差别成对比较法（双边检验）

评价员每次得到两个（一对）样品，被要求回答样品是相同还是不同。在呈送给评价员的样品中，相同和不相同的样品数是一样的。通过比较观察的频率和期望的频率，根据 χ^2 分布检验分析结果。

（1）差别成对比较试验中，样品有 4 种可能的呈送顺序（AA、BB、AB、BA）。这些顺序应在评价员中交叉进行随机处理，每种顺序出现的次数相同。

（2）评价员的任务是比较两个样品，并判断它们是相同还是相似。这种工作比较容易进行。评价员只需熟悉评价的感官特性，可以理解评分单中所描述的任务，但他们不需要接受评价特定感官属性的训练。一般要求 20～50 名品评人员来进行试验，最多可以用 200 人，或者 100 人。试验人员要么都接受过培训，要么都没接受过培训，但在同一个试验中，参评人员不能既有受过培训的，也有没受过培训的。

（3）该检验是双边的。差别成对比较检验的对立假设规定，样品之间可察觉出不同，而且评价员可正确指出样品间是相同或不相同的概率大于 50%。此检验只表明评价员可辨别两种样品，并不表明某种感官属性方向性的差别。

（4）当试验的目的是要确定产品之间是否存在感官上的差异，而产品由于供应不足而不能同时呈送两个或多个样品时，选取此试验较好。

三、成对比较检验法的注意事项

（1）进行成对比较检验时，从一开始就应明确检验目的，确定试验是差别成对比较还是定向成对比较，是差别检验还是相似检验，及其最合适的敏感性。

（2）成对比较检验法具有强制性。在成对比较检验法中有可能会出现“无差异”的结果，通常这是不允许的，因而要求评价员“强制选择”，以促进评价员仔细观察分析，从而得出正确结论。尽管两者反差不强烈，但没有给你得出“没有差异”结论的权利，故必须给出一个结论。在评价员中可能会出现“无差异”的反应，有这类人员时用强制选择可以增加得出有效结论的机会，即“显著结果的机会”。这个方法的缺点是鼓励人们去猜测，不利于评定人员忠诚地去记录“无差异”的结果，出现这种情况时，实际上是相当于减少了评价员的人数。因此要对评价员进行培训，以增强对样品的鉴别能力，减少这种错误的发生。

（3）因为这种检验方法猜对的概率可能是 50%，因此需要参加的人数要多一点。选择评价员数以达到检验所需敏感性。使用大量评价员可增加检出产品之间微小差别的可能性。实际上评价员数通常取决于具体条件（试验周期、可用评价员人数、产品数量）。实施差别检验时，具有代表性的评价员数为 24～30 位。实施相似检验时，为达到相当的敏感性，需要 2 倍评价员数（即约为 60 位）。检验相似时，同一位评价员不应做重复评价。对于差别检验，可考虑重复回答，但应尽量避免。若需要重复评价以得出足够的评价总数，应尽量使每一位评价员的评价次数相同。例如，仅有 10 位评价员可利用，应使每位评价员评价 3 对检验以得到 30 个总评价数。

（4）因为选择评价员的标准不同，差异和偏爱的问题不应混淆。

（5）适用于单一感官特性或几项特性存在的差别，指对于已知特性，它能确定是否存在感官差别并鉴定差别范围，但它不能给出差别程度的说明。评价中没有特性差别不表示两个产品不存在任何差别。

（6）仅适用于相对均匀同质的产品。

（7）每对由两个样品组成，每个有不同的三位数编码。使 A、B 两个产品的呈送顺序、数目等同。

（8）对于成对比较检验的条件要求、程序、结果分析与表述、检验报告及精密度与偏差等相关要求，见差别检验中的详细介绍。

四、成对比较检验法案例

分别通过 4 个案例（案例 a 至案例 d）说明成对比较法的非偏爱检验；定向成对比较法（单边检验）的差别检验和相似检验；差别成对比较法（双边检验）的差别检验和相似检验。应用成对比较检验的不同案例如图 5-1 所示。

案例 a: 为使饼干更脆，饼干生产厂进行了改进，希望检查这种改进是否可通过感觉察觉到。因此，有必要强调一项差异以观察新产品是否比普通产品（可控的）更脆。

案例 b: 制造商知道产品含有一种赋予产品异味的少许配料，因此他希望确定最大允许量，以使与没有这种配料的参照产品的风味差异几乎感觉不到，并因此无任何副作用。

案例 c: 期望生产一种新式汤，并比较形成咸味的两种配料。由于成本原因，找出在相同浓度能形成最强咸味的配料。因此有必要强调一项差异。预先不知道哪一种配料会产生最强的咸味。

案例 d: 由于经济原因，一个使用塑胶的制造商，尤其是汽车仪表盘制造商，正寻找一个新产品以替代普通润滑剂，但不希望新的塑胶配方比普通配方可感觉出较差或较强的表面润滑性，问题在于确定在相同浓度下新润滑剂是否会和普通产品一样提供相同的“表面润滑性”。有必要表明两种润滑剂在“表面润滑性”方面是相似的，但预先不知道哪一种润滑剂能产生最高的表面润滑特性。

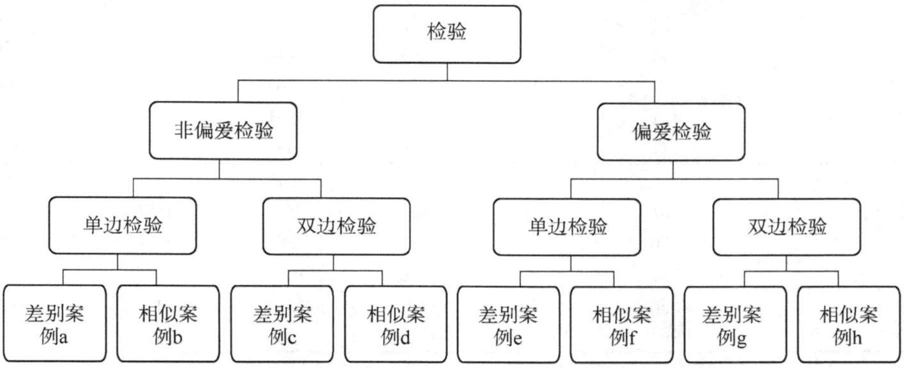

图 5-1　应用成对比较检验的不同案例（引自 GB/T 12310—2012）

案例一：确定两个产品间特性强度差别存在的单边成对检验

1. 范围

根据消费者作出的评价，进行了一些工艺改进去生产比普通产品更脆的饼干。在进行包括消费者的大规模偏爱检验前，研发部门希望确定改进工艺以达到预期效果，并限定推出风味差别不存在的风险。另一方面，既然有做出其他工艺改进的可能，拟准备接受一个检出差别不存在的高风险。

2. 检验目的

确定新产品的确更脆，因此是一项单边检验案例。

3. 评价员数

为防止研发部门错误推断不存在的风味差别，感官分析监督员建议 α 限值 0.05，检出差别的评价员百分数 P_d=30%、β=0.50。因此，参考表 5-2 发现至少需要 30 位评价员。

表 5-2　单边成对检验所需评价员数（引自 GB/T 12310—2012）

α	P_d	β					
		0.5	0.2	0.1	0.05	0.01	0.001
0.5	50%				9	22	33
0.2			12	19	26	39	58
0.1			19	26	33	48	70
0.05		13	23	33	42	58	82
0.01		35	40	50	59	80	107
0.001		38	61	71	83	107	140
	40%			9	20	33	55
0.2			19	30	39	60	94
0.1		14	28	39	53	79	113
0.05		18	37	53	67	93	132
0.01		35	64	80	96	130	174
0.001		61	95	117	135	176	228
	30%			23	33	59	108
0.2			32	49	68	110	166
0.1		21	53	72	96	145	208
0.05		30	69	93	119	173	243
0.01		64	112	143	174	235	319
0.001		107	172	210	246	318	412
	20%		23	45	67	133	237
0.2		21	77	112	158	253	384
0.1		46	115	168	214	322	471
0.05		71	158	213	268	392	554
0.01		141	252	325	391	535	726
0.001		241	386	479	556	731	944
	10%		75	167	271	539	951
0.2		81	294	451	618	1006	1555
0.1		170	461	658	861	1310	1905
0.05		281	620	866	1092	1583	2237
0.01		550	1007	1301	1582	2170	2927
0.001		961	1551	1908	2248	2937	3812

注：表中空白部分表示不代表任何实际意义的情况（考虑选择的 P_d 值的 α、β 的高值）。

4. 实施检验

30 个样品盘内盛放饼干“A”（控制样），30 个样品盘内盛放饼干“B”（试验样），用唯一随机数字编码。按顺序 AB 将产品呈送给 15 位评价员，按顺序 BA 呈送给其他 15 位评价员。按表 5-3 出示试验评分表。

表 5-3　评分表（引自 GB/T 12310—2012）

成对检验

评价员编号：__________ 姓名：__________ 日期：__________

说明：

从左侧一个开始品尝两个样品。在以下位置指明最脆的样品编码。若不确定，猜测一个；在“陈述”的开头指明这是猜测。

最脆样品编码：______________________________

可能的陈述：______________________________

5. 结果分析与表述

21 位评价员指明样品 B 更脆。在表 5-4 中 $n=30$ 的相应行和 $\alpha=0.05$ 的列内可看出期望范围内为 20 个答案，足以表明两个样品差别显著。

表 5-4　根据单边成对检验推断出感官差别存在所需最少正确答案数（引自 GB/T 12310—2012）

n	α 0.20	0.10	0.05	0.01	0.001	n	α 0.20	0.10	0.05	0.01	0.001
10	7	8	9	10	10	34	20	22	23	25	27
11	8	9	9	10	11	35	21	22	23	25	27
12	8	9	10	11	12	36	22	23	24	26	28
13	9	10	10	12	13	37	22	23	24	27	29
14	10	10	11	12	13	38	23	24	25	27	29
15	10	11	12	13	14	39	23	24	26	28	30
16	11	12	12	14	15	40	24	25	26	28	31
17	11	12	13	14	16	44	26	27	28	31	33
18	12	13	13	15	16	48	28	29	31	33	36
19	12	13	14	15	17	52	30	32	33	35	38
20	13	14	15	16	18	56	32	34	35	38	40
21	13	14	15	17	18	60	34	36	37	40	43
22	14	15	16	17	19	64	36	38	40	42	45
23	15	16	16	18	20	68	38	40	42	45	48
24	15	16	17	19	20	72	41	42	44	47	50
25	16	17	18	19	21	76	43	45	46	49	52
26	16	17	18	20	22	80	45	47	48	51	55
27	17	18	19	20	22	84	47	49	51	54	57
28	17	18	19	21	23	88	49	51	53	56	59
29	18	19	20	22	24	92	51	53	55	58	62
30	18	20	20	22	24	96	53	55	57	60	64
31	19	20	21	23	25	100	55	57	59	63	66
32	19	21	22	24	26	104	57	60	61	65	69
33	20	21	22	24	26	108	59	62	64	67	71

续表

n	α					n	α				
	0.20	0.10	0.05	0.01	0.001		0.20	0.10	0.05	0.01	0.001
112	61	64	66	69	73	120	66	68	70	74	78
116	64	66	68	71	76						

注：① 因为表中的数值根据二项式分布求得，因此是准确的。对于表中未设的 n 值，根据下述方式得到遗漏项的近似值：最小正确答案数（x）≥下式中最近似的整数：

$$x=(n+1)/2+z\sqrt{n/4}$$

式中，z 随以下显著性水平变化而异：$\alpha=0.20$ 时，$z=0.84$；$\alpha=0.10$ 时，$z=1.28$；$\alpha=0.05$ 时，$z=1.64$；$\alpha=0.01$ 时，$z=2.33$；$\alpha=0.001$ 时，$z=3.09$。

② 当 $n<18$ 时，通常不推荐用成对差别检验。

6. 报告和结论

感官分析人员为评价小组报告在 5%（$n=30$，$x=21$）显著水平显示更脆的范例。因此可用新工艺生产饼干进行消费者偏爱检验。

案例二：根据给定特性确定两个样品是否相似的单边成对检验

1. 范围

制造商知道产品可含有一种使产品产生草本异味的少许配料。因此他希望确定最大允许量，以使与没有这种配料的参照产品（T）的风味差别几乎感觉不到，并因此无任何副作用。

2. 检验目的

确定这种配料的最大允许量，以使与没有这种配料的参照产品的草本风味差别几乎感觉不到，并因此无任何副作用。

3. 评价员数

制造商希望合理地查明产生草本异味配料允许量的详细说明。因此，本检验中检出草本风味差别的风险（β）应保持在尽可能低的水平。β 固定在 0.05，α 在 0.50，检出差别的评价员百分比 P_d 固定在 20%。因此制造商参考表 5-2 发现至少需要 67 位评价员。然而参考表 5-5，此表注明对于选择的 β 和 P_d，为了能使用表 5-5 最少需要 78 位评价员（低于 78 位时，作出的正确或一致答案最大数低于概率，即 $n/2$，并因此不能在表中用数字标出），制造商因此采用 78 位评价员。

4. 实施检验

充分考虑预备检验和上述资料，定义一个指标浓度 C。制备两种溶液且每种分开倒入具有唯一性随机数字编码的 78 个塑料杯中。按顺序 TC 呈送给 39 位评价员，其他 39 位按顺序 CT 呈送。按表 5-2 出示试验评分表。

5. 结果分析与表述

78 位评价员参与检验。51 位评价员指明样品 C 草本风味更强。在表 5-5 中可看出对于 $n=78$ 且 $P_d=20\%$、$\beta=0.05$，推断样品相似的最大值等于 39。当在检验期间得到的正确答案数大于这个数值时，分析人员注明不可能推断样品之间风味相似。

6. 报告和结论

感官分析人员在报告中注明浓度 C 太高，不能接受为一个可忍受的允许值，并推荐较低浓度的试验。

表 5-5　根据成对检验推断两个样品相似所需最大正确或一致答案数（引自 GB/T 12310—2012）

n	β	P_d					n	β	P_d				
		10%	20%	30%	40%	50%			10%	20%	30%	40%	50%
	0.001							0.001				37	40
	0.01							0.01			36	40	44
18	0.05					9	72	0.05			39	43	47
	0.10				9	10		0.10		37	41	44	48
	0.20			9	10	11		0.20		39	42	46	50
	0.001							0.001				40	44
	0.01					12		0.01			40	44	48
24	0.05				12	13	78	0.05		39	43	47	51
	0.10			12	13	14		0.10		40	44	48	53
	0.20			13	14	15		0.20		42	46	50	54
	0.001							0.001				44	48
	0.01					16		0.01			43	48	53
30	0.05				16	17	84	0.05		42	46	51	55
	0.10			15	17	18		0.10		44	48	52	57
	0.20		15	16	18	20		0.20		46	50	54	59
	0.001							0.001				48	53
	0.01				18	20		0.01			47	52	57
36	0.05			18	20	22	90	0.05		45	50	55	60
	0.10			19	21	23		0.10		47	52	56	61
	0.20		18	20	22	24		0.20	45	49	54	58	63
	0.001					21		0.001				52	57
	0.01				21	24		0.01			50	56	61
42	0.05			21	23	26	96	0.05		49	54	59	64
	0.10			22	25	27		0.10		50	55	60	66
	0.20		22	24	26	28		0.20	48	53	58	62	68
	0.001					25		0.001				55	61
	0.01				25	28		0.01			54	59	65
48	0.05			25	27	30	102	0.05		52	57	63	68
	0.10			26	28	31		0.10		54	59	64	70
	0.20		25	27	30	33		0.20	51	56	61	67	72
	0.001					29		0.001			54	59	65
	0.01				29	32		0.01			57	63	69
54	0.05			28	31	34	108	0.05		55	61	67	72
	0.10		27	30	32	35		0.10		57	63	68	74
	0.20		28	31	34	37		0.20	54	60	65	71	76
	0.001					33		0.001			57	63	69
	0.01				33	36		0.01			61	67	73
60	0.05			32	35	38	114	0.05		59	65	71	77
	0.10		30	33	36	40		0.10		61	67	72	79
	0.20		32	35	38	41		0.20	57	63	69	75	81
	0.001					37		0.001			61	67	73
	0.01			33	36	40		0.01			65	71	78
66	0.05			35	39	43	120	0.05		62	68	75	81
	0.10		34	37	41	44		0.10		64	70	77	83
	0.20		35	39	42	46		0.20	60	67	73	79	85

续表

n	β	P_d 10%	20%	30%	40%	50%	n	β	P_d 10%	20%	30%	40%	50%
126	0.001			64	70	77	132	0.001			67	74	81
	0.01			68	75	82		0.01		65	72	79	86
	0.05		66	72	79	85		0.05		69	76	83	90
	0.10		68	74	81	87		0.10		71	78	85	92
	0.20	64	70	76	83	89		0.20	67	73	80	87	94

注：① 表中的数值根据二项式分布求得，是准确的。对于表中没有的 n 值，根据以下二项式的近似值计算 P_d 在 100（1－β）%水平的置信上限：

$$2(x/n)-1+2z_{\beta}\sqrt{(nx-x^2)/n^3}$$

式中，x 为正确答案数；n 为评价员数；z_β 的变化随以下显著水平不同而不同：$\beta=0.20$ 时，$z_\beta=0.84$；$\beta=0.10$ 时，$z_\beta=1.28$；$\beta=0.05$ 时，$z_\beta=1.64$；$\beta=0.01$ 时，$z_\beta=2.33$；$\beta=0.001$ 时，$z_\beta=3.09$。

如果计算值小于选定的 P_d 值，则表明样品在 β 显著性水平上相似。

② 当 $n<30$ 时，通常不推荐用于成对相似检验。

案例三：确定两个产品间特性强度差别存在的双边成对检验

1. 范围

一个浓汤制造商希望确定两种钠基配料中哪种能形成最强咸味。这种配料将被选择用于新产品配方，因为它可在较稀浓度使用（两种产品每千克价格相同）。若没有显著差别，将试验其他配料。

2. 检验目的

确定在相同浓度两种配料中的哪种可形成最强咸味，因此是一个双边检验案例。

3. 评价员数

感官分析人员希望为95%的置信度，较高比例的评价员能觉察出差别，因此 α 固定在0.05，P_d 在50%。然而，既然将会试验其他配料，错误推断差别不存在，将导致附加费用。所以，感官分析人员将 β 固定在0.1。参考表5-6，发现至少需要42位评价员，因此决定采用44位。

表 5-6　双边成对检验所需评价员数（引自 GB/T 12310—2012）

α	P_d	β 0.5	0.2	0.1	0.05	0.01	0.001
0.5	50%				23	33	52
0.2			19	26	33	48	70
0.1			23	33	42	58	82
0.05		17	30	42	49	67	92
0.01		26	44	57	66	87	117
0.001		42	66	78	90	117	149
	40%			25	33	54	86
0.2			28	39	53	79	113
0.1		18	37	53	67	93	132
0.05		25	49	65	79	110	149
0.01		44	73	92	108	144	191
0.001		48	102	126	147	188	240

续表

α	P_d	β 0.5	0.2	0.1	0.05	0.01	0.001
	30%		29	44	63	98	156
0.2		21	53	72	96	145	208
0.1		30	69	93	119	173	243
0.05		44	90	114	145	199	276
0.01		73	131	164	195	261	345
0.001		121	188	229	267	342	440
	20%		63	98	136	230	352
0.2		46	115	168	214	322	471
0.1		71	158	213	268	392	554
0.05		101	199	263	327	455	635
0.01		171	291	373	446	596	796
0.001		276	425	520	604	781	1010
	10%		240	393	543	910	1423
0.2		170	461	658	861	1310	1905
0.1		281	620	866	1092	1583	2237
0.05		390	801	1055	1302	1833	2544
0.01		670	1167	1493	1782	2408	3203
0.001		1090	1707	2094	2440	3152	4063

注：表中空白部分表示不代表任何实际意义的情况（考虑选择的 P_d 值的 α、β 的高值）。

4. 实施检验

制备 A 和 B 两批汤，唯一差别是产生咸味的配料。两种样品用唯一性随机数字编码的陶瓷碗呈送。按顺序 AB 呈送给 22 位评价员，其他 22 位按顺序 BA 呈送。按表 5-7 出示试验评分表。

表 5-7 评分表（引自 GB/T 12310—2012）

成对检验

检验编码：____________

评价员编号：____________ 姓名：____________ 日期：__________

说明：

从左到右品尝两个样品。选择最咸样品并在相应的样品框上画“×”进行标记。

842□ 376□

陈述：________________________________

若希望作出有关你选择的理由或样品特性的陈述，可在陈述标题后写入。

5. 结果分析与表述

44 位评价员参与检验。32 位评价员指明样品 A 较咸。12 位评价员指明样品 B 较咸。在表 5-8 中对应 $n=44$ 的行和 $\alpha=0.05$ 的列内，可看出为表明两个样品差别显著，样品 A 和样品 B 得到的两个数的最大值应大于或等于 29。表 5-8 也显示这个值大于或等于 31 意味着在 1%的显著水平可推断差别显著。

表 5-8 根据双边成对检验推断出感官差别存在所需最少一致答案数（引自 GB/T 12310—2012）

n	α 0.20	0.10	0.05	0.01	0.001	n	α 0.20	0.10	0.05	0.01	0.001
10	8	9	9	10		13	10	10	11	12	13
11	9	9	10	11	11	14	10	11	12	13	14
12	9	10	10	11	12	15	11	12	12	13	14

续表

n	α					n	α				
	0.20	0.10	0.05	0.01	0.001		0.20	0.10	0.05	0.01	0.001
16	12	12	13	14	15	39	24	26	27	28	31
17	12	13	13	15	16	40	25	26	27	29	31
18	13	13	14	15	17	44	27	28	29	31	34
19	13	14	15	16	17	48	29	31	32	34	36
20	14	15	15	17	18	52	32	33	34	36	39
21	14	15	16	17	19	56	34	35	36	39	41
22	15	16	17	18	19	60	36	37	39	41	44
23	16	16	17	19	20	64	38	40	41	43	46
24	16	17	18	19	21	68	40	42	43	46	48
25	17	18	18	20	21	72	42	44	45	48	51
26	17	18	19	20	22	76	45	46	48	50	53
27	18	19	20	21	23	80	47	48	50	52	56
28	18	19	20	22	23	84	49	51	52	55	58
29	19	20	21	22	24	88	51	53	54	57	60
30	20	20	21	23	25	92	53	55	56	59	63
31	20	21	22	24	25	96	55	57	59	62	65
32	21	22	23	24	26	100	57	59	61	64	67
33	21	22	23	25	27	104	60	61	63	66	70
34	22	23	24	25	27	108	62	64	65	68	72
35	22	23	24	26	28	112	64	66	67	71	74
36	23	24	25	27	29	116	66	68	70	73	77
37	23	24	25	27	29	120	68	70	72	75	79
38	24	25	26	28	30						

注：① 因为表中的数值根据二项式分布求得，因此是准确的。对于表中未设的 n 值，根据下述方式得到遗漏项的近似值，最小正确答案数（x）≥下式中最近似的整数：

$$x=(n+1)/2+z\sqrt{n/4}$$

式中，z 随以下显著性水平变化而异：$\alpha=0.20$ 时，$z=1.28$；$\alpha=0.10$ 时，$z=1.64$；$\alpha=0.05$ 时，$z=1.96$；$\alpha=0.01$ 时，$z=2.58$；$\alpha=0.001$ 时，$z=3.29$。

② 当 $n<18$ 时，通常不推荐用成对差别检验。

6. 报告和结论

感官分析人员在报告中注明在1%显著水平可感觉配料A比配料B咸，因此采用配料A用于未来生产中。

案例四：根据给定特性确定两个样品是否相似的双边成对检验

1. 范围

一个汽车仪表盘制造商，由于经济原因，正寻找一个新产品以替代普通润滑剂，但不希望新的塑胶配方比普通配方可感觉出较差或较强的表面润滑性。

2. 检验目的

确定在相同浓度下，新润滑剂是否会和普通产品一样提供相同的“表面润滑性”。

3. 评价员数

制造商希望合理地查明新配料与普通润滑剂一样提供相同水平的可察觉的“表面润滑性”。因此，本检验中，不能检出表面润滑性差别的风险应保持在尽可能低的水平。错误推断出差别不存在的倾向存在的 α 风险仍然重要，因为它会导致继续使用通常较昂贵的润滑剂。因此 β 固定在 0.05，α 固定在 0.10，检出差别的评价员的百分比 P_d 固定在 30%。因此制造商参考表 5-6 发现至少需要 119 位评价员。为平衡呈送顺序，决定采用 120 位评价员。

4. 实施检验

制备 A 和 B 两批塑料板材，唯一差别是产生表面润滑特性的润滑剂。两种板材用唯一性随机数字编码的盒呈送。按顺序 AB 呈送给 60 位评价员，其他 60 位按顺序 BA 呈送。按表 5-9 出示试验评分表。

表 5-9　评分表（引自 GB/T 12310—2012）

成对检验
评价员编号：＿＿＿＿＿　姓名：＿＿＿＿＿　日期：＿＿＿＿
说明：
要求比较两个样品的表面润滑特性。具有表面润滑性的板材是对于手越过其表面的切向移动不能呈现任何阻力的一种板材。请触摸两个产品，从左侧一个开始，观察以下方面：手的水平移动，从左到右轻轻施力。选择表面润滑性最强的样品并在相应的样品框上画“×”进行标记。
192□　　526□

5. 结果分析与表述

采用 120 位评价员参与检验。其中 67 位评价员指明样品 A 提供较强的表面润滑性，53 位评价员指明样品 B。在表 5-5 中对应 $n=120$ 的部分和 $\beta=0.05$ 的相应行、$P_d=30\%$的列内，发现数值为 68。两个样本得到的最高值（67）小于本值（68），因此在 95%的置信区间和本检验选择的 P_d 值，可推断两个样品之间相似存在。

6. 报告和结论

感官分析人员报告新润滑剂和普通润滑剂一样提供相似水平的表面润滑性，因此可投入生产。

第三节　三点检验法

三点检验法（triangle test）是差别检验当中最常用的一种方法，是由美国的 Bengtson 及其同事首先提出的。在检验中，同时提供三个编码样品，其中有两个是相同的，另外一个样品与其他两个样品不同，要求评价员挑选出其中不同于其他两个样品的检验方法，也称为三角试验法。三点检验法可使感官评价人员确定两个样品间是否有可察觉的差别，但不能表明差别的方向。常用的问答卷及样品形式见表 5-10 和图 5-2。

表 5-10　三点检验问答卷（引自张水华等，2006）

三点检验
姓名：＿＿＿＿＿　日期：＿＿＿＿
试验指令：
在您面前有三个带有编号的样品，其中有两个是一样的，而另一个和其他两个不同。请从左向右依次品尝三个样品，然后在与其他两个样品不同的那一个样品的编号上画“×”。您可以多次品尝，但不能没有答案。谢谢！
624□　　801□　　129□

三点检验法常被应用在以下几个方面：①确定产品的差异是否来自成分、工艺、包装和贮存

期的改变；②确定两种产品之间是否存在整体差异；③优选、培训和检验评价人员，以锻炼其发现产品差别的能力。

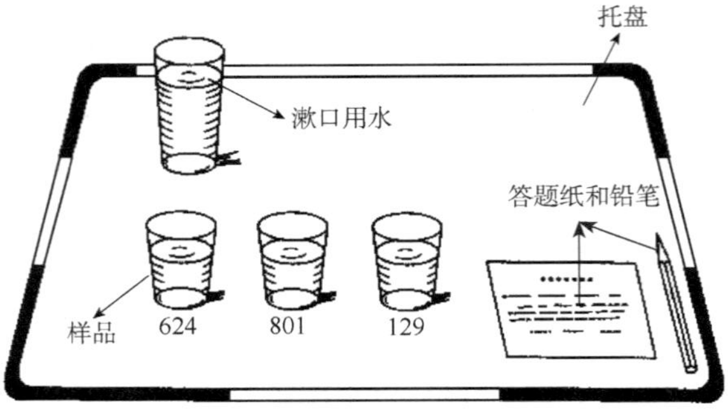

图 5-2　三点检验样品示意图（引自张水华等，2006）

一、三点检验法的特点

（1）在感官评价中，三点检验法主要用于两种产品的样品间差异分析，而且适合于样品间细微差别的鉴定，如品质管制和仿制产品。其差别可能与样品的所有特征或者某一特征有关。

（2）三点检验前，准备好工作表和评分表，每次随机呈送给评价员 3 个样品，其中 2 个样品相同，1 个样品不同，并要求在所有的评价员间交叉平衡。为了使 A 和 B 2 个产品的 6 种可能序列（ABB、AAB、ABA、BAA、BBA、BAB）出现的次数相等，6 组样品随机分发给评价员（即在第一组 6 个评价员中使用每个序列一次；在下一组 6 个评价员中再使用每个序列等）。当评价员人数不足 6 的倍数时，可舍去多余样品组，或向每个评价员提供 6 组样品做重复检验。

（3）对三点检验的无差异假设规定：当样品间没有可察觉的差别时，作出正确选择的概率是 1/3。因此，在试验中此法的猜对率为 1/3，这要比成对比较法和二-三点检验法的 1/2 猜对率准确度低得多。

（4）在食品的三点检验中，所有评价员都应基本上具有同等的鉴别能力和水平，并且因食品的种类不同，评价员也应该是各具专业之所长。选择评价员数，以达到检验所需的敏感性。用大量评价员能提高检出产品间微小差别的可能性。但实际上，评价员的数量通常取决于实际条件（如实验周期、评价员的人数、产品数量）。检验差别时，评价员数通常为 24～30 人。检验相似时，达到同样的敏感性则需要两倍的评价员（即大约 60 人）。

（5）食品三点检验法要求的技术比较严格，每项检验的主持人都要亲自参与评定。为使检验取得理想的效果，主持人最好组织一次预备试验，以便熟悉可能出现的问题，以及先了解一下原料的情况。但要防止预备试验对后续的正规检验起诱导作用。

（6）在三点检验中，评价组的主持人只允许其小组出现以下两种结果。第一种，根据“强迫选择”的特殊要求，必须让评价员指明样品之一与另两个样品不同；第二种，根据实际，对于的确没有差别的样品，允许打上“无差别”字样。这两点在显著性测定表上查找差异水平时，都是要考虑到的。

（7）尽量避免同一评价员的重复评价。但是，如果需要重复评价以产生足够的评价总数，应尽量使每位评价员重复评价的次数相同。例如，如果只有 10 位评价员，为得到 30 次评价总数，应让每位评价员评价三组三联样。当检验相似时，将 10 个评价员做的三次评价作为 30 次独立评价是无效的。但是，检验差别时，即使进行重复评价也是有效的。

（8）三点检验法是比较复杂的，即使是有经验的评价员也会感到不是很容易。如当其中某一对被认为是相同的时候，也还得用另一样品的特征去证明。这样反复的互证，是看起来容易而做起来难的事情。为了判断正确，不能让评价员知道其排列的顺序。所以样品的排序者不能参加评价。

（9）当参加评价的工作人员数目不是很多时，可选择此法。

（10）该方法适用于完全同类的样品。

（11）在统计学三点检验上比二-三点检验更有效，但限制在余味强和（或）味觉持久的产品上使用。

（12）对于成对比较检验的条件、程序、结果分析与表述、检验报告及精密度与偏差等的相关要求见差别检验中的详细介绍。

二、三点检验法案例

分别通过两个案例说明三点检验法（单边检验）的差别检验和相似检验。表 5-11 中列出的值是在一定 α-风险水平（列）上，达到显著性所需的最少正确答案数和相应的评价员数 n（行）。如果正确答案数大于或等于表中的值，则拒绝“无差别”的假设。

表 5-11　三点检验确定存在显著性差别所需最少正确答案数（引自 GB/T 12311—2012）

n	α					n	α				
	0.20	0.10	0.05	0.01	0.001		0.20	0.10	0.05	0.01	0.001
6	4	5	5	6	—	27	12	13	14	16	18
7	4	5	5	6	7	28	12	14	15	16	18
8	5	5	6	7	8	29	13	14	15	17	19
9	5	6	6	7	8	30	13	14	15	17	19
10	6	6	7	8	9	31	14	15	16	18	20
11	6	7	7	8	10	32	14	15	16	18	20
12	6	7	8	9	10	33	14	15	17	18	21
13	7	8	8	9	11	34	15	16	17	19	21
14	7	8	9	10	11	35	15	16	17	19	22
15	8	8	9	10	12	36	15	17	18	20	22
16	8	9	9	11	12	42	18	19	20	22	25
17	8	9	10	11	13	48	20	21	22	25	27
18	9	10	10	12	13	54	22	23	25	27	30
19	9	10	11	12	14	60	24	26	27	30	33
20	9	10	11	13	14	66	26	28	29	32	35
21	10	11	12	13	15	72	28	30	32	34	38
22	10	11	12	14	15	78	30	32	34	37	40
23	11	12	12	14	16	84	33	35	36	39	43
24	11	12	13	15	16	90	35	37	38	42	45
25	11	12	13	15	17	96	37	39	41	44	48
26	12	13	14	15	17	102	39	41	43	46	50

注：① 因为表中的数值根据二项式分布求得，所以是准确的。对于表中未设的 n 值，根据下列二项式的近似值计算。

最小正确答案数（x）≥式中最近似的整数：

$$x=(n/3)+z\sqrt{(2n/9)}$$

式中，z 随下列显著性水平变化而异：$\alpha=0.20$ 时，$z=0.84$；$\alpha=0.10$ 时，$z=1.28$；$\alpha=0.05$ 时，$z=1.64$；$\alpha=0.01$ 时，$z=2.33$；$\alpha=0.001$ 时，$z=3.09$。

② 当 $n<18$ 时，不宜用三点检验检验差别。

表 5-12 中所列出的值是在选定的 P_d、β、n 水平上，检验“相似”所需的最大正确答案数。如果正确答案数小于或等于表 5-12 中的值，则接受在 100（1$-\beta$）%置信水平上“无差别”的假设。选择评价员人数以达到本检验所需的敏感性。

表 5-12　根据三点检验确定两个样品相似所需最大正确答案数（引自 GB/T 12311—2012）

n	β	P_d				
		10%	20%	30%	40%	50%
18	0.001	0	1	2	3	5
	0.01	2	3	4	5	6
	0.05	3	4	5	6	8
	0.10	4	5	6	7	8
	0.20	4	6	7	8	9
24	0.001	2	3	4	6	8
	0.01	3	5	6	8	9
	0.05	5	6	8	9	11
	0.10	6	7	9	10	12
	0.20	7	8	10	11	13
30	0.001	3	5	7	11	14
	0.01	5	7	9	14	16
	0.05	7	9	11	16	18
	0.10	8	10	11	17	19
	0.20	9	11	13	18	21
36	0.001	5	7	9	11	14
	0.01	7	9	11	14	16
	0.05	9	11	13	16	18
	0.10	10	12	14	17	19
	0.20	11	13	16	18	21
42	0.001	6	9	11	14	17
	0.01	9	11	14	17	20
	0.05	11	13	16	19	22
	0.10	12	14	17	20	23
	0.20	13	16	19	22	24
48	0.001	8	11	14	17	21
	0.01	11	13	17	20	23
	0.05	13	16	19	22	26
	0.10	14	17	20	23	27
	0.20	15	18	22	25	28
54	0.001	10	13	17	20	24
	0.01	12	16	19	23	27
	0.05	15	18	22	25	29
	0.10	16	20	23	27	31
	0.20	18	21	25	28	32
60	0.001	12	15	19	23	27
	0.01	14	18	22	26	30
	0.05	17	21	25	29	33
	0.10	18	22	26	30	34
	0.20	20	24	28	32	36
66	0.001	14	18	22	26	31
	0.01	16	20	25	29	34
	0.05	19	23	28	32	37
	0.10	20	25	29	33	38
	0.20	22	26	31	35	40
72	0.001	15	20	24	29	34
	0.01	18	23	28	32	38
	0.05	21	26	30	35	40
	0.10	22	27	32	37	42
	0.20	24	29	34	39	44
78	0.001	17	22	27	32	38
	0.01	20	25	30	36	41
	0.05	23	28	33	39	44
	0.10	25	30	35	40	46
	0.20	27	32	37	42	48
84	0.001	19	24	30	35	41
	0.01	22	28	33	39	45
	0.05	25	31	36	42	48
	0.10	27	32	38	44	49
	0.20	29	34	40	46	51
90	0.001	21	27	32	38	45
	0.01	24	30	36	42	48
	0.05	27	33	39	45	52
	0.10	29	35	41	47	53
	0.20	31	37	43	49	55
96	0.001	23	29	35	42	48
	0.01	26	33	39	45	52
	0.05	30	36	42	49	55
	0.10	31	38	44	50	57
	0.20	33	40	46	53	59
102	0.001	25	31	38	45	52
	0.01	28	35	42	49	56
	0.05	32	38	45	52	59
	0.10	33	40	47	54	61
	0.20	36	42	49	56	63
108	0.001	27	34	41	48	55
	0.01	31	37	45	52	59
	0.05	34	41	48	55	63
	0.10	36	43	50	57	65
	0.20	38	45	52	60	67

注：① 表中的数值根据二项式分布求得，是准确的。对于表中没有的 n 值，根据以下二项式的近似值计算 P_d 在 100（$1-\beta$）% 水平的置信上限：

$$1.5(x/n)-0.5+1.5z_\beta\sqrt{(nx-x^2)/n^3}$$

式中，x 为正确答案数；n 为评价员数；z_β 的变化如下：$\beta=0.20$ 时，$z_\beta=0.84$；$\beta=0.10$ 时，$z_\beta=1.28$；$\beta=0.05$ 时，$z_\beta=1.64$；$\beta=0.01$ 时，$z_\beta=2.33$；$\beta=0.001$ 时，$z_\beta=3.09$。

如果计算值小于选定的 P_d 值，则表明样品在 β 显著性水平上相似。

② 当 $n<30$ 时，不宜用三点检验来检验相似。

从表 5-13 中，找到选定的 P_d 和 β 值，在选定的 α 值行中，查找所需的最少评价员数。反之，当使用的评价员数少于所需的限量值时，用表 5-13 可导出一组提供可接受敏感性的 α、β、P_d 值。表 5-13 中列出的值，是由 α、β、P_d 值确定的敏感性一定时，进行三点检验所需的最少评价员数。从表 5-13 中，由选定的 α、β、P_d 值，查找最少评价员数。

表 5-13　三点检验所需的评价员数（引自 GB/T 12311—2012）

α	P_d	β				
		0.2	0.1	0.05	0.01	0.001
0.2	50%	7	12	16	25	36
0.1		12	15	20	30	43
0.05		16	20	23	35	48
0.01		25	30	35	47	62
0.001		36	43	48	62	81
0.2	40%	12	17	25	36	55
0.1		17	25	30	46	67
0.05		23	30	40	57	79
0.01		35	47	56	76	102
0.001		55	68	76	102	130
0.2	30%	20	28	39	64	97
0.1		30	43	54	81	119
0.05		40	53	66	98	136
0.01		62	82	97	131	181
0.001		93	120	138	181	233
0.2	20%	39	64	86	140	212
0.1		62	89	119	178	260
0.05		87	117	147	213	305
0.01		136	176	211	292	397
0.001		207	257	302	396	513
0.2	10%	149	238	325	529	819
0.1		240	348	457	683	1011
0.05		325	447	572	828	1181
0.01		525	680	824	1132	1539
0.001		803	996	1165	1530	1992

案例一：三点检验确定存在差别

1. 背景说明

某啤酒厂开发了一项工艺，以降低无醇啤酒中的不良谷物风味。该工艺需投资新设备。在进行大规模的包括消费者的偏好检验之前，厂家想要确定研制的无醇啤酒与公司目前生产的无醇啤酒不同。当差别不存在时，厂家愿意冒点风险断定差别存在。而且，若有替代新工艺的方法，厂家乐意接受更大的风险，忽略确实存在的差别。

2. 检验目的

确定新工艺生产的无醇啤酒能区别于原无醇啤酒，以证明消费者检验的正确性。

3. 评价员数

为避免厂家得到差别存在的错误判断，感官分析员建议 $\alpha=0.05$。为平衡样品的呈送顺序，分析员决定用 24 个评价员。根据表 5-13，选择用 24 个评价员，保证检验中检出差别的机会为 95%［100（1−β）%］，且 50%的评价员能检出样品间的差别。将 α=0.05、β=0.05 和 P_d=50%代入表 5-13，查得 n=23。

4. 实施检验

用唯一随机数给样品（36 杯“A”和 36 杯“B”）编码。每组三联样 ABB、BAA、AAB、BBA、ABA 和 BAB 以平衡随机顺序，分 4 次分发，以涵盖 24 个评价员。所用评分表如表 5-14 所示。

表 5-14　三点检验检验差别的评分表（引自 GB/T 12311—2012）

三点检验
评价员编号：＿＿＿＿＿＿　姓名：＿＿＿＿＿＿　日期：＿＿＿＿＿＿
说明：
从左到右品尝样品。两个样品相同，一个不同。在下面空白处写出与其他样品不同的样品编号。如果无法确定，记录你的最佳猜测；可以在陈述处注明你是猜测的。
与其他两个样品不同的样品是：＿＿＿＿＿＿＿＿＿＿＿＿
陈述：＿＿＿＿＿＿＿＿＿＿＿＿＿＿＿＿＿＿＿＿

5. 结果分析与表述

总共 14 个评价员正确地识别了不同的样品。在表 5-11 中，由 n=24 个评价员对应行和 α=0.05 对应的列，感官分析员查到，14 个正确答案数足以得出两啤酒间有感官差别的结论。

分析员也可选择单边计算，确定能识别样品间有感官差别的人员比例的置信下限。计算：

$$[1.5\times(14/24)-0.5]-1.5\times1.64\sqrt{(14/24)[1-(14/24)/24]}=0.13$$

分析员有 95%的置信度得出结论：至少有 13%的评价员能检出样品间的差别。

6. 报告和结论

感官分析员报告：评定小组（n=24，x=14）实际上在 5%的显著性水平上能区别试验产品与原产品。分析员可以选择在 95%的置信水平上报告：至少有 13%的评价员能区分两样品。采用新工艺的酿造试验可继续用“检验目的”中建议的消费者进行检验。

案例二：三点检验确定两个样品相似

1. 背景说明

一个糖果生产商想使用新包装材料，因为它使标签图案具有更大的灵活性。但是，这种新材料须能提供相同的贮藏稳定性。生产商知道不可能证明两种产品相同，但想确定：贮藏 3 个月后，如果存在差别，只有非常小的比例评价员能检出。另外，由于原包装受欢迎，因此如果两种产品相同，生产商愿意冒相当大的风险，错误判定产品不同。对生产商来说，贮藏稳定性比图案吸引人更重要。

2. 检验目的

确定用新包装材料贮藏 3 个月的产品是否与用原包装材料的相同。

3. 评价员数

感官分析员和生产商一起确定适于本检验的风险水平，确定能够区分产品的评价者的最大允许比例为 P_d=20%。生产商仅愿意冒 β=0.10 的风险来检测评价者。当不存在差别时，生产商不太注重作出存在差别的错误判定。感官分析员选择 α=0.20。当 α=0.20、β=0.10、

P_d=20%，在表 5-13 中查到需要评价员 n=64 个。

4. 实施检验

感官分析员用表 5-15 所示的工作表和表 5-16 所示的评分表进行检验。分析员用 6 组可能的三联样：AAB、ABA、BAA、BBA、BAB 和 ABB 循环 10 次送给前 60 个评价员。然后，随机选择四组三联样送给 61 号至 64 号评价员。

表 5-15　工作表（引自 GB/T 12311—2012）

日期：	检验编码：						
三点检验样品顺序和呈送计划							
在样品盘制备区域张贴本表，提前将评分表和呈送容器编码。							
产品类型：糖块 样品编码： 1=包装 4736（传统的）　2=包装 3987（新的）							
呈送容器编码如下：							
评价组成员	样品编码			评价组成员	样品编码		
1	1-108	1-795	2-140	33	2-360	1-303	1-415
2	1-189	2-168	1-733	34	2-134	2-401	1-305
3	2-718	1-437	1-488	35	2-185	1-651	2-307
4	2-535	2-231	1-243	36	1-508	2-271	2-465
5	2-839	1-402	2-619	37	1-216	1-941	2-321
6	1-145	2-296	2-992	38	1-494	2-783	1-414
7	1-792	1-280	2-319	39	2-151	1-786	1-943
8	1-167	2-936	1-180	40	2-423	2-477	1-164
9	2-689	1-743	1-956	41	2-570	1-772	2-887
10	2-442	2-720	1-213	42	1-398	2-946	2-764
11	2-253	1-444	2-505	43	1-747	1-286	2-913
12	1-204	2-159	2-556	44	1-580	2-558	1-114
13	1-142	1-325	2-632	45	2-345	1-562	1-955
14	1-472	2-762	1-330	46	2-385	2-660	1-856
15	2-965	1-641	1-300	47	2-754	1-210	2-864
16	2-582	2-659	1-486	48	1-574	2-393	2-753
17	2-429	1-884	2-499	49	1-739	1-308	2-742
18	1-879	2-891	2-404	50	1-147	2-395	1-434
19	1-745	1-247	2-724	51	2-396	2-629	1-957
20	1-344	2-370	1-355	52	1-147	2-396	1-434
21	2-629	1-543	1-951	53	2-525	1-172	2-917
22	2-482	2-120	1-219	54	1-325	2-993	2-736
23	2-259	1-384	2-225	55	1-771	1-566	2-376
24	1-293	2-459	2-681	56	1-585	2-628	1-284
25	1-849	1-382	2-192	57	2-354	1-526	1-595
26	1-294	2-729	1-390	58	2-358	2-606	1-586
27	2-165	1-661	1-336	59	2-548	1-201	2-684
28	2-281	2-409	1-126	60	1-475	2-339	2-573
29	2-434	1-384	2-948	61	1-739	1-380	2-472
30	1-189	2-231	2-674	62	1-417	2-935	1-784
31	1-740	1-397	2-514	63	2-127	2-692	1-597
32	1-354	2-578	1-815	64	1-157	2-315	1-594

表 5-16　评分表（引自 GB/T 12311—2012）

三点检验

检验编号：________________

评价员编号：__________ 姓名：__________ 日期：________

样品类型：糖块

说明：

从左到右品尝样品。两个样品相同，一个不同。选出不同的样品，并在相应的方格内画"×"。

盘内样品	标出不同的样品	说明：
629	□	________________
543	□	________________
951	□	________________

注：若需解释选择的原因或样品特性，可写在说明栏中。

5. 结果分析与表述

检验中，在 64 个评价员中有 24 人正确辨认出检验的不同样品。查阅表 5-12 的注①中的公式，来确定能否得出两个样品相似的结论。分析员算出：

$$[1.5\times(24/64)-0.5]+1.5\times1.28\sqrt{(64\times24-24^2)/64^3}=0.1787$$

即分析员有 90%的置信度，小于 18%的评价员能区分样品；分析员有 90%（即 $\beta=0.10$）的确定性，判断新包装材料符合制造商的要求，而且不超过 $P_d=20\%$的评价员能检出差别。新包装材料可以代替原来的材料。

第四节　二-三点检验法

二-三点检验法（duo-trial test）是由 Peryam 和 Swartz 于 1950 年提出的方法，也称为一-二点检验法。评价员得到一组三个样品（即三联样），一个样品被标记为参比样，另外两个样品编码不同。告知评价员其中一个编码样品与参比样相同，一个与参比样不同。根据检验前的训练和指导，评价员应报告哪个编码样品与参比样相同，或哪个编码样品与参比样不同。二-三点检验法的目的是区别两个同类样品是否存在感官差异，但差异的方向不能被检验指明，即感官评价员只能知道样品可察觉到的差别，而不知道样品在何种性质上存在差别。

二-三点检验法适用于确定产品有感觉差别和无感觉差别两种情况，无感觉差别也就是检验相似性。例如，当配料、工艺、包装、处理或贮藏有一项改变时，此方法还可以用于优选、培训和检验评价员。二-三点检验法有两种形式：一种是恒定参比技术，另一种是平衡参比技术。用于评价员对一个产品熟悉时，即恒定参比技术；用于评价员对一个产品不比另一个产品更熟悉时，即平衡参比技术。二-三点检验法统计的有效性低于三点检验，但评价员较易实施。一般来说，在平衡参比技术中，参加评定的人员可以没有专家，但要求人数较多，其中选定评价员通常 20 人，临时参与的可多达 30 人，总共 50 人之多。

一、二-三点检验法的特点

（1）此方法是常用的三点检验法的一种替代法。在样品相对地具有浓厚的味道、强烈的气味或者其他冲动效应时，会使人的敏感性受到抑制，这时才使用这种方法。

（2）该方法比较简单，容易理解，但从统计学上来讲不如三点检验法具有说服力，精度较差（猜对率为1/2），故此方法常用于风味较强、刺激较烈和产生余味持久的产品检验，以降低鉴评次数，避免味觉和嗅觉疲劳。另外，外观有明显差别的样品不适宜此法。

（3）二-三点检验法也具有强制性。该试验中已经确定知道两个样品是不同的，这样，当两样品区别不大时，不必像三点检验法去猜测。然而，差异不大的情况依然是存在的。当区别的确不大时，评价员必须去猜测，哪一个是特别一些的，这样，他的正确答复的机会是一半。为了提高全组的准确性，二-三点检验法要求有25组样品。如果这项检验非常重要，样品组数应当增加，在正常情况下，其组数一般不超过50个。

（4）这种方法在做品尝时，要特别强调漱口。在样品的风味很强烈的情况下，在做第二试验之前，都必须彻底地洗漱口腔，不得有残留物和残留味的存在。做完自己的样品后，如果后面还有一批同类的样品检验，最好是稍微离开现场一定时间，或回到品尝室饮用一些白开水等净水。

（5）本方法有恒定参比技术和平衡参比技术两种形式。若评价员熟悉产品（如来自生产线的控制样），使用恒定参比技术。若对于两个产品都不太熟悉，使用平衡参比技术。

a. 恒定参比技术。检验前准备工作表和评分表，使用数目相同的A、B两个产品两种可能的序列。

A_RAB　　　　A_RBA

在评价员之间两人一组随机分发样品（即在第一组两个评价员之间用一个序列，在下一组两个评价员中再使用这个序列等）。若评价员总数是奇数时，会使结果的不平衡性降至最低。

b. 平衡参比技术。检验前准备工作表和评分表，使用数目相同的A、B两个产品四种可能的序列。

A_RAB　　　　A_RBA

B_RAB　　　　B_RBA

系列中前两个组合含有产品A（即A_R）作为对照，后两个组合含有产品B（即B_R）作为对照。在评价员之间四人一组随机分发样品（即在第一组四个评价员之间用一个序列，在下一组四个评价员中再使用这个序列，等等）。

（6）选择评价员数，以达到检验所需的敏感性。用大量评价员能提高检出产品间微小差别的可能性。但实际上，评价员的数量通常取决于实际条件（如实验周期、评价员的人数、产品数量）。检验差别时，具有代表性的评价员数通常为32～36人。检验相似时，达到同样的敏感性则需要2倍的评价员（即大约72人）。

（7）尽量避免同一评价员的重复评价。但是，如果需要重复评价以产生足够的评价总数，应尽量使每位评价员重复评价的次数相同。例如，如果只有12位评价员，为得到36次评价总数，应让每位评价员评价三组三联样。当检验相似时，将12个评价员做的三次评价作为36次独立评价是无效的。但是，检验差别时，即使进行重复评价也是有效的。

（8）当要求评价员选择与参比样相同样品或选择与参比样不同的样品时，应考虑常规评价小组是否使用了其他鉴别检验方法。许多鉴别检验方法，如三点检验，侧重于检验中鉴别“不寻常的”或“不同的”样品。要求评价员在一种方法中识别“不同”样品并在另一种方法中识别“相同”样品，这可能引起混淆并导致高概率的不正确答案。

（9）对于二-三点检验法的条件要求、程序、结果分析与表述、检验报告及精密度与偏差等的相关要求见差别检验中的详细介绍。

二、二-三点检验法案例

分别通过两个案例说明二-三点检验法中平衡参比技术的差别检验和恒定参比技术的相似检验。

表 5-17 中列出的值是在一定 α-风险水平（列）上，达到显著性所需的最少正确答案数和相应的评价员数 n（行）。如果正确答案数大于或等于表中的值，则拒绝“无差别”的假设。表 5-18 中所列出的值是在选定的 P_d、β、n 水平上，检验“相似”所需的最大正确答案数。如果正确答案数小于或等于表 5-18 中的值，则接受在 100（$1-\beta$）%置信水平上“无差别”的假设。选择评价员人数以达到本检验所需的敏感性。表 5-19 中列出的值，是由 α、β、P_d 值确定的敏感性一定时，进行二-三点检验所需的最少评价员数，从表中，找到选定的 P_d 值的相应部分和选择的 β 值的相应列，在选定的 α 值行中，查找所需的最少评价员数。反之，当使用的评价员数少于所需的限量值时，用表 5-19 可导出一组提供可接受敏感性的 α、β、P_d 值。

表 5-17　二-三点检验推断感官差别存在所需最少正确答案数（引自 GB/T 17321—2012）

n	α					n	α				
	0.2	0.1	0.05	0.01	0.001		0.2	0.1	0.05	0.01	0.001
6	5	6	6	—	—	26	16	17	18	20	22
7	6	6	7	7	—	27	17	18	19	20	22
8	6	7	7	8	—	28	17	18	19	21	23
9	7	7	8	9	—	29	18	19	20	22	24
10	7	8	9	10	10	30	18	20	20	22	24
11	8	9	9	10	11	32	19	21	22	24	26
12	8	9	10	11	12	36	22	23	24	26	28
13	9	10	10	12	13	40	24	25	26	28	31
14	10	10	11	12	13	44	26	27	28	31	33
15	10	11	12	13	14	48	28	29	31	33	36
16	11	12	12	14	15	52	30	32	33	35	38
17	11	12	13	14	16	56	32	34	35	38	40
18	12	13	13	15	16	60	34	36	37	40	43
19	12	13	14	15	17	64	36	38	40	42	45
20	13	14	15	16	18	68	38	40	42	45	48
21	13	14	15	17	18	72	41	42	44	47	50
22	13	14	15	17	19	76	43	45	46	49	52
23	15	16	16	18	20	80	45	47	48	51	55
24	15	16	17	19	20	84	47	49	51	54	57
25	16	17	18	19	21	88	49	51	53	56	59

注：① 表中的数值根据二项式分布求得，是准确的。对于表中未设的 n 值，根据下列二项式的近似值计算其近似值。

最小正确答案数（x）≥下式中最近似的整数：

$$x=(n/2)+z\sqrt{(n/4)}$$

式中，z 随下列显著性水平变化而异：$\alpha=0.20$ 时，$z=0.84$；$\alpha=0.10$ 时，$z=1.28$；$\alpha=0.05$ 时，$z=1.64$；$\alpha=0.01$ 时，$z=2.33$；$\alpha=0.001$ 时，$z=3.09$。

② 当$n<24$时，通常不推荐用二-三点检验检验差别。

表 5-18　二-三点检验推断两个样品相似所需最大正确答案数（引自 GB/T 17321—2012）

n	β	P_d					n	β	P_d				
		10%	20%	30%	40%	50%			10%	20%	30%	40%	50%
	0.001	3	4	5	6	8		0.001	5	6	7	9	10
	0.01	5	6	7	8	9		0.01	7	8	9	10	12
20	0.05	6	7	8	10	11	24	0.05	8	9	11	12	13
	0.10	7	8	9	10	11		0.10	9	10	12	13	14
	0.20	8	9	10	11	12		0.20	10	11	13	14	15

续表

n	β	P_d					n	β	P_d				
		10%	20%	30%	40%	50%			10%	20%	30%	40%	50%
	0.001	6	8	9	11	12		0.001	22	25	29	32	36
	0.01	8	10	11	13	14		0.01	25	28	32	35	39
28	0.05	10	12	13	15	16	64	0.05	28	31	34	38	41
	0.10	11	12	14	15	17		0.10	29	32	36	39	43
	0.20	12	14	15	17	18		0.20	31	34	37	41	44
	0.001	8	10	11	13	15		0.001	24	27	31	34	38
	0.01	10	12	13	15	17	68	0.01	27	30	34	38	41
32	0.05	12	14	15	17	19		0.05	30	33	37	40	44
	0.10	13	15	16	18	20		0.10	31	35	38	42	45
	0.20	14	16	18	19	21		0.20	33	36	40	43	47
	0.001	10	11	13	15	17		0.001	26	29	33	37	41
	0.01	12	14	16	18	20		0.01	29	32	36	40	44
36	0.05	14	16	18	20	22	72	0.05	32	35	39	43	47
	0.10	15	17	19	21	23		0.10	33	37	41	44	48
	0.20	16	18	20	22	24		0.20	35	39	42	46	50
	0.001	11	13	15	18	20		0.001	27	31	35	39	44
	0.01	14	16	18	20	22		0.01	31	35	39	43	47
40	0.05	16	18	20	22	24	76	0.05	34	38	41	45	50
	0.10	17	19	21	23	25		0.10	35	39	43	47	51
	0.20	18	20	22	25	27		0.20	37	41	45	49	53
	0.001	13	15	18	20	23		0.001	29	33	38	42	46
	0.01	16	18	20	23	25		0.01	33	37	41	45	50
44	0.05	18	20	22	25	27	80	0.05	36	40	44	48	53
	0.10	19	21	24	26	28		0.10	37	41	46	50	54
	0.20	20	23	25	27	30		0.20	39	43	47	52	56
	0.001	15	17	20	22	25		0.001	31	35	40	44	49
	0.01	17	20	22	25	28		0.01	35	39	43	48	52
48	0.05	20	22	25	27	30	84	0.05	38	42	46	51	55
	0.10	21	23	26	28	31		0.10	39	44	48	52	57
	0.20	23	25	27	30	33		0.20	41	46	50	54	59
	0.001	17	19	22	25	28		0.001	33	37	42	47	52
	0.01	19	22	25	27	30		0.01	37	41	46	50	55
52	0.05	22	24	27	30	33	88	0.05	40	44	49	53	58
	0.10	23	26	28	31	34		0.10	41	46	50	55	60
	0.20	25	27	30	33	35		0.20	43	48	52	57	62
	0.001	18	21	24	27	30		0.001	35	40	44	49	55
	0.01	21	24	27	30	33		0.01	38	43	48	53	58
56	0.05	24	27	29	32	36	92	0.05	42	46	51	56	61
	0.10	25	28	31	34	37		0.10	43	48	53	58	63
	0.20	27	30	32	35	38		0.20	46	50	55	60	65
	0.001	20	23	26	30	33		0.001	37	42	47	52	57
	0.01	23	26	29	33	36		0.01	40	45	50	56	61
60	0.05	26	29	32	35	38	96	0.05	44	49	54	59	64
	0.10	27	30	33	36	40		0.10	46	50	55	60	66
	0.20	29	32	35	38	41		0.20	48	53	57	62	67

续表

n	β	P_d					n	β	P_d				
		10%	20%	30%	40%	50%			10%	20%	30%	40%	50%
100	0.001	39	44	49	54	60	108	0.001	42	48	54	59	65
	0.01	42	47	53	58	64		0.01	46	52	57	63	69
	0.05	46	51	56	61	67		0.05	50	55	61	67	72
	0.10	48	53	58	63	68		0.10	52	57	63	68	74
	0.20	50	55	60	65	70		0.20	54	60	65	71	76
104	0.001	40	46	51	57	63	112	0.001	44	50	56	62	68
	0.01	44	50	55	61	66		0.01	48	54	60	66	72
	0.05	48	53	59	64	70		0.05	52	58	63	69	75
	0.10	50	55	60	66	71		0.10	54	60	65	71	77
	0.20	52	57	63	68	73		0.20	56	62	68	73	79

注：① 表中的数值根据二项式分布求得，是准确的。对于表中没有的 n 值，根据以下二项式的近似值计算 P_d 在 100（1−β）% 水平的置信上限：

$$2(x/n)-1+2z_\beta\sqrt{(nx-x^2)\ /n^3}$$

式中，x 为正确答案数；n 为评价员数；z_β 的变化随以下显著水平不同而不同：$\beta=0.20$ 时，$z_\beta=0.84$；$\beta=0.10$ 时，$z_\beta=1.28$；$\beta=0.05$ 时，$z_\beta=1.64$；$\beta=0.01$ 时，$z_\beta=2.33$；$\beta=0.001$ 时，$z_\beta=3.09$。

如果计算值小于选定的 P_d 值，则表明样品在 β 显著性水平上相似。

② 当 $n<36$ 时，不宜用二-三点检验来检验相似。

表 5-19　二-三点检验所需评价员数（引自 GB/T 17321—2012）

α	P_d	β				
		0.2	0.1	0.05	0.01	0.001
0.2	50%	12	19	26	38	58
0.1		19	26	33	48	70
0.05		23	33	42	58	82
0.01		40	50	59	80	107
0.001		61	71	83	107	140
0.2	40%	19	30	39	60	94
0.1		28	39	53	79	113
0.05		37	53	67	93	132
0.01		64	80	96	130	174
0.001		95	117	135	176	228
0.2	30%	32	49	68	110	166
0.1		53	72	96	145	208
0.05		69	93	119	173	243
0.01		112	143	174	235	319
0.001		172	210	246	318	412
0.2	20%	77	112	158	253	384
0.1		115	168	214	322	471
0.05		158	213	268	392	554
0.01		252	325	391	535	726
0.001		386	479	556	731	944
0.2	10%	294	451	618	1006	1555
0.1		461	658	861	1310	1905
0.05		620	866	1092	1583	2237
0.01		1007	1301	1582	2170	2927
0.001		1551	1908	2248	2937	3812

案例一：确定差别存在的二-三点检验——平衡参比技术

1. 背景说明

一个番茄汤制造商想要推荐一个新的且价值更高的低盐配方以期获得市场收益。在将其提交品尝检验与旧配方对比之前，商家希望证实能通过感觉区分两个产品。选择平衡参比模式的二-三点检验，因为产品的复杂风味使得评价员的判断过程简单非常重要。当一个产品没有差别时，商家乐意接受推断出仅一项差别存在的微小概率。但因为旧产品依然很受欢迎，他乐意接受一个差别不存在的较高风险。

2. 检验目的

确定新产品（B）能和传统产品（A）区分开，以验证消费者试验。

3. 评价员数

为防止提供给商家一个差别不存在的不真实推断，感官分析人员建议 $\alpha=0.01$。为平衡样品呈送顺序，分析人员决定采用 36 位评价员。

4. 实施检验

制备样品（54 份 A 和 54 份 B）。其中 18 份样品“A”和 18 份样品“B”被标记为参照样。其余 36 份样品“A”和 36 份样品“B”用唯一性随机三位数进行编码。然后，全部样品分为 9 个系列，每个系列由以下 4 组样品组成。每组样品内呈送的第一份为参照样，标明为 A_R 或 B_R，示例如下：

$$A_RAB \quad B_RAB$$
$$A_RBA \quad B_RBA$$

每 4 个三联样组合被呈送 9 次，以使平衡的随机顺序涉及 36 位评价员。工作表见表 5-20，评分表见表 5-21。

表 5-20 案例一工作表（引自 GB/T 17321—2012）

日期：				检验编码：			
二-三点检验样品顺序和呈送草案							
在样品盘制备区域公布本表格。预先将评分表和呈送容器编码。							
产品类型：番茄汤 样品编码 A=传统的（编码 941 和 387） B=新的（编码 792 和 519）							
呈送容器编码如下：							
专家小组成员	样品编码			专家小组成员	样品编码		
1	A_R	A-941	B-792	12	A_R	B-792	A-941
2	A_R	B-792	A-941	13	B_R	A-387	B-519
3	B_R	A-387	B-519	14	B_R	B-519	A-387
4	B_R	B-519	A-387	15	A_R	A-941	B-792
5	B_R	A-387	B-519	16	A_R	B-792	A-941
6	A_R	B-792	A-941	17	B_R	A-387	B-519
7	A_R	A-941	B-792	18	A_R	B-792	A-941
8	B_R	B-519	A-387	19	A_R	A-941	B-792
9	B_R	A-387	B-519	20	B_R	B-519	A-387
10	A_R	A-941	B-792	21	B_R	A-387	B-519
11	B_R	B-519	A-387	22	B_R	B-519	A-387

续表

专家小组成员	样品编码			专家小组成员	样品编码		
23	A_R	A-941	B-792	30	B_R	B-519	A-387
24	A_R	B-792	A-941	31	B_R	A-387	B-519
25	A_R	A-941	B-792	32	A_R	B-792	A-941
26	A_R	B-792	A-941	33	B_R	A-387	B-519
27	B_R	A-387	B-519	34	B_R	B-519	A-387
28	B_R	B-519	A-387	35	A_R	A-941	B-792
29	A_R	A-941	B-792	36	A_R	B-792	A-941

注：① 用参照或指定的随机三位数标记样品杯，并按给每位评价员的呈送顺序排列；

② 在一个呈送盘内呈送、放置样品和一份编码评分表；

③ 无论回答正确与否都回传涉及的工作表。

表 5-21　案例一评分表（引自 GB/T 17321—2012）

二-三点检验
评价员编号：＿＿＿＿＿＿ 姓名：＿＿＿＿＿＿ 日期：＿＿＿＿＿
说明：
从左到右品尝样品。左侧样品为参照，其他两个样品之一与参照相同，另外一个与参照不同。在与参照相同的样品框内画“×”。若不确定，标记最好的猜测；也可在猜测的标记下作出标注。
参照　941□　792□
陈述：＿＿＿＿＿＿＿＿＿＿＿＿＿＿＿＿＿＿＿＿＿＿＿＿

5. 结果分析与表述

28 位评价员正确识别与参照相同样品。表 5-17 中对应 36 位评价员的行和对应 $\alpha=0.01$ 的列内，感官分析人员找出在 $\alpha=0.01$ 显著水平推断感官差别存在需要 26 个正确答案数。因此，28 个正确答案足以推断两个产品有感官差别。

推荐分析人员可根据能感觉出样品间差别的人数比例选择计算一个单边置信区间。

计算结果为：$2\times(28/36)-1+2\times2.33\sqrt{(28/36)[1-(28/36)]/36}=0.233$

至少 23%的人数能感觉样品间的差别，分析人员可推断出 99%置信水平。

6. 报告和结论

感官分析人员报告在 1%（$n=36$，$x=28$）显著水平，评价小组实际能区分传统产品的范例。使用新工艺的生产试验应转到消费者试验。

案例二：确定两个样品相似的二-三点检验 —— 恒定参比技术

1. 背景说明

一个软饮料公司希望证实申请的新包装不改变饮料的风味，消费者察觉不到差别。厂方管理者知道不可能证明两个产品完全相同，但他希望证实若差别存在，仅有一小部分评价员可能察觉到差别。另外，当产品相同时，他乐意接受有相当大的概率错误推断出产品不同的情况，因为这仅仅意味着恢复满意的旧包装，可能改进新包装，然后再进行检验。

2. 检验目的

确定填充并储存在新包装内的产品与填充并储存在传统包装内的产品是否非常相似。

3. 评价员数

感官分析人员建议使用传统产品作为恒定参照的二-三点检验，因为评价员熟知这个产品，不需要花费时间或精力去熟悉产品本身的风味。分析人员然后与厂方管理者协商决定检验所用的风险水平。决定辨别人员的最大允许比例应为 $P_d=30\%$。制造商仅愿意采用不能检出的辨别人员 $\beta=0.05$ 的概率水平。应为检验招募 52 名感官分析评价员。

4. 实施检验

感官分析人员使用表 5-22 和表 5-23 进行检验。分析小组由传统包装（A）制备 104 份呈送产品，并由新包装（B）制备 52 份呈送产品，以得到每两个可能的三联样组合的 26 组呈送样品：A_RAB 和 A_RBA。

表 5-22　案例二工作表（引自 GB/T 17321—2012）

日期：				检验编码：			
二-三点检验样品顺序和呈送草案							
在样品盘制备区域公布本表格。预先将评分表和呈送容器编码。							
产品类型：<u>软饮料</u> 样品编码 A＝包装 4736（传统的）　B＝包装 3987（新的）							
呈送容器编码如下：							
专家小组成员	样品编码			专家小组成员	样品编码		
1	A_R	A-795	B-168	27	A_R	A-795	B-168
2	A_R	B-168	A-795	28	A_R	B-168	A-795
3	A_R	A-795	B-168	29	A_R	A-795	B-168
4	A_R	B-168	A-795	30	A_R	B-168	A-795
5	A_R	A-795	B-168	31	A_R	A-795	B-168
6	A_R	B-168	A-795	32	A_R	B-168	A-795
7	A_R	A-795	B-168	33	A_R	A-795	B-168
8	A_R	B-168	A-795	34	A_R	B-168	A-795
9	A_R	A-795	B-168	35	A_R	A-795	B-168
10	A_R	B-168	A-795	36	A_R	B-168	A-795
11	A_R	A-795	B-168	37	A_R	A-795	B-168
12	A_R	B-168	A-795	38	A_R	B-168	A-795
13	A_R	A-795	B-168	39	A_R	A-795	B-168
14	A_R	B-168	A-795	40	A_R	B-168	A-795
15	A_R	A-795	B-168	41	A_R	A-795	B-168
16	A_R	B-168	A-795	42	A_R	B-168	A-795
17	A_R	A-795	B-168	43	A_R	A-795	B-168
18	A_R	B-168	A-795	44	A_R	B-168	A-795
19	A_R	A-795	B-168	45	A_R	A-795	B-168
20	A_R	B-168	A-795	46	A_R	B-168	A-795
21	A_R	A-795	B-168	47	A_R	A-795	B-168
22	A_R	B-168	A-795	48	A_R	B-168	A-795
23	A_R	A-795	B-168	49	A_R	A-795	B-168
24	A_R	B-168	A-795	50	A_R	B-168	A-795
25	A_R	A-795	B-168	51	A_R	A-795	B-168
26	A_R	B-168	A-795	52	A_R	B-168	A-795

注：① 用参照或指定的随机三位数标记样品杯，并按给每位评价员的呈送顺序排列；

② 在一个呈送盘内呈送、放置样品和一份编码评分表；

③ 无论回答正确与否都回传涉及的工作表。

表 5-23　案例二评分表（引自 GB/T 17321—2012）

二-三点检验
评价员编号：＿＿＿＿＿＿　姓名：＿＿＿＿＿＿　日期：＿＿＿＿＿
样品类型：软饮料
说明：
从左到右品尝样品。左侧样品为参照，其他样品之一与参照相同。选择不同的样品并在相应的样品框内画“×”。
参照　　795□　　168□
陈述：＿＿＿＿＿＿＿＿＿＿＿＿＿＿＿＿＿＿＿＿＿＿＿＿
注：如果你希望说明选择的理由或样品特征，可在陈述栏内描述。

5. 结果分析与表述

一位评价员缺席检验。51 位评价员参与检验，25 位正确识别出检验中与参照不同的样品。涉及表 5-18，分析人员发现没有 $n=51$ 的条目，则分析人员使用表 5-18 注①中的公式确定是否可推断出两个样品相似。分析人员发现：

$$2\times(25/51)-1+2\times1.64\sqrt{[(51\times25-25^2)]/51^3}=0.210$$

即，不大于 21%的评价员能区分样品时，分析人员确定有 95%的置信水平。分析人员推断包装符合制造商以 95%置信水平（即 $\beta=0.05$），确定不大于 $P_d=30\%$的人员能检出差别的判断标准。新包装可替代传统包装。

第五节　“A”－“非 A”检验法

在评价员熟悉了样品“A”的特征以后，再将一系列包含“A”与“非 A”的样品呈送给评价员。要求评价员区分出哪些是“A”，哪些是“非 A”样品的检验方法被称为“A”－“非 A”检验法。这种是与否的检验法，也称为单项刺激检验。

在品尝前首先要让评价员反复熟悉对照样品“A”，使其能清晰地体验并能识别之，必要时可让评价员对“非 A”也作体验，品尝开始后评价员就不得再用样品“A”清晰自己的记忆。要以随机的顺序向评价员分发样品，使评价员不能从样品的提供方式中对样品的性质作出猜测。评价员按样品顺序评定，并将它们识别为“A”或“非 A”。与前述的评定方式不同，“A”与“非 A”检验法不要求样品“A”与“非 A”的数量相同，但每个评价员品尝的样品数应相同。

“A”－“非 A”检验是为了判断在两种样品之间是否存在感官差异，特别是不适于用三点检验或二-三点检验时。例如，确定由于原料、加工、处理、包装和储藏等各环节的不同所造成的两种产品之间存在的细微的感官差别，适于用本方法；对于有着强烈后味的样品、需要进行表皮试验的样品及可能会从精神上混淆评价员判断的复杂性刺激的样品间进行对比时，适于用这种方法。当两种产品中的一种非常重要，可以作为标准产品或者参考产品，并且评价员非常熟悉该样品，或者其他样品都必须和当前的样品进行比较时，优先使用“A”－“非 A”试验，而不选择简单差异试验。“A”－“非 A”试验也适用于选择试验评价员。例如，一个评价员（或一组评价员）是否能够从其他甜味料中辨认出一种特别的甜味料。

一、“A”－“非 A”检验法的特点

（1）此检验本质上是一种顺序成对差别检验或简单差别检验。评价员先评定第一个样品，然后再评定第二个样品，要求评价员指明这些样品感觉上是相同还是不同。此实验的结果只能表明评价员可察觉到样品的差异，但无法知道样品品质差异的方向。

（2）在“A”－“非 A”检验过程中，样品有 4 种可能的呈送顺序，如 AA、BB、AB、BA。这些顺序要能够在评价员之间交叉随机化。在呈送给评价员的样品中，分发给每个评价员的样品数应相同，但样品“A”的数目与样品“非 A”的数目不必相同。在每次试验中，每个样品要被呈送 20～50 次。每个品评者可以只接受一个样品；也可以接受两个样品，一个“A”、一个“非 A”；还可以连续品评 10 个样品。每次评定的样品数量视检验人员的生理疲劳和精神疲劳程度而定，受检验的样品数量不能太多，应以品评人数较多来达到可靠的目的。

（3）评价员必须经过训练，使之能够理解评分表所描述的任务，但他们不需要接受特定感官方面的评定训练。此检验通常需要 10～50 名品评人员，他们要经过一定的训练，做到对样品“A”和“非 A”非常熟悉。不推荐使用对“非 A”样品不熟悉的评价员，这是因为对相关理论的缺乏会使得他们可能随意猜测，从而产生试验偏差。

（4）需要强调的一点是，参加检验评定的人员一定要对样品“A”和“非 A”非常熟悉，否则，没有标准或参照，结果将失去意义。

（5）检验中，每次样品间应有适当的评定间隔，一般是相隔 2～5 min。

（6）评价员必须在试验开始前获得“A”和“非 A”样品。

“A”－“非 A”检验法问答表的一般形式如表 5-24 所示。

表 5-24 “A”－“非 A”问答表（引自 GB/T 12316—1990）

样品：__________ 评价员：__________ 日期：__________

1. 熟悉一下样品“A”（或者同时熟悉“A”和“非 A”）并将其还给管理人员。取出编码的样品。
2. 由“A”和“非 A”组成的系列样品的顺序是随机的。两种样品的具体数目事先不告知。
3. 按从左到右的顺序依次品尝样品，在品尝完每个样品后，在其编码后面的相应位置上画“√”。

样品编码	样品为	
…………	“A”	“非 A”
…………	□	□
…………	□	□
…………	□	□

评论：______________________________

二、“A”与“非 A”检验法结果分析

结果分析时，首先对品评表的结果进行统计，并汇入表 5-25 中，然后对结果进行分析。表中 n_{11} 表示样品本身是“A”，鉴评员也认为是“A”的回答总数；n_{22} 表示样品本身是“非 A”，鉴评员也认为是“非 A”的回答总数；n_{21} 表示样品本身是“A”，而鉴评员认为是“非 A”的回答总数，n_{12} 表示样品本身是“非 A”，而鉴评员认为是“A”的回答总数。$n_{1.}$、$n_{2.}$ 为第 1、第 2 行回答数之和，$n_{.1}$、$n_{.2}$ 为第 1、第 2 列回答数之和，$n_{..}$ 为所有回答数，然后用 χ^2 检验来进行解释。

表 5-25 结果统计表（引自 GB/T 12316—1990）

判别数↓ \ 样品数		“A”和“非 A”样品数		累计
		“A”	“非 A”	
判别为“A”或“非 A”的回答数	“A”	n_{11}	n_{12}	$n_{1.}$
	“非 A”	n_{21}	n_{22}	$n_{2.}$
累计		$n_{.1}$	$n_{.2}$	$n_{..}$

检验原假设：评价员的判别（认为样品是"A"或"非 A"）与样品本身的特性（样品本身是"A"或"非 A"）无关。

检验的备择假设：评价员的判别与样品本身特性有关。即当样品是"A"而评价员认为是"A"的可能性大于样品本身是"非 A"而评价员认为是"A"的可能性。

当样品总数 $n_{..}\leqslant 40$ 或 n_{ij}（$i=1, 2$；$j=1, 2$）$\leqslant 5$ 时，χ^2 统计量为式（1）：

$$\chi_c^2=\frac{\left[\left|n_{11}\times n_{22}-n_{12}\times n_{21}\right|-(n_{..}/2)\right]^2\times n_{..}}{n_{.1}\times n_{.2}\times n_{1.}\times n_{2.}} \quad （式 1）$$

当样品总数 $n_{..}>40$ 和 $n_{ij}>5$ 时 χ^2 统计量为式（2）：

$$\chi^2=\frac{(n_{11}\times n_{22}-n_{12}\times n_{21})^2\times n_{..}}{n_{.1}\times n_{.2}\times n_{1.}\times n_{2.}} \quad （式 2）$$

将 χ_c^2（或 χ^2）统计量与附录 1 中对应自由度为 1［即（2－1）×（2－1）］的临界值相比较，见式 3 和式 4：

当 χ_c^2（或 χ^2）$\geqslant 3.84$（在 $\alpha=0.05$ 的情况）（式 3）

当 χ_c^2（或 χ^2）$\geqslant 6.63$（在 $\alpha=0.01$ 的情况）（式 4）

则在所选择的显著性水平上拒绝原假设而接受备择假设，即评价员的判别与样品本身特性有关，认为样品"A"与"非 A"有显著性差别。

当 χ_c^2（或 χ^2）<3.84（在 $\alpha=0.05$ 的情况）（式 5）

当 χ_c^2（或 χ^2）<6.63（在 $\alpha=0.01$ 的情况）（式 6）

在所选择的显著性水平上接受原假设，即评价员的判别与样品本身特性无关，认为样品"A"与"非 A"无显著性差别。

三、"A"与"非 A"检验法案例

案例一：一种新型鲜味剂与味精

1. 背景说明

一名产品开发人员正在研究用一种鲜味剂来替换某调味料中目前用量为 0.5%的味精成分。前期试验表明，0.1%的该鲜味剂相当于 0.5%的味精，但是如果一次品尝的样品超过 1 h，由于该鲜味剂鲜味的后味、其他味道和口感等因素，就会让人感觉到某些异样。该开发人员想知道，含有这种新型鲜味剂和味精的调味料是否能够被识别出来。

2. 检验目的

确定 0.1%的该鲜味剂能否代替 0.5%的味精。直接比较这两种鲜味物质，并减少味道的延迟和覆盖效应。

3. 实施检验

分别将鲜味剂和味精配制成 0.1%和 0.5%的溶液。将鲜味剂溶液设为"A"，将味精溶液设为"非 A"。由 20 人参加品评，每人得到 10 个样品，每个样品品尝一次，然后回答是"A"还是"非 A"，在品尝下一个样品之前用清水漱口，并等待 1 min，问答卷见表 5-26。

得到的结果如表 5-27 所示。

表 5-26 问答表（引自张水华等，2006）

样品：鲜味调味品　　　评价员：__________　　　日期：__________

1. 熟悉一下样品"A"和"非 A"，并将其还给管理人员。取出编码的样品。
2. 由"A"和"非 A"组成的系列样品的顺序是随机的。两种样品的具体数目事先不告知。
3. 按从左到右的顺序依次品尝样品，在品尝完每个样品后，在其编码后面的相应位置上画"√"。

样品编码	样品为"A"	样品为"非 A"
304	□	□
547	□	□
743	□	□
568	□	□
591	□	□
198	□	□
974	□	□
552	□	□
687	□	□
303	□	□

评论：______________________________

表 5-27 结果统计表（引自张水华等，2006）

判别数 \ 样品数		"A"和"非 A"样品数		累计
		"A"	"非 A"	
判别为"A"或"非A"的回答数	"A"	60	35	95
	"非 A"	40	65	105
累计		100	100	200

$$\chi_c^2=\frac{[n_{11}\times n_{22}-n_{12}\times n_{21}]^2\times n}{n_{.1}\times n_{.2}\times n_{1.}\times n_{2.}}=\frac{(60\times 65-40\times 35)^2\times 200}{100\times 100\times 95\times 105}=12.53$$

设 $\alpha=0.05$，由 χ^2 分布表，$df=1$（一共有 2 种样品），得到 $\chi^2=3.84$，$12.53>3.84$，所以，0.1%的鲜味剂和 0.5%味精溶液之间存在显著差异。

4. 结果分析

通过试验，可以告诉该研究人员，0.1%的甜味剂和 0.5%的味精溶液是不同的，它能够被识别出来，如果想搞清楚如何不同，可以进一步做描述分析的感官试验。

案例二：两种新型鲜味剂与味精

1. 背景说明

一名产品开发人员正在研究用两种甜味剂来替换某调味料中目前用量为 0.5%的味精成分。前期试验表明，0.1%的鲜味剂甲和 0.1%的鲜味剂乙，相当于 0.5%的味精，但是如果一次品尝的样品超过 1 h，由于这两种鲜味剂的后味、其他味道和口感等因素，就会让人感觉到某些异样。该开发人员想知道，含有这两种新型鲜味剂和味精的调味料是否能够被识别出来。

2. 检验目的

确定 0.1%鲜味剂甲和 0.1%鲜味剂乙能否代替 0.5%的味精。检验味精“A”、鲜味剂“(非 A)$_1$”、鲜味剂“(非 A)$_2$”三者之间在鲜味上是否有显著性差异。

3. 实施检验

分别将鲜味剂甲和乙与味精配制成 0.1%、0.1%和 0.5%的溶液，将味精溶液设为“A”，分别将鲜味剂甲溶液和鲜味剂乙溶液设为“(非 A)$_1$”和“(非 A)$_2$”。由 20 人参加品评，每人得到 10 个样品，每个样品品尝一次，然后回答是“A”还是“非 A”，在品尝下一个样品之前用清水漱口，并等待 1 min。问答卷见表 5-28。

得到的结果如表 5-29 所示。

表 5-28　问答卷（引自张水华等，2006）

样品：鲜味调味品　　　评价员：________　　　日期：________

1. 熟悉一下样品 “A”和“(非 A)$_1$”、“(非 A)$_2$”，并将其还给管理人员。取出编码的样品。
2. 由“A”和“非 A”组成的系列样品的顺序是随机的。两种样品的具体数目事先不告知。
3. 按从左到右的顺序依次品尝样品，在品尝完每个样品后，在其编码后面的相应位置上画“√”。

样品编码	样品为“A”	样品为“(非 A)$_1$”	样品为“(非 A)$_2$”
304	□	□	□
547	□	□	□
743	□	□	□
568	□	□	□
591	□	□	□
198	□	□	□
974	□	□	□
552	□	□	□
687	□	□	□
303	□	□	□

评论：______________________________

表 5-29　结果统计表（引自张水华等，2006）

判别数 \ 样品数		“A”和“非 A”样品数			累计
		“A”	“非 A”		
			(非 A)$_1$	(非 A)$_2$	
判别为“A”或“非 A”的回答数	“A”	60	45	40	145
	“非 A”	40	55	40	135
累计		100	100	80	280

4. 结果分析

本例中因为 $n_{..}>40$ 和 $n_{ij}>5$，所以用如下公式：

$$\chi_c^2=\frac{\left[n_{11}\times n_{22}-n_{12}\times n_{21}\right]^2\times n_{..}}{n_{.1}\times n_{.2}\times n_{1.}\times n_{2.}}$$

把实验结果（统计表 5-29 中的各值）代入上式，得到 $\chi^2=4.65$，$4.65<5.99$（$df=2$；$\alpha=0.05$）。因此得出结论：认为味精“A”、鲜味剂“（非 A）$_1$”、鲜味剂“（非 A）$_2$”三者之间在鲜味上无显著性差异。

第六节　五中取二检验法

五中取二检验法（two out of five test），每个受试者得到 5 个以随机顺序排列的样品，其中 2 个是相同的，另外 3 个是相同的。要求受试者在品尝之后，将 2 个相同的产品挑出来。该方法在测定上更为经济，统计学上更具有可靠性，但在评定过程中容易出现感官疲劳。

一、五中取二检验法的特点

（1）此检验方法可识别出两样品间的细微感官差异。从统计学上讲，在这个试验中单纯猜中的概率是 1/10，而不是三点试验的 1/3，二-三点检验的 1/2，所以，五中取二检验的功能更强大一些，统计上更具有可靠性。

（2）人数不是要求很多，通常只需 10 人左右或稍多一些。当样品之间的差异很大、非常容易辨别时，5 人也可以。当评价员人数少于 10 个时，多用此方法。

（3）由于要从 5 个样品中挑出 2 个相同的产品，这个试验受感官疲劳和记忆效果的影响比较大，并且需用样品量大。一般只用于视觉、听觉和触觉方面的试验，而不用来进行味道的检验。

（4）在每次评定试验中，将试验样品按以下方式进行组合，如果参评人数低于 20 人，组合方式可以从以下组合中随机选取，但含有 3 个 A 和含有 3 个 B 的组合数要相同。

AAABB	ABABA	BBBAA	BABAB
AABAB	BAABA	BBABA	ABBAB
ABAAB	ABBAA	BABBA	BAABB
BAAAB	BABAA	ABBBA	ABABB
AABBA	BBAAA	BBAAB	AABBB

（5）根据正确回答的人数，通过表 5-30 得出结论。表 5-30 中数据形式为 $x_{a.n}$，α 为显著水平，n 为参加试验的人数。如果正确回答的人数小于表 5-30 中所查数据，则表明具有显著区别。

表 5-30　五中取二试验正确回答人数的临界值（引自马永强等，2005）

n	α					n	α				
	0.20	0.10	0.05	0.01	0.001		0.20	0.10	0.05	0.01	0.001
						8	2	3	3	4	5
						9	3	3	4	4	5
3	2	2	2	3	3	10	3	3	4	5	6
4	2	2	3	3	4	11	3	3	4	5	6
5	2	2	3	3	4	12	3	4	4	5	6
6	2	3	3	4	5	13	3	4	4	5	6
7	2	3	3	4	5	14	3	4	4	5	7

续表

n	α					n	α				
	0.20	0.10	0.05	0.01	0.001		0.20	0.10	0.05	0.01	0.001
15	3	4	5	6	7	38	6	7	8	10	11
16	4	4	5	6	7	39	6	7	8	10	12
17	4	4	5	6	7	40	7	7	8	10	12
18	4	4	5	6	8	41	7	8	8	10	12
19	4	5	5	6	8	42	7	8	9	10	12
20	4	5	5	7	8	43	7	8	9	10	12
21	4	5	6	7	8	44	7	8	9	11	12
22	4	5	6	7	8	45	7	8	9	11	13
23	4	5	6	7	9	46	7	8	9	11	13
24	5	5	6	7	9	47	7	8	9	11	13
25	5	5	6	7	9	48	8	9	9	11	13
26	5	6	6	8	9	49	8	9	10	11	13
27	5	6	6	8	9	50	8	9	10	11	14
28	5	6	7	8	10	51	8	9	10	12	14
29	5	6	7	8	10	52	8	9	10	12	14
30	5	6	7	8	10	53	8	9	10	12	14
31	5	6	7	8	10	54	8	9	10	12	14
32	6	6	7	9	10	55	8	9	10	12	14
33	6	7	7	9	11	56	8	10	10	12	14
34	6	7	7	9	11	57	9	10	11	12	15
35	6	7	8	9	11	58	9	10	11	13	15
36	6	7	8	9	11	59	9	10	11	13	15
37	6	7	8	9	11	60	9	10	11	13	15

二、五中取二检验法案例

案例一：纺织品粗糙程度的比较

1. 背景说明

一纺织品供应商想用一种聚酯/尼龙混合品代替目前的聚酯织品。但是有人反映说该替代品手感粗糙、刮手。

2. 检验目的

确定该聚酯/尼龙混合品是否真的很粗糙，是否需要改进。测定两种纺织品手感的差异。

3. 实施检验

因为该实验不涉及品尝，只是触觉，所以适合用五中取二检验法进行试验。一般来说，由 12 人组成的评定小组就足以发现产品之间非常小的差别。从上面 20 个组合中，任意选取 12 个组合，将样品分别放在一张纸板后面，品评人员可以摸到样品，但不能看到，每个样品的纸板前标有该样品的随机编号，然后让评定者回答，哪 2 个样品相同，而不同于其他 3 个样品。问答卷如表 5-31 所示。

表 5-31　五中取二检验法问答卷（引自马永强等，2005）

五中取二检验法

姓名：____________　　　　　　　日期：_________

样品类型：纺织品

试验指令：

1. 按以下的顺序用手指或手掌感觉样品。其中有 2 个样品是同一种类型的，另外 3 个样品是另外一种类型。
2. 测试之后，请在你认为相同的两种样品的编号后面画“√”。

编号		评语
862	______	____________________
245	______	____________________
398	______	____________________
665	______	____________________
537	______	____________________

4. 结果分析

在 12 个参评人员中，有 8 人作出了正确的选择。从表 5-30 可知，该试验的 α 值将<0.001，说明产品之间的差异非常显著。

应该告知该生产商，这两种产品之间存在着非常显著的差异，不能互相替换。

案例二：面霜中的润滑剂

1. 背景说明

为了节省成本，要用一种润滑剂替换现有配方中的另一种润滑剂。替换之后，面霜表面的光泽有所降低。

2. 检验目标

市场部想在产品进行消费者试验之前知道，用这两种配方制成的产品是否存在视觉上的差异。确定这两种面霜是否在外观上存在统计学上的差异。

3. 实施检验

筛选 10 名参评人员，以确定他们在视力上和对颜色的识别上没有异常。将 2 mL 样品放入一个玻璃管中，以白色作为背景，在白炽灯光下进行试验。

4. 结果分析

在 10 名受试者当中，有 5 人正确选出了相同的两个样品，根据表 5-30，得到 α=0.01（1%），说明这两种产品之间存在显著差异。

解释结果：可以告知有关人员，新的润滑剂是不能被用来替换现有润滑剂的。

案例三：不同黄油的冰淇淋外观比较

1. 背景说明

某冰淇淋厂家想改进产品的配方，使用新型黄油以降低成本，但由于使用新型黄油后产品表面光泽明显降低，于是市场部门希望通过一次感官评价来检验两种配方的冰淇淋在表面上是否存在显著差异，是否会影响消费者对产品的接受性。

2. 检验目标

检验目标是确定两种不同配方的冰淇淋在统计上是否存在显著的外观差异。

3. 实施检验

经过色盲和弱视测试选择 10 个评价员，将样品盛放在表面皿里，确保样品在裸置 30 min 内（一次实验的最长时限）表面不会发生改变。根据表 5-32 的工作表所示，将样品从左到右直线排列，让评价员识别哪 2 个样品在外观上是相同的且与其他 3 个不同。

表 5-32　五中取二实验工作表（不同黄油的冰淇淋外观比较）（引自沈明浩和谢主兰，2011）

五中取二实验工作表（不同黄油的冰淇淋外观比较）	
样品种类：冰淇淋　　　　实验编号：	日期：
把此表放在放置托盘的位置上，事先给评分表编号并在容器上贴好标签	
样品定义	编号
PX-2316（对照物）	A
PX-2601（新型黄油）	B
将每个样品按下列顺序放置在鉴评员的前面	
评价员编号	样品顺序
1	AABBB
2	ABBAB
3	BAABB
4	BBABA
5	BBABA
6	BBAAA
7	ABBAA
8	ABBAA
9	ABAAB
10	AABAB

4. 结果分析

结果发现，有 5 个评价员正确地将样品分组。根据表 5-30，得到 $\alpha=0.01$（1%），说明这两种产品之间存在显著差异。

通过试验，市场部门得知：使用不同黄油的冰淇淋，其外观差异是显而易见的。所以，他将不得不在消费者中再进行一个接受性实验，以此决定这种差异是否会影响到产品的总体接受情况。

第七节　选择试验法

选择试验法是在三个以上的样品中，选择出一个最喜欢或最不喜欢的检验方法。它常用于嗜好调查。

一、选择试验法的特点

（1）试验简单易懂，不复杂，技术要求低。

（2）不适用于一些味道很浓或延缓时间较长的样品，这种方法在做品尝时，要特别强调漱口，在做第二试验之前，都必须彻底地洗漱口腔，不得有残留物和残留味的存在。

（3）对评价员没有硬性规定要求必须经过培训，一般在 5 人以上，多则 100 人以上。

（4）常用于嗜好调查，出示样品的顺序是随机的。方法比较简单。

二、组织设计

常用的选择试验法调查问答表的设计如表 5-33 所示。

表 5-33　选择试验法调查问答表

选择试验法
姓名：____________　　　　日期：__________
试验指令：
1. 请从左向右依次品尝样品。
2. 品尝之后，请在你最喜欢的样品编号上画圈。
624　　801　　129

三、结果分析

通过选择试验法可以求出两个结果：其一是数个样品间是否存在差异；其二是多数人认为最好的样品与其他样品间是否存在差异。现分述如下。

（1）求数个样品间有无差异，根据检验判断结果，用如下公式求值：

$$\chi_0^2=\sum_{i=1}^{m}\frac{(\chi_i-n/m)^2}{n/m}$$

式中，m 为样品数；n 为有效鉴评表数；χ_i 为 m 个样品中，最喜好其中某个样品的人数。

查 χ^2 分布表（附录 1），若 $\chi_0^2\geqslant\chi^2(f,\ \alpha)$（$f$ 为自由度，$f=m-1$，α 为显著水平），说明 m 个样品在 α 显著水平存在差异，若 $\chi_0^2<\chi^2(f,\ \alpha)$，说明 m 个样品在 α 显著水平不存在差异。

（2）求被多数人判断为最好的样品与其他样品间是否存在差异，根据 χ^2 检验判断结果，用如下公式求 χ_0^2 值：

$$\chi_0^2=(\chi_i-n/m)^2\frac{m^2}{(m-1)n}$$

查 χ^2 分布表（附录 1），若 $\chi_0^2<\chi^2(f,\alpha)$，说明此样品与其他样品间在 α 显著水平存在差异。否则无差异。

四、选择试验法案例：产品比较

某生产厂家把自己生产的商品 A，与市场上销售的 3 个同类商品 X、Y、Z 进行比较。由 80 位评价员进行评定，并选出最好的一个产品来，结果如下：

$$\chi_0^2=\sum_{i=1}^{m}\frac{(\chi_i-n/m)^2}{n/m}=4/80\left\{(26-80/4)^2+(32-80/4)^2+(16-80/4)^2-(6-80/4)^2\right\}=19.6$$

$$f=4-1=3$$

查 χ^2 分布表知：$\chi^2(3,\ 0.05)=7.8<\chi_0^2=19.6$，$\chi^2(3,\ 0.01)=1.34<\chi_0^2=19.6$。所以，结论为 4 个商品间的喜好度在 1%显著水平有显著性差异。

接着判断多数人判断为最好的商品与其他商品间是否有差异。

$$\chi_0^2=(\chi_i-n/m)^2\frac{m}{(m-1)n}=(32-58/2)^2\times\frac{2^2}{(2-1)\times58}=0.26$$

被多数人判断为最好的商品 X 与商品 A 相比，由于远远小于 χ^2（1，0.05）的值 3.84（附录 1），故可以认为无差异。

第八节　配偶试验法

把数个样品分为两组，逐个取出各组样品进行两两归类的分析方法叫做配偶试验法。

一、配偶试验法方法特点

（1）此方法可应用于考核评价员的识别能力，也可用于识别样品间的差异。

（2）检验前，两组样品的顺序都是随机的，但样品的数目可以不相同，如 A 组有 *m* 个样品，B 组中可有 *m* 个样品，也可有 *m*+*n* 个样品，但配对数只能是 *m* 对。

二、组织设计

配偶试验法问答表的一般形式如表 5-34 所示。

表 5-34　配偶试验法问答表（引自张水华等，2006）

配偶试验法

姓名：____________________ 日期：____________________

实验指令：

1. 有两组样品，要求从左到右依次品尝。
2. 品尝之后，归类样品。

A 组	B 组
256	658
583	456
596	369
154	489

归类结果：

________________和________________

________________和________________

________________和________________

________________和________________

三、结果分析

首先统计出正确的配对数平均值，即 $\overline{S}_0$，然后根据以下具体情况查表 5-35 或表 5-36 中的相应值，得出有无差异的结论。

表 5-35　配偶试验检验表（α=5%）（引自张水华等，2006）

n	*S*	*n*	*S*	*n*	*S*	*n*	*S*
1	4.00	6	1.83	11	1.64	20	1.43
2	3.00	7	1.86	12	1.58	25	1.36
3	2.33	8	1.75	13	1.54	30	1.33
4	2.25	9	1.67	14	1.52		
5	1.90	10	1.60	15	1.50		

注：此表为 *m* 个和 *m* 个样品配对时的检验表。使用范围 $m \geqslant 4$，重复次数 *n*。

表 5-36 配偶法检验表（$\alpha=5\%$）（引自张水华等，2006）

m	S	
	$m+1$	$m+2$
3	3	3
4	3	3
5	3	3
6 以上	4	3

注：此表为 m 个和（$m+1$）或（$m+2$）个样品配对时的检验表。

（1）m 对样品重复配对时（即由两个以上评价员进行配对时），若 $\overline{S}_0$ 大于或等于表 5-35 中的对应的 S 值，说明在 5%显著水平样品间有差异。

（2）m 个样品与 m 个或（$m+1$）或（$m+2$）个样品配对时，若 $\overline{S}_0$ 大于或等于表 5-35 中 $n=1$ 栏或表 5-36 中的相应值，说明在 5%显著水平样品间有差异，或者说评价员在此显著水平有识别能力。

四、配偶试验法案例

案例一：不同加工方法的配偶试验

由 4 名评价员通过外观，对 8 种不同加工方法的食物进行配偶试验。结果如表 5-37 所示。

表 5-37 实验结果统计表（引自沈明浩和谢主兰，2011）

评价员	样品							
	A	B	C	D	E	F	G	H
1	B	C	E	D	A	F	G	B
2	A	B	C	E	D	F	G	H
3	A	B	F	C	E	D	H	C
4	B	F	C	D	E	C	A	H

4 个人的平均正确配偶数 $\overline{S}_0=\dfrac{3+6+3+4}{4}=4$，查表 5-35 中 $n=4$ 栏，$S=2.25<\overline{S}_0=4$，说明这 8 个产品在 5%显著水平有显著差异，或这 4 个评价员有识别能力。

案例二：评价员训练试验

向某个评价员提供蔗糖、食盐、酒石酸、谷氨酸钠、硫酸奎宁 5 种物质的稀溶液（质量分数分别为 0.4%、0.13%、0.005%、0.05%、0.0064%）和 2 杯蒸馏水，共 7 杯试样。要求评价员选择出与甜、咸、酸、苦、鲜味对应的溶液。结果如下：甜—食盐，咸—蔗糖，酸—酒石酸，苦—硫酸奎宁，鲜—蒸馏水，即该评价员判断出两种味道的试样，即 $\overline{S}_0=2$，而查表 5-36 中 $m=5$，（$m+2$）栏的临界值为 $3>\overline{S}_0=2$，说明该评价员在 5%显著水平无判断味道的能力。

小结

差别检验各主要类型的特点及应用见表 5-38。组织和管理好差别型检验的各个步骤是促使单个测试及与检验类型无关的所有测试过程成功的要素。这些要素包括发生在检验进行之前、中间和后期的问题。在这些问题当中，有些属于哲学范畴，而另外一些则和测试者数目、统计显著性等方面有关。对于评定人员来说，这些问题都是相互关联的。通过对差别型检验进行充分的管理和计划，可以避免在“要做什么”和“检验结果该如何使用”方面出现混乱。

表 5-38　几种常用差别检验方法及应用（引自沈明浩和谢主兰，2011）

方法	做法	特点	应用
成对比较检验法	以确定的或随机的顺序向评价员提供一对或多对样品(其中一个样品可作为对照物)，要求评价员回答两个样品中哪一个特性指标更强(好)或两个样品中更喜欢哪一个	简单且不易产生感官疲劳；当检验样品增多时要求比较的样品数目很大，甚至无法一一比较	确定两种样品之间是否存在某种差别，方向如何；确定两种样品中更偏爱哪一种；培训和选择评价员
三点检验法	同时向评价员提供一组三个已编码的样品，其中两个是完全相同的，要求评价员挑出其中单个的样品	评定大量样品时，经济性差；评定风味强烈的样品时，比成对比较检验法更易受感官疲劳的影响；很难保证两个样品完全一样	用于评定样品间的细微差别；能参加检验的评价员数量不多时；培训、选择评价员或检查评价员能力
二-三点检验法	首先向评价员提供已被识别的对照样品，接着提供已编码的两个样品，其中之一与对照样品相同，要求评价员识别出这一样品	对于有后味的样品检验效果不如成对比较检验法	用于确定被检验样品与对照样品之间是否存在感官差别，尤其适用于评价员很熟悉对照样品的情况
五中取二检验法	向评价员提供一组五个已编码的样品，其中两个是一种类型，另外三个是另一种类型，要求评价员选出两个相同的	确定差别比其他检验方法经济性好；比三点检验法更易受感官疲劳和记忆力的影响	当仅可找到少量的（如 10 个）优选评价员时，多用于视觉、听觉和触觉检验
“A”-“非 A”检验法	首先向评价员提供样品“A”直到评价员可以识别它为止，然后每次随机提供一个可能是“A”或“非 A”的样品，要求评价员辨别	一次评定的样品过多时，易产生感官疲劳	特别适用于评定具有不同外观或后味的样品。尤其适合无法取得完全相同的样品的差别检验，也适用于敏感性检验

思考题

1．差别检验的试验敏感参数及各范围表示的意义是什么？

2．现有两种咖啡，一种是原产品，一种是新种植的品种，这两种产品之间是否存在差异？请设计一种三点检验来检验两种产品之间的总体差异性。

3．某啤酒酿造商得到的市场报告称，他们酿造的啤酒 A 不够苦。该厂商又使用了更多的酒花酿制了啤酒 B。啤酒酿造商想知道啤酒 B 是否苦味更重，但不是太重？请设计一种差别检验方法来对啤酒 A 和啤酒 B 进行对比，看两者之间是否在苦味上存在虽然很小但却有显著性的差异。

第 6 章

分级试验

分级试验是商业中常使用的一种评定方法，是以某个级数值来描述食品的属性。感官分级通常是评价员感觉的综合过程，分级取决于专业评价员，他们从其他评价员那里学会了使用标度。

在排列试验中，两个样品之间必须存在先后顺序，而在分级试验中，两个样品可能同属于同一级数，也可能属于不同级数，并且它们之间的级数差别可大可小。排列试验和分级试验各有各的特点和针对性。

级数定义的灵活性很大，并没有严格规定，如对食品硬度，其级数值可按表 6-1 定义。

表 6-1　食品硬度级数值

<table>
<tr><th rowspan="2">硬度级别</th><th colspan="5">分级方法</th></tr>
<tr><th>1</th><th>2</th><th>3</th><th>4</th><th>5</th></tr>
<tr><td>极硬</td><td>9</td><td>4</td><td>8</td><td rowspan="2">7</td><td rowspan="2">4</td></tr>
<tr><td>很硬</td><td>8</td><td>3</td><td>7</td></tr>
<tr><td>较硬</td><td>7</td><td>2</td><td>6</td><td>6</td><td rowspan="2">3</td></tr>
<tr><td>稍硬</td><td>6</td><td>1</td><td>5</td><td>5</td></tr>
<tr><td>软硬适中</td><td>5</td><td>0</td><td>4</td><td>4</td><td rowspan="2">2</td></tr>
<tr><td>稍软</td><td>4</td><td>−1</td><td>3</td><td>3</td></tr>
<tr><td>较软</td><td>3</td><td>−2</td><td>2</td><td>2</td><td rowspan="3">1</td></tr>
<tr><td>很软</td><td>2</td><td>−3</td><td>1</td><td rowspan="2">1</td></tr>
<tr><td>极软</td><td>1</td><td>−4</td><td>0</td></tr>
</table>

延展阅读

对于食品的甜度、酸度、咸度、脆性、黏度、喜欢程度或者其他指标的级数值也可以按照表 6-1 类推。当然也可以用分数、数值范围或图解来对食品进行级数描述。例如，对鱼类鲜度感官鉴定的评价标准，一般采用 0～10 分的分级标准对样品进行质量估价，一级：7～10 分；二级：4～6 分；三级：1～3 分；变质、腐败为 0 分。

在分级试验中，由于每组试验人员的习惯、爱好及分辨能力各不相同，使得每个人的试验数据可能不一样，因此规定标准样的级数，使其他样与它的基线相同，这样有利于统一所有试验人员的试验结果。

第一节　评　分　法

一、评分法的特点

评分法是预先设定评价基准，并对试样的特性和嗜好程度以数字标度进行评定，然后换算成得分的一种评价方法。在评分法中所有的数字标度采用等距标度或比率标度，如 1～10 级、−3～3 级（7 级）等数值尺度。此法不同于其他方法的是所谓的绝对性判断，评价员可根据各自的鉴评基准进行判断。它出现的粗糙评分现象也可通过增加评价员人数的方法来克服。

评分法可同时评价一种或多种产品的一个或多个指标的强度及其差异，应用广泛，尤其适用于新产品。

二、问答表的设计和做法

设计问答表（票）前，首先要确定所使用的标度类型。检验前，要使评价员对每一个评分点所代表的意义有共同的认识。样品的出示顺序可利用拉丁法随机排列。

问答票的设计应和产品的特性及检验的目的相结合，尽量简明。可参考表 6-2 的形式。

表 6-2　问答票示例（引自张水华等，2006）

姓名______　性别______　年龄______　试样号______　　年　月　日
请您品尝面前的试样后，以自己的尺度为基准，在下面的相应尺度位置框中画“√”。 极端不好 7 □　非常不好 6 □　不好 5 □　一般 4 □　好 3 □　非常好 2 □　极端好 1 □

三、结果分析与判断

在进行结果分析与判断前，首先要将问答卷的评定结果按选定的标度类型转换成相应的数值。以上述问答卷的评定结果为例，可按−3～3（7 级）等值尺度转换成相应的数值。极端好＝3；非常好＝2；好＝1；一般＝0；不好＝−1；非常不好＝−2；极端不好＝−3。当然，也可以用 10 分制或百分制等其他尺度，然后通过相应的统计分析和检验方法来判断样品间的差异性。当样品只有 2 个时，可以采用简单的 t 检验；而样品超过 2 个时，要进行方差分析并最终根据 F 检验结果来判别样品间的差异性。评分标准本身的质量，可以用可信度、区分度及分数的平均值与标准差等来衡量。

案例一：为比较 A、B、C 三种配方生产的曲奇饼干质量（试样数 k=3），n 名（n=10）评审员分别对 3 种配方的样品按上述问答票中的 1～7 分尺度进行评分，评分结果如下，问样品之间有无显著性差异？i=1，2，…，m；j=1，2，…，n

评审员 n	1	2	3	4	5	6	7	8	9	10	合计
样品 A	1	3	2	4	5	3	2	3	4	2	29
样品 B	1	2	1	4	2	3	4	2	4	5	28
样品 C	3	2	4	2	5	2	2	1	2	3	26
合计	5	7	7	10	12	8	8	6	10	10	83

解题步骤：

（1）求离差平方和（Q）。

修正项　$$\mathrm{CF}=\frac{x^2}{nm}=\frac{83^2}{10\times3}=229.63$$

样品　$Q_A=(x_{1.}^2+x_{2.}^2+\cdots+x_{i.}^2+x_{m.}^2)/n-\mathrm{CF}=(29^2+28^2+26^2)/10-229.63=0.47$

评价员　$Q_B=(x_{.1}^2+x_{.2}^2+\cdots+x_{.j}^2+x_{.n}^2)/m-\mathrm{CF}=(5^2+7^2+\cdots+10^2)/3-229.63=14.04$

总平方和　$Q_T=(x_{11}^2+x_{12}^2+\cdots+x_{ij}^2+\cdots+x_{mn}^2)-CF=(1^2+3^2\cdots+3^2)-229.63=23.37$

误差　$Q_E=Q_T-Q_A-Q_B=8.86$

（2）求自由度（f）。

样品　$f_A=m-1=3-1=2$

评价员　$f_B=n-1=10-1=9$

总自由度　$f_T=m\times n-1=30-1=29$

误差自由度　$f_E=f_T-f_A-f_B=29-2-9=18$

（3）方差分析。

求平均离差平方和　$V_A=Q_A/f_A=0.47/2=0.24$

$V_B=Q_B/f_B=14.04/9=1.56$

$V_E=Q_E/f_E=8.86/18=0.49$

求 F。　$F_A=V_A/V_E=0.24/0.49=0.49$

$F_B=V_B/V_E=1.56/0.49=3.18$

查 F 分布表（附录 2），求 $F(f, f_E, \alpha)$。若 $F_o>F(f, f_E, \alpha)$，则置信度（α）有显著性差异。

由于 $F_A=0.49<F(2, 18, 0.05)=3.55$

$F_B=3.18>F(9, 18, 0.05)=2.46$

因此，在置信度 5%，样品之间无显著性差异，而评价员之间有显著性差异。

将上述结果列入表 6-3。

表 6-3　方差分析表

方差来源	平方和（Q）	自由度（f）	均方和（V）	F_0	F
样品 A	0.47	2	0.24	0.49	$F(2, 18, 0.05)=3.55$
评价员 B	14.04	9	1.56	3.18	$F(9, 18, 0.05)=2.46$
误差 E	8.86	18	0.49		
合计	23.37	29			

（4）检验试样间显著性差异。

采用重范围试验法，如下求试样平均分：

A	B	C
29/10=2.90	28/10=2.80	26/10=2.60

按大小顺序排列：

1 位	2 位	3 位
A	B	C
2.90	2.80	2.60

求试样平均分的标准误差：

$$dE=(V_E/n)^{1/2}=(0.49/10)^{1/2}=0.2$$

查斯图登斯化范围表（附录 3），求斯图登斯化范围 r_p，计算显著性差异最小范围 $R_p=r_p\times dE$

P	2	3
R_p（5%，f=18）	2.97	3.61
R_p	0.59	0.72

1 位－3 位＝2.90－2.60＝0.30＜0.72（R_3）
1 位－2 位＝2.90－2.80＝0.10＜0.59（R_2）
　　1 位（A）和 2、3 位（B，C）之间的无显著性差异；
2 位－3 位＝2.80－2.60＝0.20＜0.59（R_2）
　　2、3 位（C，A）之间的无显著性差异。
因此，置信度 5%，样品 A、B、C 之间无显著性差异。

第二节　成对比较法

一、成对比较法的特点

当试样数 n 很大时，一次把所有的试样进行比较是困难的。此时，一般采用将 n 个试样两个一组、两个一组地加以比较，根据其结果，最后对整体进行综合性的相对评价，判断全体的优劣，从而得出数个样品相对结果的评价方法，这种方法称为成对比较法。本法的优点很多，如在顺序法中出现样品的制备及试验实施过程中的困难等大部分都可以得到解决，在试验时间上，长达数日进行也无妨。因此，本法是应用最广泛的方法之一。例如，舍菲（Scheffe）成对比较法，其特点是不仅回答了两个试样中“喜欢哪个”，即排列两个试样的顺序，而且还要按设定的评价基准回答“喜欢到何种程度”，即评价试样之间的差别程度（相对差）。

成对比较法可分为定向成对比较法（2-选项必选法）和差别成对比较法（简单差别检验或异同检验法）。二者在适用条件及样品呈送顺序等方面都存在一定差别。

二、问答表的设计和做法

设计问答表（票）时，首先应根据检验目的和样品特性确定是采用定向成对比较法还是差别成对比较法。由于该方法主要是在样品两两比较时用于鉴评两个样品是否存在差异，故问答表应便于评价员表述样品间的差异，最好能将差异的程度尽可能准确地表达出来，同时还要尽量简洁明了（表 6-4）。

表 6-4　成对比较法问答票参考形式（引自张水华等，2006）

姓名________　性别________　年龄________　试验号________　　年　月　日
评价你面前两种试样的质构并回答下列问题（请在相应位置后面方框内画“√”） 1. 两种试样的质构有无差别？ 有□　　无 □ 2. 按下面的要求选择两种试样质构差别的程度。 先品尝的比后品尝的： 非常不好 □　很不好 □　不好 □　无差别 □　好 □　很好 □　非常好 □ 3. 请评价试样的质构： No. 20　好 □　一般 □　不好 □ No. 15　好 □　一般 □　不好 □ 意见：________________________

定向成对比较法用于确定两个样品在某一特定方面是否存在差异，如甜度、色彩等。对试验实施人要求：将两个样品同时呈送给评价员，要求评价员识别出某一指标感官属性程度较高的样

品。样品有两种可能的呈送顺序（AB，BA），评价员收到样品的顺序是随机的，而且评价员先收到样品 A 或样品 B 的概率应相等；感官专业人员必须保证两个样品只在单一的所指定的感官方面有所不同。此方法应特别注意，一个参数的改变会影响产品的许多其他感官特性。例如，在蛋糕生产中将糖的含量改变后，不只影响甜度，也会影响蛋糕的质地和颜色；对评价员的要求，必须准确理解感官专业人员所指的特定属性的含义，应在识别指定的感官属性方面受过训练。

差别成对比较法的使用条件是：没有指定可能存在差异的方面，试验者想要确定两种样品的不同。该方法类似于三点检验法或二-三点检验法，但不经常采用。当产品有一个延迟效应或是供应不足，以及三个样品同时呈送不可行时，最好采用它来代替三点检验法或二-三点检验法。对实施人员的要求：同时被呈送两个样品，要求回答样品是相同还是不同。差别成对比较法有 4 种可能的样品呈送顺序（AA，AB，BA，BB）。这些顺序应在评价员中交叉进行随机处理，每种顺序出现的次数相同。对评价员的要求：只需比较两个样品，判断它们是相似还是不同。

三、结果分析与判断

这些顺序应在评价员中交叉进行比较两个样品，判断方法和评分法相似。成对比较法在进行结果分析与判断前，首先要将问答票的评价结果按选定的标度类型转换成相应的数值。以上述问答票的评价结果为例，可按－3～＋3（7 级）等值尺度转换成相应的数值。非常好＝3；很好＝2；好＝1；无差别＝0；不好＝－1；很不好＝－2；非常不好＝－3。当然，也可以用十分制或百分制等其他尺度。然后通过相应的统计分析和检验方法来判断样品间的差异性。下面结合例子来介绍这种方法的结果分析与判断。

案例二：为了比较不同营养强化剂对酱油风味的影响，现有 3 种（n）加入强化剂的试样，由 22 名（m）评价员按答卷的要求，用－3～＋3 的 7 个等级对试样的各种组合进行评分。其中 11 名评价员是按 A→B、A→C、B→C 的顺序进行评判，其余 11 名是按 B→A、C→A、C→B 的顺序进行评判，分组及样品呈送是随机进行的，结果列于下表，请对它们进行分析。

第一组 11 名评价员：

试样＼评审	1	2	3	4	5	6	7	8	9	10	11
（A，B）	1	1	3	1	1	−1	−2	1	−1	2	0
（A，C）	2	−2	0	0	−2	−1	0	1	−1	−1	−1
（B，C）	1	−1	−3	2	1	−1	−2	−2	−1	−1	−1

第二组 11 名评价员：

试样＼评审	1	2	3	4	5	6	7	8	9	10	11
（B，A）	−1	1	−1	0	0	1	3	1	−1	3	−1
（C，A）	2	0	2	3	2	1	1	2	1	0	2
（C，B）	3	−1	−2	−1	1	2	3	−1	2	−2	2

解：（1）整理试验数据，求总分，嗜好度 $\hat{u}_{ij}$，平均嗜好度 π_{ij}（除去顺序效果的部分）和顺序效果 δ_{ij}。

评分 / 组合	−3	−2	−1	0	1	2	3	总分	$\hat{u}_{ij}$	π_{ij}
（A，B）		1	2	1	5	1	1	6	0.545	0.045
（B，A）			4	2	3		2	5	0.455	
（A，C）		2	4	3	1	1		−5	−0.455	−0.955
（C，A）				2	3	5	1	16	1.455	
（B，C）	1	2	5		2	1		−8	−0.727	−0.636
（C，B）		2	3		1	3	2	6	0.545	
合计	1	7	18	8	15	11	6			

其中，总分$=(-2)\times1+(-1)\times2+0\times1+1\times5+2\times1+3\times1=6$

$\hat{u}_{ij}=$总分/得分个数$=6/11=0.545$

$\pi_i=(\hat{u}_{ij}-\hat{u}_{ji})/2=(0.545-0.455)/2=0.045$

按照同样的方法计算其他各行的相应数据，并将计算结果列于表上。

（2）求各试样的主效果 α_i：

$$\alpha_A=(\pi_{AA}+\pi_{AB}+\pi_{AC})/3=(0+0.045-0.955)/3=-0.303$$

$$\alpha_B=(\pi_{BA}+\pi_{BB}+\pi_{BC})/3=(-0.045+0-0.636)/3=-0.227$$

$$\alpha_C=(\pi_{CA}+\pi_{CB}+\pi_{CC})/3=(0.955+0.636+0)/3=0.530$$

（3）求平方和：

总平方和 $Q_T=3^2\times(1+6)+2^2\times(7+11)+1^2\times(18+15)=168$

主效果生产的平方和 $Q_a=$主效果平方和×试样数×评价员数

$$Q_a=(0.303^2+0.227^2+0.530^2)\times3\times22=28.0$$

平均嗜好度产生的平方和 $Q_\pi=\sum\pi_i^2\times$评价员数

$$Q_\pi=(0.045^2+0.955^2+0.636^2)\times22=29.0$$

离差平方和 $Q_T=Q_\pi-Q_a=1.0$

平均效果 $Q_\mu=$平均平方和×评价员数的一半

$$Q_\mu=[0.545^2+0.455^2+(-0.455)^2+1.455^2+(-0.727)^2+0.545^2]\times11=40.2$$

顺序效果 $Q_\delta=Q_\mu-Q_\pi=40.2-29.0=11.2$

误差平方和 $Q_E=Q_T-Q_\mu=168-40.2=127.8$

（4）求自由度（f）：

$$f_\alpha=n-1=3-1=2$$

$$f_r=(n-1)(n-2)/2=(3-1)\times(3-2)/2=1$$

$$f_\pi=n(n-1)/2=3\times(3-1)/2=3$$

$$f_\delta=n(n-1)/2=3\times(3-1)/2=3$$

$$f_\mu=n(n-1)=3\times(3-1)=6$$

$$f_E=n(n-1)(m/2-1)=60$$

$$f_T=n(n-1)m/2=66$$

（5）作方差分析表：

方差来源	平方和（Q）	自由度（f）	均方和（V）	F_0	F
主效果 α	28.0	2	14.0	6.57	$F(2, 60, 0.01)=4.98$
离差 r	1.0	1	1.0	0.47	$F(1, 60, 0.05)=4.0$

续表

方差来源	平方和（Q）	自由度（f）	均方和（V）	F_0	F
平均嗜好度 π	29.0	3			$F(3, 60, 0.05)=2.76$
顺序效果 δ	11.2	3	3.7	1.74	
平均 μ	40.2	6			
误差 E	127.8	60	2.13		
合计	168	66			

F_0 的计算结果表明，对显著水平 $\alpha=1\%$，主效果有显著性差异，离差和顺序效果无显著性差异。

（6）主效果差（$\alpha_i-\alpha_j$）：

$$\text{先求 } Y_{0.05}=q_{0.05}\sqrt{\text{误差均方和}/(\text{评价员数}\times\text{试样数})}$$

式中，$q_{0.05}=3.4$（查附录3，斯图登斯化范围 $n=3$，$f=60$），因此

$$Y_{0.05}=3.4\times\sqrt{2.13/(22\times3)}=0.612$$

$|\alpha_A-\alpha_B|=|-0.303+0.227|=0.076<Y_{0.05}$，则 A、B 之间无显著性差异。

$|\alpha_A-\alpha_C|=|-0.303-0.530|=0.833>Y_{0.05}$，则 A、C 之间有显著性差异。

$|\alpha_B-\alpha_C|=|-0.227-0.530|=0.757>Y_{0.05}$，则 B、C 之间有显著性差异。

结论：显著水平 $\alpha=5\%$，A 和 B 之间无显著性差异，A 和 C、B 和 C 之间有显著差异。

第三节　加权评分法

一、加权评分法的特点

第一节中所介绍的评分法，没有考虑食品各项指标的重要程度，结果造成一定程度的偏差。事实上，对同一种食品，由于各项指标对其质量的影响程度不同，它们之间的关系不完全是平权的，因此，需要考虑它的权重。所谓加权评分法，是考虑各项指标对质量的权重后求平均分数或总分的方法。加权评分法一般以10分或100分为满分进行评价。加权平均法比评分法更加客观、公正，因此可以对产品的质量做出更加准确的评价。

二、权重的确定

所谓权重，是指一个因素在被评价因素中的影响和所处的地位。权重的确定是关系到加权评分法能否顺利实施及能否得到客观准确的评价结果的关键。权重的确定一般是邀请业内人士根据被评价因素对总体评价结果影响的重要程度，采用德尔菲法进行赋权打分，经统计获得由各评价因素权重构成的权重集。

通常，要求权重集所有因素的总和为1，这称为归一化原则。

设权重集 $A=\{\alpha_1, \alpha_2, \cdots, \alpha_n\}=\{\alpha_i\}$，$i=1, 2, \cdots, n$

则

$$\sum_{i=1}^{n}\alpha_i=1$$

工程技术行业采用常用的“0～4评判法”确定每个因素的权重。一般步骤如下：首先请若干名（一般8～10人）业内人士对每个因素两两进行重要性比较，根据相对重要性打分；很重

要→很不重要，打分 4～0；较重要→不很重要，打分 3～1；同样重要，打分 2。据此得到每个评委对各个因素所打分数表。然后统计所有人的打分，得到每个因素得分，再除以所有指标总分之和，便得到各因素的权重因子。

例如，为获得香菇酱罐头的色泽、口感、组织状态、滋气味这四项指标对香菇酱罐头感官质量影响的权重，邀请 8 位业内人士对上述 4 个因素按"0～4 评判法"进行权重打分。统计 10 张表格各项因素的得分列于表 6-5。

表 6-5　权重打分表

因素	得分								总分
	1	2	3	4	5	6	7	8	
色泽	6	6	3	7	7	5	5	9	48
口感	7	5	8	6	5	7	8	7	53
组织状态	4	4	8	8	6	7	4	5	46
滋气味	7	9	5	3	6	5	7	3	45
合计	24	24	24	24	24	24	24	24	192

将各项因素所得总分除以全部因素总分之和便得权重系数：

$$A=[0.250,\ 0.276,\ 0.240,\ 0.234]$$

三、结果分析与判断

该方法的分析及判断方法比较简单，就是对各评价指标的评分进行加权处理后，求平均得分或求总分，最后根据得分情况来判断产品质量的优劣。加权处理及得分计算可按下式进行：

$$P=\sum_{i=1}^{n}\alpha_i x_i / nf$$

式中，P 为总得分；n 为评价指标数目；α 为各指标的权重；x 为评价指标得分；f 为评价指标的满分值，如采用百分制，则 $f=100$；如采用十分制，则 $f=10$；如采用五分制，则 $f=5$。

案例三：评定蔬菜的质量时，以质量权重（60 分）、品种权重（20 分）、外观权重（10 分）、气味权重（10 分）作为评定的指标。评定标准为特级（91～100 分）、一级（81～90 分）、二级（71～80 分）。现有一批蔬菜，经评审员评审后各项指标的得分数分别为：质量 90 分；品种 92 分；外观 94 分；气味 94 分。问，该批蔬菜是几级蔬菜？

解：该批蔬菜的总分为

$$\frac{(90\times60)+(92\times20)+(94\times10)+(94\times10)}{100}=91.2\text{（分）}$$

故该批蔬菜为特级蔬菜。

第四节　模糊数学法

在加权评分法中，仅用一个平均数很难确切表示某一指标应得的分数，这样使结果存在误差。如果评定的样品是两个或两个以上，最后的加权平均数出现相同而又需要排列出它们的各项时，现行的加权评分法就很难解决。如果采用模糊数学关系的方法来处理评定的结果，不仅以上的问题可以得到解决，而且它综合考虑所有的因素，获得的是综合且较客观的结果。模糊数学法是在加权评分法的基础上，应用模糊数学中的模糊关系对食品感官检验的结果进行综合评判的方法。

一、模糊数学基础知识

模糊综合评判的数学模型是建立在模糊数学基础上的一种定量评价模式。它是应用模糊数学的有关理论（如隶属度与隶属函数理论），对食品感官质量中多因素的制约关系进行数学化的抽象，建立一个反映其本质特征和动态过程的理想化评价模式。由于我们的评判对象相对简单，评价指标也比较少，食品感官质量的模糊评判常采用一级模型。模糊评判所应用模糊数学的基础知识，主要为以下内容。

1. 建立评判对象的因素集

$$U=\{u_1,\ u_2,\ \cdots,\ u_n\}$$

因素就是对象的各种属性或性能。例如，评价茶叶的感官质量，就可以选择茶叶的外形、香气与滋味、口感、质地作为考虑的因素。

因此，评判因素可设 u_1=外形；u_2=香气与滋味；u_3=口感；u_4=质地，组成的评判因素集合为

$$U=\{u_1,\ u_2,\ u_3,\ u_4\}$$

2. 给出评语集 V

$$V=\{V_1,\ V_2,\ \ldots,\ V_n\}$$

评语集由若干个最能反映该食品质量的指标组成，可以用文字表示，也可用数值或等级表示。

如茶叶样品的感官质量划分为四个等级，可设：

$$V_1=\text{优};\ V_2=\text{良};\ V_3=\text{中};\ V_4=\text{差}$$

则 $V=\{V_1,\ V_2,\ \ldots,\ V_n\}$

3. 建立权重集 X

确定各评判因素的权重集 X。所谓权重，是指一个因素在被评价因素中的影响和所处的地位。其确定方法与前面加权评分法中介绍的方法相同。

4. 建立单因素评判

对每一个被评价的因素建立一个从 U 到 V 的模糊关系 R，从而得出单因素的评价集；矩阵 R 可以通过对单因素的评判获得，即从 U_i 着眼而得到单因素评判，构成 R 中的第 i 行。

$$R=\begin{bmatrix} r_{11} & r_{12} & \cdots & r_{1n} \\ r_{21} & r_{22} & \cdots & r_{2n} \\ \vdots & \vdots & & \vdots \\ r_{m1} & r_{m2} & \cdots & r_{mn} \end{bmatrix}$$

即 $R=(r_{ij})$，$i=1,\ 2,\ \cdots,\ n$；$j=1,\ 2,\ \cdots,\ m$。这里的元素 r_{ij} 表示从因素 u_i 到该因素的评判结果 v_j 的隶属程度。

5. 综合评判

求出 R 与 X 后，进行模糊变换：

$$B=X\cdot R=\{b_1,\ b_2,\ \cdots,\ b_m\}$$

$X\cdot R$ 为矩阵合成，矩阵合成运算按照最大隶属度原则。再对 B 进行归一化处理得

$$B'=\{b_1',\ b_2',\ \cdots,\ b_m'\}$$

$\boldsymbol{B'}$便是该组人员对该食品感官质量的评语集。最后，再由最大隶属度原则确定该种食品感官

质量的所属评语。

二、模糊数学评价方法

根据模糊数学的理论，模糊评判实施主要有：因素集、评语集、权重集、模糊矩阵、模糊变换、模糊评价等部分组成。下面结合实例来介绍模糊数学评价法的具体实施过程。

案例四： 设火腿肠的因素集 U={色泽，口感，组织状态，风味}；

评语集 V={好，较好，一般，差}；其中，好（4分），较好（3分），一般（2分），差（1分）。

权重集 X={0.15，0.30，0.20，0.35}，即色泽15分，口感30分，组织状态20分，风味35分，共100分。

模糊关系综合评定集 $Y=X\cdot R$，其中，X 为权重集；R 为模糊矩阵。

10名评价人员按照制定的评定方法和标准，对3种不同系列的火腿肠进行了感官评价，结果见表6-6。

表 6-6　不同系列火腿肠感官评价表（引自魏永义等，2010）

火腿肠系列	因素	级别			
		好（4分）	较好（3分）	一般（2分）	差（1分）
A	色泽	6	2	1	1
	口感	3	5	2	0
	组织状态	5	3	1	1
	风味	7	2	1	0
B	色泽	3	4	3	0
	口感	1	5	2	2
	组织状态	1	6	2	1
	风味	0	7	2	1
C	色泽	0	2	7	1
	口感	0	2	4	4
	组织状态	1	2	5	2
	风味	1	2	4	3

问：哪个样品较好？

解：由表6-6知，以火腿肠A系列样品色泽为例，6人给4分，2人给3分，1人给2分和1分。A、B、C样品的模糊矩阵分别为 R_1、R_2、R_3。

$$R_1=\begin{bmatrix}0.60 & 0.20 & 0.10 & 0.10\\0.30 & 0.50 & 0.20 & 0.00\\0.50 & 0.30 & 0.10 & 0.10\\0.70 & 0.20 & 0.10 & 0.00\end{bmatrix}\qquad R_2=\begin{bmatrix}0.30 & 0.40 & 0.30 & 0.00\\0.10 & 0.50 & 0.20 & 0.20\\0.10 & 0.60 & 0.20 & 0.10\\0.00 & 0.70 & 0.20 & 0.10\end{bmatrix}$$

$$R_3=\begin{bmatrix}0.00 & 0.20 & 0.70 & 0.10\\0.00 & 0.20 & 0.40 & 0.40\\0.10 & 0.20 & 0.50 & 0.20\\0.10 & 0.20 & 0.40 & 0.30\end{bmatrix}$$

确定模糊关系综合评判集

$$Y_1=X\cdot R_1=\{0.15,\ 0.30,\ 0.20,\ 0.35\}\cdot\begin{bmatrix}0.60 & 0.20 & 0.10 & 0.10\\0.30 & 0.50 & 0.20 & 0.00\\0.50 & 0.30 & 0.10 & 0.10\\0.70 & 0.20 & 0.10 & 0.00\end{bmatrix}$$

其中，$Y_{11}=(0.15\wedge0.60)\vee(0.30\wedge0.30)\vee(0.20\wedge0.50)\vee(0.35\wedge0.70)$

$=0.15\vee0.30\vee0.20\vee0.35=0.35$

同理得 $Y_{12}=0.30$，$Y_{13}=0.20$，$Y_{14}=0.10$，即 $Y_1=(0.35,\ 0.30,\ 0.20,\ 0.10)$，归一化后得 $Y_1=(0.37,\ 0.32,\ 0.21,\ 0.10)$，得到模糊数学关系综合评判的峰值为 0.37，与原假设相比，得出 A 样品的综合评定级别为好（4 分）。

同理得，$Y_2=X\cdot R_2=\{0.15,\ 0.30,\ 0.20,\ 0.35\}\cdot\begin{bmatrix}0.30 & 0.40 & 0.30 & 0.00\\0.10 & 0.50 & 0.20 & 0.20\\0.10 & 0.60 & 0.20 & 0.10\\0.00 & 0.70 & 0.20 & 0.10\end{bmatrix}$

$=(0.15,\ 0.35,\ 0.20,\ 0.20)$

归一化后得 $Y_2=(0.17,\ 0.39,\ 0.22,\ 0.22)$，得到模糊数学关系综合评判的峰值为 0.39，与原假设相比，得出 B 样品的综合评定级别为较好（3 分）。

同理得，$Y_3=X\cdot R_3=\{0.15,\ 0.30,\ 0.20,\ 0.35\}\cdot\begin{bmatrix}0.00 & 0.20 & 0.70 & 0.10\\0.00 & 0.20 & 0.40 & 0.40\\0.10 & 0.20 & 0.50 & 0.20\\0.10 & 0.20 & 0.40 & 0.30\end{bmatrix}$

$=(0.10,\ 0.20,\ 0.35,\ 0.30)$

归一化后得 $Y_3=(0.10,\ 0.21,\ 0.37,\ 0.32)$

试验研究得到模糊数学关系综合评判的峰值为 0.37，与原假设相比，得出 C 样品的综合评定级别为一般（2 分）。

据此可得出火腿肠的模糊数学法评定结果为 A>B>C。

第五节 阈值试验

一、相关概念

研究感官阈值测定方法的意义在于，进一步解决食品风味化学及感官科学研究发展中的关键问题，如关键成分的确定、异味成分的影响、风味物质的相互作用等。关于阈值的相关知识详见第四章第二节。能够分辨出感觉的最小刺激量叫做刺激阈（察觉阈，RL），分为敏感阈、识别阈和极限阈。感觉上能够分辨出刺激量的最小变化称为分辨阈（识别阈，DL）。若刺激量由 S 增大到 $S+\Delta S$ 时，能分辨其变化，则称 ΔS 为上分辨阈，用 ΔS 来表示；若刺激量由 S 减少到 $S-\Delta S$ 时，能分辨出其变化，则称 ΔS 为下分辨阈，用 $-\Delta S$ 来表示，上下分辨阈绝对值的平均值称平均分辨阈。对某些感官特性而言，有时两个刺激产生相同的感觉效果，我们称之为等价刺激。主观上感觉到与标准相同感觉的刺激强度称为主观等价值（DSE）。例如，当浓度为 10%的葡萄糖为标准刺激时，蔗糖的主观等价值浓度为 6.3%，主观等价值与评判员的敏感度关系不大。

二、阈值的测定

国际上对于感官阈值的研究从 20 世纪 50 年代开始，1961 年 Swets 在 *Science* 杂志的综述中将感官阈值的概念从传统认知提升到科学理论的高度。随后的 20 年里，研究者广泛开展了感官阈值测试方法的研究，根据所采用原理不同将评价方法分为单样品测试、配对样品测试、三点样品测试和系列样品测试等；而计算方法包含曲线拟合法、最优估计阈值法等。

国家及国际标准包括 GB/T 22366、ASTM E679 和 ASTM E1432。其中，GB/T 22366 测定对象主要是察觉阈值，采用三点选配法（three-alternative forced-choice，3-AFC）作为感官评价法，最优估计阈值法（best estimate threshold，BET）及曲线拟合法（curve fitting，CF 法）作为两种数据计算方法。ASTM E679 和 ASTM E1432 为阈值测定的两种并行标准，测定对象包括察觉阈值和识别阈值，两者都采用评价上升梯度浓度样品方法（ascending concentration series method）测定感官阈值，区别是计算方法分别采用了 BET 和 CF 方法。

阈值测定具体应用如下。

（1）对某些天然产品芳香特性可能有贡献的风味物质的测定。假如有一个产品，如苹果汁，数百种化学物质可用仪器分析测定。哪些物质可能对感觉到的苹果香气有贡献？风味研究中的一种常用方法是认为只有那些高于其阈值浓度存在的物质才会有贡献。

（2）作为筛选对关键风味物质敏感性个体的一种方法。临床上用于测定人的敏感性方面有很长的历史，普通的视觉和听力检查就包含一些阈值的测量。在化学感觉中，由于在味觉和嗅觉敏感性上的个体差异，阈值测定特别有用。感官阈值数据常用于对评价人员或评价小组特殊刺激物的敏感性判断，即不同的绝对阈值可以反映人或小组的评价水平，同时化学物质引起人产生感官反应的浓度水平，也成了对其进行定量化评价的依据。

由于阈值是以物理强度单位来表示的，如产品中某化合物浓度单位 mol/L，这种表述就避免了评估标度或者感官评分的主观性。但是，阈值测定并不比其他感官技术更可靠或准确，而且测量起来通常劳动强度很大。

在实际应用的方法中，绝对阈值仅仅被看成是差别阈值的一个特殊形式。阈值检验可以考虑为区别（简单差别）检验的一个特殊形式，观察者的任务就是证明他们能从某一背景中区分出某一非常低水平的风味。当这一背景是某些中性刺激，没有明显的味觉或嗅觉时，举例来说，一种稀释液或蒸馏水，能够被区分的最低水平可以称为察觉阈。测量值由不同的心理物理学方法得到不同的定义，因此，没有一个固定值具有超越其所用测定方法的含义。例如，在极限法中阈值定义为 50% 试验有阳性反应时的值，然而在一些必选方法中，它却是相对一个空白刺激以高于随机表现水平的 50%而得到的正确区分时的值。所以，经验定义只是所用方法的部分说明。在检验中由于选择的方法不同，对参与者的任务难度不同，结果是评价某一物质的阈值也不固定。此外，不管是在一个人、群组中还是在个人的重复测量中，在该条件下，个人的可变性对于认为阈值是一个固定值的想法提出了挑战。比如，某个人的稳定嗅觉阈值是非常难以测量的。即使是同一个体，阈值一般也会随着实践的增多而降低，叠加在这一实践上的效应表面上是一个高水平的随机波动。

延展阅读

利用阈值测定来做出产品判断的感官工作者需要知道这种方法的不足之处。首先，阈值只是统计学概念，在概念意义上可能并不存在。信号检测理论提醒我们，信号和噪声在持续方式上存在差异，而感觉中的不连续性可能是一种理想化的概念，美妙却不实际。任何现代的阈值概念在说明中必须考虑这是一个数值范围，而不是单一的点。阈值可能如此多地依赖于测量条件，以至于它们并不是作为一个具有任何生理学意义的固定的点而存在的。例如，随着稀释液纯度的增加，味觉阈值会降低。所以，真正绝对味觉阈值的测量（如果这样的事情确实存在的话）要求水是无限纯的。阈值不是以这种抽象意义存在的，而只是作为在我们的方法和报告上可能需要的一个有用的概念。

感官评价专业人员在工作中遇到阈值测定方法时，需要明确以下原则。首先，阈值取决于测量方法。方法上似乎无关紧要的变动会改变所得到的结果。其次，阈值分布并不总是符合常态的钟形曲线。由于遗传上的缺陷（比如特定的嗅觉缺失），经常会有无感官反应的人和可能的不敏感情况。阈值检验容易得到非常高的个体的可变性和很低的可靠性。某一个体在某一天的阈值测定值并不一定是这个人的稳定特性。实践作用意义深远，阈值可能经过一段时间会稳定。但是，群体平均阈值是可靠的，并且为刺激生物活性提供了一个有用的指数参考。

阈值的测定方法很多，下面举例介绍食品感官检验中常用的极限法。

案例五： 果汁饮料生产中，用葡萄糖代替砂糖时，用极限法求10%的砂糖具有相同甜味的葡萄糖浓度。

解：此题是求与浓度为10%的砂糖相对应的葡萄糖的主观等价值。

（1）试验步骤。

a. 根据预备试验，先求出10%的砂糖相对应的葡萄糖的大体浓度，然后以此浓度为中心，往浓度两侧做一系列不同浓度的葡萄糖样品 C_0，C_1，C_2，…，C_n。此时要注意，如果葡萄糖的浓度变化幅度太小，虽然可以提高试验精度，但会增大样品个数，引起疲劳效应。样品数 n 一般取10～20为宜。

b. 根据浓度上升、下降系列和品尝顺序，做试验计划表（表6-7）。

c. 制作如表6-7的记录表。

表6-7　极限法试验结果表（引自张水华等，2006）

试验次数		1	2	3	4	5	6	7	8	9	10	11	12	…	61	62	63	64
评审员			1				2				3			…		16		
系列		↓	↑	↑	↓	↑	↓	↓	↑	↓	↑	↑	↓	…	↑	↓	↓	↑
品尝顺序		Ⅰ	Ⅰ	Ⅱ	Ⅱ	Ⅰ	Ⅰ	Ⅱ	Ⅱ	Ⅰ	Ⅰ	Ⅱ	Ⅱ	…	Ⅰ	Ⅰ	Ⅱ	Ⅱ
葡萄糖浓度	C_{12}																	
	C_{11}	+					+											
	C_{10}	+			+		+											
	C_9	+	+		+		+	+										
	C_8	?	?	+	+		+	+	+				…					
	C_7	?	?	?	?	+	+	+	?									
	C_6	—	?	?	—	?	—	+	?									
	C_5		—	?		—		?	—				…					
	C_4		—	—		—		—	—									
	C_3		—	—		—			—									
	C_2			—														
	C_1																	

注：↑表示浓度上升系列；↓表示浓度下降系列；＋表示 C_i 比 S_i 甜；－表示 C_i 不比 S_i 甜；？表示 C_i 与 S_i 无差异；Ⅰ表示砂糖→葡萄糖顺序；Ⅱ表示葡萄糖→砂糖顺序。

d. 确定浓度上升或者下降系列的试验开始浓度。试验中，由于评审员具有盼望甜度关系早点变化的心理，故评审员实际指出的甜度关系（砂糖与葡萄糖的甜度比）变化区域可能超前（称为盼望效应），因此试验时应制作不同长度的试验系列。例如，试验次数为64次时，先准备20张卡片，其中6张卡写“长”字，表示样品从 C_1 至 C_{12}，7张卡写“中”字，表示

样品从 C_2 至 C_{11}，7 张卡写“短”字，表示样品从 C_3 至 C_{10}。然后把 20 张卡片随机混合后（像洗扑克牌一样），从上边开始按卡片顺序做试验，反复循环即可。

e. 按葡萄糖浓度上升或下降系列进行试验。

桌上从右至左排好样品 C_i，同时准备好足够的标准样 S_i（即浓度为 10%的砂糖溶液），评审员根据试验要求按顺序比较 S_i 和 C_i，每次判断结果记入记录表中（如表 6-7）。

f. 浓度下降系列中，从“？”变为“－”时或者从“＋”变为“－”时；浓度上升系列中，从“?”变为“＋”或者从“－”变为“＋”时，结束试验。

（2）解题步骤。

a. 设浓度下降系列中，从“＋”变为“？”时的 C_i 为 x_u，从“？”变为“－”时的 C_i 为 x_l，浓度上升系列中，从“－”变为“？”时的 C_i 为 x_l，从“？”变为“＋”时的 C_i 为 x_u，从“＋”变为“－”或者从“－”变为“＋”时 x_l 与 x_u 相同。

例如，表 6-7 中第一次试验（下降系列）中

$x_u=(C_9+C_8)/2$　　　　$x_l=(C_7+C_8)/2$

第二次试验：$x_l=(C_5+C_6)/2$　　　　$x_u=(C_8+C_9)/2$

依此类推……

第六次试验：$x_u=x_l=(C_7+C_6)/2$

b. 用下式计算阈值和主观等价值

上阈：$L_u=\frac{1}{n}\sum x_u$　　　　下阈：$L_l=\frac{1}{n}\sum x_l$

主观等价值：$\text{DSE}=(L_u+L_l)/2$

c. 求葡萄糖的分辨阈 DL 时，可以把葡萄糖作为标准液。

例如，求浓度为 10%的葡萄糖的分辨阈 DL 时，用 10%浓度的葡萄糖 C_0 代替上述试验中的 10%浓度的砂糖 S_i 做试验，此时

$$\text{上分辨阈 } \text{DL}_u=L_u-C_0$$

$$\text{下分辨阈 } \text{DL}_l=C_0-L_l$$

d. 求葡萄糖的刺激阈 RL 时，在浓度下降系列中，从明显感到甜味的浓度（＋）出发逐渐减小浓度。开始感觉不出甜味（－）时的浓度与它前面浓度的平均值即为未知刺激阈，用 r_d 表示。在浓度上升系列中，从明显感到无甜味的浓度（－）出发逐渐增加浓度，最初感到甜味（＋）时的浓度与它前面浓度的平均值即为可知刺激阈，用 r_a 表示，则

$$R_l=(r_d+r_a)/2$$

e. 极限法中，为了避免盼望误差的影响，一般取上升系列和下降系列个数相同，但对于苦味试验来说，由于存在着先品尝样品的残留效应，一般只用上升系列而不用下降系列。

小结

分级试验是通过评价员的评估对食品外形、口感、气味等进行分级的方法，该方法客观、系统地对食品进行分析并描述其基本属性。要求评价员对真实特征的存在、这些特征的混合或平衡、负特性的消除、分等产品同某些书面或自身标准的比较而给出总的综合效应。

思考题

1．简述分级试验的定义、分类及每个类别的特点？

（提示：分级试验是以某个级数值来描述食品的属性。可分为评分法、成对比较法、加权评分法、模糊数学法和阈值试验。）

2．成对比较法对样品的要求如何？

（提示：定向成对比较法侧重于确定两个样品在某一特定方面是否存在差异；差别成对比较法是在不明确样品指定差异的前提下，确定样品的不同。）

3．加权评分法与评分法的区别在哪里？加权评分法的特点如何？

（提示：区别在于评分法未考虑食品间各项指标的重要程度，加权评分法考虑各项指标对质量的权重后用于评定样品。特点在于更为客观、公正，更能准确地对产品的质量进行评价。）

4．模糊数学法应用于食品感官评价的优势和特点如何？

（提示：模糊数学法可以更好地处理评定的结果、进一步完善加权评分法，利用模糊关系对食品感官检验的结果进行综合评判。）

5．何为主观等价值？测定阈值的常用方法有哪些？

（提示：主观等价值，即 DSE，是主观上感觉到与标准相同感觉的刺激强度。在食品感官检验中常用极限法测定阈值。）

第7章 描述性分析检验法

描述性分析检验是感官检验中最复杂的一种方法，它是由接受过培训的评价员对产品的感官性质进行定性和定量区别描述的技术。该法适用于一个或多个样品，能够同时定性和定量地表示一个或多个感官指标，如外观、嗅闻的气味特征、口中的风味特征、组织特性等。描述性分析检验得到的结果不但能提供食品的详细信息，而且能精确分析一系列不同产品感官之间的具体差异、贮藏条件对其货架期的影响及获得食品化学性质和感官特征之间的相关性，有利于保证与提高产品的质量。

第一节 概 述

一、定义

描述性分析检验法（descriptive analysis evaluation）是根据感官所能感知到的食品各项感官特征，用专业术语形成对产品的客观性描述。描述性分析检验法是感官科学家的常用工具，所采用的是与差别检验等完全不同的感官评价原则和方法。根据这些方法，感官科学家可以获得关于产品完整的感官描述，从而帮助他们鉴定产品基本成分和生产过程中的变化，以及决定哪个感官特征比较重要或可以接受。

描述性分析检验法要求评价产品的所有感官特性，包括：①外观色泽，嗅闻的气味特征；②品尝后口中的风味特征（味觉、嗅觉及口腔的冷、热、收敛等知觉和余味）；③产品的组织特性及质地特性（包括机械特性中硬度、凝结度、黏度、附着度和弹性5个基本特性及碎裂度、固体食物咀嚼度、半固体食物胶黏度3个从属特性）；④产品的几何特性（包括产品颗粒、形态及方向特性，是否有平滑感、层状感、丝状感、粗粒感等，以及反映油、水含量的油感和湿润感等特性）。

描述性分析检验通常可依据是否定量分析而分为简单描述检验法、定量描述和感官剖面检验法。在检验过程中，要求评价员除具备人体感知食品品质特性和次序的能力外，还要具备对描述食品品质特性专有名词的定义及其在食品中实际含义的理解能力，以及对总体印象或总体风味强度和总体差异的分析能力。

描述性分析检验依照检验方法的不同又可分为一致方法和独立方法两大类型。

延展阅读

一致方法 在检验中所有的评价员（包括评价小组组长）都是一个集体的一部分，目的是获得一个评价小组赞同的综合结论，使对被评价的产品风味特点达到一致的认识。最后由评价小组组织者报告和说明结果。

在一致方法中，评价员先单独工作，按感性认识记录特性特征、感觉顺序、强度、余味和滞留度，然后进行综合印象评估。当评价员完成剖面描述后，就开始讨论，由评价小组组织者收集各自的结果，讨论到小组意见达到一致为止。为了达到意见一致，推荐参比样或者评价小组要多次开会。讨论结束后，由评价小组组织者作出包括所有成员意见的结果报告，报告的表达形式可以是表格，也可以是图。

独立方法　小组组织者一般不参加评价，评价小组意见不需要一致。由评价员先在小组内讨论产品的风味，然后由每个评价员单独工作，记录对食品感觉的评价成绩，最后由评价小组组织者汇总和分析这些单一结果，用统计学的平均值，作为评价的结果。

二、应用范围

描述性分析检验适用于一个或多个样品，可以同时评价一个或多个感官指标。人们在检验竞争者的产品时，经常使用这一技术，因为描述性分析能够准确地显示在所评价的感官特性范围内，竞争产品与自己的产品存在着怎样的差别。另外，这种技术在检验产品货架寿命的应用中效果十分理想，尤其是受过良好训练的评价员。

感官描述常应用于研究和生产上，应用范围很广，包括：①定义新产品开发中目标产品的感官特征；②定义质量管理、质量控制及开发研究中的对照或标准的特征；③在进行消费者检验前记录产品的特征，以帮助选择《消费者提问表》里所包括的特征，在检验结束后说明消费者检验结果；④追踪产品贮存期、包装等有关感官特征随时间变化而改变的规律；⑤描绘产品与仪器、化学或物理特性相关的可察觉的感官特征。

三、专业描述用语

描述性分析检验要求准确地使用语言描述样品感官性状，要求评价员具有较高文学造诣，对语言的含义有正确的理解和恰当使用的能力。

常用的语言分为三类，即日常语言、词汇语言和科学语言。日常语言（即口语），是日常谈话用语，由于文化背景和地理区域的不同而有所差异。词汇语言（即书面语），是词典中的语言，在书面材料中，最好用词汇语言来表示。科学语言是为了科学的目的而特别创造的，是被非常精确定义了的、与特定的科学学科有关的专业术语。

延展阅读

人们对“颜色”的日常概念不管在世界哪个地方都是非常相似的。因为从孩提时代开始，人们就在学习将一定的标记与一定的刺激进行联系。换言之，如果一个孩子说万里晴空是绿色的话，他就会被告知天空是蓝色的。如果小孩坚持说错该颜色，那么，这个孩子就会被带去进行视觉及其他方面的测试。因此，对于大多数成年人来说，“颜色”是一种被很好构建了的概念，描述它所使用的科学语言也已被广泛地理解和熟知，并在人们的大脑中牢固地建立了颜色与术语的对应关系。

但是，关于食品的风味，却几乎很少能用准确的术语来描述。比如描述为“像新鲜焙烤的面包，闻起来味道很好”，或者“像止咳糖浆，味道不好”等，都是模糊、朦胧的。颜色以蒙塞尔标准[①]为坐标，同样我们希望研究食品风味时，能有准确定义（最好与参考标准相符）的科学语言，这些科学语言经常用于描述与所研究的产品有关的所有感官的感觉。

---

① 蒙塞尔（Munsell）色彩系统，1898 年由美国艺术家 A. Munsell 发明，使用数字来精准地描述各种色彩。蒙塞尔系统模型为一个三维类似球体的空间模型，在赤道上是一条色带。球体轴的明度为中性灰，北极为白色，南极为黑色。从球体轴向水平方向延伸出来是不同级别明度的变化，从中性灰到完全饱和。用这三个因素来判定颜色，可以全方位定义千百种色彩。

延展阅读

我国对白酒品评的历史悠久，已有了规范的做法和丰富的经验，并且已培养出了许多评酒大师。白酒品评时，所使用的表示香气和滋味程度的规范术语如下所述。

表示香气程度的术语　无香气、似有香气、微有香气、香气不足、清雅、细腻、纯正、浓郁、暴香、放香、喷香、入口香、回香、余香、悠长、绵长、协调、完满、浮香、芳香、陈酒香、异香、焦香、香韵、异气、刺激性气味、臭气等。

表示滋味程度的术语　浓淡、醇和、醇厚、香醇甜净、绵软、清冽、粗糙、燥辣、粗暴、后味、余味、回味、回甜、甜净、甜绵、醇甜、甘冽、甘润、甘爽、邪味、异味、尾子不净等。

例如，茅台酒的风味特点是：香气幽雅细致，香而不艳，低而不淡，略有焦香而不出头，柔和绵长。

第二节　简单描述检验法

评价员用合理、清楚的文字，对构成样品质量特征的各个指标尽量完整、准确地进行定性描述，以定性评价样品感官品质的检验方法，称为简单描述分析（simple descriptive analysis）。简单描述分析常用于产品质量控制、储存期的变化或描述已经确定的差异检验，也可用于培训评价员。

一、风味剖面描述

风味剖面描述（flavor profile，FP）是最早的定性描述分析检验方法。这项技术是20世纪40年代末至50年代初由Arthur D Little公司Loren Sjostrom、Stanley Cairncross和Jean Caul等建立发展起来的，最早被人们用于描述复杂风味系统。这个系统测定了谷氨酸钠（味精）对风味感知的影响。多年来，FP已不断地改进，最新的FP被称为剖面特征分析。

FP可用于识别或描述某一样品或多个样品的特性指标，或将感受到的特性指标建立一个序列，常用于质量控制、贮存期间的变化或者描述已经确定的差异检测，也可用于培训评价员。

FP的方式通常有自由式描述和界定式描述。前者由评价员自由选择自己认为合适的词汇，对样品的特性进行描述；而后者则是首先提供指标检查表，或是评价某类产品的一组专用术语，由评价员选用其中合适的指标或术语对产品的特性进行描述。

FP是一种一致性技术，用于描述产品的词汇和对产品本身的评价，可以通过评价小组成员达成一致意见后获得。FP考虑了一个食品系统中所有的风味，以及其中个人可检测到的风味成分。这个剖面描述了所有的风味和风味特征，并评估了这些特征的强度和整体的综合印象。该技术提供一张表格，表格中有感知到的风味、它们的强度、感知到的顺序、它们的余味及它们的整体印象（振幅）。如果对评价小组成员的训练非常好，这张表格的重现性就非常好。

试验的组织者要准确地选取样品的感官特性指标并确定合适的描述术语，制订指标检查表，选择非常了解产品特性且受过专门训练的评价员和专家组成5名或5名以上的评价小组进行品评试验，根据指标表中所列术语进行评价。

评价小组成员需要通过味觉区分、味觉差异区分、嗅觉区分和描述等生理学试验来选择。在准备、呈现、评价等过程中使用标准化技术，在2～3周的时间内对评价人员进行训练，让他们能对产品的风味进行精确的定义。

评价人员对食品样品进行品尝后，把所有能感知到的特征，按芳香、风味、口感和余味，分别进行记录。展示结束后，评价小组成员对使用过的描述术语进行复习和改进。在训练阶段产生每个描述术语的参比标准和定义。使用合适的参比标准，可以提高一致性描述的精确度。在训练的完成阶段，评价小组成员已经为表达所用的描述术语强度定义了一个参比系。

在评价小组成员单独完成对样品感官属性、强度、感知顺序、余味的评价后，评价小组组织者可以根据评价小组的反应，组织大家讨论，最终获得一致性的结论（即风味剖面）。该方法的结果通常不需要进行统计分析。

FP 的主要优点（同时也是主要的限制性）是最多只选择 5～8 个评价员。通过对评价员额外的训练和采用合适的评价方法，可以将一致性和重现性上的缺陷克服到一定程度。但反对者认为，获得的一致性可能实际上是小组中占支配地位的人，或者是评价小组中具有权威的成员的观点，这个具有权威的人通常是指评价小组组织者。FP 的另一缺点是筛选方法中不能区分特殊的芳香或风味差异，而这种差异在特定的产品中往往是很重要的。但支持这种技术的人则认为，正确的训练就是个关键，评价小组组织者可以避免这种情况的发生，一个训练后的 FP 评价小组能够迅速地得出结论。

二、案例

案例一：风味剖面在奶味香精研发中的应用

某公司新研发一种奶味香精，需要对其做一个风味描述，主要评价的指标如表 7-1 所示，让评价员逐项进行品评，并用适当的词汇予以表达，或者用某一种标度进行评价。

表 7-1　奶味香精评定项目与强度标准（引自周家春，2013）

项目	强度	项目	强度
整体风味		动物味	
颜色		油脂味	
奶香味		烟熏味	
芝士味		酸味	
坚果味		氧化味	
木屑味		其他异味	
综合评价			

案例分析：奶味香精的风味剖面分析中，每个评价员独立进行样品品评，记录中要写清样品风味特征，并使用合适的参比标准评价其风味特征强度。评价员完成评价后，由评价小组组织者统计这些结果。根据每一描述性词汇的使用频率或特征强度得出评价结果，并对评价结果进行公开讨论，最后得出结论。结论一般要求言简意赅，字斟句酌，以力求符合实际。该检验的结果通常不需要进行统计分析。

案例二：盒装即食早餐的感官评价

1. 产品介绍

由某公司生产的盒装即食早餐，是面食、荤食和调味品的混合物，用开水或温牛奶冲调，焖放数分钟后即可食用。该产品已在市场上获得广泛认同。

2. 评价目的

由本公司开发的盒装即食早餐欲投放市场，希望了解产品有无竞争力。

3. 品评项目与强度标准

品评项目与强度标准见表 7-2。

表 7-2　盒装即食早餐评定项目与强度标准（引自韩北忠和童华荣，2009）

项目	强度	项目	强度
主要风味		混杂味	
颜色		细腻味	
咸味	1--------------------9	油味	1--------------------9
洋葱味	（弱）　（强）	粉粒状感	（弱）　（强）
鱼腥味		多汁性	
甜味		拌匀度	

4. 评价与记录

将样品编码后随机呈递给评价员，一般第一个样品为对照样品，每位评价员独立进行样品品评，根据表 7-2 的评定项目和强度标准，在评价表 7-3 中记录下每个样品的感官特征强度。

表 7-3　描述性评定记录表（引自韩北忠和童华荣，2009）

样品名称：　　　　评价员姓名：　　　　检验日期：　年　月　日

序号	样品号 \ 得分项目	主要风味	颜色	咸味	洋葱味	鱼腥味	甜味	混杂味	细腻味	油味	粉粒状感	多汁性	拌匀度	综合评价
1	对照样品													
2														
3														
4														

5. 结果分析

在所有评价员的检验全部完成后，在组长的主持下进行讨论，然后得出综合结论。综合结论描述依据是按照某描述词汇出现频率的多寡及特征强度，一般要求言简意赅，字斟句酌，力求符合实际。

第三节　定量描述和感官剖面检验法

由于风味描述得到的数据无法进行数据处理，20 世纪 70 年代 Tragon 公司发明了定量描述分析法。定量描述分析法又有定量描述和感官剖面检验法、质地剖面描述检验法、自由选择剖析法和系列描述分析法。评价员用一种特定的、可以复现的方式表述和评价食品的感官特性，并估计这些特性的强度，然后用食品的感官剖面图表达食品的整体感官特性印象即为定量描述和感官剖面检验法（quantitative descriptive and sensory profile test，QDA）。这种方法很大程度上依赖于通过统计分析决定描述术语、过程和将被选用的评价人员。

延展阅读

自由选择剖析法　这种方法与其他方法不同的是，非专业评价员使用术语是他们在评价过程中建立的，评价时，评价员使用自己的词汇描述产品，其数据处理一般采用 GPA（generalized procrustes analysis）分析。这种方法最大优势是不用培训评价员，且可能发掘产品某些特殊性质；但由于评价员使用术语不同，最终统计时需花很多时间理解所有词汇。并且，自由选择描述法的结果只显示样品之间整体差异，而不能显示出细微差别。

系列描述分析法　评价员不形成用于描述产品感官特征的特定词汇，而是使用标准术语“词典”。用于描述特定产品的语言经过预先挑选，可用于同一个类项内的所有产品，并且可用于多重参比点进行标度的标准化。

一、QDA 方法的特点

与 FP 相比较，QDA 方法的特点是数据不是通过一致性讨论而产生的，而是使用非线性结构的标度来描述评估特性的强度，通常称之为 QDA 图或蜘蛛网图，并利用该图的形态变化定量描述试样的品质变化。

定量描述和感官剖面检验法依照检验方法的不同可分为一致方法和独立方法两大类型。

像 FP 一样，QDA 技术也已经广泛地应用于食品感官评价，尤其对质量控制、质量分析、确定产品之间性质的差异、新产品的研制、产品品质的改良等最为有效，并且可以提供与仪器检验数据对比的感官数据，提供产品特征的持久记录。

定量描述和感官剖面检验法是说明食品质和量兼用的方法。检验的实施通常要经过三个过程：①决定要评价的产品的品质；②对评价小组开展必要的培训和预备检验；③评价样品与其他产品在品质上的差异程度。对于评价员感到生疏的产品，培训和预备检验非常重要。

QDA 方法中评价人员的筛选应以他们区分感官属性差异的能力为标准，选择出来的评价人员再进行培训。在培训期间，为了形成准确的概念，评价人员将面对许多可能类型的产品（取决于研究目的）。与 FP 相似，评价人员形成一套用于描述产品差异的术语，决定参比标准和词语定义，还要决定每个特征的评价顺序。培训后期，要进行一系列的试验性评价，在此阶段有可能根据需要进行评价员的表现评估。在检验时，评价员在小组内讨论产品特征，然后单独记录他们的感觉；同时使用非线性结构的标度来描述评估特性的强度，由评价小组组织者汇总和分析这些单一结果。Stone 等（2007）选择了线性图形标度，这条线延伸到固定的语言终点之外。这种标度的使用，可以减少评价人员只使用标度的中间部分以避免出现非常高或非常低分数的倾向。

QDA 方法可在简单描述分析所确定的词汇中选择适当的词汇，定量描述样品的整个感官印象，可单独或综合地用于评价气味、风味、外观和质地等。

二、操作步骤

（1）了解相关类似产品的情况，建立描述的最佳方法和统一识别评价的目标，同时，确定参比样品（纯化合物或具有独特性质的天然产品）和规定描述特性的词汇。

（2）成立评价小组，对规定的感官特性特征的认识达到一致，并根据检验的目的设计出不同的检验记录形式。要记录的检验内容一般包括以下 5 种。①感觉顺序的确定，即记录显现和察觉到各感官特性所出现的先后顺序。②食品感官特性的评价，即用叙词或相关的术语规定感觉到的特性。③特性强度评价，即对所感觉到的每种感官特性的强度作出评估。④余味和滞留度的测定。余味是指样品被吞下（或吐出）后，出现的与原来不同的特性特征。滞留度是指样品已经被吞下（或吐出）后，继续感觉到的特性特征。在某些情况下，可要求评价员评价余味，并测定其强度，或者测定滞留度的强度和持续时间。⑤综合印象的评估，是指对产品总体进行全面的评估。考虑到特性特征的适应性、强度、相同背景特征的混合等，综合印象通常在 3 点或 4 点标度上评估。

例如，0 表示“差”，1 表示“中”，2 表示“良”，3 表示“优”。在独立方法中，每个评价员分别评价综合印象，然后计算其平均值。在一致方法中，评价小组对一个综合印象取得一致性意见。

（3）根据所设计好的检验表格，评价员即可独立进行评价试验，按照感觉顺序，用同一标度测定每种特性强度、余味、滞留度及综合印象，记录评价结果。

（4）检验结束，由评价小组组织者收集评价员的评价结果，计算出各个特性特征强度（或喜好度）的平均值，并用表格或图形表示。QDA 和 FP 一般都附有图形，如扇形图、棒形图、圆形图和蜘蛛网形图等。

当有数个样品进行比较时，可利用综合印象的评价结果得出样品间差别的大小及方向；也可以利用各特性特征的评价结果，用一个适宜的方法（如评分分析法）进行分析，以确定样品之间差别的性质和大小。

如果评价员检验的是样品刺激从开始施加到结束的时间内感觉强度的变化，则可根据数据做出曲线，如食品中甜味、苦味的感觉强度变化，品酒、品茶时味觉、嗅觉感觉强度的变化。图 7-1 为品茶时的味觉响应强度随时间的变化关系图。

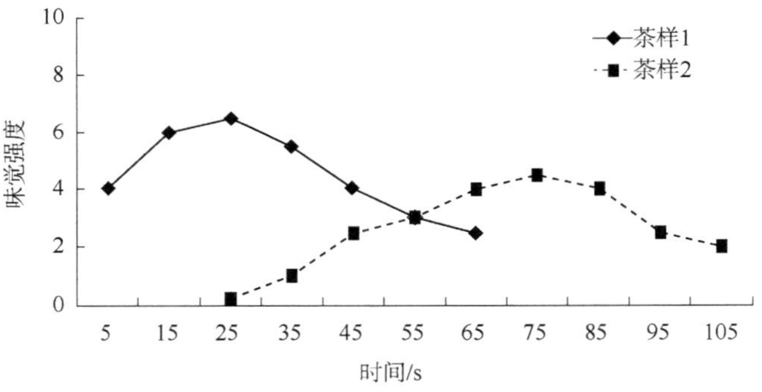

图 7-1　品茶味觉响应强度-时间的关系曲线（引自韩北忠和童华荣，2009）

三、感官特性强度的评估方式

定量描述法不同于简单描述法的最大特点是利用统计法数据进行分析。统计分析的方法，依据对样品特性特征强度评价的方式而定。强度的评价主要有以下几种方式。

（1）数字评估法：0＝不存在，1＝刚好可识别，2＝弱，3＝中等，4＝强，5＝很强。

（2）标度点评估法：在每个标度的两端写上相应的叙词，中间级数或点数根据特性特征的改变，在标度点“□”上写出符合该点强度的 1～7 数值。

弱□□□□□□强

（3）直线评估法：如在 100 mm 长的直线上，距每个末端大约 10 mm 处写上叙词（如弱—强），评价员在线上作一个记号表明强度，然后测量记号与线段左端之间的距离（mm），表示强度值（图 7-2）。

评价人员单独对样品进行评价，试验结束后将测量到的长度数值输入计算机，经统计分析后得出平均值，然后进行分析并作图。

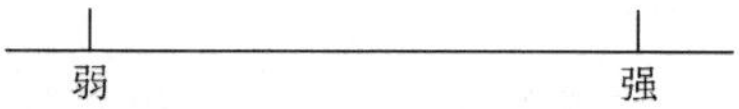

图 7-2　直线评估法

四、案例分析

案例三：调味番茄酱风味剖面检验报告（一致方法）

（1）番茄酱风味特性特征评价结果如表 7-4 所示。

表 7-4　番茄酱特性特征评价结果表（5 点法）（引自韩北忠和童华荣，2009）

样品：调味番茄酱　　　　检验日期：　年　月　日

特性特征感觉顺序		强度
风味	番茄	4
	肉桂	1
	丁香	3
	甜度	2
	胡椒	1
余味		无
滞留度		相当长
综合印象		2

（2）将表 7-4 的数字评估转换为如图 7-3 所示的图形标度。

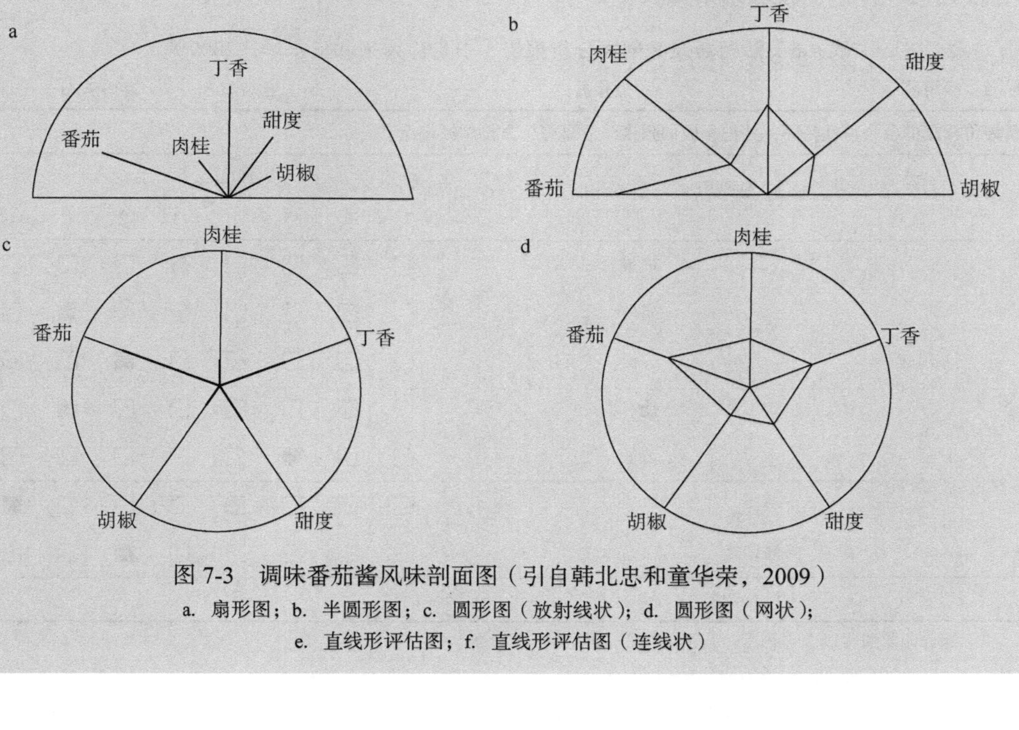

图 7-3　调味番茄酱风味剖面图（引自韩北忠和童华荣，2009）

a. 扇形图；b. 半圆形图；c. 圆形图（放射线状）；d. 圆形图（网状）；

e. 直线形评估图；f. 直线形评估图（连线状）

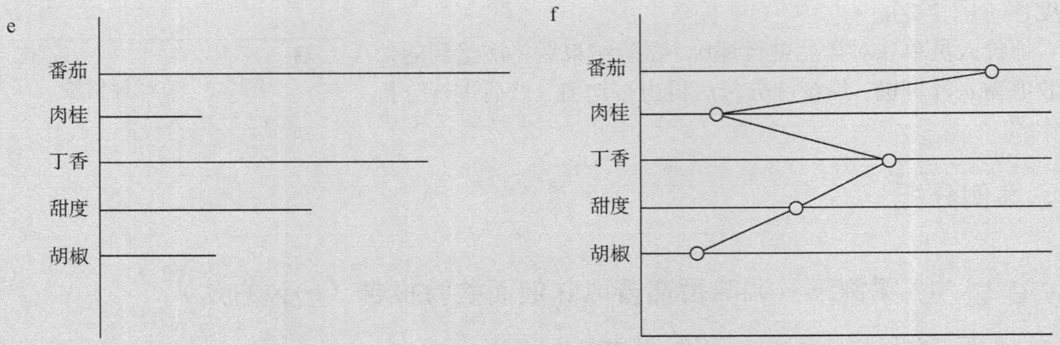

图 7-3（续）

其中：扇形图——用线的长度表示每种特性强度，按顺时针方向表示特性感觉的顺序；

半圆形图——每种特性强度记在轴上，连接各点，建立一个风味剖面的图示；

圆形图（放射线状）——每种特性强度记在轴上，用线的长度表示每种特性强度；

圆形图（网状）——每种特性强度记在轴上，连接各点，建立一个风味剖面的图示；

直线形评估图——用线的长度表示每种特性强度，按上下方向表示特性感觉的顺序；

直线形评估图（连线状）——用线的长度表示每种特性强度，连接各点给出风味剖面。

案例四：沙司酱风味剖面分析报告（独立方法）

沙司酱风味剖面检验结果如表 7-5 所示。

表 7-5　沙司酱风味剖面分析报告（引自徐树来和王永华，2009）

样品：沙司酱　　　　检验员：　　　　检验日期：　年　月　日

请评价样品的各个特性特征，并把相应的强度（或喜好）方格用铅笔涂满。

特性特征		强度 强 7	6	5	4	3	2	1	0 弱
风味	鸡蛋	□	□	□	□	■	□	□	□
	胡椒	□	□	□	□	□	□	■	□
	柠檬	□	□	□	□	□	■	□	□
	盐	□	□	□	□	□	□	■	□
	黄油	□	□	■	□	□	□	□	□
余味		□	□	□	□	□	□	□	■
滞留度		□	□	□	□	□	■	□	□
综合印象					3				

注：综合印象通常以 3 点评度，其中 1 为低，2 为中，3 为高。

案例五：萝卜泡菜的 QDA 报告（独立方法）

（1）萝卜泡菜风味特性特征评价结果如表 7-6 所示。

表 7-6 萝卜泡菜风味特性特征评价结果表（引自徐树来和王永华，2009）

样品：萝卜泡菜（样品 1、2、3） 检验日期： 年 月 日

特性特征	标度（0～7）		
	样品 1	样品 2	样品 3
酸腐味	3.5	4	5
生萝卜气味	5	3.5	2
生萝卜味道	4.8	3.5	2
酸味	3.2	4	6
馊气味	2.8	4.3	5.2
馊味道	2.5	4	5
劲道	4.5	4	5
柔嫩	3.2	4	3
脆性	4.5	3.8	3.6

（2）对三种萝卜泡菜进行剖面分析，结果用 QDA 数据蜘蛛网图表示，见图 7-4。

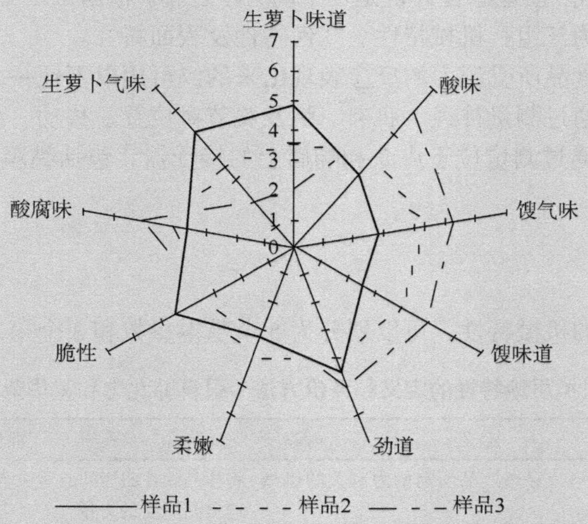

图 7-4 三种萝卜泡菜的风味剖面图（引自徐树来和王永华，2009）

第四节 质地剖面描述检验法

质地剖面分析（texture profile analysis）是通过系统分类、描述产品所有的质地特性（机械的、几何的和表面的）以建立产品的质地剖面。此法可在再现的过程中评价样品的各种不同特性，并且用适宜的标度刻画特性强度。本方法可以单独或全面评价气味、风味、外貌和质地，适用于食品（固体、半固体、液体）或非食品类产品（如化妆品），并且特别适用于固体食品。

一、质地剖面的组成

根据产品（食品或非食品）的类型，质地剖面一般包含以下方面。

（1）可感知的质地特性，如机械的、几何的或其他特性。

（2）强度，即可感知产品特性的程度。

（3）特性显示顺序可列为：咀嚼前或没有咀嚼、咬第一口或一啜、咀嚼阶段、剩余阶段、吞咽阶段。

延展阅读

咀嚼前或没有咀嚼：通过视觉或触觉（皮肤、手、嘴唇）来感知所有几何的、水分和脂肪特性。

咬第一口或一啜：在口腔中感知到机械的和几何的特性，以及水分和脂肪特性。

咀嚼阶段：在咀嚼和吸收期间，由口腔中的触觉接受器来感知特性。

剩余阶段：在咀嚼和吸收期间产生的变化，如破碎的速率和类型。

吞咽阶段：吞咽的难易程度，并对口腔中残留物进行描述。

二、质地特性的分类

质地由不同特性组成，质地感官评价是一个动力学过程。根据每一特性的显示强度及其显示顺序，可将质地特性分为三组：机械特性、几何特性及表面特性。

质地特性是通过对食品所受压力的反应表现出来的，可用以下任一方法测量。

（1）通过动觉，即通过测量神经、肌肉、腱及关节对位置、移动、部分物体张力的感觉。

（2）通过体觉，即通过测量位于皮肤和嘴唇上的接受器，包括黏膜、舌头和牙周膜对压力（接触）和疼痛的感觉。

（一）机械特性

半固体和固体食品的机械特性，可以划分为 5 个基本参数和 3 个第二参数，见表 7-7。

表 7-7　机械质地特性的定义和评价方法（引自韩北忠和童华荣，2009）

特性		定义	评价方法
基本参数	硬度	与使产品变形或穿透产品所需的力有关的机械质地特性 在口腔中它是通过牙齿间（固体）或舌头与上腭间（半固体）对于产品的压迫而感知	将样品放在臼齿间或舌头与上腭间，并均匀咀嚼，评价压迫食品所需的力量
	黏聚性	与物质断裂前的变形程度有关的机械质地特性	将样品放在臼齿间压迫它，并评价在样品断裂前的变形量
	黏度	与抗流动性有关的机械质地特性，黏度与下面所需力量有关：用舌头将勺中液体吸进口腔中或将液体铺开的力量	将一装有样品的勺放在嘴前，用舌头将液体吸进口腔里，评价用平稳速率吸液体所需的力量
	弹性	与快速恢复变形和恢复程度有关的机械质地特性	将样品放在臼齿间（固体）或舌头与上腭间（半固体），并进行局部压迫，取消压迫并评价样品恢复变形的速度和程度
	黏附性	与移动粘在物质上材料所需力量有关的机械质地特性	将样品放在舌头上，贴住上腭，移动舌头，评价用舌头移动样品所需的力量

续表

特性		定义	评价方法
第二参数	易碎性	与黏聚性和粉碎产品所需力量有关的机械质地特性	将样品放在臼齿间并均匀地咬，直至将样品咬碎，评价粉碎食品并使之离开牙齿所需力量
	易嚼性	与黏聚性和咀嚼固体产品至可被吞咽所需时间的特性有关的机械质地特性	将样品放在口腔中每秒钟咀嚼一次，所用力量与用 0.5 s 内咬穿一块口香糖所需力量相同，评价当可将样品吞咽时所咀嚼次数或能量
	胶黏性	与柔软产品的黏聚性有关的机械质地特性，在口腔中它与将产品分散至可吞咽状态所需的力量有关	将样品放在口腔中，并在舌头与上腭间摆弄，评价分散食品所需要的力量

1. 与五种基本参数有关的形容词

硬度——常使用软、硬、坚硬等形容词。

黏聚性——常使用与易碎性有关的形容词：已碎的、易碎的、破碎的、易裂的、脆的、有硬壳等；常使用与易嚼性有关的形容词：嫩的、老的、可嚼的；常使用与胶黏性有关的形容词：松脆的、粉状的、糊状的、胶状等。

黏度——常使用流动的、稀的、黏的等形容词。

弹性——常使用有弹性的、可塑的、可延展的、弹性状的、有韧性的等形容词。

黏附性——常使用黏的、胶性的、胶黏的等形容词。

2. 第二参数与五种基本参数的关系

易碎性——与硬性和黏聚性有关，在脆的产品中黏聚性较低而硬性可高低不等。

易嚼性——与硬性、黏聚性和弹性有关。

胶黏性——与半固体的（硬度较低）硬性、黏聚性有关。

（二）几何特性

产品的几何特性是由位于皮肤（主要在舌头上）、嘴和咽喉上的触觉接受器官来感知的，这些特性也可通过产品的外观看出。

1. 粒度

粒度是感知到的与产品微粒的尺寸和形状有关的几何质地特性。类似于说明机械特性的方法，可利用参照样来说明与产品微粒的尺寸和形状有关的特性，如光滑的、白垩质的、粒状的、沙粒状的、粗粒的等术语构成了一个尺寸递增的微粒标度。

2. 构型

构型是可感知到的与产品微粒形状和排列有关的几何质地特性。与产品微粒的排列有关的特性体现产品紧密的组织结构。

延展阅读

不同的术语与一定的构型相符合，如

“纤维状的”即指长的微粒在同一方向排列（如芹菜茎）；

“蜂窝状的”即指由球卵形微粒构成的紧密组织结构，或由充满气体的气室群构成的结构（如蛋清糊）；

“晶状的”即指菱形微粒（如晶体糖）；

"膨胀的"即指外壳较硬的充满大量不均匀气室的产品（如爆米花、奶油面包）；

"充气的"即指一些相对较小的均匀的小气孔并通常有柔软的气室外壳（如聚氨酯泡沫、蛋糖霜、果汁糖等）。

表 7-8 列出了适用于产品几何特性的参照样品。

表 7-8　产品几何特性的参照样品（引自韩北忠和童华荣，2009）

与微粒尺寸和形状有关的特性	参照样品	与方向有关的特性	参照样品
粉末状的	特级细砂糖	薄层状的	烹调好的黑线鳕鱼
白垩质的	牙膏	纤维状的	芹菜茎、芦笋、鸡胸肉
粗粉状的	粗面粉	浆状的	桃肉
沙粒状的	梨肉、细砂	蜂窝状的	橘子
粒状的	烹调好的麦片	充气状的	三明治面包
粗粒状的	干酪	膨化的	爆米花、奶油面包
颗粒状的	鱼子酱、木薯淀粉	晶状的	砂糖

（三）其他特性

与口感好坏有关的特性同口腔内或皮肤上触觉接受器感知的产品含水量和脂肪含量有关，也与产品的润滑特性有关。

应当注意产品受热（接触皮肤或放入口中）融化时的动力学特性。此处时间是指产品状态发生变化所需的时间。强度与产品在口中被感知到的不同质地有关（如将一块冷奶油或一块冰块放入口中让其自然融化而不咀嚼）。

1. 含水量

含水量是一种表面质地特性，是对产品吸收或释放水分的感觉。用于描述含水量的常用术语不但要反映所感知产品水分的总量，而且要反映释放或是吸收的类型、速率及方式。这些常用术语包括：干燥（如干燥的饼干），潮湿（如苹果），湿的（如荸荠、贻贝），多汁的（如橘子）。

2. 脂肪含量

脂肪含量是一种表面质地特性，它与所感知的产品中脂肪的数量和质量有关。与黏口性和几何特性有关的脂肪总量及其熔点与脂肪含量一样重要。

建立起第二参数，如"油性的"、"脂性的"和"多脂的"等以区别这些特性。

延伸阅读

"油性的"反映了脂肪浸泡和流动的感觉（如法式调味色拉）。

"脂性的"反映了脂肪渗出的感觉（如腊肉、炸马铃薯片）。

"多脂的"反映了产品中脂肪含量高但没有脂肪渗出的感觉（如猪油、牛羊脂）。

三、建立术语

质地剖面描述必须建立一些术语用以描述任何产品的质地。传统的方法是，术语由评价小组通过对一系列代表全部质地变化的特殊产品的样品评价得到。

在培训课程的开始阶段，应提供给评价员一系列范围较广的简明扼要的术语，以确保评价员能尽量描述产品的单一特性。最后，评价员将适用于样品质地评价的术语列出一个表格。

评价员在评价小组组织者的指导下讨论并编制大家可共同接受的术语定义和术语表时应考虑以下几点：①术语是否已包括了关于产品的基本方法的所有特性；②一些术语是否意义相同并可被组合或删除；③评价小组每个成员是否均同意术语的定义和使用。

四、参照样品

（一）参照样品的标度

基于产品质地特性的分类，已建立一标准比率标度以提供评价产品质地的机械特性的定量方法（见本节“六、参照样品标度举例”）。这些标度仅列出用于量化每一感官质地特性强度的参照产品的基本定义。它们仅说明一些基本现象，即使用熟悉的参照产品来量化每一感官质地特性的强度。这些标度反映了想建立剖面的产品中一般机械特性的强度范围。这些标度可根据产品特点做一些修改或直接使用。

这些标度也适用于培训评价员。但若不做修改，不能用于评价所有产品剖面。例如，在评价非常软的产品（如不同配方的奶油、奶酪）时，则硬度标度的低端必须扩展，并删除高端的一些点。因此，可扩展标度以更精确评估相似产品。

本节“六、参照样品标度举例”所给出的标度提供了量化质地评价的基准，其评价结果给出了产品的质地剖面。

（二）参照样品的选择

在选择参照样品时，应尽量选用大家熟知的产品。在选择参照样品时应首先了解：

（1）在某地区适宜的食品在其他地区可能不适宜；

（2）即使在同一个国家内，某些食品的适宜性随着时间变化也在变化；

（3）一些食品的质地特性强度可能由于使用原材料的差别或生产上的差别而变化。

充分了解以上条件，并选择适宜的产品用于标度中。标度应包含所评价产品所有质地特性的强度范围。

延展阅读

所选理想参照样品应为：包括对应于标度上每点的特定样品；具有质地特性的期望强度，并且这种质地特性不被其他质地特性掩盖；易得到；有稳定的质量；是较熟悉的产品或熟知的品牌；要求仅需很少的制备即可评价；质地特性在较小的温度变化下或较短时间贮藏时仅有极小变化。

应尽量避免使用特别术语，参照样品尽量不选用实验室内制备的样品，并尝试选用一些市场上的知名产品。所选市场产品应具有特定特性强度要求，并且各批次具有特性强度的再现性，一般避免选用水果和蔬菜，因为质地变化受各种因素（如成熟度）影响较大。如果样品必须烹调后评价，则要避免使用要求烹调的一些术语。

参照样品应在尺寸、外形、温度和形态等方面标准化。所用器具也应标准化。

许多产品的质地特性与其贮存环境的湿度有关（如饼干、马铃薯片），在这种情况下有必要控制检验时空气湿度和检验前限定样品以使检验在相同条件下进行。

（三）参照标度的修正

若评价小组已掌握基本方法和参照标度，则可使用相同产品类型的一些样品建立一个参照框架，以建立和发展评价技术、评价术语和评价特性的特殊显示顺序。评价小组评价每一系列参照样品时，应确定其在使用标度上的位置，以表达所感受到的特性变化的感觉。

用于这些质地标度的一些参照样品可能被其他样品替代或改变环境要求，以便带来如下所述的益处：

（1）得到一指定质地特性或强度的更精确说明；

（2）在参考标度中扩展强度范围；

（3）减少标度中两参照样品的标度间隔；

（4）提供更方便的环境条件（尺寸和温度）以便评价产品和感知产品质地特性；

（5）说明某些样品在标度中的不可用性。

用于硬度、黏聚性、弹性、黏度、吸湿性的标准标度将在“六、参照样品标度举例”中给出，可根据实际需要采用。

评价员在建立一种方法和一系列有恰当顺序的描述词后，则可制作相应的回答表格，这个表格用于指导每个评价小组成员的评价和报告数据，表格应列出每一评价阶段的过程、所评价的描述词和描述词的正确顺序及相应的强度标度。

五、评价技术

在建立标准的评价技术时，要考虑产品正常消费的一般方式，包括以下几个方面。

（1）食物放入口中的方式（如用前齿咬、用舌头从勺中舔、整个放入口中）。

（2）弄碎食品的方式（如只用牙齿嚼、在舌头与上腭间摆弄、用牙咬碎一部分然后用舌头摆弄并弄碎其他部分）。

（3）吞咽前所处状态（如食品通常是作为液体、半固体，还是作为唾液中微粒被吞咽）。

所使用的评价技术应尽可能与食物通常的食用条件相符合。一般使用类属标度、线性标度或比率标度表示评价结果。

图 7-5 是质地评价技术的使用步骤。

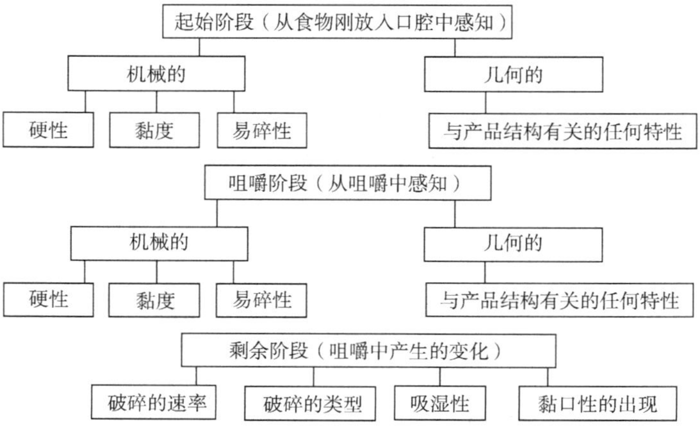

图 7-5　质地评价过程举例（引自周家春，2013）

六、参照样品标度举例

（一）机械质地特性参照样品标度举例（表 7-9～表 7-16）

表 7-9　标准硬度标度的例子（引自韩北忠和童华荣，2009）

一般术语	比率值	参照样品*	类型	尺寸	温度
软	1	奶油奶酪		1.25 cm^3	7～13℃
	2	鸡蛋白	大火烹调 5 min	1.25 cm 蛋尖	室温
	3	法兰克福香肠	去皮、大块、未煮过	1.25 cm 厚片	10～18℃
	4	奶酪	黄色、加工过	1.25 cm^3	10～18℃
	5	绿橄榄	大个的、去核	1 颗	室温
	6	花生	真空包装、开胃品型	1 颗花生粒	室温
	7	胡萝卜	未烹调	1.25 cm 厚片	室温
	8	花生糖	糖果部分		室温
硬	9	水果硬糖			室温

*在室温下融化。

表 7-10　标准黏聚性标度的例子（引自韩北忠和童华荣，2009）

一般术语	标度值	参照样品	类型	尺寸	温度
低黏聚性	1.0	玉米饼*	老式	1.25 cm^3	室温
	5.0	美洲奶酪	黄色、处理过	1.25 cm^3	5～7℃
	—	白三明治面包	片状、营养强化的	1.25 cm^3	室温
	8.0	软椒盐卷饼		1.25 cm^3 一片	室温
	10.0	果干	无核葡萄干	1 粒	室温
	12.0	水果		1 片	室温
	13.0	焦糖	家常、色拉	1.25 cm^3	室温
高黏聚性	15.0	口香糖	咀嚼 40 次以后	1 块	室温

*在室温下融化。

表 7-11　标准黏度标度的例子（引自韩北忠和童华荣，2009）

一般术语	比率值	参照样品	尺寸	温度
稀的	1	水	2.5 mL	室温
	2	稀奶油（18%脂肪）	2.5 mL	7～13℃
	3	厚奶油（35%脂肪）	2.5 mL	7～13℃
	4	淡炼乳	2.5 mL	7～13℃
	5	糖浆	2.5 mL	7～13℃
	6	巧克力浆	2.5 mL	7～13℃
	7	125 mL 蛋黄酱和 60 mL 厚奶油的混合物	2.5 mL	7～13℃
稠的	8	加糖炼乳	2.5 mL	7～13℃

表 7-12　标准弹性标度的例子（引自韩北忠和童华荣，2009）

一般术语	比率值	参照样品	类型	尺寸	温度
低弹性	0	奶油奶酪		1.25 cm^3	5～7℃
	5.0	法兰克福香肠*	热水中煮 5 min	1.25 cm 厚片	室温
	9.0	果汁软糖		1 块	室温
高弹性	15	果冻**		1.25 cm^3	室温

*口中压迫要均匀平行。

**将 1 袋果冻和 1 袋明胶溶于热水中，加盖，在 5～7℃中冷藏 24 h。

表 7-13　标准黏附性标度的例子（引自韩北忠和童华荣，2009）

一般术语	比率值	参照样品	尺寸	温度
低黏性	1	氢化植物油	2.5 mL	7～13℃
	2	酪乳饼干面团	饼干 1/4 大小	7～13℃
	3	奶油奶酪	2.5 mL	7～13℃
	4	果汁软糖顶端配料	2.5 mL	7～13℃
高黏性	5	花生酱	2.5 mL	7～13℃

表 7-14　标准易碎性标度的例子（引自韩北忠和童华荣，2009）

一般术语	比率值	参照样品	类型	尺寸	温度
软脆的	1	玉米饼		1.25 cm^3	室温
	2	松饼	85℃加热 5 min	1 块	室温
	3	全麦克力架		1/2 块	室温
	4	烤面包片	面包瓤片	1.25 cm^3	室温
	5	榛子饼		1.25 cm^3	室温
	6	姜汁脆饼		1.25 cm^3	室温
易碎的	7	花生糖	糖果部分	1.25 cm^3	室温

表 7-15　标准易嚼性标度的例子（引自韩北忠和童华荣，2009）

一般术语	咀嚼数*	参照样品	类型	尺寸	温度
易嚼的	10.3	黑麦面包	面包瓤片	1.25 cm	室温
	17.1	法兰克福香肠	去皮，大块，未煮过	1.25 cm 厚片	10～21℃
	25.0	橡皮糖		1 块	室温
	31.8	牛排	每块烤 10 min	1.25 cm^3	60～85℃
	33.6	淀粉制软糖		1 块	室温
	37.3	花生黏糖		1 块	室温
难嚼的	56.7	太妃糖		1 块	室温

*吞咽前咀嚼的平均数。

表 7-16　标准胶黏性标度的举例（引自韩北忠和童华荣，2009）

一般术语	比率值	参照样品	尺寸	温度
低胶黏性	1	45%的面粉浆	1 小勺	室温
	2	45%的面粉浆	1 小勺	室温
	3	45%的面粉浆	1 小勺	室温
	4	45%的面粉浆	1 小勺	室温
高胶黏性	5	45%的面粉浆	1 小勺	室温

（二）评价饮料质地感官口感术语分类（表 7-17）

表 7-17　饮料质地评价的感官口感术语分类（引自韩北忠和童华荣，2009）

分类	典型词	有此种特性的饮料	无此种特性的饮料
与稠性有关的术语	稀的	水、冰茶、热茶	杏酒、高营养乳、黄油奶
	厚的	高营养乳、蛋黄酒、番茄汁	苏打水、香槟、速溶饮料
表面软组织感觉	光滑的	牛奶、甜酒、热巧克力	—
	浆状的	橘汁、柠檬汁、菠萝汁	水、牛奶、香槟
	奶油状的	热巧克力、蛋黄酒、冰淇淋	水、柠檬汁、酸果汁
与碳酸化有关的术语	有气泡的	香槟、姜汁淡啤、苏打水	冰茶、柠檬汁、水
	杀口的	姜汁淡啤、香槟、苏打水	热茶、咖啡、速溶橘汁
	有泡沫的	啤酒、冰淇淋	酸果汁、柠檬汁、水
与质体有关的术语	浓的	高营养乳、蛋黄酒、甜酒	水、柠檬汁、姜汁淡啤
	淡的	冰茶、热茶、速溶饮料、肉（清）汤	牛奶、杏酒
化学效应	淡的	水、冰茶、罐装果汁	酪乳、热巧克力
	涩的	热茶、冰茶、柠檬汁	水、牛奶、高营养乳
	烈的	甜酒、威士忌	牛奶、茶、速溶饮料
	辛辣的	伏特加	水、热巧克力、罐装果汁
黏口腔	糊嘴	牛奶、蛋黄酒、热巧克力	水、威士忌、苹果酒
	黏的	牛奶、高营养乳、甜酒	水、姜汁淡啤、牛肉清汤
黏舌头	黏性的	牛奶、稀奶油、梅脯汁	水、姜汁淡啤、香槟
	糖浆状	甜酒、蜂王浆	水、牛奶、苏打水
口腔中的延迟感觉	清爽	水、冰茶、葡萄酒	酪乳、牛奶、啤酒、罐装果汁
	干	热巧克力、酸果汁	水
	残留的	热巧克力、稀奶油、牛奶	水、冰茶、苏打水
	易清除的	水、热茶	牛奶、菠萝汁
生理上的延迟感觉	提神	水、冰茶、柠檬汁	热巧克力、酪乳、梅脯汁
	暖和	威士忌、甜酒、咖啡	柠檬汁、香槟、冰茶
	解渴	可口可乐、水、速溶饮料	牛奶、咖啡、酸果汁
温度感觉	冷	冰淇淋、冰茶	甜酒、热茶
	凉	冰茶、水、牛奶	蛋黄酒
	热	热茶、威士忌	柠檬汁、冰茶、姜汁淡啤
湿度感觉	湿	水	牛奶、咖啡、苹果酒
	干	柠檬汁、咖啡	水

小结

描述性感官分析是感官科学家使用的最新工具。运用此方法可以获得产品完整的感官描述，从而帮助评价产品成分、过程变化、产品详细的感官特性或产品之间存在着怎样的差别。此外，大多数描述方法可以用来定义感官同仪器之间的相互关系，将产品的客观检验与主观检验结合，客观、准确地反映产品的特性，能够为改善产品品质或设计个性化产品提供参考，对食品感官分析方法和技术标准体系构建具有重要意义，为产品管理与控制提供了理论基础和实践依据。

思考题

1．为什么描述性分析方法要采用专门的描述语言？专业用语与大众用语有何区别？

（提示：评定标准化，统一术语，更加规范。）

2．风味剖面描述常用哪些描述方式？

（提示：FP 描述的方式通常有自由式描述和界定式描述。）

3．什么是 QDA 法及 QDA 图？

（提示：QDA 即定量描述和感官剖面检验法，其中 QDA 图包括扇形图、棒形图、圆形图和蜘蛛网形图等。）

4．质地剖面描述包括哪些类型？主要用到人体的哪些感官部位进行评价？

［提示：质地特性（机械的、几何的和表面的），单独或全面评价气味、风味、外貌和质地，适用于食品（固体、半固体、液体）或非食品类产品（如化妆品），并且特别适用于固体食品；神经、肌肉、腱及关节、皮肤和嘴唇上的接受器等。］

第 8 章 偏好性检验法

偏好性检验法是食品感官评价中常用的一种方法，偏好是评价员对产品吸引力大小的比较，通过对两个或多个产品的比较，判断产品被偏爱的程度。为了提高效率，感官评价的重点应放在从多个产品中测试产品的接受度（喜好）上面，通过所得数据，对偏爱度进行间接判定。本章主要介绍偏好性检验中的偏好性排序检验法、成对偏爱检验法、接受性检验法、分类检验法及快感评分检验法等。

第一节 消费者感官评价

一、概述

在产品开发或再生产周期结束时，经常进行消费者感官评价。此时，有选择的产品原型一般通过使用分析感官检验，经常被缩小成可控制的组成部分。在感官检验之后，经常需要通过市场研究员进行额外的检验。消费者的感官检验和市场研究员检验之间最大的差别在于：消费者一般采用有编码的产品来进行，而市场研究员采用有商标的产品来进行。而且，在消费者的感官分析中，研究者感兴趣的是消费者是否喜欢这个产品，对这个产品的偏爱是否超过对另一个产品的喜爱，或者是在感官特性的基础上发现了产品的接受性。消费者感官评价经常对购买意图、商标的作用或成本因素没有太大的兴趣。如果只是因为产品具有较高的快感得分（非常受喜爱），或者因为它比另外一个产品更受偏爱的话，这个产品在财政上不是必定成功的。商业界的成功也受价格、市场形象、包装、小环境等因素的影响。然而，即使有很大的市场，在消费者接受性检验中得分不高的产品，也很可能会失败。

在食品和消费产品中，进行消费者感官检验的方法主要有两种：偏爱检验和接受性检验。在偏爱检验中，消费者评价小组可以做出在一个或更多其他产品中挑选一个产品的选择。正如我们在本章中会解释的，可以直接或间接地进行偏爱检验。在接受性或喜爱的检验中，消费者评价小组可以在一个标度上评估他们对产品的喜爱程度。并不需要与另外一个产品进行比较，在单一产品中就可以进行接受性检验。最有效的方法是经常在多项产品检验中，测定消费者的接受性得分，然后，根据得分的多少间接测定他们对产品的偏爱程度。

二、消费者感官检验类型

消费者感官检验应用于如下情况：一种新产品进入市场；再次明确表达产品，也就是指针对主要性质中的成分、工艺过程或包装情况的变化；第一次参加产品竞争的种类；有目的的监督，并作为一种回顾，以主要评价一个产品的可接受性是否优于其他产品。

通过消费者感官检验，可以收集隐藏在消费者喜欢和不喜欢理由之上的诊断信息。根据随意的问题、强度标度和偏爱标度，经常可以得出人们喜欢的理由。通过问卷和面试可以得到消费者对商标感知的认同、对产品的期望和满意程度的一些结果。

消费者检验情况的多样性对最终评价有影响。例如，由于时间、资金或相关的安全性等方面问题，消费者“模型”存在几种类型。“消费者”群可能由一些受雇者或当地的居民组成，由此带来的问题是不能确认群体是否最大程度地代表了广大消费者，给检验带来可能做出错误判断的风险，并要考虑有代表性的样品群众与目标市场的关联性。

延展阅读

一般消费者检验有4种类型：雇佣消费者类型、当地固定的消费者评价小组、集中场所检验和家庭使用检验。其中，雇用消费者检验最快、较昂贵、也是最安全的检验方法，但在潜在的偏爱项目上有其最大的不利因素，即样品缺乏代表性，检验情况也缺乏现实性等问题。在特定情况下，对检验方法的选择通常一方面代表了时间和资金因素之间的协调，另一方面是为了得到最有效信息的需要。

三、消费者试验的目的

1. 产品质量的维护

在食品公司，研发和市场部门的主要工作之一就是保持产品目前的质量及它们的市场占有率和销售额。研发部门的任务可能是降低成本、替换成分、改变工艺或配方或者改进包装，但每种情况都不能影响产品性质和总体接受性。通过前面的学习，我们知道以上情况经常使用的感官检验方法有区别试验和描述分析，但是当改变之后的产品无法做到和原产品相同时，就有必要将这些新产品提供给消费者，通过消费者试验来确定这些经过改变的产品同目前的产品，或者和其他厂家的同类产品相比，消费者接受程度是否一样。

在产品质量控制和贮存期间，产品的质量维护也是很重要的一方面。首先要确立标准产品的消费者接受程度，这样就可以衡量因时间、生产条件、生产地点、原料来源等条件改变而引起的产品接受程度发生的变化（包括程度和种类），然后仍然通过消费者试验确定能够引起消费者接受性发生改变的因素，如储存期、风味、质地等，并确定这些因素的界限，如储存多长时间的饼干会引起消费者接受性降低，哪一种风味或质地的变化会使消费者接受性降低等。

2. 提高产品质量、对产品进行优化

由于市场竞争的日益激烈，各生产厂家都在寻找提高产品质量的方法，产品质量的提高主要在于改善或更新消费者有所反应的原有产品的某几项性质。例如，在原产品中增加一种主要气味或风味，如柠檬味、花生味、咖啡香气、巧克力香气等；降低产品的异味，如陈旧气味、人工香精味；提高产品的一种重要质地，如脆性、湿润性等；降低原产品的负面性质，如水分含量过高、口感粗糙、干燥易碎的质地等；或提高产品的总体性质，如延长香气持续时间、增加光亮度、增加表面湿润度等。产品的优化是对产品的成分或者加工工艺进行最优化组合，来提高产品的某些性质，从而提高消费者的接受度。

产品的改进和优化都需要使用良好的描述品评小组，该小组的作用第一是用来确定消费者的需要，第二是用来描述产品的性质。在操作以提高产品质量为目的的项目时，首先要做出产品模型，经品评小组评价，确定新产品与原来产品之间的确存在差别，再通过消费者试验来确定产品质量提高的程度及其对消费者喜爱程度的影响。产品优化中，先由品评小组对产品经过改变的品质进行识别，然后经消费者试验确定这些性质的改变是否能够提高产品的接受度。

对产品性质改变的研究加上通过消费者试验得出的消费者对产品的接受度，能够使生产厂商对那些消费者喜爱程度起着主导作用的性质、成分和加工工艺有着更深层的了解。

3. 新产品的开发

在新产品开发的环节中，情感试验会在几个关键环节中多次使用，如对新产品概念或产品模型进行评价而采用的集中小组讨论；将新产品呈现给消费者让其观察、触摸而进行的可行性试验；在产品开发阶段为确定产品在竞争中的优势地位而进行的中心地点试验；在市场试验阶段进行的与竞争产品的控制对比试验；在产品增长期以确定产品成功、进行产品优化为目的而进行的中心地点和家庭使用试验等。

根据各阶段的结果和研发小组的能力，新产品开发所需的时间会从几个月到几年不等，这个过程中会使用多种**情感试验**，每一次情感试验的使用都可以被看成是前面提到的以提高产品质量或进行产品优化为目的而进行的小项目。

延展阅读

情感试验（affective test）主要用于比较不同的样品间感官质量的差异性及消费者对样品喜好程度的差异。情感试验分为两种基本类型，一种是偏爱检验，另一种是可接受性或喜好检验。

4. 市场潜力的预测

一般来讲，市场预测是市场部门的任务，但在设计调查问卷时，他们会向感官评价部门征求关于问卷内容、形式和有关实验方法等方面的意见。

5. 产品种类调查

当一个公司想了解它的产品在市场竞争中的地位或为另一种新产品寻求市场机会的时候，就应该进行产品种类的消费者调查。对最广泛范围内的该类产品进行描述分析就会得到一个该类产品的种类图谱，利用多变量分析技术，就可以得到表示产品性质及各种产品相对位置的图形，通过这个图形可以使研究人员了解以下信息：①产品及性质的相对位置；②新产品的发展空间；③产品的主要性质。

6. 对广告的支持

以印刷、广播、电视或网络形式出现的各种广告都需要有效的数据来支持，而感官方面的用词，如“同样”（味道同某知名品牌一样）或“超过”（效果比某知名品牌更好）等也都要有事实根据，通过消费者实验得到的数据可以成为以上两种类型言论的最有利依据。

第二节　偏好性排序检验法

一、偏好性排序检验的基本方法

偏好性排序检验法是指在感官检验中，要求评价员根据指定的感官特性按照强度或按照偏好或喜爱样品的程度对样品进行排序的一种检验方法。排序检验法只能排列出样品的顺序，不能评价样品间差异的大小。在新产品的研究开发过程中，需要确定由于不同的原料、工艺条件、贮藏方法等对产品质量的影响，是一种比较理想的方法。另外，某公司生产或开发出的产品需要与竞争对手的产品进行比较，也可以用这种方法进行。偏好性排序检验只能按照一种特性或对样品的偏爱程度进行排序，如要比较样品的不同特性，则需要按不同的特性安排不同的排序检验。

延展阅读

比较数个样品，按照其某项品质程度（如某特性的强度或嗜好程度等）的大小进行排序的方法，称为排序检验法。该法只能排出样品的次序，表明样品之间的相对大小、强弱、好坏等，属于程度上的差异，而不评价样品间的差异大小。此法的优点是可利用同一样品，对其各类特征进行检验，排出优劣，且方法比较简单，结果可靠。

当实验目的是就某一项性质对多个产品进行比较时，如甜度、新鲜程度等，使用排序检验法是进行这种比较的最简单方法。排序法比任何其他方法更节省时间。它常被用在以下几个方面：

（1）确定由于不同原料、加工、处理和贮藏等各环节而造成的产品感官特性差异；

（2）当样品需要为下一步的试验预筛或预分类，即对样品进行更精细的感官分析之前，可应用此方法；

（3）对消费者或市场经营者订购产品的可接受性调查；

（4）企业产品的精选过程；

（5）评价员的选择和培训。

检验前由感官评价组织者根据检验的目的选择检验的方法，制订检验的具体方案；明确需要排序的感官特性；指出排列的顺序是由弱到强还是由强到弱；明确样品的处理方法及保持方法；指明品尝时应注意的事项；指明对评价员的要求及培训方法，要求评价员对需要评价的指标和要求有一致的理解。

检验时每个评价员以事先确定的顺序评价编码的样品，并初步确定样品的顺序，然后整理比较，再做出进一步的调整，最后确定整个系列的强弱顺序。不同的样品，一般不能排为同一次序。如果排列有重复，则在结果分析时对数据进行处理。

二、排序检验的评价单

制定的评价单（表）要求给评价员的指令简单扼要，能够很好地理解，表 8-1 是对单一感官特性进行排序时的评价单。

表 8-1　对样品喜好程度进行排序的评价单

偏好性排序检验（喜好程度）	
产品名称：	
评价员姓名：________	日期：________
品尝前请用清水漱口，然后按样品的顺序从左至右品尝 4 个样品，如果需要可重复品尝，请按最喜欢到最不喜欢的顺序排列样品，使用 1～4 的数值表示样品的顺序，其中：1＝最喜欢，4＝最不喜欢。	
品尝结果：	
样品编码	排列顺序（1～4，不允许相同）
218（A）	（　　）
225（B）	（　　）
531（C）	（　　）
604（D）	（　　）
谢谢您的参与！	

三、偏好性排序检验结果的统计分析

在实验中，尽量同时提供样品，评价员同时收到以均衡、随机顺序排列的样品。其任务就是将样品排序。同一组样品还可以以不同的编号被一次或数次呈送，如果每组样品被评价的次数大于 2，那么试验的准确性会大大提高。在偏好性试验中，告诉参评人员，最喜欢的样品排在第一位，第二喜欢的样品排在第二位，依此类推，不要把顺序颠倒。如果相邻两个样品顺序无法确定，鼓励评价员去猜测，如果实在猜不出，可以取中间值，如 4 个样品中，对其中 2 个的顺序无法确定时，就将它们都排为（2+3）/2=2.5。如果需要排序的感官指标多于一个，则对样品分别进行排号，以免发生相互影响。排出初步顺序后，若发现不妥之处，可以重新核查并调整顺序，确定各样品在尺度线上的相应位置。下面对实例进行分析，以便理解。

品尝完后收集每位评价员的评分表，将评分表中的样品编码进行解码，变为每个样品的排序结果，按表 8-2 的格式进行结果统计。表 8-2 是 6 个评价员对 A、B、C、D 4 种样品喜爱程度的排序结果。

表 8-2　评价员的排序结果

评价员 \ 样品 \ 秩次	1	2	3	4
1	A	B	C	D
2	B	C	A	D
3	A	B	C	D
4	A	B	D	C
5	A	B	C	D
6	A	C	B	D

在每个评价员对每个样品排出的秩次当中有相同秩次时，则取平均秩次。表 8-3 是表 8-2 中的样品秩次与秩和。

表 8-3　样品的秩次与秩和

评价员 \ 秩次 \ 样品	A	B	C	D	秩和
1	1	2	3	4	10
2	3	1.5	1.5	4	10
3	1	3	3	3	10
4	1	2	4	3	10
5	1	2	3	4	10
6	1	3	2	4	10
每种样品的秩和（R）	8	13.5	16.5	22	60

（一）统计解释

使用 Friedman 检验和 Page 检验对被检样品之间是否有显著差异作出判断。

1. Friedman 检验

先用下式求出统计量（F）

$$F=12\times(R_1^2+R_2^2+\cdots+R_P^2)/[JP(P+1)]-3J(P+1)$$

其中，J 表示评价员数；P 表示样品（或产品）数；R_1，R_2，…，R_P 表示每种样品的秩和。

查表 8-4，若计算出的 F 值大于或等于表中对应的 P、J、α 的临界值，则可以判断样品之间没有显著差异。

表 8-4 Friedman 秩和检验近似临界值（引自马永强等，2005）

评价员数目（J）	样品（产品）数（P）					
	3	4	5	3	4	5
	显著水平 $\alpha=0.05$			显著水平 $\alpha=0.01$		
2	—	6.00	7.60	—	—	8.00
3	6.00	7.00	8.53	—	8.20	10.13
4	6.50	7.50	8.80	8.00	9.30	11.10
5	6.40	7.80	8.96	8.40	9.96	11.52
6	6.33	7.60	9.49	9.00	10.20	13.28
7	6.00	7.62	9.49	8.85	10.37	13.28
8	6.25	7.65	9.49	9.00	10.35	13.28
9	6.22	7.81	9.49	8.66	11.34	13.28
10	6.20	7.81	9.49	8.60	11.34	13.28
11	6.54	7.81	9.49	8.90	11.34	13.28
12	6.16	7.81	9.49	8.66	11.34	13.28
13	6.00	7.81	9.49	8.76	11.34	13.28
14	6.14	7.81	9.49	9.00	11.34	13.28
15	6.40	7.81	9.49	8.93	11.34	13.28

当评价员数（J）较大，或当样品数（P）大于 5 时，超出表 8-4 的范围，可查 χ^2 分布表，F 值近似服从自由度为 $P-1$ 的 χ^2 值。

上例中（表 8-3）的 F 值为

$$F=12\times(8^2+13.5^2+16.5^2+22^2)/[6\times4\times(4+1)]-3\times6\times(4+1)=10.25$$

当评价员实在分不出某两种样品之间的差异时，可以允许将这两种样品排定同一秩次，这时用 F' 代替 F，即

$$F'=F/\{1-E/[JP(P^2-1)]\}$$

式中，E 通过下式得出，

令 n_1，n_2，…，n_k，若没有相同秩次，$n_k=1$，则

$$E=(n_1^3-n_1)+(n_2^3-n_2)+\cdots+(n_k^3-n_k)$$

表 8-3 中，出现相同秩次的样品数有：$n_2=2$，$n_3=3$，其余均没有相同秩次。所以，

$$E=(2^3-2)+(3^3-3)+\cdots+(1^3-1)=6+24=30$$

故
$$F'=F/\{1-E/[JP(P^2-1)]\}=1.09F=11.17$$

用 F' 与表 8-4 或 χ^2 分布表中的临界值比较，从而得出统计结论。

本例中，$F'=11.17$，大于表 8-4 中相应的 $P=4$、$J=6$、$\alpha=0.01$ 的临界值 10.20，所以可以判定在 1%显著水平下，样品之间有显著差异。

2. Page 检验

有时样品有自然的顺序，如样品成分的比例、温度、不同的储藏时间等可测因素造成的自然顺序。为了检验该因素的效应，可以使用 Page 检验。该检验也是一种秩和检验，在样品有自然顺序的情况下，Page 检验比 Friedman 检验更有效。

如果 r_1，r_2，…，r_P 是以确定的顺序排列的 P 种样品的理论上的平均秩次，如果两种样品之间没有差别，则应 $r_1=r_2=\cdots=r_P$，否则，$r_1\leqslant r_2\leqslant\cdots\leqslant r_P$，其中至少有一个不等式是成立的，也

就是原假设不能成立，评价员假设能够成立，用下式计算统计量来确定

$$L=R_1+2R_2+\cdots+PR_P$$

若计算出的 L 值大于或等于表 8-5 中相应的临界值，则拒绝原假设而判定样品之间有显著差异。如若评价员人数 J 或样品数 P 超出表 8-5 的范围，可用统计量 L'做检验，见下式：

$$L'=[12L-3PJ(P+1)^2]/\{P(P+1)[J(P-1)]^{1/2}\}$$

当 $L'\geqslant1.65$，$\alpha=0.05$；$L'\geqslant2.33$，$\alpha=0.01$。以此判断样品之间有显著差异。

表 8-5　Page 检验临界值（引自马永强等，2005）

评价员数目（J）	样品（或产品）数 P											
	3	4	5	6	7	8	3	4	5	6	7	8
	显著水平 $\alpha=0.05$						显著水平 $\alpha=0.01$					
2	28	58	103	166	252	362	—	60	106	173	261	376
3	41	84	150	244	370	532	42	87	155	252	382	549
4	54	111	197	321	487	701	55	114	204	331	5041	722
5	66	137	244	397	603	869	68	141	251	409	620	893
6	79	163	291	474	719	1037	81	167	299	486	737	1063
7	91	189	338	550	835	1204	93	193	346	563	855	1232
8	104	214	384	925	950	1371	106	220	393	640	972	1401
9	116	240	431	701	1065	1537	119	246	441	717	1088	1569
10	128	266	477	777	1180	1703	131	272	487	793	1205	1736
11	141	292	523	852	1295	1868	144	298	534	869	1321	1905
12	153	317	570	928	1410	2035	156	324	584	946	1437	2072
13	165	343	615	1003	1525	2201	169	350	628	1022	1553	2240
14	178	368	661	1078	1639	2367	181	376	674	1098	1668	2407
15	190	394	707	1153	1754	2532	194	402	721	1174	1784	2574
16	202	420	754	1228	1868	2697	206	427	767	1249	1899	2740
17	215	445	800	1303	1982	2862	218	453	814	1325	2014	2907
18	227	471	846	1378	2097	3028	231	479	860	1401	2130	3073
19	239	496	891	1453	2217	3193	243	505	906	1476	2245	3240
20	251	522	937	1528	2325	3358	256	531	953	1552	2360	3406

（二）统计分组

当用 Friedman 检验或 Page 检验确定了样品之间存在的差异之后，可采用下述方法进一步确定各样品之间的差异程度。

1. 多重比较和分组

根据各样品的秩和 R_P 从小到大将样品初步排序，上例的排序为：

R_A	R_B	R_C	R_D
8	13.5	16.5	22

计算临界值 $r(I,\alpha)$：

$$r(I,\alpha)=q(I,\alpha)[JP(P+1)/12]^{1/2}$$

式中，$q(I,\alpha)$ 值可查表 8-6，$I=2, 3, \cdots, P$。

本例中，根据表 8-6，临界值 $r(I,\alpha)$ 为

$$r(I,\alpha)=q(I,\alpha)[JP(P+1)/12]^{1/2}=q(I,\alpha)[6\times4(4+1)/12]^{1/2}=3.16q(I,\alpha)$$

表 8-6　$q(I, \alpha)$ 值（引自马永强等，2005）

I	α=0.01	α=0.05	I	α=0.01	α=0.05
2	3.64	2.77	20	5.65	2.15
3	4.12	3.31	22	5.71	2.08
4	4.40	3.63	24	5.77	5.14
5	4.60	3.86	26	5.82	5.20
6	4.76	4.03	28	5.87	5.25
7	4.88	4.17	30	5.91	5.30
8	4.99	4.29	32	5.95	5.35
9	5.08	4.39	34	5.99	5.39
10	5.16	4.47	36	6.03	5.43
11	5.23	4.55	38	6.06	5.46
12	5.29	4.62	40	6.09	5.50
13	5.35	4.69	50	6.23	5.65
14	5.40	4.74	60	6.34	5.76
15	5.45	4.80	70	6.43	5.86
16	5.49	4.85	80	6.51	5.95
17	5.54	4.80	90	6.58	6.02
18	5.57	4.93	100	6.64	6.09
19	5.61	4.97			

按以下的顺序检验这些秩和的差数：最大减最小，最大减次小……最大减次大；然后次大减最小，次大减次小……依次减下去，一直到次小减最小。

$R_{AP}-R_{A1}$ 与 $r(P, \alpha)$ 比较；

$R_{AP}-R_{A2}$ 与 $r(P-1, \alpha)$ 比较；

……

$R_{AP}-R_{AP-1}$ 与 $r(2, \alpha)$ 比较；

$R_{AP-1}-R_{A1}$ 与 $r(P-1, \alpha)$ 比较；

$R_{AP-1}-R_{A2}$ 与 $r(P-2, \alpha)$ 比较；

……

$R_{A2}-R_{A1}$ 与 $r(2, \alpha)$ 比较。

如相互比较的两个样品 A_j 与 A_i 的秩和之差 $R_{Aj}-R_{Ai}$（$j>i$）小于相应的 r 值，则表示这两个样品及秩和位于这两个样品之间的所有样品无显著差异，在这些样品以下可以用一横线表示，即 $\underline{A_i, A_{i+1}, \cdots, A_j}$，横线内的样品不必再作比较。

如相互比较的两个样品 A_i 与 A_j 的秩和之差 $R_{Aj}-R_{Ai}$ 大于或等于相应的 r 值，则表示这两个样品有显著差异，其下面不画横线。

不同横线上面的样品表示不同的组，若有样品处于横线重叠处，应单列为一组。根据表 8-3，查表 8-6 可得：

$$r(4, 0.05)=q(4, 0.05)\times 3.16=3.63\times 3.16=11.47$$

$$r(3, 0.05)=q(3, 0.05)\times 3.16=3.31\times 3.16=10.46$$

$$r(2, 0.05)=q(2, 0.05)\times 3.16=2.77\times 3.16=8.75$$

由于：

$R_4-R_1=22-8=14>r(4, 0.05)=11.47$，不可画线。

$R_4-R_2=22-13.5=8.5<r(3, 0.05)=10.46$，可画线。

$$R_3 - R_1 = 16.5 - 8 = 8.5 < r(3, 0.05) = 10.46$$，可画线。

结果如下：

A　B　C　D

最后分为 3 组

A　B　C　D

结论：在 5%的显著水平上，D 样品最甜，C、B 样品次之，A 样品最不甜，C、B 样品在甜度上无显著差异。

2. Kramer 检定法

首先列出表 8-2 与表 8-3 相似的表，查顺序检验法检验表（$\alpha=5\%$）和顺位检验法检验表（$\alpha=1\%$）。得到检验表（$\alpha=5\%$，$\alpha=1\%$）中的相应于评价员 J 和样品数 P 的临界值，从而分析出检验的结果。

查顺序检验法检验表（$\alpha=5\%$）和顺位检验法检验表（$\alpha=1\%$），相应于 $J=6$ 和 $P=4$ 的临界值：

	5%显著水平	1%显著水平
上段	9～12	8～22
下段	11～19	9～21

首先通过上段来检验样品间是否有显著差异，把每个样品的位移和与上段的最大值 $R_{i\max}$ 和最小值 $R_{i\min}$ 相比较。若样品位级和的所有数值都在上段的范围内，说明样品间没有显著差异。若样品位级和不小于 $R_{i\max}$ 或不大于 $R_{i\min}$，则样品间有显著差异。根据表 8-3，由于最大 $R_{i\max}=22=R_D$，最小 $R_{i\min}=8=R_A$，所以说明在 1%显著水平，4 个样品之间有显著性差异。再通过下段检查样品间的差异度，若样品的 R_n 处在下段范围内，则可将其划为一组，表明其间无差异；若样品的位级和 R_n 落在下端的范围之外，则落在上限之外和落在下限之外的样品就可分别成为一组。由于最大 $R_{i\max}=21<R_D=22$，最小 $R_{i\min}=9>R_A=8$，$R_{i\min}=9<R_B=13.5<R_C=16.5<R_{i\max}=21$，所以 A、B、C、D 四个样品可划分为 3 个组：D　B　C　A。

结论：在 1%的显著水平上，D 样品最甜，C、B 样品次之，A 样品最不甜，C、B 样品在甜度上无显著差异。

第三节　成对偏爱检验法

一、成对偏爱检验的基本方法

评价员比较两个样品，品尝后指出更喜欢哪个样品的方法就是成对偏爱检验。通常在进行成对偏爱检验时要求评价员给予明确肯定的回答。但有时为了获得某些信息，也可使用无偏爱的回答选项。在进行成对偏爱检验时，只要求评价员回答一个问题，就是记录样品整体的感官反应，不单独评价产品的单个感官质量特性。

在很多情况下，感官评价组织者为了获得更多的信息，往往在进行差别测试后再要求评价员指出对样品的偏爱，实际上这样做是不科学的。首先，差别测试和偏爱测试选择的评价员是不同的，差别测试的评价员要按感官灵敏度进行挑选，而偏爱测试的评价员是产品的使用者。其次，两种方法的要求不同，差别测试要求评价员指出样品的差异，而偏爱测试只要求对样品的整体进行偏爱评价，如果进行差别测试后再进行偏爱测试，差别测试的结果会影响到偏爱测试的结果。

二、成对偏爱检验的评价单

在成对偏爱检验中，评价员会收到两个三位随机数字编码的样品，这两个样品被同时呈送给评价员，要求评价员评价后指出更偏爱哪个产品。为了简化数据的统计分析，通常要求评价员评价后必须做出选择，但有时为了获得更多的信息也会允许有无偏爱的选择出现。两种情况下的评价单设计是不同的，见表 8-7 和表 8-8。

表 8-7　成对偏爱检验的评价单（方法一）

成对偏爱检验（必选）
样品：＿＿＿＿＿＿＿＿
姓名：＿＿＿＿＿＿＿＿　　　　　　日期：＿＿＿＿＿＿＿＿
请在开始前用清水漱口，然后按从左到右的顺序品尝两个编码的样品，您可以重复食用所要评价的样品，品尝后用圆圈圈上您所偏爱的样品编码的样品代码。
210　　105
感谢您的参与！

表 8-8　成对偏爱检验的评价单（方法二）

成对偏爱检验（允许无偏爱）
样品：＿＿＿＿＿＿＿＿
姓名：＿＿＿＿＿＿＿＿　　　　　　日期：＿＿＿＿＿＿＿＿
请在开始前用清水漱口，然后按从左到右的顺序品尝两个编码的样品，您可以重复食用所要评价的样品，品尝后用圆圈圈上您所偏爱的样品编码的样品代码。
928 | 627
无偏爱
感谢您的参与！

如果在成对偏爱检验允许有无偏爱检验结果，分析师可根据情况选择以下三种不同的方法进行处理。第一种方法是除去检验结果中无偏爱选项的评价员后再进行分析，这样就减少了评价员的数量，检验可信度随之会降低。第二种方法是把无偏爱的选择结果平均分到两个样品的结果中，然后进行分析。第三种方法是把无偏爱选项的评价员按比例分配到相应的样品中。

三、成对偏爱检验结果的统计分析

在成对偏爱检验中，如果不允许无偏爱选择，则一个特定产品的选择是两者中选一个。无差异假设是当评价员对一个产品的偏爱没有超过另一个产品时，评价员选择每个产品的次数是相同的，也就是说评价员偏爱每一种产品的概率是相同的，即选择样品 A 的概率等于选择样品 B 的概率。在实际的研究中，研究人员并不知道哪个样品会被消费者更多地偏爱。成对偏爱检验有差异的假设是如果评价员对一个样品的偏爱程度超过对另一个样品的偏爱，则偏爱较多的样品被选择的机会要多于另一个样品。对于偏爱检验的结果分析是基于统计学中的二项分布。

在偏爱检验中，通过二项分布可以帮助感官评价员测定研究的结论是否仅仅是由于偶然因素引起，还是评价小组对一个样品的偏爱真的超过了另一个样品。在排除偶然性因素后样品有显著性偏爱的概率可用下面公式计算：

$$P=P^{X}\times(1-P)^{N-X}$$

式中，N 为有效评价员总数；X 为最受偏爱产品的评价员数；P 为对最受偏爱产品做出偏爱选择数目的概率。

上述公式的计算十分复杂，因此已有研究人员计算出了正确评估的数目及它们发生的概率，给出了统计显著性的最小值（表 8-9）。有了这样的表格，就很容易对成对偏爱检验的结果进行分析。实际分析时，只要统计出被多数评价员偏爱的样品的评价员数量，然后与表 8-9 中的数据进行比较，如果实际评价员的数量大于或等于表中对应的显著性水平下的数值，则表明两个样品被偏爱的程度有显著的差异。

表 8-9　成对偏爱检验显著性差异的最小判断数（引自马永强等，2005）

答案数目（n）	显著性水平（α）		答案数目（n）	显著性水平（α）		答案数目（n）	显著性水平（α）	
	0.05	0.01		0.05	0.01		0.05	0.01
7	7		24	18	19	41	28	30
8	8	8	25	18	20	42	28	30
9	8	9	26	19	20	43	29	31
10	9	10	27	20	21	44	29	31
11	10	11	28	20	22	45	30	32
12	10	11	29	21	22	46	31	33
13	11	12	30	21	23	47	31	33
14	12	13	31	22	24	48	32	34
15	12	13	32	23	24	49	32	34
16	13	14	33	23	25	50	33	35
17	13	15	34	24	25	60	39	41
18	14	15	35	24	26	70	44	47
19	15	16	36	25	27	80	50	52
20	15	17	37	25	27	90	55	58
21	16	17	38	26	28	100	61	64
22	17	18	39	27	28			
23	17	19	40	27	29			

注：如果表中没有列出数据可以用以下公式计算：$X=(n+1)/2+k\sqrt{n}$，其中 n=答案数目，X=正确判断的最小数，取整数，α=5%时，Z=0.98；α=1%时，Z=1.29；α=0.1%时，Z=1.65。其中 Z=[（合理的测定值（X/N）−合理的预测值（偶然水平，偏爱检验为 1/2）−连续的补值（$1/2N$）] /（比例的标准误差，$\sqrt{pq/N}$）。

案例一：在一个成对偏爱检验中，有 A、B 两个样品，共有 40 名评价员参与评价。评价的结果是有 25 位评价员偏爱 A，有 15 名评价员偏爱 B。判断评价员对 A、B 两个样品的偏爱是否有显著性差异。（必选）

根据上述的评价结果，查表 8-9 可看出，在显著水平 5%时，样品差异的最小判断数为 27。实际的数值为 25，小于最小判断数，因此评价小组对 A 样品的偏爱没有超过对样品 B 的偏爱。也就是说，两个样品的偏爱程度没有显著性差异。

案例二：在一个成对偏爱检验中，有 A、B 两个样品，共有 40 名评价员参与评价。评价的结果有 20 位评价员偏爱 A，有 10 位评价员偏爱 B，有 10 位评价员选择无偏爱选项。判断 A、B 两个样品是否有显著差异（允许无偏爱）。

根据上述结果，需要对无偏爱选项的数据进行处理，处理的方法有以下三种。

（1）去掉无偏爱选项，然后进行分析。上述结果去掉无偏爱选项后，检验的结果变为：偏爱 A 的评价员为 20 位，偏爱 B 的评价员为 10 位，总的有效评价结果为 30 位。查表 8-9 可看出，在显著水平 5%时，样品差异显著的最小判断数为 21，检验结果为 20，表明两个样品的偏爱程度没有显著差异。

（2）将无偏爱的选择评价加在两个样品的结果中，然后进行分析。上述结果按照这样处理后变为：偏爱 A 的评价员为 25，偏爱 B 的评价员数量为 15，结果与案例一的结果相同。

（3）将无偏爱的选项的评价员按比例分配到样品中。上述结果中，在做出偏爱的评价员中偏爱 A 的比例为 2/3，偏爱 B 的比例为 1/3，计算时将无偏爱选项的数量按上述比例加入到两个样品中，这样偏爱 A 的评价员就变为 27，而偏爱 B 的人数为 23。根据表 8-9 的数据，在显著性水平 5%时，样品差异显著的最小判断数为 27。修正后的数值正好等于这一数值，结果表明 A、B 两个样品的偏爱程度有显著差异。

从结果分析来看，对无偏爱选项数据处理的不同，得出的结论会有所差异。因此，在实际的偏爱检验中，除非有特别的需要，最好要求评价员必须做出选择，这样得出的结论更可靠些。

试验中允许有无偏爱的选项，则需要对无偏爱选项按照前面描述的方法处理后再进行分析。

第四节　接受性检验法

一、接受性检验的类型

接受性检验是感官检验中一种很重要的方法，主要用于检验消费者对产品的接受程度，既可检验新产品的市场反应，也可通过这种方法比较不同公司产品的接受程度。通过接受检验获得的信息可直接作为企业经营决策的重要依据，给其他消费者检验提供更多的信息。

接受性检验根据试验场所的不同分为实验室场所、集中场所和家庭情景的接受性检验，共三种主要类型。在某种程度上，实验室场所和集中场所比较相近，评价员都集中在一起进行感官评价，而家庭使用情景的检验差别就比较大，每个家庭情况不同，检验时间也不一样，因此得到的结果会有所差异。不同类型接受性之间的主要区别是：检验程序、控制程序和检验环境不一样。不同类型接受性检验的特征见表 8-10。

表 8-10　不同接受性检验类型的特征（引自韩北忠和童华荣，2009）

项目	实验室场所	集中场所	家庭情景
评价员类型	员工或当地居民	普通消费者	员工或普通消费者
评价员数目	25～50	100 个以上	50～100
样品数量	少于 6 个	最多 5 个或 6 个	1～2 个
检验类型	偏爱，接受性	偏爱，接受性	偏爱，接受性
优点	条件可控，反馈迅速，评价员有经验，费用少	评价员数量多，没有员工的参与	环境接近食用环境结果，反映了家庭成员的意见
缺点	过于熟悉产品，信息有限，不利于产品的开发	可控性差，没有指导，要求评价员较多	可控性较差，花费较高

二、接受性检验的评价单

试验时，通常采用 9 点快感标度来对产品的喜好程度进行评价。对于儿童评价员可以采用儿童快感标度。表 8-11 为 9 点快感标度的评价单。

延展阅读

9 点快感标度和儿童快感标度

用于感官科学的标度很少有完全满足等距测量水平的检验，而且该水平经常又是假定的。明确支持这种水平的一种标度方法是用于喜爱至厌恶判断的 9 点类项标度，通常称为 9 点快感标度。这是一个平衡的标度法，所标明的反应选项应有大致相等的间距，9 点标度通常包括：非常喜欢、很喜欢、一般喜欢、有些喜欢、既不喜欢也不厌恶、有些厌恶、一般厌恶、很厌恶、非常厌恶。

儿童快感标度：由于儿童对文字的理解能力较差，所以一般用☺等图形来代表文字。

表 8-11　接受性检验评价单

接受性检验

产品名称：________

评价员姓名：________　　日期：________

请在开始前用清水漱口，如果需要，您可以在检验中的任何时间漱口。请仔细品尝所呈送给您的样品，确认下面对产品总体质量的描述中哪个最适合描述您的感受，请将相应的样品编码写在相应的位置。

样品：225　604　521

评价结果：□ 非常喜欢
□ 很喜欢
□ 喜欢
□ 稍喜欢
□ 一般（既不喜欢，也不厌恶）
□ 稍不喜欢
□ 不喜欢
□ 很不喜欢
□ 非常不喜欢

感谢您的参与！

三、接受性检验结果的统计分析

试验的结果分析首先要将快感标度换算为数值，然后进行统计分析，分析方法为 t 检验或方差分析。下面通过实例来对接受性检验的结果进行分析。

案例三：某食品公司研究开发人员开发了一种罐头产品（A），为了了解消费者对这种罐头是否喜欢，从市场购买了两种同类型的产品（分别用 B、C 表示），用快感标度对三种样品的喜好程度进行检验。挑选了 16 位评价员（$n=48$）进行评价。采用 7 点快感标度进行评分：+3 表示非常喜欢；+2 表示很喜欢；+1 表示喜欢；0 表示一般；−1 表示不喜欢；−2 表示很不喜欢；−3 表示非常不喜欢。统计结果见表 8-12。试比较三种罐头的可接受性是否有差异。

先计算出每个样品的得分，然后计算样品平方和及误差平方和，最后计算出方差 F 值。

表 8-12 接受性检验结果统计

样品	+3	+2	+1	0	−1	−2	−3	总分
A	2	4	5	2	2	1	0	15
B	2	2	4	4	2	1	1	7
C	0	1	3	4	3	2	1	−5

（1）计算每个样品的得分。样品 A 的得分=（+3）×2+（+2）×4+(+1）×5+（0）×2+（−1）×2+(−2）×1+(−3）×0=15；同理：B=7，C=−5。

样品得分总和 T=A+B+C=15+7−5=17

（2）计算平方和。

$$C=T^2/a\times b=17^2/48=6.0$$

$$SS_T=\sum_{i=1}^{a}\sum_{j=1}^{b}x_{ij}^2-C=111.0$$

$$SS_A=\frac{1}{b}\sum_{i=1}^{a}T_A^2-C=[15^2+7^2+(-5)^2]/16-6.0=12.7$$

$$SS_e=SS_T-SS_A=111.0-12.7=98.3$$

（3）自由度的计算。总自由度 $df_T=ab-1=48-1=47$，样品自由度 $df_A=a-1=3-1=2$，误差自由度 $df_e=b-2=47-2=45$。

（4）均方差的计算。样品均方差 $MS_A=12.7/2=6.4$，误差均方差 $MS_e=98.3/45=2.2$。

（5）$F=6.4/2.2=2.9$。

由于 $F_{0.05,2,45}$ 大于计算出的 F 值，由此可判断三种罐头的可接受性没有明显的差异（$F_{0.05,2,44}=3.21$；$F_{0.05,2,46}=3.20$）。

在新产品的研究开发过程的不同阶段，经常要对开发出的产品进行接受性检验，有时是同时开发的产品之间进行的比较，有时是本企业开发出的产品与竞争对手产品间的比较。在新产品上市之前多要对产品的接受性进行检验。为使检验的结果可靠，需要选择正确的方法、挑选合适的评价员、采用正确的分析方法。

第五节 分类检验法

一、分类检验的基本方法

分类检验法是在确定产品类别标准的情况下，要求评价员在品尝样品后，将样品划分为相应类别的检验方法。在评价样品的质量时，有时对样品进行评分会比较困难，这时可选择分类检验法评价出样品的差异，得出样品的级别、好坏，也可鉴定出样品是否存在缺陷。

分类检验法的特点包括：①以过去积累的已知结果为依据，在归纳的基础上进行产品分类；②当样品打分有困难时，可用分类法评价出样品的好坏差异，得出样品的级别、好坏，也可以鉴定出样品的缺陷等。

二、问答表的设计与做法

把样品以随机的顺序出示给评价员，要求评价员按顺序评价样品后，根据评价表中所规定的分类方法对样品进行分类。分类检验法问答表的一般形式如表 8-13 所示。

表 8-13　分类检验法问答表的一般形式（引自韩北忠和童荣华，2009）

分类检验法

姓名：＿＿＿＿＿＿　日期：＿＿＿＿＿＿　样品类型：＿＿＿＿＿＿

试验指令：

（1）从左到右依次品尝样品

（2）品尝后把样品划入你认为应属的预先定义的类别

实验结果：

样品	一级	二级	三级	合计
A				
B				
C				
D				
合计				

三、分类检验法的结果分析

分类检验可采用 χ^2 检验。统计每个样品通过检验后分属每一级别的评价员的数量，然后用 χ^2 检验比较两种或多种产品不同级别的评价员的数量，从而得出每个样品应属的级别，并判断样品间的感官质量是否有差异（表 8-14）。

表 8-14　分类检验法结果统计表（引自韩北忠和童荣华，2009）

样品	一级	二级	三级	合计
A				
B				
C				
D				
合计				

案例四： 现有 4 种不同工艺生产的同类型的乳饮料，根据不同的质量标准分为 3 级，拟通过分类检验法对 4 种产品的质量进行检验，据此判断不同的加工方法对产品质量是否有明显的影响。4 种产品分别用 A、B、C、D 表示，挑选 30 位评价员，检验的结果见表 8-15。对上述结果进行分析，判断 4 种产品的感官质量是否有明显差异。

表 8-15　4 种产品的分类检验结果

样品	一级	二级	三级	合计
A	7	21	2	30
B	18	9	3	30
C	19	9	2	30
D	12	11	7	30
合计	56	50	14	120

假设各样品的级别分别不相同，则各级别的期望值（E）为：

$$E=\frac{\text{该等级的次数}}{\text{总人数}}\times\text{评价员的数量}$$

即 $E_1=56/4=14$，$E_2=50/4=12.5$，$E_3=14/4=3.5$，而实际测定值 Q 与期望值（E）之差（χ^2），

即（$Q-E$）列入表 8-16。

表 8-16　各级别期望值与实际值之差

样品	一级	二级	三级	合计
A	−7	8.5	−1.5	0
B	4	−3.5	−0.5	0
C	5	−3.5	−1.5	0
D	−2	−1.5	3.5	0
合计	0	0	0	0

$$\chi^2=\sum_{i=1}^{t}\sum_{j=1}^{m}\frac{(Q_{ij}-E_{ij})^2}{E_{ij}}=(-7)^2/14+4^2/14+5^2/14+\cdots+3.5^2/3.5=19.49$$

误差自由度 f＝样品自由度×级别自由度

$$=(m-1)(t-1)=(4-1)\times(3-1)=6$$

查 χ^2 分布表：

$$\chi^2(6，0.05)=12.59；\chi^2(6，0.01)=16.81$$

由于 $\chi^2=19.49>16.81$，所以这三个级别之间在 1%显著水平时有显著差异，即这 4 个样品可以分成 3 个等级，其中 C、B 之间相近，可表示为 C　B　A　D，即 C、B 为一级、A 为二级、D 为三级。

第六节　快感评分检验法

一、快感评分检验法的基本方法

快感评分检验法是要求评价员将样品的品质特性以特定标度的形式来进行评价的一种方法。采用的标度形式可以是 **9 点快感标度**、**7 点快感标度**、**5 点快感标度**。标度的类型可根据评价员的类型来灵活运用，有经验的评价员可采用较复杂或评价指标较细的标度，如 9 点快感标度；如果评价员是没有经验的普通消费者，则尽量选择区分度大一些的评价标度，如 5 点快感标度。标度也可以采用**线性标度**，然后将线性标度转换为评分。

延展阅读

甜度

不甜……………………………………………非常甜

喜爱程度

不喜欢…………………………………………喜欢

香气

弱…………………中…………………强

图 8-1　线性标度举例

线性标度也叫图标评估或视觉相似度。在这种标度法中，要求品评人员在一条线上标记出能代表某感官性质强度或数量的位置，这条线的长度一般为 15 cm，端点一般在两端或距离两端 1.25 cm 处（图 8-1）。通常，最左段代表“没有”或者“0”，最右端代表“最大”或者“最强”。在中间可标出一个参考点，代表标准品的标度值。品评人员在直线的相应处做标记，来表示其感受到的某项感官性质，而这些线上的标记又用直尺被转化成相应的数值，然后输入计算机进行分析。

评分检验法可同时评价一个产品或多个产品的一个或多个感官质量指标的强度及其差异。在新产品的研究开发过程中可用这种方法来评价不同配方。该法可以评价某个或某几个质量指标（如食品的甜度、酸度、风味等），也可评价产品整体的质量指标（产品的综合评价、产品的可接受性）。

二、快感评分检验的评价单

在给评价员准备评分表时要明确采用标度的类型，使评价员对标度上点的具体含义有相同或相近的理解，以便于检验结果能够反映产品的真实感官质量上的差异。表 8-17 所示为某牛奶公司评价三种不同杀菌方式生产的牛奶风味是否有差异时采用的评价单。

表 8-17　快感评分法的评价单

快感评分检验法评分表

样品：纯牛奶

姓名：________　　　　日期：________

请在品尝前用清水漱口，在您前面有 3 个三位数字编码的牛奶样品，请您依次品尝，然后对每个样品进行评价。评价时按下面的 5 点标度进行（分别是：风味很好、风味好、一般、风味差、风味很差）。在每个编码的样品下写出您的评价结果。

评价的标度：1.风味很好　2.风味好　3.一般　4.风味差　5.风味很差

评级的结果：样品编码：　252　928　007

评级的结果：(　　)(　　)(　　)

感谢您的参与！

三、快感评分检验法的结果统计分析

案例五：某牛奶生产企业要比较三种不同杀菌方式生产的牛奶风味的差异，决定采用评分检验法来比较三种方式生产的牛奶在风味上是否有明显的差异，三种牛奶分别是采用巴氏杀菌（A）、超巴氏杀菌的鲜牛奶（B），以及采用超高温灭菌的纯牛奶（C）。共有 16 位评价员参与评价，评价的结果见表 8-18。请对检验的结果进行分析，判断三种不同杀菌方式生产的牛奶的风味是否有差异。

表 8-18　评分检验法结果统计表

样品	风味很好	风味好	一般	风味差	风味很差
A	2	5	2	6	1
B	2	5	7	2	0
C	2	10	4	0	0

（1）将结果转化为评分。转换的方法有两种，一种是采用 1～5 的数字，另一种是采用正负数字，即风味很好为＋2，风味好为＋1，风味一般为 0，风味差为－1，风味很差为－2。本评价表里采用第二种转换方法，转换的结果见表 8-19。

表 8-19　快感评分检验结果统计表

样品	＋2	＋1	0	－1	－2	总分
A	2	5	2	6	1	1
B	2	5	7	2	0	7
C	2	10	4	0	0	14

（2）计算平方和。根据表 8-19 中的结果计算出样品得分的总和 T，然后计算出总平方和（SS_T）、样品平方和（SS_A）和误差平方和（SS_e）。

以 a，b 分别表示样品和评价员数量，X_{ij} 表示各评分值－C 为矫正系数，T_A 表示各样品的平均值和。

$$T=A+B+C=1+7+14=22$$

$$C=T^2/(ab)=22^2/48=10.08$$

$$SS_T=\sum_{i=1}^{a}\sum_{j=1}^{b}x_{ij}^2-C=45.92$$

$$SS_A=\frac{1}{b}\sum_{i=1}^{a}(T_A^a-C)=(1^2+7^2+14^2)/16-10.08=5.30$$

$$SS_e=SS_T-SS_A=45.92-5.30=40.62$$

（3）自由度的计算。$df_T=ab-1=47$，样品自由度 $df_A=a-1=2$，误差自由度

$$df_e=df_T-df_A=47-2=45$$

（4）均方差的计算。样品均方差 $MS_A=5.30/2=2.65$，误差均方差 $MS_e=40.62/45=0.90$

（5）$F=2.75/0.90=3.06$

由于临界值 $F_{0.05,\ 2,45}=3.2$，大于计算出的 F 值，由此可判断三种牛奶的风味没有明显的差异。

（$F_{0.05,\ 2,44}=3.21$；$F_{0.05,\ 2,\ 46}=3.20$）

小结

食品感官评价中，情感检验主要用于比较不同的样品间感官质量的差异性及消费者对样品喜好程度的差异。本章主要介绍了偏好性检验的一些方法。通过学习本章，了解如何制作这些检验方法的评价单及对这些方法所得数据进行统计学分析等。本章的难点在于偏好性排序检验法的数据统计及分析，重点在于让同学们学会对于给出的产品可以进行偏好性检验，并掌握其数据的处理方法。

思考题

1．消费者感官检验的类型有哪些？

2．消费者试验的目的是什么？

3．请你为某公司的果冻产品设计一个偏好性排序检验、成对偏爱检验、接受性检验的评价单。

4．现有 4 种不同工艺生产的同类型的果汁饮品，根据不同的标准分为三级，拟通过分类检验法对 4 种产品的质量进行检验，据此判断不同的加工方法对产品质量是否有明显影响。4 种产品分别用 A、B、C、D 表示，挑选了 28 位评价员，检验的结果见下表。对上述结果进行分析，并判断 4 种产品的感官质量是否有明显的差异。$\chi^2(6,\ 0.05)=12.59$。

（提示：$E_1=10$，$E_2=10.5$，$E_3=7.5$；$\chi^2=7.75<12.59$；4 种果汁没有明显差异）

4 种产品的分类检验结果统计表

样品	一级	二级	三级	合计
A	8	12	8	28
B	12	10	6	28
C	13	11	4	28
D	7	9	12	28
合计	40	42	30	112

5．有 10 位评价员对两种饼干的风味进行了评分检验，采用 9 点标度进行评分。得到下列的评价结果，请问这两种饼干的风味是否有差异。$t_{(0.05, 9)}=2.262$。

（提示：$t=1.86<2.262$，两种饼干的风味没有明显的差异）

两种饼干风味的检验结果统计表

评价员		1	2	3	4	5	6	7	8	9	10	总和	平均
样品	A	8	7	7	8	6	7	7	8	6	7	71	7.1
	B	6	7	6	7	6	6	7	7	7	7	66	6.6

第 9 章　食品感官评价的应用

感官评价作为一门应用技术学科，已经被广大食品企业所接受和认可，目前主要用于产品质量控制、新产品研发及市场和消费者研究。利用感官评价可以认识市场趋势和消费者的取向，建立与消费者相关的数据资源，同时通过感官评价在市场和消费者与研发样品之间的关联，确定产品属性，进而可以利用感官评价控制产品质量。本章主要介绍感官评价在产品质量控制、新产品开发上的应用，以及进行感官评价时的注意事项。

第一节　质量控制中的感官评价

一、感官评价在质量控制中的意义

当今社会，食品的质量问题越来越受到人们的关注，广大食品生产企业也已充分认识到保证产品质量对于企业生存的重要性。感官评价在质量控制中的应用就是为了确保食品的质量及风味，满足消费者的需求，促进企业的发展。

随着社会的发展，消费者对食品的选择也变得越来越挑剔，某种食品是否具有很好的感官属性，即能否在颜色、香气、风味、听觉及触感等特性上满足消费者的需求，已经成为消费者选择食品的重要指标，在一定程度上决定着消费者的购买意愿。

食品生产中的质量控制是生产合格产品的必要保证，而食品的感官质量也是产品质量的重要组成部分。除了要保证原料合格、加工条件卫生、贮藏条件适当及运输方式合理等，感官质量控制必须渗透到食品生产的每一个环节。通过对企业产品的整个生产周期进行分析和评估，客观、准确地了解从原材料到产品各个阶段的感官性状特点，进一步确立产品的感官质量规范，实现对生产过程和产品质量的控制，同时找出食品的改进方向，更好地满足消费者的需求，提升企业的竞争力。

我国将感官评价应用在食品生产领域的时间并不长，而且目前大多数企业建立的食品质量控制体系主要还是依赖一些理化指标的监测，这些指标的获得一般是通过质构仪、电子鼻、电子舌等设备，而这些设备并不能替代人的感官系统，比如质构仪虽然可以测定产品的脆性，却不能找出消费者最喜欢的脆性范围，而通过感官评价则可以解决这一问题。因此，在食品生产过程中，只有将理化分析和感官评价结合起来，才能生产出干净、卫生且具有良好感官特性的产品。

二、感官质量控制的发展阶段

感官评价在食品质量控制中的应用越来越受到人们的重视，纵观食品感官质量控制的起源，大体可以分为以下几个阶段。

（1）起源阶段（20 世纪 30～50 年代）：欧美等国家首先进行了感官品评方法的研究，主要是内部专家和企业参与品评。在食品生产中，人们渐渐认识到感官评价对食品质量的重要性，其中的一部分原因是由政府出资开发能为军队所接受的食品所致。感官评价在食品行业的应用最初是通过企业内部的专家来决定产品的感官质量，专家们被认为拥有多年积累的经验，能具体地描述出产品的特性，并制定出从原材料到生产和销售的每个阶段中产品的品质标准。

（2）初始阶段（20 世纪 50～60 年代）：由于食品企业的发展及生产规模的扩大，仅仅靠数量有限的专家已经不能满足食品感官评价需求，于是企业开始培训人员组建内部的评价员队伍，美国的一些大学也开始开设可培训感官评价专业人员的课程。一些简单的统计学方法逐步得到应用，计分卡就是在这个时期出现的，这些计分卡被设定不同的数值，用来对应不同的产品接受度，这类分析方法至今仍被使用。

（3）认可阶段（20 世纪 60～90 年代）：由于这个时期国际上对食品与农业、能源危机、食品组成与原料价格、竞争及全球化市场的高度关注，直接或间接为感官评价提供了发展的机会。尤其是 80 年代之后，新产品的研发及同类产品的增长以一种史无前例的速度进行发展，而伴随着的是巨大的金融风险，越来越多的企业开始尝试感官评价这种可以预测产品在市场中潜在成功指数的新方法。感官评价在产品质量控制中的重要性得到了广泛的认可，企业也纷纷开始建立自己的感官评价系统，并将其应用到生产的各个领域。

（4）发展阶段（20 世纪 90 年代至今）：食品的感官评价在质量控制中的应用得到迅速发展，新的感官评价技术和分析方法不断被提出，感官评价成为一门多学科交叉的食品感官科学。尽管已经取得了很大的发展，感官评价在应用上仍有许多方面需要改善，在商业环境中更是如此。在我国，感官评价在食品质量控制中的应用起步较晚，很多企业尚未建立起感官质量控制体系，加强感官评价在企业中的推广和普及，是较为迫切的现实问题。

三、感官质量评价体系的建立

在企业中建立食品感官质量评价体系很重要的一点是引起管理层足够的重视，这样才能获得企业在人力和物力上的支持，实现对感官评价人员的培训和管理，建立和完善感官评价方法，促进感官评价部门与其他各部门的合作，使感官评价渗透到食品生产的各个阶段，进一步保证产品质量的一致性。

（一）感官分析实验室的建立

环境条件对食品感官评价有很大影响，这种影响体现在两个方面，即对评价人员心理和生理上的影响及对样品品质的影响。建立食品感官评价实验室时应创造有利于感官评价顺利进行的良好环境，减少评价员由于精力分散或其他因素导致的错觉。现在某些大型企业和高校中已经建立了标准化感官评价实验室。感官分析实验室必须满足一定的要求，包括环境的要求、硬件设施的要求及实验员素质的要求等，企业在建设时须考虑多方面的因素。

（二）企业评价员的培养

要想在食品企业建立食品质量评价体系，实现从原材料到产品各个加工环节中感官质量的跟踪和监管，企业就必须培养一定数量的感官评价员。这是因为单靠一些专家不能对产品做到经常性评价，而且有些专家本身就是产品的研发人员，有时会受到身体因素或者其他外界因素的影响，得到的结果往往会带有一定的局限性。而依靠没有任何经验的评价人员得到的结果可靠性又不高。通过感官评价专业技术人员选拔一批工作人员，进行培训和管理是目前普遍采取的最佳解决方案。

（三）感官质量的评价标准

食品质量的感官分析是依靠视觉、嗅觉、味觉、触觉、听觉等来对食品的外观、质地、香气、滋味、风味、口感等多种感官特性进行鉴定。食品开发的过程包括从原材料、半成品到成品的各个阶段，每个阶段有自己独特的感官性状，评价员要对每个生产环节的产品进行感官评价以保证其质量，首先就需要确定一个感官质量的评价标准。产品感官质量评价标准的建立需要感官评价人员同企业各部门紧密配合，根据各部门反馈的信息，依据我国的各项法律法规进行及时修订。需要着重指出的是，除针对产品各项感官指标的标准外，还必须为整个感官评价体系制定相应的标准。

（四）现行的感官分析的相关国家标准

1. 感官分析实验室建设方面

《GB/T 23 470.1—2009 感官分析　实验室人员一般导则 第一部分：实验室人员职责》

《GB/T 23 470.2—2009 感官分析　实验室人员一般导则 第二部分：评价小组组长的聘用和培训》

国标的第一部分给出了感官分析实验室人员职责要求的一般导则，以增强感官分析实验室的管理能力、优化人员配置、提高评价效率；第二部分规定了感官分析评价小组组长的聘用和培训总则、主要任务和职责。

2. 评价员培养方面

《GB/T 16 291.1—2012 感官分析 选拔、培训与管理评价员一般导则 第一部分：优选评价员》

《GB/T 16 291.2—2010 感官分析 选拔、培训与管理评价员一般导则 第二部分：专家评价员》

国标中对评价员的招募原则、筛选方法、培训内容都进行了详细规定，通过对评价员的培养方式加以规范，进一步提高评价员的质量，提高结果的可靠性。

3. 感官质量评价方面

《GB/T 10 221—2012 感官分析 术语》

《GB/T 10 220—2012 感官分析 方法学 总论》

《GB/T 29 605—2013 感官分析 食品感官质量控制导则》

国标对感官分析方法学进行了综合介绍，给出了感官分析应用的一般性导则，阐述了食品感官分析中的各种检验方法、相关检验条件要求，以及结果统计分析中需要使用的技术方法；明确了食品感官质量控制应满足的基本要求，以及实施感官质量控制的一般程序，其中包括对控制要素的描述、标样的建立、评价小组的组建、评价方法的选用、质量控制图的运用等。

还有一些感官分析类的国标在此恕不一一列举，请广大读者在实际应用时查询。

四、感官质量控制的应用案例

实施感官质量控制，首先要确定控制标准，应从感官质量控制要素描述和控制标样建立两个方面确定。其次要进行质量数据采集，包括感官评价小组组建、感官评价方法选用、感官评价结果分析和解释等，最后对质量数据进行统计。

在感官质量控制方面主要应用差别分析法和定量描述分析法。

差别分析法比较简单。例如，企业为降低生产成本更换了产品原料或改变了生产工艺的某些步骤，就可以通过感官评价的方法，判断产品的感官特性是否发生了改变。如果在一定置信区间内,评价员并未发现感官特性的显著差异,那么企业便可以在不影响感官质量的前提下提高利润。

定量描述分析法相对比较复杂，通过以下实例讲述。

案例一：低脂冰淇淋的主成分分析

实验目的：冰淇淋的感官指标将决定它在消费者中的受欢迎程度，在保证低脂冰淇淋完全符合国家食品安全要求的基础上，对低脂冰淇淋进行主成分研究，通过定量描述分析法找到显著影响冰淇淋感官质量的指标。

实验步骤：采用1～9分的评分法，其中1代表极厌恶或感官评价指标不明显，9代表极喜欢或感官指标极明显。邀请8名经过一定感官评价培训的人员，对低脂冰淇淋进行感官评价，呈送顺序和评价顺序随机并根据评分表打分。使用的描述词汇、定义及参照物见表9-1。取每个测试样品的感官评分数据，去掉最高和最低评分后取算术平均值。

表9-1　冰淇淋感官评分标准（引自贺红军等，2015）

评价指标	指标定义	参照样品
黏稠度	将样品放入口中，轻轻地让样品在舌尖和上腭之间转动，评价液体在口中流动的容易程度	全麦饼干=1，热狗=5，淀粉软糖=9
平滑性	冰淇淋入口及融化过程中的爽滑性	黑麦饼干=0，马铃薯片=5，果冻=9
口融性	将样品放入舌尖和上腭之间，让样品轻轻在舌尖和上腭之间转动，判断咽下之后口腔中剩余的样品量	凝固型酸乳=1，巧克力=5，硬糖=9
坚实度	咀嚼时能够感觉到的抵抗变形的程度	奶油乳酪=1，法兰克福香肠=5，硬糖=9
粗糙度	样品表面可见及舌尖感觉到的颗粒状物的含量及大小	明胶布丁=0，马铃薯片=5，幼麦面包=9
易嚼性	将样品放在口腔中每秒钟咀嚼一次，评价当可将样品吞咽时所需咀嚼的次数	奶油乳酪=1，全麦饼干=5，果汁软糖=9

将得分输入SPSS软件中，进一步了解感官指标对低脂冰淇淋的贡献程度，对测定结果进行因子分析和主成分分析，得到低脂冰淇淋感官评价的各成分特征值与方差贡献率，结果见表9-2。

表9-2　低脂冰淇淋感官评价的各成分特征值与方差贡献率（引自贺红军等，2015）

主成分	特征值	方差贡献率/%	累计方差贡献率/%
1	3.114	65.599	65.599
2	1.327	27.954	93.553
3	0.238	5.014	98.567
4	0.065	1.369	99.936
5	0.003	0.063	100.00

由表9-2可知，低脂冰淇淋的主成分1和主成分2的特征值占总方差的百分比分别为65.599%和27.954%，累计分别达到了65.599%和93.553%，说明这两个主成分已经能完全解释冰淇淋感官评价的情况，因此取前两个因子作为低脂冰淇淋的主成分。利用特征值，采用正交旋转法将低脂冰淇淋感官评价结果的主成分因子进行旋转，得到各指标的特征向量系数，结果见表9-3。

表 9-3　低脂冰淇淋感官评价的特征向量系数（引自贺红军等，2015）

感官评价指标	主成分	
	1	2
坚实度	0.45	0.21
平滑性	0.31	0.46
黏稠度	0.56	0.27
口融性	0.22	0.60
粗糙度	−0.18	0.25
易嚼性	0.12	0.18

由表 9-3 可以看出，感官评价结果中，主成分 1 载荷较高的是坚实度和黏稠度，主成分 2 载荷较高的是平滑性和口融性。对于低脂冰淇淋来说，随着脂肪含量降低和黏稠度增大，使得其膨胀率降低，进一步导致在冷冻时发生凹陷且硬度增加，融化时所需的时间也随之增加。由此可知，感官评价中占主要作用的是坚实度、平滑性、黏稠度和口融性，因此，对于这 4 种指标的描述更为重要，在生产中应该着重注意对这 4 个指标的监测。

第二节　感官评价与新产品开发

一、感官评价在新产品开发中的作用

所谓新食品开发是指食品企业或公司的研发部门制定新产品的配方，修改现有的产品配方，使用新工艺、加入新成分或者其他能够直接影响产品，使之能以新产品形式向消费者或目标市场进行推广的过程。研发部门在任何企业都具有非常重要的地位，这是因为创新是一个企业生存的根本。随着消费者对生活品质要求的不断提高，食品企业要想生存就必须使用新原料、采用新技术、努力提高产品的营养与感官特性，不断开发新产品。

新产品的开发一般需要经过如下阶段：①产品构思；②研制；③鉴评与调整；④消费者测试；⑤货架寿命与包装设计；⑥产品的生产与试销；⑦商业化。在新产品的开发过程中，从产品构思到产品的最终上市都涉及食品感官评价方法的应用。

首先，感官评价在产品的开发过程中可以起到一定的指导作用，通过全面了解新产品的感官属性，可以对产品生产的不同阶段加以协助，避免新产品开发的盲目性。同时，通过对感官评价收集的数据进行分析还可以帮助企业进行策略研究，节约成本，提高企业的效益。例如，某果汁企业初步选定了两种苹果作为生产果汁的备选原料，通过感官评价发现，两种苹果生产的果汁在性状上并不具备明显差异，于是选择了价格较低的苹果作为生产原料。除了以上两点之外，通过感官评价及时了解消费者对新产品的反应，可以对后期的市场推广起到一定的帮助作用。例如，某果汁饮料久置会发生沉淀，通过在广告中加入饮料摇动之后再饮用的创意，起到了很好的营销效果。

二、感官评价在新产品开发中的应用

（一）新产品的构思

新产品构思是指新产品的设想或创意。产品构思过程中一般会应用偏好型感官分析方法，通

过市场调研对消费者的饮食习惯爱好进行分析，对市售产品进行评价，以此确定构思的方向性和合理性。创意的来源是多方面的，既可以来自企业内部（企业职工、营销人员、开发部门等），又可以来自企业外部（专家、消费者、其他行业人员），接着对构思进行筛选，初步筛选时去除那些市场机会小或企业无实力实现的构思，第二轮筛选时则将剩下的构思通过加权平均的方法进行评价，最后得到企业能够接受的产品构思。

如果对新产品成本、销售额和利润进行预估后能满足企业设定的目标，那么该产品才可以进入开发阶段。商业分析的实质就是确定新产品的商业价值，这一措施要在新产品开发的过程中多次进行。

在新产品构思中常常会应用感情测试的方法。感情测试是感官分析的一部分，这种测试关注获取主观数据，或者说产品被接受的程度。该测试通常需要由若干未经训练的消费者组成焦点小组，通过讨论获得产品的一些潜藏信息。测试的内容包括普通的比较测试及关于个体特征接受程度的询问等。

例如，某企业准备研发一款果味凝固型酸奶，可以通过招募目标消费者组成一个焦点小组。由专业主持人引导这些消费者围坐在一起，一起讨论对新产品的想法或期望的感官特性，以此来了解消费者对新产品感官性状方面的要求，如消费者希望这款酸奶拥有哪些水果口味、喜好的颜色、黏稠度及包装材料等。如果某些感官特性不便于描述，则可以在市场上购买一些酸奶产品，之后让消费者去从中寻找自己喜欢的特征。通过这种焦点小组的方法可以为新产品的研发提供一定的理论依据。

（二）研制与鉴评

新产品的构思通过一系列可行性论证之后，就可以将产品概念交给研发部门进行开发。研发部门要根据原材料的特点，选择不同的生产工艺，反复进行设计与试验。研制出的新产品不仅要求干净卫生，还必须有优良的感官特性（色、香、味等）。在整个开发过程中，要对各个开发阶段的产品进行评价，常用的有差别检验法和定量描述检验法。差别检验的主要目的是验证产品之间是否存在能被察觉出来的感觉区别，虽然和描述分析检验相比，其简便快速，但是只适用于在产品间差别非常小的情况下使用。描述分析检验不仅可以了解食品的感官特性，还可以了解不同样品间的差异程度大小。

案例二：通过正交试验调整燕麦复合杂粮冲调粉配方

根据燕麦粉营养成分测定结果和燕麦本身所具备的营养保健功能，从口感和营养功效方面考虑，选取了奶粉、山药粉和甜叶菊粉进行口感调配和营养强化，并通过正交试验确定三种配料的适宜添加量，以获得一款适合老年人食用的、以燕麦为主要原料的，可以补充适当蛋白质、脂肪及膳食纤维的冲调食品，并通过正交试验确定三种配料的适宜添加量（表 9-4）。

表 9-4　正交试验因素水平表（引自冯莉，2013）

水平	因素		
	A 奶粉	B 山药粉	C 甜叶菊粉
1	20.0%	14.0%	6.0%
2	18.0%	12.0%	4.0%
3	16.0%	10.0%	2.0%

分别对样品的口感、风味、色泽和冲调性 4 个方面进行评价与评分，每项满分为 100 分，评分标准见表 9-5。评价小组由老师和学生组成，共 10 人。

表 9-5　燕麦复合杂粮冲调粉的感官评价标准（引自冯莉，2013）

项目	感官评分标准		
	好（81～100 分）	一般（60～80 分）	差（60 分以下）
口感	口感香，微甜，有适口的稠厚感，软糯，均匀	口感香，微甜，有适口的稠厚感，软糯，较粘牙	口感较香，微甜，有较适口的稠厚感，较软糯，粘牙
风味	有燕麦特有的香味，有牛奶香味，两种香味融合的很好	有燕麦特有的香味，牛奶味较淡	有燕麦特有的香味，牛奶味较浓
色泽	均匀一致的淡黄色，略带白色	淡黄色，白色较多不均匀	黄白色
冲调性	迅速溶解，均匀无分层	少量结块，略搅拌结块溶解	较多结块，搅拌后大部分溶解，有少量结块不溶

以奶粉、山药粉、甜菊叶粉的加入量进行三因素三水平的正交试验，其结果见表 9-6。

表 9-6　燕麦复合杂粮冲调粉配方的正交设计直观分析表（引自冯莉，2013）

序号	A	B	C	实验结果
1	1	1	1	332
2	1	2	2	364
3	1	3	3	379
4	2	1	2	347
5	2	2	3	321
6	2	3	1	368
7	3	1	3	355
8	3	2	1	343
9	3	3	2	364
均值 1	358.333	344.667	347.667	
均值 2	345.333	342.667	358.333	
均值 3	354.000	370.333	351.667	
极差	13.000	27.666	10.666	

由表 9-6 可以得出，山药粉的加入量对燕麦复合杂粮冲调粉的感官评价影响最大，适量的山药粉能很好地调节冲调粉的浓稠感；奶粉的加入量对冲调粉的影响稍小，适宜的奶粉可以丰富冲调粉的口感风味，并改善溶解性。对燕麦复合杂粮冲调粉感官质量影响由大到小的因素分别为 B＞A＞C，按各个因素的最好水平选取，最佳组合为 $A_1B_3C_2$，即奶粉、山药粉和甜菊叶粉的加入量分别为 20%、10%和 4%。

按照正交试验获得的产品配方调制燕麦复合杂粮冲调粉，并进行色泽、口感、风味和冲调性感官评价，产品得分为 387 分，证明正交试验获得的配方优于其他组合。

（三）消费者测试

产品的消费者测试即对新产品进行市场调查。通过将初步开发出的新产品送给一定的目标消费者进行试吃，可以了解消费者对新产品的接受程度，同时可获得消费者对产品价格、质量、消费频率的看法及对新产品的建议。在实际操作时，消费者测试可以分为偏爱性测试和接受程度测试。在偏爱测试中，消费者鉴评小组需要从一组产品中挑选出最喜欢的一种产品，或对其根据喜爱程度进行排序；在接受性检验中，消费者鉴评小组并不需要比较，对单一产品就可以进行检验。通常在多项产品的检验中可以将两种检验方法结合起来使用。

案例三：某公司开发了一款冰淇淋产品 A，希望了解消费者对其喜爱程度，同时，与市场已销售的产品 B 进行单产品各项指标测试与同类产品比较测试，以改进产品设计。

测试目标人群抽样方法：采用配额抽样法（表 9-7），以设计的比例确定参加测试的不同年龄段人群的人数和男女比例，以此来确定不同人群对测试产品的反应。

表 9-7　不同年龄段男女比例（引自张冲和赵征，2007）

	12～18 岁	19～25 岁	26～35 岁	合计
男性	15	18	9	42
女性	30	27	21	78
合计	45	45	30	120

抽样标准：城市常住人口（学生包括在内）；在过去的 3 个月平均每周吃过 3 支以上冰淇淋；家人及亲密朋友没有在广告公司或公司的广告部门工作；家人及亲密朋友没有在市场调查公司或公司的调查部门及电视等媒体工作；在过去 6 个月内未参加过冰淇淋消费的调查活动；家人及亲密朋友没有在冰淇淋生产、销售、研究领域工作。

测试内容：单产品各项指标测试与同类产品比较测试主要采用 Penalty 分析法，就是将要测试的产品分发给不同的消费者进行尝试，从而了解消费者对该产品的感官偏好和评价，评价标准见表 9-8。

表 9-8　评价标准表（引自张冲和赵征，2007）

分值	5	4	3	2	1
喜好程度	非常喜欢	喜欢	一般	不喜欢	非常不喜欢
购买倾向	肯定会购买	会购买	不一定	不会购买	肯定不会购买
甜度	太过甜	比较甜	正合适	不够甜	非常不甜
奶油味	太过浓	比较浓	正合适	不够浓	非常不浓
软硬程度	太过硬	比较硬	正合适	不够硬	非常不硬

单产品各项指标测试：就 A 产品总体而言，您喜欢它的口味吗？平均得分统计结果见图 9-1。

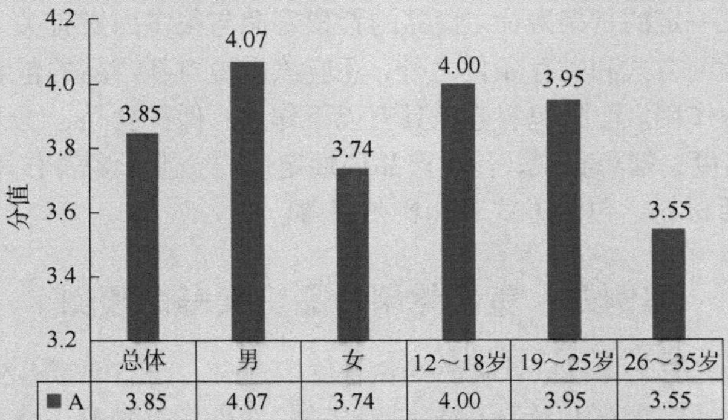

图 9-1　单产品测试结果统计图（引自张冲和赵征，2007）

同类产品比较测试：刚才品尝的两个产品，您更喜欢哪个产品？百分比统计结果见图 9-2。

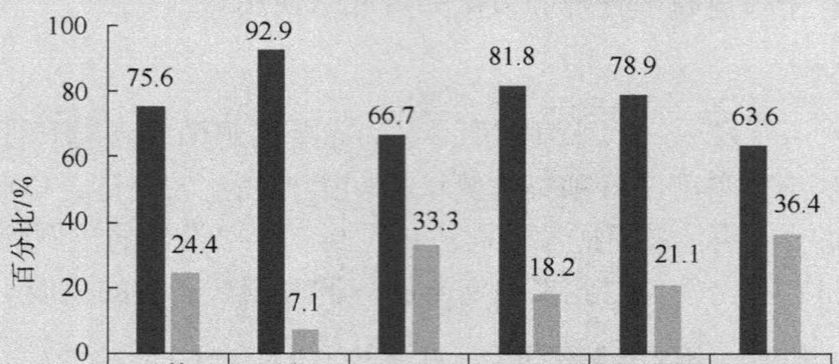

	总体	男	女	12～18岁	19～25岁	26～35岁
■A	75.6	92.9	66.7	81.8	78.9	63.6
■B	24.4	7.1	33.3	18.2	21.1	36.4

图 9-2　同类产品比较结果统计图（引自张冲和赵征，2007）

感官特征满意度测试：您对两个产品甜度、奶香味、口感的满意程度如何？平均得分统计结果见图 9-3。

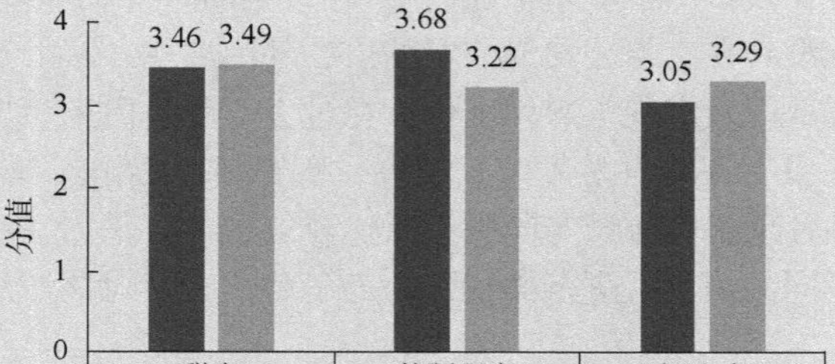

	甜度	软硬程度	奶油味
■A	3.46	3.68	3.05
■B	3.49	3.22	3.29

图 9-3　感官特征满意度测试结果统计图（引自张冲和赵征，2007）

结果分析：产品 A 在消费者中的接受程度较高，且男性消费者对产品 A 的满意度高于女性消费者；随着受访者年龄的增加，对产品 B 的喜好程度增加，而对产品 A 的喜好程度在不断降低；产品 A 硬度稍高，这一点需要改进，对于剩下的两个感官特性即甜度和奶油味，消费者相对比较认可。

（四）货架寿命与包装设计

新产品必须要保证一定的货架寿命。食品的货架寿命与很多因素有关，除了在保证产品质量的基础上选择合适的杀菌方式和贮存条件之外，还应该重视对新产品的包装设计。包装在市场营销中发挥着非常重要的作用。产品包装应该具有以下作用：保护食品、便于贮存运输；树立品牌形象，提高产品的知名度；精巧美观，传达产品属性定位与企业形象等作用。同时包装设计要考虑多方面的因素，包括材料、包装方式和印刷效果等。

案例四：鱼骨休闲食品货架寿命预测

利用斑点叉尾鮰鱼的下脚料鱼骨制成的鱼骨休闲食品，产品中带有少量鱼肉，此种鱼肉含油率高达 35%。鱼油中含有大量的不饱和脂肪酸易发生氧化酸败，缩短产品的货架寿命。

产品在贮藏过程中，选取色泽、气味、味道及组织结构为感官评价指标，各项指标满分

10 分，评分标准见表 9-9。其中，色泽分值占整个感官评分值的 40%；气味、味道和组织结构各占 20%。将各指标得分进行加权平均即为最后得分。由于色泽严重影响着产品的外观，将色泽分值低于 7 分，感官加权得分低于 6 分者视为变质产品。

表 9-9　贮藏实验感官评分标准（引自李娟等，2008）

项目	评分标准	得分
色泽（40%）	色泽鲜黄	9
	呈黄褐色	7
	呈酱褐色	5
气味（20%）	产品特有香味和鱼香气味	9
	稍有油脂哈喇味和鱼腥味	7
	油脂哈喇味和鱼腥味较大	5
味道（20%）	产品特有的滋味和鱼香味	9
	稍有异味和鱼腥味	7
	油脂哈喇味和鱼腥味较大	5
组织（20%）	表面干缩，质地酥脆	9
	表面较干，质地较脆	7
	表面潮湿，稍有韧性	5

感官评分结果分析：产品在贮藏过程中，由于油脂的氧化酸败，颜色会逐渐加深直至变为酱褐色，气味和味道则产生哈喇味。产品含油量高，在高温贮藏过程中，会发生非酶促褐变和氧化还原褐变，高温是导致褐变反应加快的最主要因素。不同温度下各感官指标随贮藏天数的变化如表 9-10 和表 9-11 所示。

表 9-10　45℃下贮藏实验感官评价结果（引自李娟等，2008）

贮藏天数/天	5	10	15	20	25
色泽	9	9	7	5	5
气味	9	7	7	7	5
味道	9	7	7	5	5
组织	5	5	7	7	7
加权得分	8.2	7.4	7.0	5.8	5.4

表 9-11　60℃下贮藏实验感官评价结果（引自李娟等，2008）

贮藏天数/天	5	10	15	20	25
色泽	9	7	5	5	5
气味	9	7	7	5	5
味道	9	7	5	5	5
组织	5	7	9	9	9
加权得分	8.2	7.0	6.2	5.8	5.8

结果分析：在 45℃下贮藏 15 天后，产品感官加权分值低于 7 分，且色泽得分值低于 7 分，产品呈酱褐色，严重影响产品的外观，可视为变质产品；在 60℃下贮藏 15 天后，产品感官加权分值低于 6 分，但在贮藏 10 天后，产品的色泽得分值低于 7 分。综合上述感官指标考虑，预期产品的贮藏期在 45℃为 15 天，60℃为 10 天。

（五）产品的生产与试销

在经过以上步骤后，即可以开始产品的规模化生产。在规模化生产过程中，要应用企业内部的评价小组以保证原材料、加工工艺符合企业生产标准。通常在真正的大规模生产之前，企业为了避免损失往往会进行试销。试销是指在小范围内进行的商品销售实验，直接调查消费者对试销产品的反应和喜好程度，并以此为依据进行市场预测的方法。因为产品试销要求顾客直接付款购买，所以能够真实了解顾客对于新产品的购买态度、消费者对于食品感官特征的意见，以及定价是否合理等，这样的测试结果往往比较准确，通过这些数据可以帮助企业生产出受消费者欢迎的产品。在这个阶段应用感官分析的主要目的是检验产品的感官质量，了解消费者的认可程度。

（六）商业化

如果产品试销成功，就可以将新产品投产。通过试销阶段，企业管理层已经掌握了足够的信息，产品也得到进一步完善。新产品上市以后，感官部门的评价工作依然要继续，因为商品化是决定一种新产品成功失败的关键阶段，如果这一阶段产品遭遇失败，那前面的努力会付诸东流，企业将蒙受巨大损失，因此必须时刻关注产品的销售情况及竞争对手的产品，慎重选择新产品进入市场的方式，制订完善的产品营销策略。通过描述分析检验的方法可以了解市售产品在感官特性方面的特点，在一定程度上帮助改进产品。

案例五：采用定量描述法对火腿肠进行感官评价

实验目的：采用定量描述法对市售三种火腿肠 A、B、C 进行感官评价，区别三种火腿肠的感官特性。

实验步骤：由经过感官评价培训并进行筛选后的 10 名评价员组成评价小组，对火腿肠样品进行评价，每品尝完一个后要进行漱口，再品尝下一个，然后独立记录能反映火腿肠产品色泽、香气、肉味和咸味等感官特征的描述词汇，并给出每个词汇的定义。之后对火腿肠的感官特性指标逐项进行评价打分，尺度表见表 9-12，全部评价结束后，收集每一位评价人员对火腿肠的评价结果，进行统计分析，结果见表 9-13。

表 9-12　火腿肠感官评分尺度表（引自魏永义等，2012）

评分	1	2	3	4	5	6	7	8	9
强度	极弱	很弱	较弱	稍弱	中等	稍强	较强	很强	极强

表 9-13　火腿肠感官特性的评价得分表（平均得分）（引自魏永义等，2012）

样品	色泽	香气	肉味	咸味	细腻性	弹性	咀嚼性
A	5.1	5.7	5.5	5.6	4.6	5.5	4.9
B	5.0	6.1	5.0	5.0	4.3	4.9	5.1
C	5.1	6.8	4.7	5.0	4.1	4.9	5.0

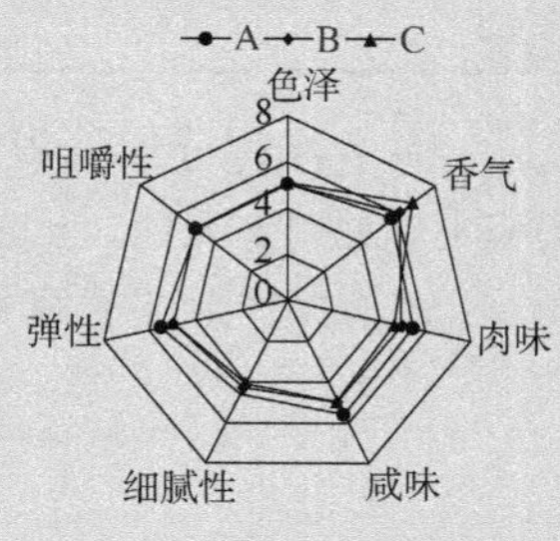

图 9-4　三种火腿肠的 QDA 数据的蜘蛛网图

由图 9-4 可知三种火腿肠的感官特性强度是不相同的：在色泽和咀嚼性的感官特性强度上，A、B、C 三种火腿肠均比较适中，差别不大；在香气的感官特性强度上，A、B、C 三种火腿肠依次增强；在肉味和细腻性的感官特性上，A、B、C 三种火腿肠依次减弱；在咸味和弹性上，A、B、C 三种火腿肠均比较适中，但 A 比 B、C 稍强。因此，该方法能够区分三种火腿肠的感官特性。

第三节　企业应用感官评价时需要注意的问题

一、明确感官评价的概念

在进行感官评价前首先要明确其概念，感官评价是指以人的感觉为基础，通过感官评价食品的属性之后，再经过统计分析而获得客观结果的实验方法。感官评价是在盲标的基础上进行的，评价员的判断脱离产品包装、价格等因素的影响，只是对产品的感官特性进行判断，其结果可作为指导整个食品研发过程的依据，使感官特征与研发目标相一致。

感官评价与市场调研常常会被混淆，其实两者还是有明显区别的，其最大的区别在于，消费者感官检验一般采用有编码的产品进行，关注的仅仅是产品本身的可接受性；而市场调研则一般采用有商标的产品进行。通过市场调研可以了解经营环境、市场需求、消费者及竞争对手的情况，有时也对市场的销售策略进行调查，这是因为如果新产品仅靠消费者的偏爱不一定能够成功，商业的成功还受价格、商标等一系列因素的影响。通过市场调研的结果可对产品的口感、包装、销售策略等情况进行一系列的改进，使之满足消费者的需求，适应市场的发展。感官评价和市场调研是相辅相成、缺一不可的，在实际应用过程中必须灵活运用，将两者有机结合起来。

二、根据不同的评价方法筛选评价员

（一）差别检验

企业进行差别检验的目的并不是去了解消费者的偏好，其要求也没有描述分析检验那样苛刻，因此对评价员的要求并不高，企业应避免采用内部从事产品研发和生产的人员进行感官评价，以此来减少主观因素对评价结果造成的影响。由于在评价前一般都会对评价员进行培训，使评价员了解差别检验的步骤和熟悉要检验的产品，因此可以选择消费者进行检验。

（二）描述分析检验

企业进行描述分析检验时，既可以挑选企业内部的人员组成内部评价小组，也可以招募外部人员，对他们进行一定的测试筛选后组成外部评价小组。这两类评价小组各有其优势和不足，企业要结合自己的实际情况加以考虑。可以从以下几个方面来对这两种评价小组进行对比。

（1）企业花费：企业内部员工在进行评价时一般无需支付酬金，因此内部评价小组成本较低；外部评价小组需要招募外部人员并支付其酬金，花费较高。

（2）评价员筛选：由于企业员工数量的限制，内部评价小组的选择面相对较窄，在进行评价员更替时会较为困难；外部评价小组成员挑选范围广，且新补充的候选人能随叫随到。

（3）人员管理：内部评价小组成员具有更好的稳定性，管理相对简单，但进行替换时可能存在同事间冒犯的风险，在一定程度上无法保证评价员的水平；外部评价小组成员虽然不存在级别问题，但是经过选拔和培训后，评价员可能随时退出，工作流动性较高，因此在管理方面需要花费更多精力。

（4）工作时间：由于内部评价小组成员作为企业职工每天都有工作任务，无法做到随时去参加评价工作；对于外部评价小组的成员来说评价就是其工作，工作时间可以得到保证。

（5）结果可靠性：由于内部评价小组直接或间接参与了产品的研发和生产，对产品的生产工艺和配方都非常熟悉，在进行感官评价时易受到这些因素的影响，结果的可靠性可能会降低；

外部评价小组在进行感官评价时则对评价的产品不带有任何主观意见，评价结果的可靠性相对较高。

（6）信息保密：内部评价小组可以更好地确保结果的保密性；外部评价小组对产品评价结果的保密性相对较差。

（三）消费者检验

消费者检验是对企业产品进行评价的重要环节，因为企业生产的产品最终都是要卖给消费者，产品只有符合消费者的需求才能赢得市场。一些企业并没有认识到这一点，为了节省开支，仅选用一些内部员工或者一些在校学生进行产品的评价，这种做法是不可取的。因为评价员的主观因素会影响结果的可靠性，比如企业员工是产品的研发和生产人员，非常了解其产品，但他们的意见可能与消费者的喜好并不一致。学生群体并不知道产品的相关信息，评价具有客观性，但是当为老人、儿童、孕妇等设计的食品进行评价时，其意见也不会代表真正的消费者，因为他们并不是产品的目标购买人群，这是值得注意的地方。

三、将感官评价贯穿于产品开发过程的始终

在企业中，产品从构思到开发再到生产和销售整个过程中，评价员都必须全程参与。因为感官评价对各个部门的工作起到全方位的指导作用，并对不同阶段的各项工作加以协助，以确保新产品的生产配方和工艺与市场的需求相吻合。

企业中的感官评价人员必须在企业有开发计划时便决定是否成立评价小组，这是因为在进行产品评价之前需要对评价小组的成员进行培训，如果评价小组成立时间过晚，有可能会耽误开发的进程。当研发部门开始新产品开发时，感官评价人员就应该加入这个团队，并在开发过程中与研发部门进行及时沟通，了解开发部门的设计意图，并对感官评价的实验方案进行设计，将测试结果迅速反馈给研发部门，及时对产品的材料、工艺等进行有效修正。

完整的感官评价体系对于一个企业的生存和发展起着至关重要的作用，通过评价人员对资料的收集和处理，了解食品本身的感官特性，帮助研发部门改进产品；通过消费者测试，了解消费者对产品喜欢或厌恶的理由，为后续的市场营销工作提供重要的理论和实践基础，帮助决策者作正确的商业决定；在产品上市后，观察产品在市场上的表现，根据反馈，优化产品的各项感官指标，改进产品的推广方案。当然，随着生活水平的逐步提高，消费者对产品感官上的要求也越来越高，即使感官实验设计非常完美，各项工作也很得当，也不能保证产品上市后一定会成功，企业内部人员只能通过自己的努力增加成功的概率。

四、其他注意事项

理解并认识到感官分析作为一种特殊的测试方法，对于食品企业具有重要意义。感官分析适用于对原料、过程产品和成品质量的评价和判断，因此，在企业实施质量管理体系标准时，就应关注有无关于感官检验的标准或项目，要求是否明确，是否进行了相应检验及结果的判定。对于食品企业，感官分析作为一种特定的分析方法，应引起足够重视。特别需要注意的是，企业评价员应该避免让其他部门的员工过多介入其感官评价工作，因为这些部门直接参与产品的研发和生产，他们的主观因素有时会影响对产品的思考和评价。企业评价员应该和其他部门紧密沟通，面对实际问题选择合适的感官评价方法，归纳来源于不同评价测试的数据，为其他部门提供完备的信息，这就需要评价员在实际工作中不断总结经验，努力提升自己，将感官评价的理论知识和实

际结合起来，更有效地解决问题。

小结

本章主要叙述了感官评价在质量控制中的意义，感官质量控制的发展阶段及感官质量评价体系的建立；感官评价在新产品开发中的作用和应用步骤；在企业中如何筛选评价员，评价员的工作方式，以及感官评价和市场调研的区别。通过学习本章，应了解感官质量控制的重要意义，如何建立感官质量评价体系，掌握新产品开发的步骤，学会应用感官评价的方法分析食品的感官特性。

思考题

1．感官评价是如何在质量控制中应用的？起到了什么作用？

（提示：评价体系的建立、新产品开发、意义。）

2．食品新产品开发的步骤？在哪些步骤里应用了感官分析？起到了什么作用？

（提示：新产品开发的 7 个阶段。）

3．你还能想到哪些在企业中应用感官评价时应该注意的事项？

（提示：提出的注意事项应符合生产实际，且有助于提升产品品质。）

第 10 章 食品（原料）感官评价实例

在日常生活中，应用感官检验来评价食品及原料的质量优劣是简单易行的有效方法。食品质量感官评价在某种程度上具有极高的敏感度，在有些食品轻微变质时，人体的感觉器官有时比精密仪器更能敏感地判断出来。本章介绍了谷物类及其制品、蛋类、酒类、畜禽肉及肉制品、水产品及其制品、蜂蜜类产品、植物油料与油脂、乳类及乳制品、饮料类、果品类、罐头类、调味品类感官评价的一般程序与方法。

第一节　谷物类及其制品的感官评价

感官评价谷物质量的优劣时，一般依据色泽、外观、气味、滋味等项目进行综合评价。通过眼睛观察可感知谷类颗粒的饱满程度，是否完整均匀，质地的紧密与疏松程度及其本身固有的正常色泽，并且可以看到有无霉变、虫蛀、杂物、结块等异常现象；通过鼻嗅和口尝能体会到谷物的气味和滋味是否正常，有无异臭异味。其中，注重观察其外观与色泽，在对谷类进行感官评价时有着尤其重要的意义。

一、谷物类感官评价

我国市场常见谷物种类有小麦、大豆、玉米、大米、小米、绿豆、蚕豆等数十种，其中消费量最大、应用范围最广的是小麦、玉米、大米等，本节简要介绍其感官特性及检验方法。

1. 小麦

1）色泽评价　进行小麦色泽的感官评价时，可取样品在黑纸上撒成一薄层，在散射光下仔细观察。

良质小麦——去壳后小麦皮色呈白色、黄白色、金黄色、红色、深红色、红褐色，有光泽。

次质小麦——色泽变暗，无光泽。

劣质小麦——色泽灰暗或呈白色，胚芽发红，带红斑，无光泽。

2）外观评价　进行小麦外观的感官评价时，可将样品在黑纸或白纸上（根据品种，色浅的用黑纸，色深的用白纸）撒一薄层，仔细观察各粒的外观，并观察有无杂质。最后取样用手搓或牙咬，来感知其质地是否紧密。

良质小麦——颗粒饱满，完整，大小均匀，组织紧密，无虫害及霉变，无杂质。

次质小麦——颗粒饱满度差，有少量破损粒、生芽粒及虫蚀粒等，有杂质。

劣质小麦——有严重虫蚀粒、生芽，霉变结块，有较多赤霉病颗粒（被赤霉菌感染，麦粒皱缩，呆白，胚芽发红或带红斑，或有明显的粉红色霉状物，质地疏松）。

3）气味评价　进行小麦气味的感官评价时，取少量样品于手掌上，用嘴哈气，立即嗅其气味。

良质小麦——具有小麦正常的气味，无其他任何异味。

次质小麦——稍有异味。

劣质小麦——有霉味、酸臭味、腐败味或其他不良气味。

4）滋味评价　进行小麦滋味的感官评价时，可取少量样品进行咀嚼，品尝其滋味。

良质玉米——味佳微甜，无异味。

次质玉米——乏味或稍有异味。

劣质玉米——有苦味、酸味或其他不良滋味。

2. 玉米

1）色泽评价　进行玉米色泽的感官评价时，可取样品在散射光下仔细观察。

良质玉米——具有各种玉米的正常颜色，色泽鲜艳，有光泽。

次质玉米——色泽变暗，无光泽。

劣质玉米——色泽灰暗无光泽，胚部有黄色、绿色或黑色的菌丝。

2）外观评价　进行玉米外观的感官评价时，可取样品在黑纸上撒一层，在散射光下仔细观察，并观察有无杂质，最后取样用牙咬，来感知其质地是否紧密。

良质玉米——颗粒饱满，完整，大小均匀一致，组织紧密，无杂质。

次质玉米——颗粒饱满度差，有破损粒、生芽粒、虫蚀粒及未熟粒等，有杂质。

劣质玉米——有较多生芽粒、虫蚀粒，或发霉变质，质地疏松。

3）气味评价　进行玉米气味的感官评价时，取少量样品于手掌上，用嘴哈气，立即嗅其气味。

良质玉米——具有玉米固有的气味，无其他任何异味。

次质玉米——稍有异味。

劣质玉米——有霉味、腐败变质味或其他不良气味。

4）滋味评价　进行玉米滋味的感官评价时，可取少量样品进行咀嚼，品尝其滋味。

良质玉米——具有玉米固有的滋味，微甜，无异味。

次质玉米——稍有异味。

劣质玉米——有苦味、酸味、辛辣味及其他不良滋味。

3. 大米

1）色泽评价　进行大米色泽的感官评价时，应将样品在黑纸上撒成一薄层，于散射光下仔细观察其外观，注意有无生虫及杂质。

良质大米——呈青白色或精白色，具有光泽，呈半透明状。

次质大米——呈白色或微淡黄色，透明度差或不透明。

劣质大米——霉变的米粒色泽差，表面呈绿色、黄色、灰褐色、黑色等。

2）外观评价　进行大米外观的感官评价时，可取样品在黑纸上撒一层，在散射光下仔细观察，并观察有无杂质。最后取样用牙咬，来感知其质地是否紧密。

良质大米——大小均匀坚实丰满，粒面光滑，完整，很少有碎米、爆腰（米粒上有裂纹）、腹白（米粒上乳白色不透明的部分，是由于稻谷未成熟、淀粉排列疏松，糊精较多而缺乏蛋白质），无虫，不含杂质。

次质大米——米粒大小不均，饱满度差，碎米较多，有爆腰和腹白粒，粒面发毛，生虫，有杂质。

劣质大米——有结块发霉现象，表面可见霉菌丝，组织疏松。

3）气味评价　进行大米气味的感官评价时，取少量样品于手掌上，用嘴向其中哈一口热气，立即嗅其气味。

良质大米——具有正常的香气味，无其他任何异味。

次质大米—— 稍有异味。

劣质大米—— 有霉变气味，酸臭味，腐败味或其他不良气味。

4）滋味评价　　进行大米滋味的感官评价时，可取少量样品进行咀嚼，品尝其滋味。

良质大米—— 味佳微甜，无任何异味。

次质大米—— 乏味或稍有异味。

劣质大米—— 有苦味、酸味及其他不良滋味。

二、谷物制品的感官评价

所谓谷物制品是指以米、小麦、豆等为原料加工制成的产品，市场上最常见的销售量较大且生产管理正规的谷物制品，主要包括面粉、方便面、面条、水饺等。

现将几种主要谷物制品的感官特性及感官评价方法介绍如下。

1. 面粉

1）色泽评价　　进行面粉色泽的感官评价时，应将样品在黑纸上撒成一薄层，然后与适当的标准颜色或标准样品进行比较，仔细观察其色泽异同。

良质面粉—— 呈青白色或微黄色，不发暗，无杂质的颜色。

次质面粉—— 色泽暗淡。

劣质面粉—— 色泽呈灰白色或深黄色，发暗，色泽不均。

2）组织状态评价　　进行面粉组织状态的感官评价时，将面粉样品在黑纸上撒一薄层，仔细观察有无发霉、结块及杂质等，然后用手捻捏，以试手感。

良质面粉—— 呈细粉末状，不含杂质，手指捻捏时无粗粒感，无虫子和结块，置手中紧捏后放开不成团。

次质面粉—— 手捏时有粗粒感，生虫或有杂质。

劣质面粉—— 面粉吸潮后霉变，有结块或手捏成团。

3）气味评价　　进行面粉气味的感官评价时，取少量样品于手掌中心，用嘴哈气使之稍热，为了增强气味，也可将样品置于有塞瓶中，浸入60℃热水，紧塞片刻，然后将水倒出嗅其气味。

良质面粉—— 具有面粉正常的气味，无任何异味。

次质面粉—— 稍有异味。

劣质面粉—— 有霉臭味、酸味、煤油味或其他不良气味。

4）滋味评价　　进行面粉滋味的感官评价时，可取少量样品进行咀嚼，品尝其滋味。

良质面粉—— 味佳微甜，无任何异味。

次质面粉—— 乏味或稍有异味。

劣质面粉—— 有苦味、酸味及其他不良滋味。

2. 方便面

根据加工工艺不同分为油炸方便面（简称油炸面）、热风干燥方便面（简称风干面）等，主要原料有小麦粉、荞麦粉、绿豆粉、米粉等。

1）感官特性　　形状：外形整齐，花纹均匀，无异物、焦渣。

色泽：具有该品种特有的色泽，无焦、生现象，正反两面可略有深浅差别。

气味：气味正常，无霉味、哈喇味及其他异味。

烹调性：面条复水后应无明显断条、并条，口感不夹生、不粘牙。

2）感官评价方法

（1）取两袋（碗）以上样品观察，应具有各种方便面正常的色泽，不得有霉变及其他外来的污染物。

（2）取一袋（碗）样品，放入盛有 500 mL 沸水的锅中煮 3～5 min 后观察，应符合感官特性的要求。

3. 水饺

1）感官特性　色泽呈白色、奶白色或奶黄色，有光亮，皮馅透明；爽口、不粘牙，有咬劲；口感细腻；耐煮性好，饺子表皮完好无损；煮后饺子汤清晰，无沉淀物。

2）感官评价方法　由 5 位有经验的或经过培训的人员组成评价小组：对水饺进行外观鉴定和品尝评比，对饺子汤进行浑浊程度和沉淀物目测，并根据水饺的质量评分标准分别打分。评分采用百分制（取算术平均值），取整数，平均数中若出现小数，则采用“四舍、六入、五留双”的方法取舍，具体评分方法见表 10-1。

表 10-1　水饺感官评价评分表（引自张艳等，2012）

项目	满分	评分标准
颜色	10	白色、奶白色、奶黄色（6～10 分）；黄色、灰色或其他不正常色（0～5 分）
光泽	10	光亮（7～10 分）；一般（4～6 分）；不透明（0～3 分）
透明度	10	透明（7～10 分）；半透明（4～6 分）；不透明（0～3 分）
黏性	15	不粘牙（11～15 分）；稍粘牙（6～10 分）；发黏（0～5 分）
韧性	15	柔软、有咬劲（11～15 分）；一般（6～10 分）；较烂（0～5 分）
细腻度	10	细腻（7～10 分）；较细腻（4～6 分）；粗糙（0～3 分）
耐煮性	15	饺子表皮完好无损（11～15 分）；饺子表皮有损伤（6～10 分）；饺子破肚（0～5 分）
饺子汤特性	15	清晰、无沉淀物（11～15 分）；较清晰，沉淀物不明显（6～10 分）；浑浊、沉淀物明显（0～5 分）

第二节　蛋类的感官评价

鲜蛋的感官评价分为蛋壳评价和打开评价。蛋壳评价包括眼看、手摸、耳听、鼻嗅等方法，也可借助于灯光透视进行评价。打开评价是将鲜蛋打开，观察其内容物的颜色、稠度、性状、有无血液、胚胎是否发育、有无异味和臭味等。蛋制品的感官评价指标主要包括色泽、外观形态、气味和滋味等。同时应注意杂质、异味、霉变、生虫和包装等情况，以及是否具有蛋品本身固有的气味或滋味。

1. 鲜蛋

1）蛋壳的感官评价

（1）眼看：用眼睛观察蛋的外观形状、色泽、清洁度等。

良质鲜蛋——蛋壳清洁、完整、无光泽，壳上有一层白霜，色泽鲜明。

次质鲜蛋——一类次质鲜蛋：蛋壳有裂纹、格窝现象，蛋壳破损，蛋清外溢或壳外有轻度霉斑等；二类次质鲜蛋：蛋壳发暗，壳表面破碎且破口较大，蛋清大部分流出。

劣质鲜蛋——蛋壳表面的粉霜脱落，壳色油亮，呈乌灰色或暗黑色，有油样漫出，有较多或较大的霉斑。

（2）手摸：用手摸鲜蛋的表面是否粗糙，掂量蛋的轻重，把蛋放在手掌心上翻转等。

良质鲜蛋——蛋壳粗糙，重量适当。

次质鲜蛋——一类次质鲜蛋：蛋壳有裂纹、格窝或破损，手摸有光滑感；二类次质鲜蛋：蛋壳破碎，蛋白流出，手掂重量轻，蛋拿在手掌上自转时总是一面向下（贴壳蛋）。

劣质鲜蛋——手摸有光滑感，掂量时过轻或过重。

（3）耳听：即把蛋拿在手上，轻轻抖动使蛋与蛋相互碰击，细听其声，或用手握蛋摇动，听其声音。

良质鲜蛋——蛋与蛋相互碰击声音清脆，手握蛋摇动无声。

次质鲜蛋——蛋与蛋碰击发出哑声（裂纹蛋），手摇动时内容物有流动感。

劣质鲜蛋——蛋与蛋相互碰击发出嘎嘎声（孵化蛋）、空空声（水花蛋）。手握蛋摇动时内容物有晃动声。

（4）鼻嗅：用嘴向蛋壳上轻轻哈一口热气，然后用鼻子嗅其气味。

良质鲜蛋——有轻微的生石灰味。

次质鲜蛋——有轻微的生石灰味或轻度霉味。

劣质鲜蛋——有霉味、酸味、臭味等不良气体。

2）鲜蛋的灯光透视评价　　灯光透视是指在暗室中用手握住蛋体紧贴在照蛋器的光线洞口上，前后上下左右来回轻轻转动，靠光线的帮助看蛋壳有无裂纹、气室大小、蛋黄移动的影子、内容物的澄明度、蛋内异物，以及蛋壳内表面的霉斑、胚胎发育等情况。在市场上无暗室和照蛋设备时，可用手电筒围上暗色纸筒（照蛋端直径稍小于蛋）进行评价。如有阳光，也可以用纸筒对着阳光直接观察。

良质鲜蛋——气室直径小于 11 mm，整个蛋呈微红色，蛋黄略见阴影或无阴影，且位于中央，不移动，蛋壳无裂纹。

次质鲜蛋——一类次质鲜蛋：蛋壳有裂纹，蛋黄部呈现鲜红色小血圈；二类次质鲜蛋：透视时可见蛋黄上呈现血环，环中及边缘呈现少许血丝，蛋黄透光度增强而蛋黄周围有阴影，气室大于 11 mm，蛋壳某一部位呈绿色或黑色；蛋黄部完整，散如云状，蛋壳膜内壁有霉点，蛋内有活动的阴影。

劣质鲜蛋——透视时黄、白混杂不清，呈均匀灰黄色，蛋全部或大部不透光，呈灰黑色，蛋壳内部均有黑色或粉红色毫点，蛋壳某一部分呈黑色且占蛋黄面积的 1/2 以上，有圆形黑影（胚胎）。

3）鲜蛋打开评价　　将鲜蛋打开，将其内容物置于玻璃平皿或瓷碟上，观察蛋黄与蛋清的颜色、稠度、性状，有无血液，胚胎是否发育，有无异味等。

（1）颜色评价。

良质鲜蛋——蛋黄、蛋清色泽分明，无异常颜色。

次质鲜蛋——一类次质鲜蛋：颜色正常，蛋黄有圆形或网状血红色，蛋清颜色发绿，其他部分正常；二类次质鲜蛋：蛋黄颜色变浅，色泽分布不均匀，有较大的环状或网状血红色，蛋壳内壁有黄中带黑的黏痕或霉点，蛋清与蛋黄混杂。

劣质鲜蛋——蛋内液态流体呈灰黄色、灰绿色或暗黄色，内杂有黑色霉斑。

（2）性状评价。

良质鲜蛋——蛋黄呈圆形凸起而完整，并带有韧性，蛋清浓厚、稀稠分明，系带粗白而有韧性，并紧贴蛋黄的两端。

次质鲜蛋——一类次质鲜蛋：性状正常或蛋黄呈红色的小血圈或网状直丝；二类次质鲜蛋：蛋黄扩大，扁平，蛋黄膜增厚发白，蛋黄中呈现大血环，环中或周围可见少许血丝，蛋清变得稀薄，蛋壳内壁有蛋黄的粘连痕迹，蛋清与蛋黄相混杂（蛋无异味），蛋内有小的虫体。

劣质鲜蛋——蛋清和蛋黄全部变得稀薄浑浊，蛋膜和蛋液中都有霉斑或蛋清呈胶冻样霉变，胚胎形成长大。

（3）气味评价。

良质鲜蛋——具有鲜蛋的正常气味，无异味。

次质鲜蛋——具有鲜蛋的正常气味，无异味。

劣质鲜蛋——有臭味、霉变味或其他不良气味。

延展阅读

鲜蛋等级划分为：三等和三级。

等别：①一等蛋，每个蛋重在 60 g 以上；②二等蛋，每个蛋重在 50 g 以上；③三等蛋：每个蛋重在 38 g 以上。

级别：①一级蛋，蛋壳清洁、坚硬、完整，气室深度 0.5 cm 以上者不超过 10%，蛋白清明，质浓厚，胚胎无发育；②二级蛋：蛋壳尚清洁、坚硬、完整，气室深度 0.6 cm 以上者不超过 10%，蛋白略显清明而质尚浓厚，蛋黄略显清明，但仍固定，胚胎无发育；③三级蛋：蛋壳污壳者不超过 10%，气室深度 0.8 cm 以上者不超过 25%，蛋白清明，质稍稀薄，蛋黄明显而移动，胚胎微有发育。

2. 皮蛋（松花蛋）质量的评价

1）外观评价　皮蛋的外观评价主要是观察其外观是否完整，有无破损、霉斑等。也可用手掂动，感觉其弹性，或握蛋摇晃听其声音。

良质皮蛋——外表泥状包料完整、无霉斑，包料剥掉后蛋壳亦完整无损，去掉包料后用手抛起约 30 cm 高自然落于手中有弹性感，摇晃时无动荡声。

次质皮蛋——外观无明显变化或裂纹，抛动试验弹动感差。

劣质皮蛋——包料破损不全或发霉，剥去包料后，蛋壳有斑点或破、漏现象，有的内容物已被污染，摇晃后有水荡声或感觉轻飘。

2）灯光透照评价　皮蛋的灯光透照评价是将皮蛋去掉包料后按照鲜蛋的灯光透照法进行评价，观察蛋内颜色、凝固状态、气室大小等。

良质皮蛋——呈玳瑁色，蛋内容物凝固不动。

次质皮蛋——蛋内容物凝固不动，或有部分蛋清呈水样，或气室较大。

劣质皮蛋——蛋内容物不凝固，呈水样，气室很大。

3）打开评价　皮蛋的打开评价是将皮蛋剥去包料和蛋壳，观察内容物性状及品尝其滋味。

（1）组织状态评价。

良质皮蛋——整个蛋凝固、不粘壳、清洁而有弹性，呈半透明的棕黄色，有松花样纹理。蛋纵剖可见蛋黄呈浅褐色或浅黄色，中心较稀。

次质皮蛋——内容物或凝固不完全，或少量液化贴壳，或僵硬收缩。蛋清色泽暗淡，蛋黄呈墨绿色。

劣质皮蛋——蛋清黏滑，蛋黄呈灰色糊状，严重者大部或全部液化呈黑色。

（2）气味与滋味评价。

良质皮蛋——芳香，无辛辣气。

次质皮蛋——有辛辣气味或橡皮样味道。

劣质皮蛋——有刺鼻恶臭或有霉味。

3. 咸蛋质量的评价

1）外观评价　良质咸蛋——包料完整无损，剥掉包料后或直接用盐水腌制的可见蛋壳亦完整无损，无纹或霉斑，摇动时有轻度水荡漾感觉。

次质咸蛋—— 外观无显著变化或有轻微裂纹。

劣质咸蛋—— 隐约可见内容物呈黑色水样，蛋壳破损或有霉斑。

2）灯光透视评价　咸蛋灯光透视评价方法同皮蛋、主要观察内容物的颜色、组织状态等。

良质咸蛋—— 蛋黄凝结、呈橙黄色且靠近蛋壳，蛋清呈白色水样透明。

次质咸蛋—— 蛋清尚清晰透明，蛋黄凝结呈现黑色。

劣质咸蛋—— 蛋清浑浊，蛋黄变黑，转动蛋时蛋黄黏滞，蛋质量更低劣者，蛋清蛋黄都发霉或全部溶解成水样。

3）打开评价

良质咸蛋—— 生蛋打开可见蛋清稀薄透明，蛋黄呈红色或淡红色，浓缩黏度增强，但不黏固，煮熟后打开，可见蛋清白嫩，蛋黄口味有细沙感，富于油脂，品尝则有咸蛋固有的香味。

次质咸蛋—— 生蛋打开后蛋清清晰或为白色水样，蛋黄发黑黏固，略有异味，煮熟后打开蛋清略带灰色，蛋黄变黑，有轻度的异味。

劣质咸蛋—— 生蛋打开，蛋清浑浊，蛋黄已大部分融化，蛋清蛋黄全部呈黑色，有恶臭味，煮熟后打开，蛋清灰暗或黄色，蛋黄变黑或散成糊状，严重者全部呈黑色，有臭味。

第三节　酒类的感官评价

一、酒品风格的形成和语言的描述

酒品的风格就是指酒品的色、香、味、体作用于人的感官，并给人留下的综合印象。

1. 色

酒的颜色丰富多彩，酒液中的自然色泽主要来源于酿制酒品时的原料。酿制时应尽量保持原料的本色。自然的色彩会给人以新鲜纯美、朴实、自然的感觉。酒品色泽的形成，会由于温度、形态的改变等原因而发生变化，另外，还可以用增色的方法来形成酒品的色泽。这种增色可以是人工使用调色剂来增加酒液的色泽，使酒色更加美丽，也可以发生在生产过程中。例如，陈酿的酒品浸润了容器颜色，使本身的色泽发生变化。再有酒品变质和酒病也会使酒的色泽发生变化，出现浑浊变色等情况。描绘酒品色泽常用的术语中，一般符合该酒的正常色调的酒品称为正色，如我国白酒一般无色透明，少数酒品微黄都属于白酒的正色。果酒的酒色与原料果实的真实色泽相同或相近似，也都属酒品正色。不符合该酒的正常色调称为色不正。有的酒品呈两个颜色，称真色，如红曲黄酒，以黄为主，黄中带红。

酒品一般在正常光线下观察带有光亮，称为有光泽。酒色发暗失去光泽称为失光或色暗。光泽不强或亮度不够，称为略失去光泽。好的酒液像水晶体一样高度透明。酒液清亮看不出纤细的微粒，称为透明度好。酒液乌暗光线不能通过则称为不透明。优良的酒品都具有澄清透明的液相。如发现酒液浑浊，说明原料、工艺、质量等出现了问题。观看酒液是否浑浊是品评酒品的一个重要指标。据程度不同应给予有荧光、乳状浑浊、雾状浑浊、土状浑浊、纤维状游浮物浑浊等评语。沉淀物具有不同形状，有黏状、絮状、片状、块状等。沉淀物颜色也各不相同，白酒的沉淀物是白色、棕色，啤酒的沉淀物是白色、褐色，葡萄酒的沉淀物是白色、棕褐色。

对于含气的酒类，如香槟酒、汽酒、啤酒等，不论是酿酒时保留的，还是人工加入的，含气现象都是一个品评指标，常用平静、不平静、起泡、多泡等评语来说明酒液中的二氧化碳是否充足，用气泡如珠、细微连续、持久、时涌泡、泡不持久、形成晕圈等评语评价气泡升起的现象。

含气酒装瓶后，在瓶中形成一定压力，开瓶时产生响声，响声在一定程度上说明酒液的含气状态。香槟酒的音响鉴定以清脆、响亮为好。泡沫是啤酒的一个质量指标，与啤酒酒液中的 CO_2、麦芽汁等成分有关。优质的啤酒倒入洁净的杯中，立即产生泡沫，啤酒中的泡沫以洁白、细腻、持久挂杯为好，一般从斟酒时泡沫盖满酒面到消失的持续时间不少于 3 min。

对于含糖度较高的黄酒、果酒、葡萄酒等，应举杯旋转观察，用流动正常、酒液浓、稠、黏、黏滞、油状等评语评价酒液流动的情况。

2. 香

1）酒香产生的主要成分

（1）有机酸类物质的作用：酒液中含有大量的有机酸物质，各种不同的有机酸物质具有不同的调香作用，如乙酸呈舒适的酸香，丁酸呈窑泥香，己酸呈窑泥香带辣味，丙酸呈辛酸味，乳酸呈涩味等。酒液中酸度适中，可以起调节酒的香味，改善酒液口感等作用，使酒液香气清新优美。

（2）高级醇类物质的作用：醇是酒品的主要成分之一。醇类物质可以赋予酒品独特的香气，异戊醇呈杂醇油气味，异丁醇呈脂肪香气，正丁醇呈茉莉香气，正丙醇呈酒精香气等，适量的醇类可以使酒液香气厚实丰满。

（3）酯类是酒液香气的重要来源：乙酸乙酯呈果香，乳酸乙酯呈草香，丁酸乙酯呈菠萝香，己酸乙酯呈窑香等，适量的酯类可以提高酒液的香气。

（4）羰基化合物类中的醛类物质：含量适中可以增加酒类香气的释放作用，但含量过多，则会加重酒的辛辣味道和刺激性。

2）表示香气程度的术语　酒品中的香气不能被嗅出，称为无香气。用无香气、微有香气、香气不足、浮香等语言描述酒香的微弱和不足。赞扬酒香则用清雅、细腻、纯正、浓郁协调、完满、芳香等词语。描述酒香释放情况的词语有暴香、放香、喷香、入口香、回香、余香、绵长等。描述独特香气的词语有陈酒香、固有酒香、焦香、香韵等。描述有不正常气味用臭气、糊焦气、金属气、腐败气、酸气、霉气等。

3）表示各类酒品香气的术语　品评白酒常用醇香、曲香、糟香、果香、窖底香、芝麻香，以及郁而不猛、低而不淡、柔和绵长等。对不正常的香气则用香气不正、香气不纯、刺激性强烈、焦臭、醛臭、油膻味、杂醇酒味等。对清香型，用清香醇正、绵长爽净。对浓香型，用芳香浓郁、香气协调、喷香等。

黄酒的香气一般用香气芬芳、醇香浓郁等词语描述。啤酒的酒花香气要求没有老化气味，没有酒花气味，香气新鲜清爽，麦芽香气应是清香（淡色啤酒）、焦香（浓香啤酒）。

果酒和葡萄酒香气的主要品评指标必须保持原料的品种香气，即果香气味。对酒香的用语常用酒香浓郁、陈酒香、成熟酒香、新酒气味和酒香不足等。

3. 味

酒的味感是关系酒品优劣的最重要的品评标准，古今中外的名酒佳酿都具各自优美的味道，令饮者赞叹不已，长饮不厌，甚至产生偏爱。

酒品中一般带有酸、甜、苦、辣、咸、涩、怪等味道。

酸味，是一些酒品风格的主要特点，酸味酒给人以醇厚、甘洌、清爽、干净的感觉。现代品中常以“干”字来表示酸味酒，酸味酒有不黏不挂、清肠沥胃、开胃佐餐的效果，很受消费者喜爱。酸味酒以酸为主体，还有涩、辛等味，适量的酸味，形成酒品的芳香气味，增加酒味的浑厚和回味；酸味不足时，酸味会显得寡淡乏味、后味短；酸味过强酒味则会变得辛辣粗糙，失回味。不同的酒品对酸味的要求也不相同，如啤酒、白酒要求不得有酸味，黄酒则可以呈轻微的酸味，而干葡萄酒则必须呈现明显的酸味。品评时可以用调和、微酸、含酸味、酸重等词语进行品评描述。

甜味，可以给饮者以舒适、滋润、圆正、纯美、丰满浓郁等感觉，酒品的甜味主要来源于酒中含有的糖分、甘油和多元醇类等物质，如果酒、葡萄酒等原料中含有丰富的糖分，谷物酒中淀粉在糖化作用下会转化成麦芽糖、葡萄糖。另外，还有的酒品在生产过程中加入了饴糖、糖浆等来改善酒品的口味。品评时多以无甜味、微甜、甜、浓甜、甜得发腻、回甜、甜味突出等语描述，还有用以下词语表示不是因糖分形成的甜味，如净甜、绵甜、醇甜、甘洌、甘润、甘爽等。

苦味在酒品的品味中并非都是劣味，有些酒味中必须含有微苦或苦味才是正味，如啤酒、味美思、比特酒等，适量的苦味给饮者以净口、开胃、生津、止渴等良好的作用。但有些酒不允许有苦味，如白酒，苦味的产生多数因为原料中含有的单宁和生产中的高级醇引起的。味的品评术语有无苦味、微苦味、苦、极苦、微苦涩、苦涩、后味苦等。

涩味常与苦味同时发生，给人以收敛、不滑润等不愉快的感觉。原料处理不当，过量的单宁、乳酸等物质进入酒液，便会使酒品产生涩味。涩味一般是不受欢迎的，但在果酒和葡萄酒中适量的涩味却可以提高酒品的品质。

酒品中的辛辣味是不受欢迎的。酒液中含有的醛类、高级醇等物质都会引起酒液中的辛辣味，给人以冲头、刺鼻等不良感觉。

怪味也称异味，是酒品中不应出现的气味，产生的原因和描述也很复杂，一般表现为油味、糠味、糟味等。

对酒味总的品评术语有浓厚、平淡、醇厚、香醇、甜净、绵软、清洌、粗糙、燥辣及后味、余回味等不同的味觉感觉。酒类中的各种产品都含有不同比重的酒精，但各类酒品都要求酒精味道。只有各种味感相互配合、酒味协调、酒质肥硕、酒体柔美的酒品才能称得上美酒佳酿。

4. 体

酒体是品评酒品的一个项目，是对酒品的色泽、香气、口味的综合评价，但不等于酒品的色、香、味溶解在水和酒精中，而是要求它们应和挥发物质、固态物质混合在一起构成酒品的整体。评价酒品的体常用精美醇良、酒体完满、酒体优雅、酒体娇嫩、酒体瘦弱、酒体粗劣等词语进行评述。

5. 风格

酒品的风格是对包括酒品的色、香、味、体的全面品质的评价，同一类酒中的每个品种之间都存在差别。每种酒的独特风格是稳定的、定型的，各种名贵的酒品无一不是以上乘的质量和独特风格受到广大饮者的喜爱。品评酒品风格使用突出、显著、明显、不突出、不明显、一般等词语进行评价。定型酒品的主要成分含量都有一定的范围，所以用分析酒品成分的方法评价酒品的优劣真伪。

二、酒类的感官评价方法

1. 评酒的准备工作

评酒室的室温在15～20℃为宜，相对湿度50%～60%，避免外界干扰，噪声应在40 dB以下，没有气味物质的影响，室内保持空气新鲜，呈无风状态，光线充足柔和，照度以500 lx为宜。墙壁色调适中单一，反射率在40%～50%。

选定品评样品，每个评酒员每天的品评用量不得超过24个品种。准备好品酒用的各种酒杯，不得混用，注入酒杯的酒液量以酒杯的3/5为好，留有空间，便于旋转酒杯进行品评。含气酒品注入酒杯时，瓶口距杯口3 mm缓慢注入，达到适当高度时，注意观察起泡情况，计算泡沫保持的时间。

2. 各类酒品的最佳品评温度

各类酒品的最佳品评温度一般是：白酒15～20℃，黄酒30℃左右，啤酒在15℃以下保持1 h

以上，葡萄酒、果酒 9～18℃，干白葡萄酒 10～11℃，干红葡萄酒、深甜葡萄酒 16～18℃，高级白葡萄酒 13～15℃，淡红葡萄酒 12～14℃，香槟酒 9～10℃。

3. 同一类酒样的品评顺序

同一类酒样的品评顺序一般为：酒度先低后高，香气先淡后浓，滋味先干后甜，酒色先浅后深。

评酒时还要注意防止生理和心理上的顺效应、后效应等情况所引起的品评误差，影响结论的正确性。品评时可以采取反复品评、间隔时间休息、清水漱口等方法加以克服。

评外观时要在适宜的光线下直观或侧观，注意酒液的色泽，有无悬浮物、沉淀物等情况。

评气味时杯口应放置于鼻下约 6 cm 处，略低头，转动酒杯，轻嗅酒气。经反复嗅过后作出判断。

评口味时入口要慢，使酒液先接触舌尖，后接触舌两侧，再到舌根，然后卷舌。把酒液扩展到整个舌面，进行味觉的全面判断，最后咽下，辨别后味，并进行反复品评，对酒品的杂味、刺激、协调、醇和等作出判断评价。品评时高度酒可少饮，一般 2 mL 即可，低度酒可多饮，一般在 4～12 mL，酒液在口中停留的时间一般在 2～3 s。品评程序是：一看，二嗅，三尝，四回味。

4. 评酒的基本方法

（1）一杯品评法也称直接品评法，评酒时采用暗评的方法，评酒人先品尝酒品，然后进行评述，可以一种酒样品尝后即进行评价，也可以重复品尝几种酒样后，再逐一进行评述。

（2）两杯品评法也称对比品评法，评酒时采用暗评的方法，评酒人依次品尝两种酒样，然后评述两种酒的风格和风味等差异，以及各自的风格特点。

（3）三杯品评法也称三角品评法，评酒时采用暗评的方法，品评人员依次品尝三杯酒样，其中两杯是同样酒样，品评人应品出哪两杯是同样的酒，其与另外一种酒之间在风味、风格上存在哪些差异，并对各自的风味、风格进行评述。

三、各类酒的感官评价方法

1. 白酒质量感官评价

1）色泽与透明度评价　白酒的正常色泽应是无色、透明、无悬浮物和沉淀物，这是酒质量是否纯净的一项重要指标；将白酒注入杯中，杯壁上不得出现环状不溶物；将酒瓶突然颠倒过来，在强光下观察酒体，不得有浑浊、悬浮物和沉淀物。冬季如白酒中有沉淀物，可水浴加热到 30～40℃，如沉淀消失则视为正常。发酵期较长和储存期较长的白酒，往往有极浅的淡黄色，如茅台酒，这是允许的。

2）香气评价　白酒的香气有逸香、喷香、留香三种。当鼻腔靠近酒杯口，白酒中芳香成分逸散在杯口附近，很容易使人闻到香气，这就是逸香，也称闻香，用嗅觉即可直接辨别香气的浓度及特点。当酒液饮入口中，香气充满口腔，叫喷香。留香是酒已咽下，而口中仍持续留有酒香气。

在对白酒的香气进行感官评价时，最好使用大肚小口的玻璃杯，将白酒注入杯中稍加摇晃，即刻用鼻子在杯口附近短促呼吸仔细嗅闻其香气。如对某种酒要进行细致的评价或精细比较时，可以采用下列特殊的闻香方法。

（1）用一条吸水性强、无味的纸，浸入酒杯吸一定量的酒样，闻纸条上散发的气味，然后将纸条放置 8～10 min 后再闻一次。这样可以评价酒液香气的浓度和时间长短。同样也易于辨别有无不快气味及气味的强弱。

（2）在手心中滴几滴酒样，再把手握成拳头，从大拇指和食指间的缝隙中，紧接用鼻子闻其气味。此法可以对验证所判断香气是否正确有明显效果。

（3）在手心或手背上滴几滴酒样，然后两手相搓，使酒样迅速挥发，及时闻其气味。此法可以用于评价酒香的浓淡。评香气时闻酒气味前要先呼气，再对酒杯吸气。还应注意酒杯和鼻子的距离，呼气时间的长短、间歇、呼气量尽可能相同。一般的白酒都应具有一定的逸香，而很少有喷香或留香。名酒中的五粮液，就是以喷香著称的，而茅台酒则是以留香而闻名。白酒不应该有异味，如焦煳味、腐臭味、泥土味、糖味、酒糟味等。

3）滋味评价　白酒的滋味应有浓厚和淡薄、绵软和辛辣、纯净和邪味之分；酒咽下后，又有回甜和苦辣之别。白酒滋味应要求醇厚无异味、无强烈的刺激性、不辛辣呛喉、各味协调。好的白酒还要求滋味醇香、浓厚、味长、甘甜，入口有愉快舒适的感觉。进行品尝时，饮入口中的白酒，应于舌头及喉部细品，以评价酒味的醇厚程度和滋味的优劣。

4）酒花评价　用力摇晃瓶，瓶中酒顿时会出现酒花，一般都以酒花白皙、细碎、堆花时间长的为佳品。

5）评风格　品评酒的风格，是对酒的色、香、味全面评价的综合体现。

评风格主要靠鉴评人员平日广泛接触各种名酒积累下来的经验。没有对各类酒风格的记忆，风格是无法品评的。

白酒的感官要求：各类白酒，一般都要求具有本品种突出的风格，色泽为无色，清凉透明，无悬浮物，无沉淀。

不同香型的白酒其香气和口味要求如下。

（1）酱香型：要求酱香突出、优雅细致、酒体醇厚、回味悠长，以茅台酒为代表。

（2）浓香型：其特点是窖香浓郁、绵软甘冽、尾净余长，即有“香、甜、浓、净”四个字的特征，如泸州老窖、五粮液、剑南春、洋河大曲等。

（3）清香型：其特点是清香纯正、口味协调、微甜绵长、余味爽净，如山西汾酒。

（4）米香型：其特点是米香洁雅纯正、入口绵软、落口甘冽、回味怡畅，以桂林三花酒为代表。

（5）兼香型：其特点是浓酱协调、香气浓郁、纯正柔和、后味回甜，如白沙液酒。

此外，还有混合香型或特殊香型的白酒，如西凤酒、董酒等。

6）影响因素　白酒的变色：用未经涂蜡的铁桶盛呈酸性的白酒，铁质桶壁容易被氧化，还原为高铁离子或低铁离子的化合物，从而使酒变成黄褐色。使用含锌的铝桶，也会使之与酒类中的酸类发生氧化作用而生成氧化锌，使酒变为乳白色。

白酒的变味：用铸铁（生铁）容器盛酒会使白酒产生硫的臭味。用腐败血料涂刷后的酒篓盛放酒，会产生血腥臭味。有的在流通转运过程中用新制的桶装酒，也会发生气味污染而使酒液带有木材的苦涩味。

不论是变色还是变味的白酒，都应查明原因，经过特殊处理后恢复原有品质的酒可继续饮用，否则不适于饮用或只能改作他用。

2. 啤酒质量感官评价

啤酒是以大麦芽、啤酒花和水为主要原料，用不发芽谷物（如大米、玉米等）为辅料，经糖化发酵酿制成的富含多种营养成分的低度饮料酒。如按供给人体热能计算，1 L 啤酒相当于 0.7 L 牛奶的营养。

1）啤酒的分类　按啤酒的颜色深浅可将啤酒分为：淡色啤酒、浓色啤酒和黑啤酒。

按生产方法可将啤酒分为熟啤酒（经过巴氏杀菌）和鲜啤酒（未经杀菌）；另外，现在还有一种只经过过滤除菌的啤酒，称为“纯鲜啤酒”。

所谓啤酒的度数，是指啤酒中原麦汁的质量分数（%），而不是指乙醇的体积分数（酒精含量）。如 12 度啤酒，其酒精含量仅有 3%～4%。按麦汁浓度又将啤酒分为：低浓度啤酒（麦汁浓度 7～8 度，酒精含量 2%以下）、中浓度啤酒（麦汁浓度在 11～12 度，酒精含量 3.1%～3.5%）和高浓度啤酒（麦汁浓度 14～20 度，酒精含量在 5%以上）3 种。

2）啤酒的感官评价

（1）色泽：啤酒的色泽可分为淡色、浓色和黑色三种。淡色啤酒的酒液呈浅黄色，也有微带绿色的；浓色啤酒酒液金黄；黑啤酒酒液紫黑色，稍稍泛红。优良品质的啤酒，不管其颜色深浅，均应具有醒目的光泽；暗而无光的不是好啤酒。以淡色啤酒为例阐述良质、次质和劣质啤酒。

良质啤酒—— 酒液浅黄色或微带绿色，不呈暗色，有醒目光泽，清亮透明，无小颗粒、悬浮物和沉淀物。

次质啤酒—— 色淡黄或稍深些，透明，有光泽，有少许悬浮物或沉淀物。

劣质啤酒—— 色泽暗而无光或失光，有明显悬浮或沉淀，有可见小颗粒，严重者酒体浑浊。

（2）透明度：啤酒在规定的保持期内，必须能保持洁净透明的特点，无小颗粒和悬浮物，不应有任何浑浊或沉淀现象发生。

（3）泡沫：泡沫是啤酒的重要特征之一，啤酒也是唯一以泡沫体作为主要质量指标的酒精类饮料。

良质啤酒—— 注入杯中立即有泡沫窜起，起泡力强，泡沫厚实且盖满酒面，沫体洁白细腻。沫高占杯子的 1/2～2/3；同时见到细小如珠的气泡自杯底成串上升，经久不失，泡沫挂杯持久，在 4 min 以上。

次质啤酒—— 倒入杯中的泡沫升起较快，色较洁白，挂杯时间持续 2 min 以上。

劣质啤酒—— 倒入杯中，稍有泡沫且消散很快，有的根本不起泡沫，起泡者泡沫粗黄，不挂杯，似一杯茶水状。

（4）风味和酒体：一般日常生活中常见的淡色啤酒应具有较显著的酒花香和麦芽清香以及细微的酒花苦味，入口苦味爽快而不长久，酒体爽而不淡，柔和适口。并且啤酒具有饱和充足的二氧化碳，能赋予啤酒一定的杀口力，给人以合适的刺激感。

良质啤酒——口味纯正，酒香明显，无任何异杂滋味。酒质清冽，酒体协调柔和，杀口力强；苦味细腻、微弱、清爽而愉快，无后苦，有再饮欲。

次质啤酒——口味纯正，无明显的异味，但香味平淡、微弱，酒体尚属协调，具有一定杀口力。

劣质啤酒——味不正，淡而无味，或有明显的异杂味、怪味，如酸味、馊味、铁腥味、苦涩味、老熟味等，也有的甜味过于浓重；更有甚者苦涩得难以入口。

另外，啤酒的饮用温度很重要，在适宜的温度下，酒液中很多有益成分的作用就能协调互补，给人一种舒适爽快的感觉。啤酒宜在较低的温度下饮用，一般以 12℃左右为好。

3）影响啤酒质量的因素　啤酒是一种透明的胶体溶液，易受微生物和理化作用的影响，使胶体溶液受破坏而失去透明的特性，称之为啤酒的“失光”。失光后再进一步遭受严重破坏，啤酒就会浑浊并出现沉淀。常见的主要有以下几种情况。

（1）酵母浑浊：造成啤酒的酵母浑浊一般是由于野生酵母混入引起的或者是酵母再发酵引起的。酵母浑浊的主要表现是酒液失光、浑浊、有沉淀，启盖后气泡很足，常会伴有窜沫现象（啤酒自瓶口喷涌而出）；倒酒入杯时酒瓶口处有“冒烟”现象。

（2）受寒浑浊：当啤酒在 0℃左右贮存或运输一定的时间后，因为温度低酒液中常会出现一些较小的悬浮颗粒，使啤酒失光。如果在低温下贮运的时间再延长，酒液中就会出现较大凝聚物而造成沉淀。如在啤酒处于失光阶段时将贮运温度回升到 10℃以上，酒液又会恢复到透明状态。这种因受寒冷而造成的浑浊，实际上是蛋白质的凝聚现象。

（3）淀粉浑浊：由于糖化不完全，酒液中还残留有一定量的淀粉而造成浑浊，并逐渐出现白色沉淀。

第四节 畜禽肉的感官评价

对禽肉进行感官评价时，一般按照如下顺序进行。首先是眼看其外观、色泽、组织状态，特别应注意肉表面和切口处的颜色与光泽，看有无色泽灰暗，是否存在淤血、水肿、囊肿和污染等情况。其次是嗅肉品的气味，不仅要了解肉表面的气味，还应感知其切开时和试煮后的气味，注意是否有腥臭味。最后用手指按压、触摸，以感知其弹性和黏度，结合脂肪及试煮后肉汤的情况，才能对肉进行综合性评价。

一、猪肉的评价方法

1. 鲜猪肉

1）外观评价

新鲜猪肉—— 表面有一层微干或微湿的外膜，呈淡红色，有光泽，切断面稍湿、不黏手，肉汁透明。

次鲜猪肉—— 表面有一层风干或潮湿的外膜，呈暗灰色，无光泽，切断面色泽比新鲜的猪肉暗，有黏性，肉汁浑浊。

变质猪肉—— 表面外膜极度干燥或黏手，呈灰色或淡绿色，发黏并有霉变现象，切断面也呈暗灰或淡绿色、很黏，肉汁严重浑浊。

2）气味评价

新鲜猪肉—— 具有鲜猪肉正常的气味。

次鲜猪肉—— 在肉的表层能嗅到轻微的氨味、酸味或酸霉味，但在肉的深层却没有这些气味。

变质猪肉—— 腐败变质的肉，不论在肉的表层还是深层均有腐臭气味。

3）脂肪评价

新鲜猪肉—— 脂肪呈白色，具有光泽，有时呈肌肉红色，柔软而富于弹性。

次鲜猪肉—— 脂肪呈灰色，无光泽，容易黏手，有时略带油脂酸败味和蛤喇味。

变质猪肉—— 脂肪表面污秽有黏液，常霉变呈淡绿色，脂肪组织很软，具有油脂酸败味。

4）肉汤评价

新鲜猪肉—— 肉汤透明、芳香，汤表面聚集大量油滴，油脂的气味和滋味鲜美。

次鲜猪肉—— 肉汤浑浊，汤表面油滴较少，没有鲜香的滋味，常略有轻微的油脂酸败和霉变气味及味道。

变质猪肉—— 肉汤极浑浊，汤内漂浮着有如絮状的烂肉片，汤表面几乎无油滴，具有浓厚的油脂酸败味或显著的腐败臭味。

2. 冻猪肉

1）色泽评价

良质冻猪肉—— 肌肉色红、均匀，具有光泽，脂肪洁白，无霉点。

次质冻猪肉—— 肌肉红色稍暗，缺乏光泽，脂肪微黄，可有少量霉点。

变质冻猪肉—— 肌肉色泽暗红，无光泽，脂肪呈污黄色或灰绿色，有霉斑或霉点。

2）气味评价

良质冻猪肉—— 无臭味，无异味。

次质冻猪肉—— 稍有氨味或酸味。

变质冻猪肉—— 具有严重的氨味、酸味或臭味。

3）组织状态评价

良质冻猪肉—— 肉质紧密，有坚实感。

次质冻猪肉—— 肉质软化或松弛。

变质冻猪肉—— 肉质松弛。

4）黏度评价

良质冻猪肉—— 外表及切面微湿润，不黏手。

次质冻猪肉—— 外表湿润，微黏手；切面有渗出液，但不黏手。

变质冻猪肉—— 外表湿润，黏手，切面有渗出液亦黏手。

发黏是肉质不新鲜的表现。猪肉的变质往往先在肉表发黏、发滑，并有一种陈腐的气味，严重时有臭味。肉质发黏的原因是由于将刚宰杀的猪肉（肉温高）放在湿度大的地方，或肉接触处通风不良造成的。在发黏和发绿的鲜肉中，能检出假单胞菌。如果只是肉的表面轻度黏滑，则修刮洗净后，经高温烧煮，可以食用。如果黏滑严重、臭味大，表明已变质，不能食用。

3. 健康畜肉与病死、毒死畜肉的评价

1）色泽评价

健康畜肉——肌肉色泽鲜红，脂洁白（牛肉为黄色），具有光泽。

死畜肉——肌肉色泽暗红或带有血迹，脂肪呈桃红色。

2）组织状态评价

健康畜肉——肌肉坚实致密。不易撕开，肌肉有弹性，用手指按压后可立即复原。

死畜肉——肌肉松软，肌肉弹性差。

3）血管状态评价

健康畜肉——全身血管中无凝结的血液，胸腹腔内无淤血，浆膜光亮。

死畜肉——全身血管充满了凝结的血液，尤其是毛细血管中更为明显，胸腹腔呈暗红色，无光泽。

4. 常见劣质猪肉的评价方法

（1）注水猪肉：猪肉注水过多时，水会从瘦肉上往下滴，割下一块瘦肉，放在盘子里，稍刻，就有水流出来。用卫生纸或吸水纸贴在肥瘦肉上，用手紧压，待纸湿后揭下来，用火燃，若不能燃烧，则说明肉中注了水。

（2）有淋巴结的病死猪肉：病死猪肉的淋巴结是肿大的，其脂肪为浅玫瑰色或红色，肌肉为黑色，肉切面上的血管可挤出暗红色的淤血。而正常猪肉的淋巴结大小正常，肉切面呈鲜灰色或淡黄色。

（3）老母猪肉。

一看猪皮：老母猪肉皮厚、多褶皱、毛囊粗。

二看瘦肉：老母猪肉肉色暗红，肉丝粗，用手按压无弹性，也无黏性。

三看膘：老母猪肉（脂肪）看上去非常松弛，呈灰白色，膘面没有油的光亮感。

5. 老畜肉与幼畜肉质量的评价方法

老畜肉肉体的皮肤粗老，多皱纹，肌肉干瘦，皮下脂肪少，肌纤维粗硬而色泽深暗，结缔组织发达，淋巴结萎缩或变为黑褐色，肉味不鲜。

幼畜肉含水量多，滋味淡薄，肉质松软，易于煮熟，脂肪含量少，皮肤细嫩柔软，骨髓发红。

6. 评价公、母猪肉质量的方法

看皮—— 公猪肉皮厚而硬，毛孔粗，皮肤与脂肪间无明显界限；母猪皮厚色黄，毛孔大而深，结合处疏松，皮下还有少量斑点。

辨肉—— 公猪的肉色苍白，去皮去骨后，皮下脂肪又厚又硬；母猪的肉呈深红色，纹路粗乱，结缔组织多，脂肪少。

查骨—— 公猪的前五根肋骨比正常肥猪要宽而扁；母猪的骨头白中透黄，粗糙老化，奶头长而硬，乳腺孔特别明显。

闻味—— 公、母种猪都有臊味和毛腥味。

二、牛肉的评价方法

1. 评价鲜牛肉质量的方法

1）色泽评价

良质鲜牛肉—— 肌肉有光泽，红色均匀，脂肪洁白或淡黄色。

次质鲜牛肉—— 肌肉色稍暗，用刀切开截面尚有光泽，脂肪缺乏光泽。

2）气味评价

良质鲜牛肉—— 具有牛肉的正常气味。

次质鲜牛肉—— 牛肉稍有氨味或酸味。

3）黏度评价

良质鲜牛肉—— 外表微干或有风干的膜，不黏手。

次质鲜牛肉—— 外表干燥或黏手，用刀切开的截面上有湿润现象。

4）弹性评价

良质鲜牛肉—— 用手指按压后的凹陷能完全恢复。

次质鲜牛肉—— 用手指按压后的凹陷恢复慢，且不能完全恢复到原状。

5）煮沸后的肉汤评价

良质鲜牛肉—— 牛肉汤，透明澄清，脂肪团聚于肉汤表面，具有牛肉特有的香味和鲜味。

次质鲜牛肉—— 肉汤，稍有浑浊，脂肪呈小滴状浮于肉汤表面，香味差或无鲜味。

2. 评价冻牛肉质量的方法

1）色泽评价

良质冻牛肉（解冻后）—— 肌肉色红均匀，有光泽，脂肪白色或微黄色。

次质冻牛肉（解冻后）—— 肌肉色稍暗，肉与脂肪缺乏光泽，但切面尚有光泽。

2）气味评价

良质冻牛肉（解冻后）—— 具有牛肉的正常气味。

次质冻牛肉（解冻后）—— 稍有氨味或酸味。

3）黏度评价

良质冻牛肉（解冻后）—— 肌肉外表微干，或有风干的膜，或外表湿润，但不黏手。

次质冻牛肉（解冻后）—— 外表干燥或轻微黏手，切面湿润黏手。

4）组织状态评价

良质冻牛肉（解冻后）—— 肌肉结构紧密，手触有坚实感，肌纤维的韧性强。

次质冻牛肉（解冻后）—— 肌肉组织松弛，肌纤维有韧性。

5）煮沸后的肉汤评价

良质冻牛肉（解冻后）—— 肉汤澄清透明，脂肪团聚于表面，具有鲜牛肉汤固有的香味和鲜味。

次质冻牛肉（解冻后）—— 肉汤稍有浑浊，脂肪呈小滴浮于表面，香味和鲜味较差。

3. 评价注水牛肉的方法

（1）观察：注水后的肌肉很湿润，肌肉表面有水淋淋的亮光，大血管和小血管周围出现半透明状的红色胶样浸湿，肌肉间结缔组织呈半透明红色胶冻状，横切面可见到淡红色的肌肉；如果是冻结后的牛肉，切面上能见到大小不等的结晶冰粒，这些冰粒是注入的水被冻结的，严重时这种冰粒会使肌肉纤维断裂，造成肌肉中的浆液（营养物质）外流。

（2）手触：正常的牛肉，富有一定的弹性；注水后的牛肉，破坏了肌纤维的强力，使之失去了弹性，所以用手指按下的凹陷，很难恢复原状，手触也没有黏性。

（3）刀切：注水后的牛肉，用刀切开时，肌纤维间的水会顺刀口流出。如果是冻肉，刀切时可听到沙沙声，甚至有冰疙瘩落下。

（4）化冻：注水冻结后的牛肉，在化冻时盆中化冻后水是暗红色，原因是肌纤维被冻结冰胀裂，致使大量浆液外流。

注水后的牛肉，营养成分流失，不宜选购。

三、禽肉的评价方法

1. 鲜光鸡

1）眼球评价

新鲜鸡肉——眼球饱满。

次鲜鸡肉——眼球皱缩凹陷，晶体稍显浑浊。

变质鸡肉——眼球干缩凹陷，晶体浑浊。

2）色泽评价

新鲜鸡肉——皮肤有光泽，因品种不同可呈淡黄色、淡红色和灰白色等颜色，肌肉切面具有光泽。

次鲜鸡肉——皮肤色泽转暗，但肌肉切面有光泽。

变质鸡肉——体表无光泽，头颈部常带有暗褐色。

3）气味评价

新鲜鸡肉——具有鲜鸡肉的正常气味。

次鲜鸡肉——仅在腹腔内可嗅到轻度不快气味，无其他异味。

变质鸡肉——体表和腹腔均有不快气味甚至臭味。

4）黏度评价

新鲜鸡肉——外表微干或微湿润，不黏手。

次鲜鸡肉——外表干燥或黏手，新切面湿润。

变质鸡肉——外表干燥或黏手腻滑，新切面发黏。

5）弹性评价

新鲜鸡肉——指压后的凹陷能立即恢复。

次鲜鸡肉——指压后的凹陷恢复较慢，且不完全恢复。

变质鸡肉——指压后的凹陷不能恢复，且留有明显的痕迹。

6）肉汤评价

新鲜鸡肉——肉汤澄清透明，脂肪团聚于表面，具有香味。

次鲜鸡肉——肉汤稍有浑浊，脂肪呈小滴浮于表面，香味差或无褐色。

变质鸡肉——肉汤浑浊，有白色或黄色絮状物，脂肪浮于表面者很少，甚至能嗅到腥臭味。

2. 烧鸡质量优劣的评价方法

（1）闻：如果有异臭味，说明烧鸡存放已久或是病死鸡加工制成的。

（2）看：看烧鸡的眼睛，如果眼睛是半睁半闭，说明是好鸡加工制成的；如果双眼紧闭，说明是病鸡或病死鸡加工制成的。

（3）动：用筷子或小刀挑开肉皮，肉呈血红色的，说明是病死鸡加工制成的，因病死鸡没有放血或放不出血。此外，买烧鸡时，不要只看其色泽的新鲜光滑，因为有的烧鸡其色泽是用红糖或蜂蜜和油涂抹在表面形成的。

3. 评价健康禽肉与死禽肉的方法

1）放血切口评价

健康禽肉——切口不整齐，放血良好，切口周围组织有被血液浸润现象，呈鲜红色。

死禽肉——切口平整，放血不良，切口周围组织无被血液浸润现象，呈暗红色。

2）皮肤评价

健康禽肉——表皮色泽微红，具有光泽，皮肤微干而紧缩。

死禽肉——表皮呈暗红色或微青紫色，有死斑，无光泽。

3）脂肪评价

健康禽肉——脂肪呈白色或淡黄色。

死禽肉——脂肪呈暗红色，血管中淤存有暗紫红色血液。

4）胸肋、腿肌评价

健康禽肉——切面光洁，肌肉呈淡红色，有光泽、弹性好。

死禽肉——切面呈暗红色或暗灰色，光泽较差或无光泽，手按在肌肉上会有少量暗红色血液渗出。

四、羊肉的评价方法

1. 鲜羊肉质量评价的方法

1）色泽评价

良质鲜羊肉——肌肉有光泽，红色均匀，脂肪洁白或淡黄色，质坚硬而脆。

次质鲜羊肉——肌肉色稍暗淡，用刀切开的截面尚有光泽，脂肪缺乏光泽。

2）气味评价

良质鲜羊肉——有明显的羊肉膻味。

次质鲜羊肉——羊肉稍有氨味或酸味。

3）弹性评价

良质鲜羊肉——用手指按压后的凹陷，能立即恢复原状。

次质鲜羊肉——用手指按压后凹陷恢复慢，且不能完全恢复到原状。

4）黏度评价

良质鲜羊肉——外表微干或有风干的膜，不黏手。

次质鲜羊肉——外表干燥或黏手，用刀切开的截面上有湿润现象。

5）煮沸的肉汤评价

良质鲜羊肉——肉汤透明澄清，脂肪团聚于肉汤表面，具有羊肉特有的香味和鲜味。

次质鲜羊肉——肉汤稍有浑浊，脂肪呈小滴状浮于肉汤表面，香味差或无鲜味。

2. 评价冻羊肉质量的方法

1）色泽评价

良质冻羊肉（解冻后）——肌肉颜色鲜艳，有光泽，脂肪呈白色。

次质冻羊肉（解冻后）——肉色稍暗，肉与脂肪缺乏光泽，但切面尚有光泽，脂肪稍微发黄。

变质冻羊肉（解冻后）——肉色发暗，肉与脂肪均无光泽，切面亦无光泽，脂肪微黄或淡污黄色。

2）黏度评价

良质冻羊肉（解冻后）——外表微干或有风干膜或湿润但不黏手。

变质冻羊肉（解冻后）——外表极度干燥或黏手，切面湿润发黏。

3）组织状态评价

良质冻羊肉（解冻后）——肌肉结构紧密，有坚实感，肌纤维韧性强。

次质冻羊肉（解冻后）——肌肉组织松弛，但肌纤维尚有韧性。

变质冻羊肉（解冻后）——肌肉组织软化、松弛，肌纤维无韧性。

4）气味评价

良质冻羊肉（解冻后）——具有羊肉正常的气味（如膻味等），无异味。

次质冻羊肉（解冻后）——稍有氨味或酸味。

变质冻羊肉（解冻后）——有氨味、酸味或腐臭味。

5）肉汤评价

良质冻羊肉（解冻后）——澄清透明，脂肪团聚于表面，具有鲜羊肉汤固有的香味或鲜味。

次质冻羊肉（解冻后）——稍有浑浊，脂肪呈小滴浮于表面，香味、鲜味均差。

变质冻羊肉（解冻后）——浑浊，脂肪很少浮于表面，有污灰色絮状物悬浮，有异味甚至臭味。

第五节　水产品及其制品的感官评价

目前国内外常用的鉴定鱼类鲜度的主要方法为感官法和生物化学法。感官评价法由于简便易行又能及时得出结论，所以至今仍被广泛采用。

感官评价水产品及其制品的质量优劣时，主要通过体表形态、鲜活程度、色泽、气味、肉质的弹性和洁净程度等感官指标来进行综合评价。首先是观察其鲜活程度如何，是否具有一定的生命活力；其次是看外观形态的完整性，注意有无伤痕片脱落、骨肉分离等现象；再次是观察其体表卫生洁净程度，即有无污秽物和杂质等。然后看其色泽，嗅其气味，有必要的话还要品尝其滋味。综上所述再进行综合感官评价。

对于水产品而言，感官评价也主要是外观、色泽、气味和滋味几项内容。其中，是否具有该类制品特有的正常气味与风味，对于做出正确判断有着重要意义。各种水产类常用的感官评价指标介绍如下。

一、鱼类的感官评价指标

1. 眼球饱满、角膜透明

眼球下部原有结缔组织支撑，使眼球向外凸出。当鱼体内蛋白质开始分解后，结缔组织就逐渐变软而失去支撑力，于是眼球就逐渐下陷。此外，眼球内含有黏蛋白，当其结构完整时角膜是透明的，而当黏蛋白分解后，角膜就变浑浊。所以这一指标能确切地反映出鱼体鲜度。

2. 鳃色鲜红、鳃丝清晰

鳃丝内含有血红蛋白，当其结构完整时，鳃色鲜红。当血红蛋白开始分解后，鳃色就发生变化。此外，鳃丝上覆盖着的黏液，也含有蛋白质成分，当蛋白质结构完整时，黏液是润滑而透明的，当蛋白质分解后，黏液就变浑浊并使鳃丝粘结。所以这一指标也能确切地反映鲜度。

3. 体表色泽

各种鱼类的体表都有其固有的色彩，当鱼体变质时，存于鱼体皮肤的真皮层内的色素细胞所含的各种色素（主要是类胡萝卜素和虾红素，也有脂色素系的色素和黑色系的色素）就会被氧化，或溶于水，或遇酸沉淀，而使鱼体变色和失去光泽。如能熟悉各种鱼类固有的色彩，以体色作为评价鲜度的指标是有意义的，但因鱼类品种繁多，非专业人员不易熟辨，故还以观察鱼体体表有无光泽较为实用。

4. 鱼鳞紧贴完整

当鱼鳞所附着的组织细胞层处于完整状态时，鱼鳞是紧贴在鱼体上的，剥之亦不易脱落。在鱼体开始自溶以后，组织逐渐变软，鱼鳞也较易剥落。到鱼体腐败变质时，鱼鳞所附着的组织细胞层已被破坏，鱼鳞就很易脱落而呈现残缺不全的状态。但鱼鳞是否完整也与捕捞作业方式和运输操作有关。例如，张网作业所捕捞的鱼，由于鱼在网内挣扎冲撞，鱼体虽未变质但鱼鳞也会残缺。因此，以鱼鳞是否紧贴或是否易于剥落作为指标比较确切，而鱼鳞的完整与否只能作为辅助性的参考指标。

5. 肌肉弹性

鱼体在僵期内，体内细胞吸水膨胀具有弹性。自溶作用开始后，因细胞失去水分而使鱼体变软，弹性逐渐减退。到腐败变质时细胞晶体组织已被破坏，弹性完全消失，所以这一指标能确切反映鱼体鲜度。

6. 鱼腹是否膨胀

生前饱腹的鱼体在死亡后经一段时间，肠中内容物会发酵产生气体而呈现膨胀现象，但如生前空腹，就无此反应，所以这一指标缺乏普遍意义，亦不够确切。

7. 黏液腔

石首鱼科的鱼类（如大黄鱼）的头背连接处皮肤下有蜂窝状的格形结构，称为黏液腔，当鱼体新鲜时，腔格内充盈着血液，随着鲜度下降，血液自下而上（即从背向头）渐次消失。当鱼体变质时，最前面的腔格内也见不到血液。这一指标能很灵敏确切地反映出鲜度，但应注意石首鱼科以外的鱼类，则无此组织结构。

一般鱼类鲜度感官等级指标，见表 10-2 至表 10-4。

表 10-2　一般鱼类鲜度的感官评价（引自张艳和雷昌贵，2012）

项目	新鲜	较新鲜	不新鲜
眼球	眼球饱满，透明清亮，有弹性	眼角膜起皱，稍变浑浊，有时因有内溢血而发红	眼球塌陷，角膜浑浊，虹膜和眼腔被血红素浸红
鳃部	鳃色鲜红，黏液透明，无异味或海水味（淡水鱼可带土腥味）	鳃色变暗呈淡红色、深色或紫红，黏液带有发酸气味或稍有腥味	鳃色呈灰白色，有浑浊的黏液，带有酸臭、腥臭或陈腐味
肌肉	坚实有弹性，手指压后凹陷立即消失，无异味，肌肉切面有光泽	稍松软，手指压后凹陷不能立即消失，稍有腥酸味，肌肉切面无光泽	松软，手指压后凹陷不易消失，有霉味和酸臭味，肌肉易与骨骼分离
体表	有透明黏液，鳞片完整有光泽，紧贴鱼体，不易脱落	黏液多不透明，并有酸味，鳞片光泽较差，易脱落	鳞片暗淡无光泽，易脱落，表面黏液污秽，并有腐败味
腹部	正常不膨胀，肛门紧缩	轻微膨胀，肛门稍突出	膨胀或变软，表面发暗色或淡绿色斑点，肛门突出

表 10-3　部分海水鱼的感官评价（引自张艳和雷昌贵，2012）

品种	新鲜	不新鲜
海鳗	眼球凸出明亮，肉质有弹性，黏液多	眼球下陷，肉质松软
梭鱼	鳃盖紧闭，肉质紧实，肛门处污泥黏液不多	体软，肛门凸出有较重的泥臭味
鲈鱼	体色鲜艳，肉质紧实	体色发乌，头部发糊呈黄色
大黄鱼	色泽金黄，鳃鲜红，肌肉紧实有弹性	眼球下陷，头部发糊，体表色泽减退，渐至白色，腹部发软，肉易离刺
黄花鱼	眼凸出，鳃红，体表干净，色泽呈金黄色而有光泽。肌肉僵直而富有弹性	眼塌，鳃部有很浓的腥臭味，鳞片脱落很多，色泽渐退至灰白色，腹部发软甚至破裂
黄姑鱼	色泽鲜艳，鱼体坚硬	色泽灰白，腹部塌软

续表

品种	新鲜	不新鲜
带鱼	眼凸出，银鳞多而有光泽	眼塌陷，鳃黑，表皮有皱纹，失去光泽变成香灰色，破肚，掉头，胆破裂，有胆汁渗出
鲳鱼	鲜明有光泽，鳃色红色，肉质坚实	体表发暗，鳃色发灰，肉质稍松
加吉鱼	体色鲜艳有光泽，肉质紧实，肛门凹陷	色泽无光，鳞片易脱落，肉质弹性差，有异味

表 10-4　部分淡水鱼的感官评价（引自张艳和雷昌贵，2012）

品种	新鲜	不新鲜
青鱼	体色有光泽，鳃色鲜红	体表有多量黏液，腹部很软且开始膨胀
草鱼	鳃肉稍有青草气味，肌肉富有弹性	鳃肉有较重的饲草酸味，腹部甚软，肛门处有溢出物
鲢鱼	体表黏液较少，有光泽，鳞片紧贴鱼体	眼带白蒙，腹部发软，肌肉无弹性，肛门处有浑浊的肠内容物流出
鳙鱼	鳃色鲜红，鳞片紧密不易脱落	鳃有酸臭味，体表失去光泽，肉质特别松弛
鲫鱼	眼球透明，鳃鲜红，体质结实	鳃有异臭味，腹部发软呈污黄色，肛门处有黑水
鲤鱼	鳃鲜红，鳞片贴体牢固不易脱落	鳃内充满很多黏液，并有酸臭味，腹部稍膨胀

二、虾类的感官评价指标

1. 头胸节和腹节的连接程度

在虾体头胸节末端存在着被称为“虾脑”的胃脏和肝脏。虾体死亡后，“虾脑”易腐败分解，并影响头胸节与腹节连接处的组织，使节间的连接变得松弛。这一指标能灵敏而确切地反映鲜度。

2. 体表色泽

在虾体甲壳下的真皮层内散布着各种色素细胞，含有以胡萝卜素为主的色素质，常以各种方式与蛋白质结合在一起。当虾体变质分解时，即色素质与蛋白质脱离而产生虾红素，使虾体泛红。这一指标能确切地反映鲜度，但不如前一指标灵敏，到虾体接近变质时才能反映。

3. 伸曲力

虾体处在尸僵阶段时，体内组织完好，细胞充盈着水分，膨胀而有弹力，故能保持死亡时伸张或卷曲的固有状态，即使用外力使之改变，待等外力移去，仍能恢复原有姿态。当虾体发生自溶以后，组织变软，就失去这种伸曲力。这一指标能确切地反映鲜度。

4. 体表是否干燥

鲜活的虾体外表洁净，触之有干燥感。但当虾体将近变质时，甲壳下一层分泌黏液的颗粒细胞崩解，大量黏液渗到体表，触之就有滑腻感。这一指标也能确切地反映出鲜度。

三、蟹类的感官评价指标

1. 肢与体连接程度

蟹体甲壳较厚，当蟹体自溶作用而变软以后，由于有甲壳包被而见不到变形现象，但在肢、体相接的转动处，就会明显地呈现松弛现象，以手提起蟹体，可见肢体（步足）向下松垂。这一指标能灵敏而确切地反映鲜度。

2. 腹脐上方的“胃印”

蟹类多以腐殖质为食饵，死后经一段时间，胃中食物就会腐败而蟹体腹面脐部上方泛出黑印。

这一指标能确切地反映鲜度。

3. "蟹黄"是否凝固

蟹体内被称为"蟹黄"的物质，是多种内脏和生殖器官所在。当蟹体在尸僵阶段时，"蟹黄"是呈凝固状的，但当蟹体自溶作用以后，它即呈半流动状，到蟹体变质时更变得稀薄，手持蟹体翻转时，可感到壳内"蟹黄"的流动。这一指标能确切地反映鲜度。

4. 鳃色洁净、鳃丝清晰

海蟹在水中用鳃呼吸时，大量吞水吐水，鳃上会粘有许多污粒和微生物，当蟹体活着时，鳃能自净，死亡后则无自净能力，鳃丝就开始腐败而粘结。这一指标也能确切地反映鲜度，但需剥开甲壳后才能观察。

四、贝类的感官评价指标

贝类应以死活作为可否食用的界限，凡死亡的贝类两壳常分开，但也有个别闭合的。对于这种情况的贝体只能采用放手掌上探重和相互敲击听音等方法来检验。凡死亡但未张壳的贝体一般都较轻，相互敲击时发出咯咯的空音（但如内部积有泥沙声音反而会较重）。活的贝体在相互敲击时发出笃笃的实音。对大批贝类的检验，可先进行大样抽验，即先以一个包件（箩筐或袋）为对象，静置一些时间后，用脚或其他重物突然触动，如包件内活贝多，即发出较响的嗤嗤声（受惊后两壳合闭之声），否则发出声音就较轻。遇后一种情况时，应进一步从包件内抽取一定数量的贝体做上述探重和相互敲击检验，逐一检查。如死亡率较高，整个包件须逐只进行检验或改作饲料等。

五、干制水产品的感官评价

干制水产品是以鲜、冻动物性水产品、海水藻类等为原料经相应工艺加工而成的产品，主要包括干海参、烤鱼片、调味鱼干、虾米、虾皮、烤虾、虾片、干贝、鱿鱼丝、鱿鱼干、干燥裙带菜叶、干海带、紫菜等。

1. 干海参

干海参是以新鲜海参为原料经水煮、盐渍、拌灰、干燥等工序制成的产品。

1）感官特性　　产品规格按个体大小分为 4 个等级：大规格≥15.1 g/个，中规格 10.1～15.0 g/个，小规格 7.6～10.0 g/个，特小规格≤7.5 g/个。

产品感官特性根据组织形态的不同分为三级：一级品体形肥满，肉质厚实，刺挺直无残缺，嘴部石灰质露出少，切口较整齐；二级品体形细长，肉质较厚，个别刺有残缺，嘴部石灰质露土较多；三级品体形不正，刺有残缺，嘴部石灰质露出较多。

产品色泽均呈黑灰色或灰色；体内洁净，基本无盐结晶，体表无盐霜，附着的木炭粉或草木灰少，无杂质，无异味。

2）感官评价方法　　在目测规格的基础上，随机取 10 个海参，用量程不大于 0.1 g 的天平逐个称量。

将样品平摊于白瓷盘内，于光线充足无异味的环境中，按感官特性的要求逐项检验，肉质及内部杂质应剖开后进行检验。必要时，水发后检验。

2. 烤鱼片

烤鱼片是以冰鲜或冷冻的马面鲀鱼、鳕鱼等原料鱼制成的调味鱼干，经烤熟、轧松等工序制成的产品。

1）感官特性　　产品规格按色泽、形态、组织、滋味及气味分成两级：一级品肉质呈黄白色，色泽均匀；鱼片平整，片形完好；肉质疏松，有嚼劲，无僵片；滋味鲜美，咸甜适宜，具有烤鱼特有香味，无僵片；二级品肉质呈黄白色，边沿允许略带焦黄色，鳕鱼片允许一面有棕红色；鱼片平整，片形基本完好；肉质较疏松，有嚼劲，无僵片；滋味鲜美，气味正常，无异味。

2）感官评价方法　将试样平摊于白搪瓷盘内，于光线充足、无异味的环境中，按感官特性的要求逐项检验。

3. 虾皮

1）感官特性　产品感官特性根据组织形态及色泽的不同分为三级：一级品色泽好，肉质厚实，壳软，片大且均匀，完整，基本无碎末和水产夹杂物；二级品光泽较好，壳软，片大较均匀，破碎较少，无明显碎末；三级品体色暗淡，外观不光亮，虾体不整齐，破碎的多，味道咸或苦。

2）感官评价方法　将试样摊于白搪瓷盘内，于光线充足、无异味的环境中，按感官特性的要求逐项检验。

4. 干贝

1）感官特性　产品感官特性根据色泽、组织形态、滋味气味的不同分为三级：一级品光泽好，半透明，颗粒坚实，饱满，味鲜美，具浓厚特有的香味；二级品光泽较好，颗粒坚实较饱满，味较鲜美，具特有的香味；三级品光泽暗淡，颗粒不整齐，味较鲜，无异味。各级产品体表均洁净，无杂质，无污染，无虫害，无霉变。

2）感官评价方法　将样品平摊于白搪瓷盘内，于光线充足、无异味的环境中，按感官特性的要求逐项检查。

5. 鱿鱼丝

1）感官特性　脱皮鱿鱼丝呈淡黄色，带皮鱿鱼丝呈棕褐色，色泽均匀；形态呈丝条状，每条丝的两边带有丝纤维，形状完好；肉质疏松，有嚼劲，无僵丝；滋味鲜美，口味适宜，具有鱿鱼丝特有香味，无异味；无杂质。

2）感官评价方法　将试样平摊于白搪瓷盘内，于光线充足、无异味的环境中，按感官特性的要求逐项检验。

6. 紫菜

1）感官特性　产品感官特性根据外观、色泽、张数、口感的不同分为三级。一级品厚薄均匀，平整，无缺损；在重量为 250 g 紫菜所含有张数的 1/10 中，允许每张有 1～2 个直径小于 7 mm 的孔洞（3 mm 小洞不限）；无草竹屑、绳头、贝壳及绿藻等杂质；条斑紫菜和坛紫菜均呈黑紫色，两面有光泽；条斑紫菜 250 g，不少于 65 张，坛紫菜 250 g，不少于 45 张；口感鲜香、细嫩、无咸味、无泥沙。二级品厚薄均匀，平整；允许有小缺角；在 250 g 质量内所规定张数的 1/3 中，允许每张有 3～4 个直径小于 1 cm 的孔洞（5 mm 小洞不限）；无草竹屑、绳头、贝壳及绿藻等杂质；条斑紫菜呈黑紫色，两面有光泽，坛紫菜呈深紫色，一面有光泽；条斑紫菜质量 250 g，不少于 55 张，坛紫菜质量 250 g，不少于 35 张；口感较鲜香、细嫩、无咸味、无泥沙。三级品厚薄较均匀，在 250 g 质量内所规定张数的 1/2 中，允许每张有 1/5 的缺损或 3～4 个直径小于 1.5 cm 的孔洞（5 mm 小洞不限）；允许有少量绿藻，无草竹屑、绳头、贝壳等杂质；条斑紫菜呈黑紫色或深紫色，有光泽，坛紫菜呈深紫色带微绿色，略有光泽；条斑紫菜 250 g，不少于 45 张，坛紫菜 250 g，不少于 30 张；口感较鲜嫩、无咸味、无泥沙。

2）感官评价方法　感官评价应在光线充足、无异味、清洁卫生的场所进行，按感官特性逐项检查。

六、盐渍水产品的感官评价

盐渍水产品是以新鲜海藻、水母、鲜（冻）鱼为原料，经相应工艺加工而成的产品，主要包括盐渍海带、盐渍裙带菜、盐渍海蜇皮和盐渍海蜇头等。

1. 盐渍海带

盐渍海带是指以新鲜海带为原料，经漂烫、冷却、盐渍、脱水、切割工序加工而成的海带制品。

1）*感官特性*　产品感官特性根据色泽、组织形态不同分为两级。一级品色泽均匀，绿色；藻体表面光洁，无黏液，无孢子囊斑。二级品呈绿色、褐绿色；藻体表面光洁，无黏液，允许有少量孢子囊斑。各级产品的组织形态均要求形状整齐，基本一致，口感脆嫩；具有盐渍海带固有的气味，无异味；无肉眼可见杂物，咀嚼时无牙碜感。

2）*感官评价方法*　将试样平摊于白搪瓷盘内，在光线充足、无任何气味的环境下，检查藻体的组织形态、气味、色泽、杂质。

2. 盐渍裙带菜

盐渍裙带菜是指以新鲜裙带菜为原料，经漂烫、冷却、盐渍、脱水等工序加工而成的裙带菜产品。

1）*感官特性*　产品感官特性根据采集部位不同分为盐渍裙带菜叶和盐渍裙带菜茎。盐渍裙带菜叶根据外观、菜体规格、杂质、气味、叶质的不同又分为两级。一级品叶面平整，无病虫蚀叶，无枯叶、暗斑、明显毛刺、红叶、花斑（允许带有剪除花斑孔洞的选修菜）；菜体规格半叶基本完整（包括边茎长 10 cm，裂叶长 20 cm 以上的选修折断菜），边茎宽≤0.2 cm；色泽呈均匀绿色；无明显泥沙等外来杂质；呈海藻固有气味，无异味；叶质有弹性；盐渍裙带菜中选修折断菜的比例≤5%。二级品无枯叶、红叶；菜体长度≥2.5 cm，边茎宽≤0.2 cm；呈绿色或绿褐色或黄绿色或三种颜色同时存在；无明显泥沙等外来杂质；无异味；叶质有弹性。盐渍裙带菜茎感官根据外观、菜体规格、杂质、气味、叶质的不同又分为两级。一级品茎条整齐，无边叶、茎叶；菜体长度≥40 cm；色泽呈均匀绿色；无明显泥沙等外来杂质；无异味；叶质脆嫩。二级品茎条宽度不限，不允许带边叶；菜体长度≥20 cm；色泽呈绿色或绿褐色或黄绿色或三种颜色同时存在；无明显泥沙等外来杂质；无异味；叶质轻脆嫩，无硬纤维质。

2）*感官评价方法*　在光线充足、无异味的环境中，将样品摊于白搪瓷盘中，查看菜体的规格、色泽、边茎宽度、有无花斑、枯叶、红叶、暗斑、明显毛刺、杂质等；用两手轻拉裂叶检查叶片的弹性；以正常嗅觉检查产品气味。

3. 盐渍海蜇头和盐渍海蜇皮

1）*感官特性*　盐渍海蜇皮根据感官要求分为三级：一级品基本完整，片张平整，允许有 3 cm 以内破洞两处或裂缝的总长度不得超过长径 1/3；二级品片张基本完整，允许有破洞和裂缝；三级品为海蜇皮或边料，形状不定。一级品要求无红衣，无泥沙，无头血；二、三级产品允许带有少量红衣，允许存在少量头血，无泥沙。各级产品均为白色、浅黄色或黄褐色等自然色泽，有光泽；肉质厚实均匀，有韧性；无异味；口感松脆。

盐渍海蜇头产品感官特性根据外观分为三级。一级品只形完整，无蜇须。二级品只形基本完整，允许有残缺，无蜇须。三级品单瓣或两瓣以上相连接。各级产品均呈白色、黄褐色或红琥珀色（自然光泽）；肉质厚实，有韧性；无异味；口感松脆；无泥沙。

2）*感官评价方法*　开箱后应从上下层均匀取 10 张样品，将试样平摊于白搪瓷盘内，于光线充足、无异味的环境中，按感官特性的规定，测量尺寸，观察其外形、颜色、气味、有无杂质及变质现象，并采取品尝的方式来确定口感。

七、鱼糜制品的感官评价

鱼糜制品是以鲜（冻）鱼、虾、贝类、甲壳类、头足类等动物性水产品肉糜为主要原料，添加辅料，经相应工艺加工而成的产品，代表品种有冻鱼丸、鱼糕、虾丸、虾饼、墨鱼丸、贝肉丸、模拟扇贝柱和模拟蟹肉等，并根据是否熟化分为即食类和非即食类。

1. 感官特性

冻品外观：包装袋完整无破损、不漏气，袋内产品形状良好，个体大小基本均匀、完整、较饱满，排列整齐，丸类有丸子的形状，模拟制品应具有特定的形状。

色泽：鱼丸、鱼糕、墨鱼丸、墨鱼饼、贝肉丸和模拟扇贝柱白度较好，虾丸和虾饼要有虾红色，模拟蟹肉正面和侧面要有蟹红色、肉体和背面色泽白度较好。

肉质：口感爽，肉滑，弹性较好，10 分法评价不少于 6 分。

滋味：鱼丸和鱼糕要有鱼鲜味，虾丸和虾饼要有虾鲜味，贝肉丸和模拟扇贝柱要有扇贝柱鲜味，模拟蟹肉要有蟹肉特有的鲜味。味道较好，10 分法评价不少于 6 分。

杂质：允许有少量 2 mm 以下小鱼刺或鱼皮，但不允许有鱼骨鱼皮以外的夹杂物。

2. 感官评价方法

感官评价应在光线充足、无异味、清洁卫生的场所进行，按感官特性逐项检查。

冻品外观和色泽：先检查包装袋是否完整、有无破损，再剪开包装袋检查袋内产品形状、个体大小、是否完整和饱满，模拟蟹肉排列是否整齐；再检查样品色泽、风干程度。

肉质和滋味：将解冻后的样品水煮，品尝检验其肉质和滋味。水煮方法如下，将 1 L 饮用水倒入洁净的容器中煮沸，放入解冻后的试样 100～200 g，盖严，煮沸 1～2 min，停止加热，开盖即嗅气味，取出后品尝。用 10 分法评价肉质和滋味，以综合分数评价其质量。

第六节 蜂蜜类产品的感官评价

在对蜂蜜进行感官评价时，主要是凭借以下几方面的依据。首先是观察其颜色深浅，是否有光泽，其组织状态是否呈胶体状，黏稠程度如何，同时注意有无沉淀、杂质、气泡等。其次是嗅其气味是否清香宜人，有没有发酵酸味、酒味等异味。最后是品尝其滋味，感知味道是否清甜纯正，有无苦涩、酸和金属味等不良滋味及麻舌感等。

一、不同品种蜂蜜的感官特性

由于蜂蜜采集的蜜源不同，酿制出的蜂蜜品名不一样。不同品种的蜂蜜，其色、香、味、结晶形态也不同。市场上常见的蜂蜜包括以下类别。

（1）紫云英蜜：色泽淡白，而微观青色，有清香气，滋味鲜洁，甜而不腻，不易结晶，偶有结晶乳白、细腻。

（2）油菜蜜：色泽浅白黄、琥珀色，有油菜花般的清香味，味甜润，略有辛辣味或草青味，稍有浑浊，极易结晶，其晶粒特别细腻，呈油状乳白色结晶。

（3）苕子蜜：色泽淡白微现青色，有清香气，滋味没有紫云英蜜鲜洁，甜味也稍差。

（4）棉花蜜：色泽淡黄、浅琥珀色或琥珀色，无香味，味甜而稍涩（涩味随成熟程度增加而逐渐消失，结晶颗粒较粗）。

（5）乌桕蜜：色泽浅黄呈琥珀色，具有轻微的醇酸甜味，回味较重，润喉较差，容易结晶，结晶微黄呈粗粒状。

（6）芝麻蜜：色泽浅黄呈琥珀色或浅琥珀色，滋味甜略带酸味，有一般的清香气，结晶呈乳白色。

（7）枣花蜜：色泽呈中等的琥珀色至深色，深于乌桕蜜，蜜汁透明，滋味甜，具有特殊的浓烈气味，不易结晶，结晶粒粗。

（8）荞麦蜜：色泽金黄呈深琥珀色，滋味甜腻，有强烈的荞麦气味，颇有刺激性，易结晶，结晶琥珀色呈粗粒状。

（9）柑橘蜜：品种繁多，色泽不一，一般呈浅黄色，具有柑橘般香甜味，食之微有酸味，易结晶，呈油脂状乳白细腻结晶。

（10）枇杷蜜：色泽淡白，香气浓郁，带有杏仁味，甜味香洁，结晶后呈乳白色细粒状。

（11）槐花蜜：色泽淡白，有淡香气，滋味鲜洁，甜而不腻，不易结晶，结晶后呈乳白色油脂状细粒。

（12）荔枝蜜：色泽微黄或淡黄，具有荔枝香气，稍有刺喉的感觉，滋味甜润，易结晶，结晶乳白细腻。

（13）龙眼蜜：色泽淡黄，具有龙眼花的香气，滋味纯甜而蜜，不易结晶，偶有结晶呈琥珀色，颗粒略粗。

（14）百花蜜：色泽深，是多种花蜜的混合蜂蜜，味甜，具有天然蜜的香气，蜜源组成复杂，一般有 5～6 种以上花粉。

（15）椴树蜜：色泽浅黄或金黄，具有令人愉悦的特殊香味。蜂巢椴树蜜带有薄荷般的清香滋味，滋味甜润，易结晶，结晶呈乳白色，颗粒细腻。

（16）葵花蜜：色泽呈浅琥珀色，气味芳香，滋味甜润，容易结晶，结晶微黄。

（17）桉树蜜：色泽呈琥珀或深棕色，滋味甜，有桉醇味，微涩，有刺激味，易结晶，结晶暗黄色，粒粗。

二、蜂蜜的感官评价

1. 色泽评价

进行蜂蜜色泽的感官评价时，可取样品于比色管内在白色背景下借散射光线进行观察。

良质蜂蜜—— 一般呈白色、淡黄色到琥珀色。蜜质亮而有光泽。

次质蜂蜜—— 色泽变深、变暗。

劣质蜂蜜—— 色泽暗黑、无光泽。

2. 组织状态评价

进行蜂蜜组织状态的感官评价时，可取样品置于白色背景下借散射光线进行观察，并注意有无沉淀物及杂质。也可将蜂蜜加 5 倍蒸馏水稀释，溶解后静置 12～24 h 后离心观察，看有无沉淀及沉淀物的性质。另外，可用木筷挑起蜂蜜观察其黏稠度。

良质蜂蜜—— 在常温下是黏稠、透明或半透明的胶状流体，温度较低时可发生结晶现象，无沉淀和杂质，用木筷挑起蜜后可拉起柔韧的长丝，长丝断后断头回缩并形成下粗上细的叠塔状，并慢慢消失。

次质蜂蜜—— 在常温下较稀薄，有沉淀物及杂质（死蜂、残肢、幼虫、蜡屑等），不透明，用木筷将蜜挑起后呈糊状并自然下沉，不会形成塔状物。

劣质蜂蜜——表面出现泡沫，蜜液浑浊不透明。

3. 气味评价

进行蜂蜜气味的感官评价时，可在室温下打开包装嗅其气味。必要时可取样品水浴加热 5 min，然后再嗅其气味。

良质蜂蜜——具有纯正的清香味和各种本类蜜源植物花香味。无任何其他异味。

次质蜂蜜——香气淡薄。

劣质蜂蜜——香气很薄或无香气，有醇味、酒味及其他不良气味。

4. 滋味评价

在进行蜂蜜滋味的感官评价时，可取少许样品放在舌头上，用舌头与上腭反复摩擦，细品其味道。

良质蜂蜜——具有纯正的香甜味。

次质蜂蜜——味甜并有涩味。

劣质蜂蜜——除甜味外还有苦味、涩味、酸味、金属味等不良滋味及其他外来滋味，有麻舌感。

三、评价蜂蜜的真假

假蜂蜜是用蔗糖（白糖或红糖）加碱水（主要成分是碳酸钠和碳酸钾）熬制而成，其中没有蜜的成分，或是蜜的成分很少。其品质特点是，没有自然的蜂蜜花香气味，而有一股熬糖浆的气味，品尝时无润口感，有白糖水的滋味。

为了进一步确认假蜂蜜，可用一根烧红的粗铁丝，插入蜂蜜内，冒气的是真品，冒烟的是假货。也可采用荧光检查。取可疑蜂蜜 1 份与 2.5 份水混合均匀，在不透光的载玻片上涂 2～3 mm 厚层，或放在不透荧光的试管中，在暗室中进行荧光观察。颜色呈黄色略带绿色的，是优质蜂蜜，如果色泽草绿、蓝绿，则是劣质蜂蜜，若色泽呈灰色的，则是用蔗糖调制成的假蜂蜜。

四、评价蜂王浆质量的方法

蜂王浆又名蜂乳，它是青年工蜂咽腺分泌的乳白色胶状物，含有丰富的维生素和 20 多种氨基酸，以及多种酶，对人体有增进食欲，促进代谢，促进毛发生长，增加体重，促使衰弱器官功能恢复正常，预防衰老，抑制癌细胞发育，扩张血管，降低血压等作用。

蜂王浆的真假评价有以下三个方面。

1. 气味

真蜂王浆，微带花香味。无香味者是假货。如有发酵味并有气泡，说明蜂王浆已发酵变质，如蜂王浆有哈喇味，说明酸败。如加入奶粉、玉米粉、麦乳精等，则有奶味或无味。如加入淀粉，用碘试验会呈蓝色。

2. 色泽

真蜂王浆，呈乳白色或淡黄色，有光泽感，无幼虫、蜡屑、气泡等，如果色泽苍白或特别光亮，说明蜂王浆中掺有牛奶、蜂蜜等。如果色泽变深，有小气泡，主要是由于储存不善，久置空气中，产生质量腐败变质现象。无光泽的蜂王浆，则为次品。

3. 稠度

真蜂王浆，稠度适中，呈稀奶油状。如果稠度稀，说明其中水分多，或掺有假；如果稠度浓，说明采浆时间太晚或储藏不当。

蜂王浆在冷藏条件下，温度4℃左右，可保存1～2个月，在2℃左右，可保存1年。

五、蜂蜡

蜂蜡又叫黄蜡、蜜蜡，是工蜂蜡腺分泌的一种有机混合物。纯蜂蜡的感官评价方法包括：色鲜艳，有韧性，无光泽，有波纹，一般中间突起，断面结构紧密，结晶粒细腻；有蜂蜡香气味；用牙能咬成透明的薄片，不穿孔，咬不碎，不松散，不粘牙；用手指推蜡面发涩；用指甲推起不出蜡花，手捏不散；用指甲掐粘指甲，无白印，用锤棒敲打或从空中丢在硬地面上，声闷（哑）；将蜡块软化捻成细条，一拉就断，断头整齐，将两段重合，容易捻在一起。

第七节　植物油脂的感官评价

植物油料即压榨油脂的农产品原材料，主要包括大豆、油菜籽、花生、芝麻和葵花籽等种类。植物油料的质量优劣直接影响产油率和油脂的品质。植物油料的感官评价主要是依据其色泽、组织状态、水分、气味和滋味几项指标进行。评价方式是通过眼观籽粒饱满程度、颜色、光泽、杂质、霉变、虫蛀、成熟度等情况，借助牙齿咬合、手指按捏、声响和感觉来判断其水分大小，此外就是鼻嗅其气味，口尝其滋味，以感知是否有异臭异味。其中尤以外观、色泽、气味三项为感官评价的重要依据。

植物油脂的质量优劣，在感官评价上也可大致归纳为色泽、气味、滋味等几项，再结合透明度、水分含量、杂质沉淀物等情况进行综合判断。其中眼观油脂色泽是否正常，有无杂质或沉淀物，鼻嗅是否有霉、焦、哈喇味，口尝是否有苦、辣、酸及其他异味，是评价植物油脂好坏的主要指标。

一、食用植物油脂的感官评价

植物油脂的质量优劣，在感官评价上也大致归纳为色泽、气味、滋味等几项，再结合透明度、含水量、杂质沉淀物等情况进行综合判断。具体检验内容和方式如下。

1. 气味

每种食用油脂均有其特有的气味，这是油料作物所固有的，如豆油有豆味，菜油有菜籽味等。油脂的气味正常与否，可以说明其质量、加工技术及保管条件等的好坏情况。国家油品质量标准要求食用油不应有焦臭、酸败或其他异味。检验方法是将油脂加热至 50℃，用鼻子闻其挥发出来的气味，来判别食用油脂的质量。

2. 滋味

滋味是指通过嘴尝而得到的味感。除芝麻油带有特有的芝麻香味外，一般食用油多无任何滋味。油脂出现异味，说明油料质量、加工方法、包装或保管条件等出现异常。

3. 色泽

各种食用油由于加工方法、消费习惯和标准要求的不同，其色泽有深有浅。如油料加工中，色素溶入油脂中，则油的色泽加深；油料经蒸炒或热压生产出的油，常比冷压生产出的油色泽深。检验方法是，取少量油放在 50 mL 比色管中，在白色背景前借反射光观察试样的颜色。

4. 透明度

质量好的液体状态油脂，在 20℃静置 24 h 后，应呈透明状。如果油质浑浊，透明度低，说明油中水分、黏蛋白和磷脂等杂质多，加工精炼程度差。有时油脂变质后，形成的高熔点物质，也能引起油脂的浑浊，透明度低，掺假的油脂，也有浑浊和透明度差的现象。

5. 沉淀物

食用植物油在 20℃以下，静置 20 h 以后所能下沉的物质，称为沉淀物。油脂的质量越高，沉淀物越少。沉淀物少，说明油脂加工精炼程度高，包装质量好。

二、常见植物油脂质量的感官评价

植物油脂的原料、质量、加工工艺和储藏等方面都会在感官效果上体现出来，因而感官评价是评价植物油脂质量优劣的一个重要方法。

1. 大豆油质量的感官评价

大豆油取自大豆种子，大豆油是目前世界上产量最多的植物油脂。大豆油中含有大量的亚油酸。亚油酸是人体必需的脂肪酸，具有重要的生理功能。

1）色泽评价　纯净油脂是无色、透明，略带黏性的液体。但因油料本身带有各种色素，在加工过程中，这些色素溶解在油脂中而使油脂具有颜色。油脂色泽的深浅，主要决定于油料所含脂溶性色素的种类及含量、油料籽品质的好坏、加工方法、精炼程度及油脂储藏过程中的变化等。

进行大豆油色泽的感官评价时，先将样品混匀并过滤，然后倒入直径 50 mm、高 100 mm 的烧杯中，油层高度不得小于 5 mm。在室温下先对着自然光线观察，然后再置于白色背景前借助反射光线观察。冬季油脂变稠或凝固时，取油样 250 g 左右，加热至 35～40℃，使之呈液态，并冷却至 20℃左右按上述方法进行评价。

良质大豆油——呈黄色至橙黄色。

次质大豆油——油色呈棕色至棕褐色。

2）透明度评价　品质正常的油质应该是完全透明的，如果油脂中含有磷脂、固体脂肪、蜡质及含量过多或含水量较大时，就会出现浑浊，使透明度降低。

进行大豆油透明度的感官评价时，将 100 mL 充分混合均匀的样品置于比色管中，然后置于白色背景前借助反射光线进行观察。

良质大豆油——完全清晰透明。

次质大豆油——稍浑浊，有少量悬浮物。

劣质大豆油——油液浑浊，有大量悬浮物和沉淀物。

3）水分含量评价　油脂是一种疏水性物质，一般情况下不易和水混合。但是油脂中常含有少量的磷脂、固醇和其他杂质等能吸收水分的物质，从而形成胶体物质悬浮于油脂中，所以油脂中仍有少量水分，同时还混入一些杂质，会促使油脂水解和酸败，影响油脂储存时的稳定性。

进行大豆油水分的感官评价时，可用以下三种方法进行。

（1）取样观察法：取干燥洁净的玻璃扦油管，斜插入装油容器内至底部，吸取油脂，在常温和直射光下进行观察。如油脂清晰透明，水分杂质含量在 0.3%以下；若出现浑浊，水分杂质在 0.4%以上；油脂出现明显浑浊并有悬浮物，则水分杂质在 0.5%以上；把扦油管的油放回原容器，观察扦油管内壁油迹，若有乳浊现象，观察模糊，则油中水分含量在 0.3%～0.4%之间。

（2）烧纸验水法：取干燥洁净的扦油管，插入静置的油容器里，直到底部，抽取油样少许涂在易燃烧的纸片上点燃，听其发出声音，观察其燃烧现象。如果纸片燃烧正常，水分约在 0.2%以内；燃烧时纸面出现气泡，并发出“滋滋”的响声，水分为 0.2%～0.25%；如果燃烧时油星四溅，并发出“叭叭”的爆炸声，水分约在 0.4%以上。

（3）钢精勺加热法：取有代表性的油约 250 g，放入普通的钢精勺内，在炉火或酒精灯上加热到 150～160℃，看其泡沫、听其声音和观察其沉淀情况（霉坏、冻伤的油料榨得的油例外），如出现大量泡沫，又发出“吱吱”响声，说明水分较大，约在 0.5%以上；如有泡沫但很稳定，也不发出任何声音，表示水分较小，一般在 0.25%左右。

良质大豆油—— 水分不超过 0.2%。

次质大豆油—— 水分超过 0.2%。

4）杂质和沉淀评价　油脂在加工过程中混入机械性杂质（泥砂、料坯粉末、纤维等）和磷脂、蛋白质、脂肪酸、黏液树脂、固醇等非油脂性物质，在一定条件下沉入油脂的下层或悬浮于油脂中。

进行大豆油脂杂质和沉淀物的感观评价时，可用以下三种方法。

（1）取样观察法：用洁净的玻璃扦油管，插入到盛油容器的底部，吸取油脂，直接观察有无沉淀物、悬浮物及其量的多少。

（2）加热观察法：取油样于钢精勺内加热不超过 160℃，拨去油沫，观察油的颜色。若油色没有变化，也没有沉淀，说明杂质少，一般在 0.2%以下；如油色变深，杂质在 0.49%左右；如勺底有沉淀，说明杂质多，约在 1%以上。

（3）高温加热观察法：取油于钢精勺内加热到 280℃，如油色不变，无析出物，说明油中无磷脂；如油色变深，有微量析出物，说明磷脂含量超标；如加热到 280℃，油色变黑，有较多量的析出物，说明磷脂含量较高，超过国家标准；如油脂变成绿色，可能是油脂中铜含量过多。

良质大豆油—— 可以有微量沉淀物，其杂质含量不超过 0.2%，磷脂含量不超标。

次质大豆油—— 有悬浮物及沉淀物，其杂质含量不超过 0.2%，磷脂含量超过标准。

劣质大豆油—— 有大量的悬浮物及沉淀物，有机械性杂质，将油加热到 280℃时，油色变黑，有较多沉淀物析出。

5）气味评价　可以用三种方法评价大豆油的气味。一是盛装油脂的容器打开封口的瞬间，用鼻子挨近容器口，闻其气味。二是取 1～2 滴油样放在手掌或手背上，双手合拢快速摩擦至发热，闻其气味。三是用钢精勺取油样 25 g 左右，加热到 50℃左右，用鼻子接近油面，闻其气味。

良质大豆油—— 具有大豆油固有的气味。

次质大豆油—— 大豆油固有的气味平淡，微有异味，如青草等味。

劣质大豆油—— 有霉味、焦味、哈喇味等不良气味。

6）滋味评价　进行大豆油滋味的感官评价时，应先漱口，然后用玻璃棒取少量油样，涂在舌头上，品尝其滋味。

良质大豆油—— 具有大豆固有的滋味，无异味。

次质大豆油—— 滋味平淡或稍有异味。

劣质大豆油—— 有苦味、酸味、辣味及其他刺激味或不良滋味。

2. 花生油质量的感官评价

花生油含不饱和脂肪酸 80%以上，另外还含有软脂酸、硬脂酸和花生酸等饱和脂肪酸约 19.9%。花生油的脂肪酸构成比较好，易于人体消化吸收。另外，花生油中还含有甾醇、麦胚酚、磷脂、维生素 E、胆碱等对人体有益的物质。

1）色泽评价　花生油色泽的感官评价，参照大豆油色泽的感官评价方法。

良质花生油—— 一般呈淡黄至棕黄色。

次质花生油—— 呈棕黄色至棕色。

劣质花生油—— 呈棕红色至棕褐色，并且油色暗淡，在日光照射下有蓝色荧光。

2）透明度评价　花生油透明度的感官评价，参照大豆油透明度的感官评价方法。

良质花生油—— 清晰透明。

次质花生油—— 微浑浊，有少量悬浮物。

劣质花生油—— 油液浑浊。

3）水分含量评价　花生油水分含量的感官评价，参照大豆油水分含量的感官评价方法。

良质花生油——水分含量在 0.2%以下。

次质花生油——水分含量在 0.2%以上。

4）杂质和沉淀物评价　花生油杂质和沉淀物的感官评价，参照大豆油杂质和沉淀物的感官评价方法。

良质花生油——有微量沉淀物，杂质含量不超过 0.2%，加热至 280℃时，油色不变深。

劣质花生油——有大量悬浮物及沉淀物，加热至 280℃时，油色变黑，并有大量沉淀析出。

5）气味评价　花生油气味的感官评价，参照大豆油气味的感官评价方法。

良质花生油——具有花生油固有的香味（未经蒸炒直接榨取的油香味较淡），无任何异味。

次质花生油——花生油固有的香气平淡，微有异味，如青豆味、青草味等。

劣质花生油——有霉味、焦味、哈喇味等不良气味。

6）滋味评价　花生油滋味的感官评价，参照大豆油滋味的感官评价方法进行。

良质花生油——具有花生油固有的滋味，无任何异味。

次质花生油——花生油固有的滋味平淡，微有异味。

劣质花生油——具有苦味、酸味、辛辣味及其他刺激性或不良滋味。

3. 芝麻油质量的感官评价

芝麻油又叫香油，为我国三大油料之一，是一种普遍受到消费者欢迎的食用油，它不仅具有浓郁的香气，而且含有丰富的维生素 E。

1）色泽评价　进行芝麻油色泽的感官评价时，可取混合搅拌得很均匀的油样置于直径 50 mm、高 100 mm 的烧杯内，油层高度不低于 5 mm，放在自然光线下进行观察，随后置白色背景下借反射光线再观察。

良质芝麻油——呈棕红色至棕褐色。

次质芝麻油——色泽较浅（掺有其他油脂）或偏深。

劣质芝麻油——呈褐色或黑褐色。

2）透明度评价

良质芝麻油——清澈透明。

次质芝麻油——有少量悬浮物，略浑浊。

劣质芝麻油——油液浑浊。

3）水分含量评价

良质芝麻油——水分（体积分数）不超过 0.2%。

次质芝麻油——水分（体积分数）超过 0.2%

4）杂质和沉淀物评价

良质芝麻油——有微量沉淀物，其杂质含量不超过 0.2%；将油加热到 280℃时，油色无变化且无沉淀物析出。

次质芝麻油——有较少量沉淀物及悬浮物，其杂质含量超过 0.2%；将油加热到 280℃时，油色变深，有沉淀物析出。

劣质芝麻油——有大量的悬浮物及沉淀物存在，油被加热到 280℃时，油色变黑且有较多沉淀物析出。

5）气味评价

良质芝麻油——具有芝麻油特有的浓郁香味，无任何异味。

次质芝麻油——芝麻油特有的香味平淡，稍有异味。

劣质芝麻油—— 除芝麻油微弱的香气外，还有霉味、焦味、油脂酸败味等不良气味。

6）滋味评价

良质芝麻油——具有芝麻固有的滋味，口感滑爽，无任何异味。

次质芝麻油——具有芝麻固有的滋味，但是显得淡薄，微有异味。

劣质芝麻油——有较浓重的苦味、焦味、酸味、刺激性辛辣味等不良滋味。

4. 玉米油质量的感官评价

玉米油是从玉米胚芽中提炼出来的油，是一个新品种的高级食用油，营养成分很丰富，不饱和脂肪酸含量高达58%，油酸含量在40%左右，胆固醇含量最少，人们食用这种油非常有益。玉米油的质量评价，有以下几个方面。

（1）色泽：质量好的玉米油，色泽淡黄，质地透明莹亮。

（2）水分：水分不超过0.2%、油色透明澄清，质量最好；反之质量差。

（3）气味：具有玉米的芳香风味，无其他异味的，质量最好；有酸败气味的质量差。

（4）杂质：油色澄清明亮、无悬浮物、杂质在0.1%以下的，质量最好；反之质量差。

三、常见植物油脂掺伪的感官检验方法

1. 掺伪芝麻油的评价

近年来市场上的掺伪芝麻油是一个比较严重的问题。掺假的物质主要有三大类：水、淀粉和低于芝麻油价格的植物油脂。感官评价掺伪芝麻油的方法如下。

（1）看色泽：不同的植物油，有不同的色泽，可倒点油在手心上或白纸上观察，大磨芝麻油淡黄色，小磨芝麻油红褐色。目前集市上出售的芝麻油，掺入多是毛麻籽油、菜籽油等，掺入毛麻籽油后的油色发黑，掺入菜油后的油色呈棕黄色。

（2）闻气味：每种植物油都具有本身种子的气味，如芝麻油有芝麻香味，豆油有豆腥味，菜油有菜籽味等。如果芝麻油中掺入了某一种植物油，则芝麻油的香气消失，而含有掺入油的气味。

（3）看亮度：在阳光下观察油质，纯质芝麻油澄清透明，没有杂质；掺假的芝麻油油液浑浊。杂质明显。

（4）看泡沫：将油倒入透明的白色玻璃瓶内，用劲摇晃，如果不起泡沫或有少量泡沫，并能很快消失的，说明是真芝麻油；如果泡沫多且呈白色，消失慢，说明油中掺入了花生油；如泡沫呈黑色，且不易消失，闻之有豆腥味的，则掺入了豆油。

（5）尝滋味：纯质芝麻油，入口浓郁芳香，掺入菜油、豆油、棉籽油的芝麻油，入口发涩。

2. 掺伪大豆油的评价

豆油的真假评价，首先要知道豆油的品质特征，豆油的正常品质特征改变了，说明豆油的质量有了改变。评价掺假方法如下。

（1）看亮度：质量好的豆油，质地澄清透明，无浑浊现象。如果油质浑浊，说明其中掺了假。

（2）闻气味：豆油具有豆腥味，无豆腥味的油，说明其中掺了假。

（3）看沉淀：质量好的豆油，经过多道程序加工，其中的杂质已被分离出，瓶底不会有杂质沉淀现象，如果有沉淀，说明豆油粗糙或掺有淀粉类物质。

（4）试水分：将油倒入锅中少许，加热时，如果油中发出“啪啪”声，说明油中有水。亦可在废纸上滴数滴油，点火燃烧时，如果发出“叭叭”声，说明油中掺了水。

3. 食用油中掺入棉籽油的评价

植物油中掺入棉籽油的感官评价方法：油花泡沫呈绿色或棕黄色，将油加热后抹在手心上，

可嗅出棉籽油味。

4. 食用油中掺入矿物油的评价

（1）看色泽：食用油中掺入矿物油后，色泽比纯食用油深。

（2）闻气味：用鼻子闻时，能闻到矿物油的特有气味，即使食用油中掺入矿物油较少，也可使原食用油的气味淡薄或消失。

（3）口试：掺入矿物油的食用油，入嘴有苦涩味。

5. 食用油中掺入盐水的评价

（1）看色泽：兑入盐水的食用油，失去了纯油质的色泽，使色泽变淡。

（2）看透明度：由于盐水比较明亮，兑入食用油中以后使食用油的浓度降低，油液更为淡薄明亮。

（3）口试：兑入盐水的食用油，入嘴有咸味感。

（4）热试：兑入盐水的食用油，入锅加热后，会发出“啪啪”声。

6. 食用油中掺入米汤的评价

食用油中掺入米汤是较为常见的掺伪方式，掺入米汤的食用油，虽然对人体无害，但能使油质变坏。

（1）看色泽：不论何种植物油，兑入白色的米汤，则油质失去了原有色泽，使其色泽变浅。夏季观察时，油和米汤分成两层。

（2）看透明度：米汤是一种淀粉质的糊状体，缺乏透明度，一旦兑入食用油中，会使油的纯度降低，折光率增大，透明度变差。

（3）闻气味：每一种纯质食用油都具有该油料本身的气味，如芝麻油有芝麻香味、豆油有豆腥味。兑入米汤的食用油，闻之油的气味淡薄或消失。

（4）热试：兑入米汤的食用油，入锅加热后，会发出“啪啪”声。

7. 食用油中掺入蓖麻油的评价

食用油中掺入蓖麻油，是将油样静置一定时间，使植物油与蓖麻油自动分离成两层，植物油在上层，蓖麻油在下层。

对于食用油中掺伪的进一步检验，可以采用化学方法。

四、植物油料与油脂评价后的食用原则

植物油料与油脂是日常生活中不可缺少的食品原料和必备消费品。植物油料与油脂的主要利用成分是脂肪酸等有机物质，它极易氧化酸败而变质，从而导致质量上的不良改变。因此，为保证食用安全性，对植物油料与油脂进行感官评价后，一经评价出品级便可按下述原则食用或做出处理。

（1）经感官评价确认为良质的植物油料与油脂，可供食用或销售，植物油料也可以用于榨取食用油。

（2）对于感官评价为次质的植物油料与油脂，必须进行理化检验。对于理化指标检定合格的，可以销售或食用，油料也可以用来榨取食用油，但必须限期售完或用完，不可长期贮存。理化检验不合格的植物油料与油脂，不得供人食用，应改作非食品工业用料（如生产肥皂等）。

（3）对于经感官评价为劣质的植物油料与油脂，不得供人食用，可作为非食品工业原料或予以销毁。

第八节　乳类及乳制品的感官评价

乳与乳制品的感官品价技术是近几年随着乳制品行业的快速发展而发展起来的，与使用各种物理化学仪器进行分析相比，应用感官品价技术具有简便易行、灵敏度高、直观而且实用等很多优点。应用感官品价手段来分析、评价乳与乳制品的质量具有非常重要的意义，因此被乳制品行业广泛接受，同时也是从事乳制品的研发、质量管理等所必须掌握的一门技能。

一、乳与乳制品的感官特性评价

（一）乳与乳制品的色泽评定

1. 鲜牛乳

正常、新鲜的全脂牛乳应该呈现不透明、均匀一致的乳白色或稍带微黄色，具有较好的亮度。

牛乳的不透明和乳白色是由于牛乳中含有的多种成分物质，对光的吸收和不规则反射、折射引起的。牛乳呈现的微黄色是由于含有少量黄色的核黄素、叶黄素和胡萝卜素所形成，这些物质主要来自于饲料。一般由于春、夏季节青草饲料较多，所产牛乳呈黄色较显著，冬季则淡一些。由于胡萝卜素和叶黄素主要存在于乳脂肪中，脱脂乳中几乎不含胡萝卜素和叶黄素，故呈现乳白色，同时略带青色，分离出酪蛋白后的乳清则呈黄绿色。

根据牛乳的色泽可以初步判定牛乳的质量情况。例如，当牛乳的色泽呈现为明显的红色时，可能是掺入了乳房炎乳、奶牛乳头内出血、牛乳污染了某种产红色素的细菌等原因引起的；牛乳呈现深黄色，多数是因为掺入了较多的牛初乳；牛乳呈现明显的青色、黄绿色、黄色斑点或灰白发暗，则极有可能是牛乳已经被细菌严重污染或掺有其他杂质。所以通过色泽判定牛乳的质量既快速又方便，在实际的工作中，尤其是在原料乳的收购中具有重要意义。

2. 液体乳制品

除了牛乳中的成分物质直接影响牛乳及其制品的色泽，生产过程中的加工工艺也对乳制品的色泽具有重要影响。

以均质工艺为例，牛乳经过高压均质后，脂肪球颗粒的变小和数量的增多，大大增强了光的漫反射现象，从而使牛乳的颜色变白。

此外，加热处理也能使牛乳的颜色发生改变。加热刚开始时，牛乳稍微有点变白，随着加热程度的增强，牛乳中的乳糖和氨基酸发生美拉德反应，反应产生的褐色素将明显改变光的反射情况，从而使牛乳的颜色变深。在实践中，我们通常采用与标准色泽比较的方法，通过感官（色觉）来评价加热产生的褐变程度。例如，由于超高温杀菌（UHT）处理强度高于巴氏杀菌处理，所以 UHT 乳的色泽明显比巴氏杀菌乳的色泽深，在光照条件下，根据色泽特性可以明显地区分 UHT 乳和巴氏杀菌乳产品。

巴氏杀菌调味乳和 UHT 调味乳的色泽取决于添加的色素和其他添加剂，尤其对于添加果料和色素的特定风味的乳制品，在评价这些乳制品的色泽指标时应根据该产品的类型进行具体评价。

3. 乳粉类

乳粉是指以新鲜牛乳（或羊乳）为主要原料并配以其他辅料，经杀菌、浓缩、干燥等工艺过程制得的粉末状产品，俗称奶粉。

乳粉依加工方法及原料处理等的不同，可分为全脂乳粉、脱脂乳粉、全脂加糖乳粉、婴幼儿配方乳粉、牛初乳粉和特殊配方乳粉几类。不同类型的乳粉由于其添加的成分不同，加工工艺也不同，所以产品的色泽存在一些差异。

全脂乳粉是以牛乳或羊乳为原料，不添加任何添加物，经浓缩干燥后的产品，所以优质的全脂乳粉呈乳黄色，色泽均一，有光泽。

脱脂乳粉在加工中去除了乳脂肪，因此脱脂乳粉的色泽会呈现乳白色，均一，有光泽。

婴幼儿配方乳粉由于加工中添加了植物油、乳清粉、维生素等多种成分物质，因此颜色呈现乳黄色、深黄色，色泽均一，有光泽。

牛初乳粉应呈现乳黄色或浅黄色。特殊配方乳粉由于受添加的营养素和生产工艺的影响，颜色一般为乳黄色、浅黄色、深黄色，色泽均一，有光泽。

除直接观察乳粉色泽评定外，还要以乳粉还原成复原乳的形式再次进行评价。乳粉还原的浓度根据不同产品建议的冲调方式进行复原，再在光线明亮处评价该复原乳液的色泽。优质的产品其色泽为牛（或羊）乳的正常色泽，即乳白色或稍带淡黄色，有光泽。

当乳粉出现异常的红色、黄褐色、白色，光泽度差或无光泽，则可以判定该乳粉的质量已经发生改变。可以根据乳粉出现的异常色泽判断乳粉的质量和形成原因，如当原料乳酸度过高而加入碱中和后，所制得的乳粉色泽较深，呈褐色；牛乳中脂肪含量较高，则乳粉色泽较深；乳粉颗粒较大时色泽较黄，乳粉颗粒较小时呈灰黄色；空气过滤器过滤效果不好，或布袋过滤器长期不更换，会导致乳粉呈暗灰色；乳粉生产过程中，物料热处理过度或乳粉在高温下存放时间过长，会使产品色泽加深等；乳粉在贮藏中色泽变深、变褐，是由于乳粉含水量过多、贮藏温度过高所致。

4. 发酵乳制品

酸牛乳是牛乳经乳酸菌发酵后的产品。优质酸牛乳的色泽应呈现出均匀的乳白色、微黄色或所添加果料的固有颜色。酸牛乳最容易出现的色泽缺陷就是灰色、红色、绿色、黑色斑点或有霉菌生长等，主要是由于产品污染了细菌、霉菌等微生物引起的。

5. 干酪

世界上干酪的种类近 2000 种，被国际乳品联合会（IDF）认可的干酪品种约有 500 个以上，每种干酪都具有该类产品特有的色泽，在判定干酪的色泽时需要按照每一种干酪的标准进行判定。如传统的切达干酪，其色泽为乳黄色或乳白色；菲达干酪，其色泽为乳白色，色泽均一，有光泽。若产品标识中已标明添加了某些色素，则该产品应该呈现出该色素应有的颜色。再制干酪的色泽会与添加的色素有直接的关系，有的呈现出淡黄色至橘黄色或咖啡色。

6. 其他乳制品

其他乳制品，如奶油、炼乳等产品，其色泽呈现乳白色或乳黄色，色泽均一，有光泽。冰淇淋的色泽与产品生产时所添加的色素和果料具有密切关系。

（二）乳与乳制品的风味评价

牛乳的风味评价从它的滋味和气味两个方面来进行。由于牛乳中的成分比较复杂，所以牛乳的风味也很丰富，而且极易受到外界环境的影响，所以在评价乳制品的风味时，应选择在专门的环境下进行，无异味干扰。下面将分别对牛乳与乳制品的正常和异常风味两个方面进行阐述。

1. 正常风味

1）鲜牛乳　优质新鲜牛乳的风味可以叙述为：来自于现代化农场的健康奶牛，经科学饲养、严格管理，牛乳挤出后迅速冷却到 4℃以下、冰点以上，并从农场运到加工厂加工或储存，整个牛乳分收过程中没有化学和细菌污染，这样的牛乳表现出独特的奶香味，其香味平和、清香、自然、不强烈，是甜、酸、苦、咸四种基本味道的有机统一，并具有稍甜味道，有愉快的口感，无异味。

2）巴氏杀菌乳和 UHT 乳制品　正常的巴氏杀菌乳和 UHT 乳的风味特征为独特的奶香味，香气自然，并具有微甜的味道。牛乳脂肪中一些风味物质在高温状态下挥发程度增大，香味随温度的升高而加强。因此在加热牛乳时能闻到明显的奶香味，加热后香味强烈，冷却后减弱。所以，在进行牛乳的品评时，为了能够正确地对牛乳的风味进行评价，一般品评的适宜温度范围是室温（21℃）到与人体相当的温度（37℃），温度太高和太低都不利于牛乳风味物质的释放。

目前市场上出现了风味各异的 UHT 调味乳产品，有麦香味、巧克力味、大红枣味等中性调味乳，也有各种水果味（草莓、橙、苹果、哈密瓜等）的酸性调味乳产品，不断地满足消费者的口味需求。对于这类产品，在评价其风味时应针对每一种产品的风味特征进行评价，这类产品应该具有正常牛乳的奶香味或奶香味稍淡，并具有该类产品所调配的典型风味。但是该风味不能过于强烈、刺激，而且最重要的是奶香味与所调配的风味有机地结合起来，融合较好，和谐一致，不存在风味分离现象。

3）乳粉类　正常新鲜的全脂乳粉具有浓郁的奶香味，无不良气味。脱脂乳粉的奶香味相对较淡，气味自然。针对不同食用人群开发的营养强化乳粉，如婴儿配方乳粉中添加的具有益智功能的 DHA（二十二碳六烯酸）和 AA（花生四烯酸），可能使产品具有一定的腥味，添加的植物油脂使产品同时具有轻微的油脂味。脱脂乳粉类产品，由于脂肪含量较低或几乎不含乳脂肪，所以表现出的奶香味偏淡。

4）发酵乳制品　在酸牛乳的加工过程中需要添加一些微生物进行发酵，主要是乳酸菌，从而产生了一些特殊的风味物质。通过乳酸菌的发酵作用产生的酸类、醇类和酯类物质决定了酸牛乳具有一种特有的香气。

5）干酪　对于不同种类的干酪，风味差别较大，且都有自己的特点。如硬质成熟干酪香味浓郁，风味良好，无异味，应具有它自身特有的风味。成熟时间较长（2～6 个月）的硬质干酪有明显的坚果味、葡萄酒味，但无酸味；一般新鲜干酪有浓郁的发酵奶香味、奶油味，多带有酸味；再制干酪可添加风味物质或果酱、香草等丰富干酪的风味。在具体评价时，可以根据其香味的浓淡程度和异味的有无，酌情降低干酪的质量等级。

6）其他乳制品　优质的炼乳应具有明显的灭菌牛乳的风味，奶油类产品的风味应为典型的奶香味，无异味。冰淇淋类产品的风味受所调配的风味类型的影响，而且冰淇淋作为传统的乳制品，其风味品种非常丰富，如现在市场上比较流行的草莓味、香草味、抹茶味等。

2. 异常风味

牛乳除固有的风味之外，还很容易吸收外界的各种气味，而且在放置和加工过程中也会发生一些物理化学变化，生成某些特殊的物质，形成异常风味，如酸味、青草味、饲料味、氧化味等。这些异常风味受多方面因素的影响，主要有以下几种类型。

1）外界吸附的异味　外界吸附的异味主要是由于牛乳从外界环境中吸附了一些风味物质分子表现出来的异味。夏秋季节青草饲料充足，牧场常以青草饲喂奶牛，牛乳容易带有青草的味道。而在冬春季节，主要以青贮饲料、饲草和饲料饲喂奶牛，所产的牛乳容易具有饲料味。而且当饲喂有异味的饲料和腐烂的杂草时，更会影响牛乳的正常风味。如果饲养奶牛的牛舍卫生条件差时，所挤的牛乳极易吸附周围牛舍、牛粪尿的味道，即不清洁味。因为不清洁味是影响牛乳风味的严重缺陷，所以找到原因后应及时解决，最好的解决办法是尽量缩短牛乳在圈舍的停留时间，定期并及时地对牛舍进行清扫和消毒工作，保持牛舍的清洁和卫生，从而彻底消除造成牛乳不清洁味的源头。

2）加热过程中产生的异味　乳制品的生产离不开加热工艺，加热一方面杀灭乳中的微生物和钝化酶类，保证产品的安全品质；另一方面也使牛乳产生了加热臭味。加热臭味主要出现在巴氏杀菌乳、UHT 灭菌乳中，牛乳在经过高温加热后很快就能出现异味，一般在储存 1～2 天后异味会逐渐变小。同时由于加热时牛乳发生了美拉德反应，出现焦糖臭味，掩盖了部分奶香味，而且使色泽明显变暗、发红。所以在乳制品的生产过程中，一定要注意牛乳的加热过程，避免牛乳被长时间加热，以免出现加热臭，影响产品的正常风味。

3）由微生物引起的异味　原料乳中污染的微生物，一是来源于乳房的污染，二是来源于空气。由于乳及乳制品含有丰富的营养物质，是微生物的良好培养基，极易被细菌、酵母菌、霉菌等微生物污染，从而产生各种风味缺陷，主要有酸味、酸败味、水果味、麦芽味、霉味、酒味等异味。

4）由酶类引起的异味　牛乳中有脂肪氧化酶、脂肪酶和蛋白酶等多种酶类，在适宜温度下能够催化分解脂肪、蛋白质等成分，形成一系列物质，使乳及其制品出现氧化味、金属异味、酸味和苦味。

5）由光照引起的日晒味　日晒味是指牛乳中的乳清蛋白受阳光照射而产生的，有类似于烧焦羽毛的焦臭味。一般牛乳在阳光下照射 10 min，即可检出日晒味。所以目前各种乳制品的包装材料都换成了不透明的、具有遮光效果的多层复合材料，大大减少了由于光照产生的异味。

6）其他因素引起的异味　一些乳制品在加工过程中需要强化一些添加剂和添加一些风味物质，使产品具有各种风味。如在婴儿配方乳粉中添加的提取自深海鱼油的 DHA 和 AA 等不饱和脂肪酸类使乳粉具有典型的鱼腥味，即使在添加量很低的情况下，乳粉也具有明显的腥味。

（三）乳与乳制品的组织状态评价

1. 鲜牛乳及巴氏杀菌乳、灭菌乳

优质的液态乳制品如巴氏杀菌乳、灭菌乳的组织状态应呈现为均匀一致的流体状态，无凝块和黏稠现象，无沉淀和脂肪上浮，无机械杂质。如果出现了明显的凝块和蛋白质沉淀现象，有可能是由于微生物的大量繁殖增加了乳的酸度从而形成凝块，或者是由于牛乳中的盐类平衡体系遭到了破坏，使乳蛋白质胶粒不稳定发生了沉淀，由此可快速判定牛乳的质量发生了改变。由于牛乳中乳脂肪的密度较低，具有上浮的趋势，因而在液态乳制品中脂肪上浮的现象也比较常见。

2. 发酵乳制品

优质、新鲜的酸牛乳组织细腻、均匀，表面光滑，无裂纹，无气泡，无乳清析出。搅拌型酸牛乳和酸乳饮料的组织也表现为细腻、均匀，滑爽，无气泡，无乳清析出。当产品出现乳清析出现象、组织粗糙有颗粒感、可见明显的气泡，则表明产品的质量已明显变差。

3. 乳粉类

正常的乳粉应呈现为干燥的粉末状，组织状态均匀一致。要注意观察乳粉中是否存在结块现象，是否有焦粉、硬粒、小黑点、杂质和异物等，这些现象都会大大降低乳粉的质量等级。而且对于乳粉类产品，还要判断复原后复原乳状态的优劣。质量好的速溶乳粉在无需搅拌的情况下就能和水快速结合，而且复原的乳与牛乳具有相同的性质。

4. 干酪

天然干酪依据其水分含量和质地的相应软硬程度，可以将产品分为软质干酪、半软质（或半硬质）干酪、硬质干酪和超硬质干酪。一般的软质、半软质干酪组织细腻柔软，有光泽。硬质、超硬质干酪组织紧密，硬度适中或超硬，表层无裂缝，无损伤，无霉点及霉斑，切面组织细腻、光滑、均匀。有的干酪在组织状态上呈现出此类干酪的特性，如带孔眼的半硬质干酪，在发酵的

过程中形成具有各自特点的大小不同的气孔。质量较次的干酪其表面不均，切面较干燥，有大气孔，组织状态疏松易碎，或有霉斑。

再制干酪依据其组织状态可加工为涂抹式和切片式。涂抹式干酪质地柔软、光滑、细腻，适于加工成三角形、圆形或方块状产品，其涂抹性较好；切片式干酪质地较硬，多为独立片状产品，富有弹性，表面光滑。

5. 其他乳制品

优质的炼乳组织状态表现为组织细腻、质地均匀，无乳糖沉淀，无脂肪上浮，黏度正常，乳糖结晶细小均匀，冲调后有微量钙盐沉淀。奶油产品的组织状态表现为均匀的流体，无孔隙，外表无浸水现象。

（四）乳与乳制品的触觉特性评定

乳制品的触觉特性主要通过口腔所感受到的口感表现出来，可以从以下几个方面来描述：稀稠度、爽滑度（与之相对应的是糊口性）、油脂感。酸牛乳制品还包括产品的酸涩感、收敛性，乳粉类产品还包括颗粒感，干酪类产品还包括其弹性、咀嚼性、胶质性。

不同季节的牛乳其风味和口感有区别：夏季的牛乳奶香味较淡，口感偏稀，冬季的牛乳奶香味浓，刚挤出的牛乳比较稠，在牛乳的加工过程中通过均质，将牛乳中的脂肪球进一步粉碎，口感变得稍稀，但更有利于人体消化吸收，并能够防止脂肪吸附在包装物上。

二、乳与乳制品的感官评价方法

（一）生鲜乳及液体乳

1. 色泽和组织状态

取适量试样于 50 mL 烧杯中，在自然光下观察色泽和组织状态，并轻微晃动烧杯，观察杯壁上下落的牛奶薄层是否均匀细腻。

2. 滋味和气味

取适量经加热并冷却至室温的试样于 50 mL 烧杯中，先闻气味，然后用温开水漱口，再品尝样品的滋味。

（二）乳粉类

1. 滋味和气味

首先在红灯下评定滋味和气味。先用清水漱口，然后取定量冲调好的样品，用鼻子闻气味，最后喝一口（5 mL）仔细品尝再咽下。

2. 组织状态和色泽

在日光灯或自然光线下观察其组织状态。首先按样品编号做样品色泽判定，其次进行组织状态评定。

3. 乳粉冲调性试验

乳粉的冲调性可通过下沉时间、热稳定性、挂壁及团块来判定。

1）下沉时间　首先量取 60～65℃的蒸馏水 100 mL，放入 200 mL 烧杯中，称取 13.6 g 待检乳粉迅速倒入烧杯中，同时启动秒表开始计时。待水面上的乳粉全部下沉后结束计时，记录乳粉下沉时间。

下沉时间直接反映的是乳粉的可湿性。质量较好的乳粉的下沉时间在 30s 以内，即可湿性好。如果乳粉接触水后在表面形成了大的团块，下沉时间会超过 30s，则认为乳粉的可湿性较差。

2）热稳定性、挂壁和团块　检验完“下沉时间”后，立即用大号塑料勺沿容器壁按每秒钟转两周的速度进行匀速搅拌，搅拌时间为 40～50 s，然后观察复原乳的挂壁情况。将 2 mL 复原乳倾倒到黑色塑料盘中观察小白点情况，最后观察容器底部是否有不溶团块。

优质乳粉无挂壁现象，没有或有极少量（不多于 10 个）小白点，无团块。

根据出现挂壁的严重程度、小白点的数量和出现团块的多少可以判定乳粉冲调性能的优劣。

（三）其他乳制品类

1. 炼乳

（1）气味：取定量包装试样，开启罐盖（或瓶盖），闻气味。

（2）色泽和组织状态：将上述试样缓慢倒入烧杯中，在自然光下观察色泽和组织状态。待样品倒净后，将罐（瓶）口朝上，倾斜 45°放置，观察罐（瓶）底部有无沉淀。

（3）滋味：用温开水漱口，品尝样品的滋味。

2. 奶油及干酪

（1）色泽和组织状态：打开试样外包装，用小刀切取部分样品，置于白色瓷盘中，在自然光下观察色泽和组织状态。

（2）滋味和气味：取适量试样，先闻气味，然后用温开水漱口，品尝样品的滋味。

第九节　饮料类的感官评价

一、饮料的质量标准

我国规定的饮料卫生指标包括饮料的感官指标和包装的质量要求。

1. 饮料的感官指标

产品应具有主要成分的纯净色泽、滋味，不得有异味、异臭和外来杂物。感官指标包括色泽、透明浊度及杂质，香气及滋味等。具体包括以下几个方面：①色泽纯正，具有与饮料名称、内容相适应的恰当色调或该种饮料的特征色，色泽鲜亮一致，无变色现象；②透明型饮料应清亮透明，浑浊型饮料应整体均匀一致，无沉淀，不分层，果汁或含果汁饮料允许有少量细小果肉和纤维沉淀物或悬浮物；③滋味纯正、酸甜适度，香气清雅谐调，饮用时给人以浑然一体的愉快感，具有该品种应有的风味；④碳酸饮料应具有明显的杀口感。

2. 饮料包装的质量要求

1）饮料包装容器的质量要求

（1）玻璃瓶：应洁净、透明，不允许有明显且影响使用的不透明砂粒、气泡及炸裂纹。

（2）金属罐：罐内涂料应符合 GB 4806. 10—2016《食品安全国家标准　食品接触用涂料及涂层》的规定。金属罐表面须清洁、无锈斑及擦伤，封口结构良好，罐身不应有凹凸等变形现象。

（3）塑料容器：用于饮料包装的塑料容器的合成材料应无毒、无异味、不与内容物起任何反应。塑料包装容器能耐一定的温差，对氧气有较好隔绝作用，并有一定的机械强度，密封性能良好，容器表面光滑，有良好的印刷性能。

（4）复合包装容器：容器内层薄膜应无毒、无异味、不与内容物起任何反应，密封性能良好。

隔绝层不易折裂，对氧气有较好的隔绝作用。外层材料具有一定的机械强度，耐高温，表面光滑，有良好的印刷性能。

2）饮料标签的要求　饮料标签应标明名称、配料清单、酒精度、原麦汁、原果汁含量，制造者、经销者名称和地址、日期标识和储藏说明、净含量、质量等级、产品标准号、生产许可证等。应遵照 GB 7718—2011《食品安全国家标准 预包装食品标签通则》及 GB 13432—2013《食品安全国家标准预包装特殊膳食食品标签通则》的要求。

二、几类饮料质量的感官评价

冷饮食品的感官评价主要是依据色泽、组织状态、气味和滋味四项指标。对于液体饮料，还应注意其包装封口是否严密，有无漏气、漏液现象，倒置后有无悬浮异物或沉淀物，其颜色深浅是否符合本品种的正常要求。通过鼻嗅和口尝检查饮料是否酸甜适度、清凉爽口、有无令人难以接受的不愉快气味和滋味。对于固体饮料，则应注意它是否形态完整、颗粒均匀、组织细腻、有无成团结块现象等。对于所有的冷饮食品，都应注意其包装物是否完好、标签是否齐全、有无超期变质等情况。

1. 汽水质量的感官评价

汽水是含有二氧化碳的清凉饮料，饮用后能帮助人体散热，产生凉爽感。汽水内含有部分柠檬酸，在夏季饮用后可促进人体胃液的分泌和补充胃酸不足。汽水以砂糖、糖精、柠檬酸、防腐剂、色液、香精为基本原料和辅料。

1）色泽评定　进行汽水色泽的感官评价时，可透过无色玻璃瓶直接观察，对于有色瓶装和金属听装饮料可打开倒入无色玻璃杯内观察。

良质汽水——色泽与该类型汽水要求的正常色泽一致。

次质汽水——色泽深浅与正常产品色泽尚接近，色调调理得尚好。

劣质汽水——产品严重褪色，呈现出与该品种不相符的使人不愉快的色泽。

2）组织状态评定　进行汽水组织状态的感官评价时，先直接观察，然后将瓶子颠倒过来观察其中有无杂质下沉。另外，还要把瓶子浸入热水中看是否有漏气现象。

良质汽水——清汁类汽水澄清透明，无浑浊，浑浊类汽水浑浊而均匀一致，透明与浑浊相宜。两类汽水均无沉淀及肉眼可见杂质，瓶子瓶口严密，无漏液、漏气现象。汽水灌装后的正常液面距瓶口 2～6 cm。玻璃瓶和标签符合产品包装要求。

次质汽水——清汁类汽水有轻微的浑浊，浊汁类汽水浑浊不均，有分层现象。有微量沉淀物存在。液位距瓶口 2～6 cm，瓶盖有锈斑，玻璃瓶及标签有不同程度的缺陷。

劣质汽水——清汁类汽水液体浑浊，浊汁类汽水的分层现象严重，有较多的沉淀物或悬浮物，有杂质。瓶盖封得不严，漏气、漏液或瓶盖极易松脱，瓶盖锈斑严重，无标签。

3）气味评定　感官评价汽水的气味时，可在室温下打开瓶盖直接嗅闻。

良质汽水——具有各种汽水原料所特有的气味，并且协调柔和，没有其他不相关的气味。

次质汽水——气味不够柔和，稍有异味。

劣质汽水——有该品种不应有的气味及令人不愉快的气味。

4）滋味评定　感官评价汽水的滋味时，应在室温下开瓶后立即进行品尝。

良质汽水——酸甜适口，协调柔和，清凉爽口，上口和留味之间只有极小差异。二氧化碳含量充足，富于杀口力。

次质汽水——适口性差，不够协调柔和，上口和留味之间有差异。味道不够绵长。二氧化碳含量尚可，有一定的杀口力。

劣质汽水——酸甜比例失调，风味不正，有严重的异味。二氧化碳含量少或根本没有。

2. 豆奶质量的感官评价

豆奶是指用大豆为原料经筛选、热磨浆、过滤、均质、调制、煮浆等工艺过程生产出来的蛋白饮料。豆奶区别于普通豆浆之处就在于去除了豆腥味、苦涩味，并加入糖、柠檬酸、稳定剂等辅料调味。

1）色泽评定

良质豆奶——色泽洁白。

次质豆奶——色泽白中稍带黄色或稍显暗淡。

劣质豆奶——呈黄色或趋于灰暗。

2）组织状态评定

良质豆奶——液体均匀细腻，无悬浮颗粒，无沉降物，无肉眼可见杂质，黏稠度适中。

次质豆奶——液体尚均匀细腻，微有颗粒，存放日久可稍见瓶底有絮状沉淀，是乳化均质不甚良好所致。

劣质豆奶——液体不均匀，有明显的可见颗粒，豆奶分层，上层稀薄似水，下层沉淀严重。液体本身过于稀薄或过于浓稠。

3）气味评定

良质豆奶——具有豆奶的正常气味，有醇香气，无异味。

次质豆奶——稍有异味或无香味，有的有轻微豆腥气。

劣质豆奶——有浓重的豆腥气和焦煳味。

4）滋味评定

良质豆奶——香甜醇厚，口感顺畅细腻。

次质豆奶——味道平淡，入口有颗粒感但不严重，也无异常滋味。

劣质豆奶——有豆腥味、苦味、涩味或其他不良味道。

3. 咖啡质量的感官评价

咖啡中含有咖啡因，具有兴奋大脑中枢神经作用，饮用后能提神醒目，消除疲乏和睡意，可提高工作效率。咖啡有独特的香味、色泽，给人以色、香、味等方面的享受。所以咖啡深受喜爱，成为人们日常生活中的主要饮料之一。咖啡的感官质量评定包括以下几个方面。

（1）色泽：深褐色。

（2）香味：具有焙炒咖啡应有的独特香气。

（3）颗粒：2 mm 左右大小的不规则颗粒。

三、饮料评定后的食用原则

冷饮食品是人们消夏解暑的佳品。但由于冷饮食品大都含有碳水化合物、脂肪、蛋白质等，极易被微生物污染，使食品质量发生不良改变，在感官表现上也会发生相应变化。因而要注重随时对冷饮食品进行质量评定和掺伪检测方面的抽检，并根据抽检结果对不同质量级别的冷饮食品分别进行处理。

（1）经感官评价为良质的冷饮食品一般都可以自由销售，不受限制。在销售过程中要注意经常进行感官评价，一旦发现有恶劣变化，应立即停止销售并视具体情况做出妥善处理。

（2）经感官评价确认为次质的冷饮食品，应进行理化和细菌检验，根据检验结果决定能否食用。因为冷饮食品感官质量的劣变有些是由于微生物污染所引起的，有些则是由物理因素导致的。所以对次质冷饮食品必须待理化和细菌学指标都检验合格后，方可限期销售和食用。

（3）经感官评价确定为劣质的冷饮食品，不可销售和供人食用，应予以销毁或改作饲料等用途。

第十节　果品类的感官评价

一、果品的感官特性

果品的感官特性是指人们通过视觉、嗅觉、触觉和味觉等感觉器官所感觉和认识到的果品特性，可分为表观属性、质地属性和风味属性等几个内容。

（一）表观属性

果品的表观属性是指人们能通过视觉所认识的属性，包括果品的形状、大小、色泽、光泽和状态等外观品质。表观属性通常是果品分级的依据，即按照内销及外贸部门规定的表观属性标准，将果品分成若干等级。

1. 果实形状

果实形状可用果形指数表示，即果实纵径与横径的比值。每一品种的果实都具有其固有的形状，如早橘为扁圆形，红星苹果为五棱突出形等。果形不端正的果实，品质较差。

2. 果实大小

果实大小用果径表示，即果实最大横切面的直径，可用卡尺或卷尺测量。在国内外果品贸易中，果形正常的水果，体积和重量的大小是划分等级高低的条件之一。不同等级规格的果品，对果径的大小有明确的规定。一般而言，果实体积过小，多为发育不良，品质较差。所以在果品贸易中，以中等或中等偏大的果实受消费者欢迎。就品质而言，有些果品也并不是越大越好。如柑橘果实的大小与食用部分的百分比呈负相关，所以在柑橘的质量标准中，把横径大于 80 mm 的果实列为级外品。

3. 成熟度

果实的成熟度表示果实成熟的不同阶段。我国对鲜果成熟度一般分为可采成熟度、生理成熟度、食用成熟度三个阶段。同一品种的果实因储存、运输、加工、销售等目的不同，对成熟度的要求不同。加工用的鲜果要求达到采收成熟度，即果实发育基本结束，达到可采摘的程度。储存和长途运输的鲜果应达到生理成熟度，如仁果类达到种子变褐期。市场销售的果品，应达到食用成熟度。达到食用成熟度的果实，才充分表现出该品种应有的品质，果品的质地、风味最佳。干果应达到完全成熟。

4. 色泽

果实表面的颜色和光泽即为果实的色泽。果实表面的颜色和光泽由果实中不同的化学成分构成，是果实重要的外观品质，各种果品成熟时都具有其特殊的颜色和光泽。我国对出口鲜苹果的色泽要求包括着色程度和着色面积的百分率。例如，元帅系品种要求：优等果果实表面颜色浓红，着色面积达到 70%；一等果果面浓红，着色面积达到 50%。

5. 状态

状态是涉及果品新鲜与否的质量特征。有损于果品表观的状态有：表面的各种污染，水果的皱缩，碰伤、擦伤和切口等表皮缺陷等，这些都给果品的外观带来了一定的缺陷。在果品检验中，一般用受害面积或发生率表示缺陷程度。例如，我国鲜苹果的国家标准规定，优等果允许果皮有轻微损伤，面积不超过 0.5 cm^2；一等果果皮可有轻微损伤 2 处，总面积不超过 1.0 cm^2。

（二）质地属性

质地属性包括果品内在和外表的某些特征，如手感特征及人们在消费过程中所体验到的质地上的特征，一般是指那些能在口中凭触觉感到的特性。质地的复杂特性是以许多方式表现出来的。其中常用来描述质地特征的术语有硬度、脆度、沙性、绵性、汁性、纤维性等。

（三）风味属性

风味包括口味和气味，主要由果品组织中的化学物质刺激人的味觉和嗅觉而产生。果品最重要的口味感觉有 4 种，即甜、酸、苦、涩，它们分别由糖、有机酸、苦味物质和鞣酸物质产生。果实的芳香气味是评估品质和品种特征的关键因子，优质的果品总是具有特征性的芳香气味及理想的风味。

二、果品感官评价的方法要点

（一）目测

目测方法包括：①看果品的成熟度，是否具有该品种应有的色泽及形态特征；②看果型是否端正，个头大小是否基本一致；③看果品表面是否清洁新鲜，有无病虫害和机械损伤等。

（二）鼻嗅

辨别果品是否带有本品种所特有的芳香味，有时候果品的变质可以通过其气味的不良改变直接评定出来，像坚果的哈喇味和西瓜的馊味等，都是很好的特征。

（三）口尝

口尝不但能感知果品的滋味是否正常，还能感觉到果肉的质地是否良好，它也是很重要的一个感官指标。

干果品虽然较鲜果的含水量低或是经过了干制，但其感官评价的原则与指标都基本上和前述三项大同小异。

三、不同种类果品的感官评价

（一）苹果的质量评定

良质苹果——果形端正，具有本品种的特征形状，无畸形果，果个中等偏大，整齐均一，果面新鲜洁净，有光泽，具有本品种成熟时应有的色泽，无病斑虫孔和机械伤等缺陷。肉质细腻，甜脆爽口，具有本品种成熟时特有的香气。

劣质苹果——果形不端正或有畸形，果个大小不均且偏小，果面着色不良，不具有该品种成熟时应有的色泽与香气。果肉香气淡薄或过酸，汁液少，肉质干硬，口感发涩，甚至有苦味。果锈或垢斑较多，无果梗，有较大病、虫斑或碰压机械伤，严重时有腐烂斑。

（二）梨的质量评定

良质梨——果实新鲜饱满，果形端正，具有本品种成熟时应有的色泽，成熟适度，肉质细，质地脆而鲜嫩，石细胞少，汁多，味甜或酸甜（因品种而异），无霉烂，冻伤、病害和机械伤。带有果柄。

劣质梨——果型不端正，有相当数量的畸形果，无果柄，果实大小不均匀且果个偏小，表面粗糙不洁，刺、划、碰、压伤痕较多，有病斑或虫咬伤口，树磨、水锈或干疤占果面 1/3～1/2，果肉粗而质地差，石细胞大而多，汁液少，味道淡薄或过酸，有的还会存在苦、涩等滋味，特别劣质的梨还可嗅到腐烂异味。

（三）葡萄的质量评定

表面色泽——新鲜的葡萄果梗青鲜，果呈灰白色，玫瑰香葡萄果皮呈紫红色，牛奶葡萄果皮向阳面呈锈色，龙眼葡萄果皮呈琥珀色。不新鲜的葡萄果梗霉锈，果粉残缺，果皮呈青棕色或灰黑色，果面润湿。

果粒形态——新鲜并且成熟适度的葡萄，果粒饱满，大小均匀，青子和瘪子较少。反之，不新鲜者果粒不整齐，有较多青子和瘪子混杂，葡萄成熟度不足，品质差。

果穗观察——新鲜的葡萄用手轻轻提起时，果粒牢固，落子较少。如果粒纷纷脱落，则表明不够新鲜。

气味、滋味——品质好的葡萄，果浆多而浓，味甜，且有玫瑰香或草莓香。品质差的葡萄果汁少或者汁多而味淡，无香气，具有明显的酸味。

（四）西瓜的质量评定

1）良质西瓜

果形——基本端正，具有本品种的基本形状和特征，无畸形果。

果个——中等偏大，整齐均匀。

果面——表面光亮，条纹清晰，无机械伤，无病虫害和干疤，蜡粉已褪去，果柄上茸毛脱落，脐部凹陷。

质地——果肉结构松紧适度，呈均匀一致的鲜红色（也有橙黄色果肉的品种）。

风味——有清香爽甜的滋味，无异味。

口感——汁多籽少，无粗纤维，好瓜有“起沙”的感觉，香甜适度。

2）劣质西瓜　瓜体不整，瓜皮渐蔫，花纹不明，瓜面破损，手拍有“啪啪”声或“嗒嗒”声，瓜瓤呈粉色，口感极差，有腐烂臭味或其他异味。

（五）香蕉的质量评定

1）香蕉的质量评定

良质香蕉——果柄完整，无缺口和脱落现象。形体大而均匀，色泽新鲜、光亮，果皮呈鲜黄色或青黄色。果面光滑，无病斑，无虫疤，无霉菌，无创伤。果皮易剥离，果肉稍硬而不摊浆，果肉口感柔软糯滑，香甜适口，不涩口，无怪味，不软烂。

劣质香蕉——果实畸形，蕉只脱梳，单只蕉体短小而细瘦，形体大小不均，果皮霉烂，手捏时果皮下陷，果肉软烂或腐烂，稀松外流。无香味，有怪异味和腐臭味。

2）香蕉与芭蕉的区别　香蕉和芭蕉同属于芭蕉科芭蕉属，其色、香、味、形均很相近，可从外形、色泽和滋味区别。

外形：香蕉外形弯曲呈月牙状，果柄短，果皮上有 5～6 个棱；芭蕉的两端较细，中间较粗，一面略平，另一面略弯，呈圆缺状，其果柄较长，果皮上有 3 个棱。

色泽：香蕉未成熟时为青绿色，成熟后转为黄色，并带有褐色斑点，俗称梅花点，果肉呈黄白色，横断面近似圆形；芭蕉果皮呈灰黄色，成熟后无梅花点，果肉呈乳白色，横断面为扁圆形。

滋味：香蕉香味浓郁，味道甜美；芭蕉的味道虽甜，但回味带酸，其食用价值低于香蕉。

（六）菠萝的质量评定

外观形态——果呈圆柱形或两头稍尖的卵圆形，果实大小均匀适中，果形端正，芽眼（果目）数量少。成熟度好的菠萝外表皮呈淡黄色或亮黄色，两端略带青绿色，上顶的冠芽呈青褐色。生菠萝则外皮色泽铁青或略有褐色，过度成熟的菠萝通体金黄。

果肉组织——切开后，可见良质菠萝的果目浅而小，内部呈淡黄色组织致密，果肉厚而果芯细小，劣质菠萝果目深而多，有的果目可深达菠萝芯，内部组织空隙大，果肉薄而果芯粗大，成熟度差的菠萝表现为果肉脆硬且呈白色。用手轻轻按压菠萝体，坚硬而无弹性的是生菠萝，挺实而微软的是成熟度好的，过陷甚至凹陷者为成熟过度的菠萝。

嗅闻香味——成熟度好的菠萝外皮上稍能闻到香味，果肉则香气馥郁。生菠萝无香气或香气极为淡薄。

品尝口味——良质菠萝软硬适度，酸甜适口，果芯小而纤维少，汁多味美。劣质菠萝果肉脆硬，有粗纤维感或者软烂，可食部分少，汁液、甜味和香气均少，有较浓重的酸味。

（七）荔枝的质量评定

眼看：果皮新鲜、红润，果柄鲜活不萎，果肉饱满透明的，则是上品；若果皮呈黑褐色或黑色，但汁液未外渗的，则是快变质的荔枝；如果果肉松软，液汁外渗的，说明已经变质腐烂了。

手触：用手微按果实，感到果质有弹性的，则是上品；如果感到松软，说明已经变质。

品尝：肉质滑润软糯，汁多味甜，香气浓郁，核小者为上品；如果肉质薄，汁少味不甚甜，香气平淡的则质量低劣。

闻气味：闻之有甜香味的为上品；闻之有酒味的，说明已经变质了。

（八）桂圆的质量评定

良质桂圆——大小均匀，壳干硬而洁净，肉质厚软，枝小，味道甜，煎后汤液清口不黏。

劣质桂圆——肉质霉烂，呈糊状，虫蛀严重或干燥无肉质。

（九）核桃的质量评定

良质核桃——外壳薄而洁净，果肉丰满，肉质洁白。

劣质核桃——外壳坚硬，干瘪无肉，果肉有哈喇味或生有蛀虫。

棉仁核桃与夹仁核桃可从以下几个方面评定。

外形：棉仁核桃多呈圆形，外壳为黄白色，壳上的皱纹少而浅，壳面较光；夹仁核桃多呈长圆形，外壳为黄褐色，壳上的皱纹多而深，壳面麻点多。

摇声：取几个核桃放在手心中转动，当听到的撞击声清脆，壳内的枝仁能转动的，则是棉仁核桃；若听到的撞击声发闷，壳内的枝仁不晃动的，则是夹仁核桃。

质量：棉仁核桃轻；夹仁核桃重。

第十一节　罐头类食品的感官评价

一、罐头类食品感官检验的内容

罐头的感官评价是指非化学性、食品性的检测方式，即检验人员用眼睛看、用鼻闻、用嘴尝，主要包括以下三个方面。

（1）组织形态。肉、禽、水产类罐头加热至汤汁融化；糖水水果类、蔬菜类罐头滤去汤汁；糖浆类倒在金属丝筛网上；果酱类罐头置于白瓷盘上，观察其组织与形态是否符合该产品标准的规定与要求。

（2）色泽。汁液收集在量筒或烧杯内，观察其色泽、澄清程度。固形物置于白瓷盘内，观察其色泽及有无杂质、杂物等。

（3）滋味气味。嗅其香气，尝其口味，是否符合相关标准，是否有异味。参加品尝人员必须经过相关培训，具备正常的味觉与嗅觉。

二、罐头类食品感官检验的方法

根据具体的操作过程，感官检验可以分为开罐前与开罐后两个阶段。

1. 开罐前评定

开罐前的评定主要从眼看容器外观、手捏（按）罐盖、敲打听音和漏气检查四个方面进行。

（1）眼看评定。主要检查罐头封口是否严密，外表是否清洁，有无磨损及锈蚀情况，如外表污秽、变暗、起斑、边缘生锈等。如是玻璃瓶罐头，可以放置明亮处直接观察其内部质量情况，轻轻摇动后看内容物是否块形整齐、汤汁是否浑浊、有无杂质异物等。

（2）手捏评定。主要检查罐头有无胖听现象。可用手指按压马口铁罐头的底和盖，玻璃瓶罐头按压瓶盖即可，仔细观察有无胀罐现象。

（3）敲听评定。主要用以检查罐头内容物质量情况，可用小木棍或手指敲击罐头的底盖中心，听其声响评定罐头的质量。良质罐头的声音清脆，发实音；次质和劣质罐头（包括内容物不足，空隙大的）声音浊、发空音，即“破破”的沙哑声。

（4）漏气评定。罐头是否漏气，对于罐头的保存非常重要。进行漏气检查时，一般是将罐头沉入水中用手挤压其底部，如有漏气的地方就会出现小气泡。但检查时罐头淹没在水中不要移动，以免小气泡看不清楚。

2. 开罐后评定

开罐后的感官评价指标主要是色泽、气味、滋味和汤汁。

首先应在开罐后，目测罐头内容物的色泽是否正常，这里既包括了内容物又包括了汤汁，如汤汁的澄清程度、杂质情况等。其次是嗅其气味，看是否为该品种罐头所特有的气味。然后品尝滋味，评判是否具有本品应固有的滋味。凡有明显异味、硫化铁明显污染内容物和发现有害杂物，如碎玻璃、毛发、外来昆虫、金属碎屑等均为严重缺陷，产品即为不合格品，不能食用。凡有一般杂质，如棉线、合成纤维丝、畜禽毛等视为缺陷，产品不能出厂销售。感官性能明显不符合技术要求，如色泽、透明度、块形、碎屑等不符合标准的视为一般缺陷，产品可以食用。

三、各类罐头食品的感官评价

（一）肉类罐头的感官评价

肉类罐头主要是指采用猪、牛、羊、兔、鸡等畜禽肉为原料，经过加工制成的罐头。其种类很多，根据加工和调味方法的不同可分为原汁清蒸类、腌制类、烟熏类、调味类等。

1. 容器外观评定

良质罐头——整洁、无损。

次质罐头——罐身出现假胖听、突角、凹瘪或锈蚀等缺陷之一，或是氧化油标、封口处理不良（俗称有牙齿即单张铁皮咬合的情况），以及没留下罐头顶隙等。

劣质罐头——出现真胖听、焊节、沙眼、缺口等。

2. 色泽评定

良质罐头——具有该品种的正常色泽，并应具备原料肉类应有的光泽与颜色。

次质罐头——较该品种正常色泽稍微变浅或加深，肉色光泽度差。

劣质罐头——肉色不正常，尤其是肉表面变色严重，切面色泽呈淡灰白色或褐色。

3. 气味和滋味评定

良质罐头——具有与该品种一致的特有风味，鲜美适口，肉块组织细嫩，香气浓郁。

次质罐头——尚能具有该品种所特有的风味，但气味和滋味差，或含有杂质。

劣质罐头——有明显的异味或酸臭味。

4. 汤汁评定

良质罐头——汤汁基本澄清，汤中肉的碎屑较少，有光泽，无杂质。

次质罐头——汤汁中肉的碎屑较多，色泽发暗或稍显浑浊，有少许杂质。

劣质罐头——汤汁严重变色、严重浑浊或含有恶性杂质。

5. 打检评定

良质罐头——敲击听到的声音清脆。

次质罐头——敲击时发出空、闷声响。

劣质罐头——敲击时发出破锣声。

（二）水产类罐头的感官评价

水产类罐头主要是以鱼、虾、蟹、贝等为主要原料，经过加工制成的罐头，其主要品种有油浸类、清蒸类、调味类、原汁茄汁类等。

1. 容器外观评定

良质罐头——整洁无损。

次质罐头——假胖听、突角、生锈、无真空等。

劣质罐头——真胖听或罐头内外污秽不洁，锈蚀严重。

2. 色泽评定

良质罐头——具有与该品种相应的正常色泽。

次质罐头——具有与该品种相应的色泽，但光泽差、变暗。

劣质罐头——色泽不正常，有严重的变色或呈黑褐色。

3. 气味和滋味评定

良质罐头——具有该品种所特有的风味。块形整齐而组织细嫩，气味和滋味适口而鲜美。

次质罐头——尚存有该品种所固有的风味，但气味和滋味都较差，无异味。

劣质罐头——有严重的腥臭味或有其他明显的异味。

4. 组织状态评定

良质罐头——块形大小整齐，组织紧密而不碎散，软硬适度，若为贝类则具有弹性，无杂质存在。

次质罐头——块形大小基本一致，组织较紧密，软硬尚适度，贝类也有弹性，个别情况有杂质，有的尚残存着去除不净的鳞片和鳍等。

劣质罐头——块形大小不一，碎块甚多，组织松软，贝类无弹性，有严重的杂质或恶性杂质存在。

5. 打检评定

良质罐头——响声清脆。

次质罐头——响声发空或发闷。

劣质罐头——呈破锣响声。

（三）果蔬类罐头的感官评价

果蔬类罐头的主要原料有干鲜水果和蔬菜，用砂糖、柠檬酸、盐等作为辅料。果类罐头主要有糖浆类、糖水类、果汁类、干果类和果酱类。蔬菜罐头主要有清水类、调味类等。

1. 容器外观评定

良质罐头——商标清晰醒目、清洁卫生，罐身完整无损。

次质罐头——假胖听、突角、锈蚀、凹瘪、无真空。

劣质罐头——真胖听。

2. 色泽评定

良质罐头——具有与该品种相应的色泽，均匀一致，色泽鲜艳。

次质罐头——尚具有与该品种相应的色泽，但色彩不鲜艳，果蔬块形较大，不够均匀。

劣质罐头——色泽与该品种应有的正常色泽不一致，常呈暗灰色，无光泽或有严重的光色、变色。

3. 气味和滋味评定

良质罐头——具有该品种所特有的风味，果蔬块具有浓郁的芳香味，鲜美而酸甜适口。

次质罐头——尚具有该品种所特有的风味，芳香气味变淡，滋味较差。

劣质罐头——气味和滋味不正常，具有酸败味或严重的金属味。

4. 汤汁评定

良质罐头——汤汁基本澄清，有光泽，无果皮、果核、菜梗等杂质存在。

次质罐头——汤汁稍显浑浊，尚有光泽，但有少量的残存果皮、果核、菜梗，或有其他杂质存在。

劣质罐头——汤汁严重浑浊或有恶性杂质。

5. 打检评定

良质罐头——清脆响声。

次质罐头——响声发空或发闷。

劣质罐头——呈破锣响声。

第十二节 调味品的感官评价

调味品在食品中占有很重要的地位，几乎所有的加工食品都要使用调味品。质量优良的调味品，使用少量就可以增加食品滋味或改善食品的口感，增进食欲，补充人体所需要的营养物质；

但质量低劣的调味品，特别是掺假调味品，不仅起不到应有的作用，反而会给人体带来危害。因此，调味品掺假的评定检验是非常重要的。

一、食盐的质量评定及掺伪检验

食盐是指以氯化钠为主要成分，用海盐、矿盐、井盐或湖盐等粗盐加工而成的晶体状调味品。

1. 食盐质量的感官评价

1）*颜色评定*　将样品在白纸上撒一薄层，仔细观察其颜色。

良质食盐——颜色洁白。

次质食盐——呈灰白色或淡黄色。

劣质食盐——呈暗灰色或黄褐色。

2）*外形评定*　食盐外形的感官评价手法与其颜色评定相同。观察其外形的同时，应注意有无肉眼可见的杂质。

良质食盐——结晶整齐一致，坚硬光滑，呈透明或半透明。不结块，无反卤吸潮现象，无杂质。

次质食盐——晶粒大小不匀，光泽暗淡，有易碎的结块。

劣质食盐——有结块和反卤吸潮现象，有外来杂质。

3）*气味评定*　感官评价食盐的气味时，约取样 20 g 于研钵中研碎后，立即嗅其气味。

良质食盐——无气味。

次质食盐——无气味或夹杂轻微的异味。

劣质食盐——有异臭或其他外来异味。

4）*滋味评定*　感官评价食盐的滋味时，可取少量样品溶于 15～20℃蒸馏水中制成 5%的盐溶液，用玻璃棒蘸取少许尝试。

良质食盐——具有纯正的咸味。

次质食盐——有轻微的苦味。

劣质食盐——有苦味、涩味或其他异味。

2. 细盐与粗盐的评定

我国食盐按加工法分，有粗盐与细盐（精盐）两种，它们的品质区别如下。

（1）粒形：粗盐是未经加工的大粒盐，形态系颗粒状，形态大；细盐是大粒盐经过加工的盐，形态系片状，形态小。

（2）咸味：粗盐杂质中含有酸性盐类化合物（硫酸镁与氧化镁），这些酸性盐分子水解后，会刺激味觉神经，因而会感到粗盐比细盐的咸味大。

（3）香味：粗盐中的氯化镁在受到热量时，会分解出盐酸气，盐酸气能帮助食物中蛋白质水解成味鲜的氨基酸，刺激嗅觉神经后，会使人感到粗盐比细盐的香味浓。

（4）氯化钠：食盐的主要化学成分是氯化钠。氯化钠对维持细胞外液的渗透压起着重要作用。通常粗盐中含氯化钠 85%～90%，细盐在 96%以上。

（5）可溶物：食盐的主要化学成分，除氯化钠以外，还含有水、氯化镁、硫酸镁、氯化钾、硫酸钙、碘等微量化合物，这些化合物在粗盐中存在一定的数量，但是在细盐加工中被清除掉了。

3. 亚硝酸钠与食盐的评定

亚硝酸钠是一种含氮化合物，一旦误食进入人体后，能将血液中具有携氧能力的低铁血红蛋白氧化成高铁血红蛋白而使其失去携氧能力，从而影响正常带氧的血红蛋白向组织细胞释放氧的能力，出现一系列的毒性反应。对有疑虑的食盐，可用以下方法评定。

（1）看透明：亚硝酸钠与食盐都是白色结晶体粉末，无挥发性气味。亚硝酸钠一般是黄色或淡黄色的透明结晶体，而食盐是不透明的。

（2）水试验：取 5 g 左右的样品放入瓷碗内，加入 250 g 冷水，同时用手搅拌，水温急剧下降的，是亚硝酸钠，因为亚硝酸钠比食盐溶解时吸热快、吸热多。

（3）试色变：取一蚕豆粒大小的样品，用大约 20 倍的水使其溶解，然后在溶液内加一小米粒大小的高锰酸钾（又名灰锰氧），如果高锰酸钾的颜色由紫色变浅，则说明该样品是亚硝酸钠，如果不改变颜色，就是食盐。

二、酱油的质量评定和掺伪检验

1. 酱油质量的感官评价

1）色泽评定　观察评价酱油的色泽时，应将酱油置于有塞且无色透明的容器中，在白色背景下观察。

良质酱油——呈棕褐色或红褐色（白色酱油除外），色泽鲜艳，有光泽。

次质酱油——呈深褐色，色泽暗淡，无光泽。

劣质酱油——酱油色泽黑暗而无光泽。酱油色泽发乌、浑浊，灰暗而无光泽。

2）组织形态评定　观察酱油的体态时，可将酱油置于无色玻璃瓶中，在白色背景下对光观察其清浊度。同时振摇，检查其中有无悬浮物，然后将样品放一昼夜，再看瓶底有无沉淀及沉淀物的性状。

良质酱油——澄清，无霉花浮膜，无肉眼可见的悬浮物，无沉淀，浓度适中。

次质酱油——微浑浊或有少量沉淀。

劣质酱油——严重浑浊，有较多的沉淀和霉花浮膜，有蛆虫。

3）气味评定　将酱油置于容器内加塞振摇，去塞后立即嗅其气味。

良质酱油——具有酱香或酯香等特有的芳香味，无其他不良气味。

次质酱油——酱香味和酯香味平淡。

劣质酱油——无酱油的芳香或香气平淡，并且有焦煳、酸败、霉变和其他令人厌恶的气味。

4）滋味评定　品尝酱油的滋味时，先用水漱口，然后取少量酱油滴于舌头上进行品味。

良质酱油——味道鲜美适口而醇厚，柔和味长，咸甜适度，无异味。

次质酱油——鲜美味淡，无酱香，醇味薄，略有苦、涩等异味和霉味。

2. 评定瓶装酱油的质量

（1）摇晃瓶子：看酱油沿瓶壁流下的速度快慢，优质酱油浓度很高，黏性较大，流动慢；劣质酱油浓度低，像水一样流动较快。

（2）看瓶底有无沉淀物或杂物，如没有则为优质酱油。

（3）看瓶中酱油的颜色，优质酱油呈红褐色或棕褐色，有光泽而不发乌。

（4）打开瓶盖，未触及瓶口，优质酱油就可闻到一股浓厚的香味和酯香味，劣质酱油香气少或有异味。

（5）滴几滴酱油于口中品尝，优质酱油味道鲜美，咸甜适口，味醇厚，柔和味长。

3. 感官评价掺假酱油

酱油中常见的掺伪物有水、盐水及酱色。也有用盐水、酱色、柠檬酸和味精等伪造的酱油。更有甚者用盐水与酱色直接配制假酱油。

一般情况下，若酱油的颜色浅，不浓稠，鲜味及香气很淡或根本没有，即可判断为掺水；若盐太多则味苦而不鲜，则可认为掺入了食盐。

三、食醋的质量评定和掺伪检验

1. 食醋质量的感官评价

1）色泽评定　感官评价醋的色泽时，可取样品置于试管中，在白色背景下用肉眼直接观察。

良质食醋——呈琥珀色、棕红色或白色。

次质食醋——色泽略有变化。

劣质食醋——色泽不正常，发乌无光泽。

2）组织形态评定　感官评价醋的组织状态时，可取样品醋于试管中，在白色背景下对光观察其浑浊程度，然后将试管加塞颠倒以检查其中有无混悬物质，放置一定时间后，再观察有无沉淀及沉淀物的性状。必要时还可取静置 15 min 后的上清液少许，借助放大镜来观察有无醋鳗、醋虱及醋蝇。

良质食醋——液态澄清，无悬浮物和沉淀物，无霉花浮膜，无醋鳗、醋虱及醋蝇。

次质食醋——液态微浑浊或有少量沉淀，或生有少量醋鳗。

劣质食醋——液态浑浊，有大量沉淀，有片状白膜悬浮，有醋鳗、醋虱或醋蝇等。

3）气味评定　进行食醋气味的感官评价时，将样品置容器内振荡，去塞后，立即嗅闻。

良质食醋——具有食醋固有的气味和醋酸气味，无其他异味。

次质食醺——食醋香气正常不变或平淡，微有异味。

劣质食醋——失去了固有的香气，具有酸臭味、霉味或其他不良气味。

4）滋味评定　进行食醋滋味的感官评价时，可取少许食醋于口中用舌头品尝。

良质食醋——酸味柔和，稍有甜口，无其他不良异味。

次质食醋——滋味不纯正或酸味欠柔和。

劣质食醋——具有刺激性的酸味，有涩味、霉味或其他不良异味。

2. 食醋中掺入游离矿酸的检验

食醋中的主要掺伪物质为游离矿酸。可取被检食醋 10 mL 置于试管中，加蒸馏水 5～10 mL，混合均匀（若被检食醋颜色较深，可先用活性炭脱色），沿试管壁滴加 3 滴 0.01%甲基紫溶液，若颜色由紫色变为绿色或蓝色，则表明有游离矿酸（硫酸、硝酸、盐酸、硼酸）存在。

四、酱类食品的质量评定

酱类是以黄豆及面粉为原料，经发酵酿造而成的红褐色稠糊状含盐调味品。常见的有豆瓣酱、干黄酱、稀黄酱、甜面酱、豆瓣辣酱等。

1）色泽评定

良质酱类——呈红褐色或棕红色，油润发亮，鲜艳而有光泽。

次质酱类——色泽较深或较浅。

劣质酱类——色泽灰暗，无光泽。

2）组织形态评定　评定酱类食品体态时，可在光线明亮处观察其黏稠度，有无霉花、杂质和异物等。

良质酱类——黏稠适度，不干不懈，无霉花，无杂质。

次质酱类——过干或过稀。

劣质酱类——有霉花、杂质和蛆虫等。

3）气味评定　进行酱类食品气味的感官评价时，可取少量样品直接嗅其气味或稍加热后再行嗅闻。

良质酱类——具有酱香和酯香气味，无其他异味。

次质酱类——酱的固有香气不浓，平淡。

劣质酱类——有酸败味或霉味等不良气味。

4）滋味评定　进行酱类滋味的感官评价时，可取少量样品于口中用舌头细细品尝。

良质酱类——滋味鲜美，入口酥软，咸淡适口，有豆酱或面酱独特的滋味，豆瓣辣酱可有锈味，无其他不良滋味。

次质酱类——有苦味、涩味、焦煳味、酸味及其他异味。

五、味精的质量评定

味精是以淀粉为原料，经发酵提纯的谷氨酸钠结晶。

1. 味精质量的感官评价

1）色泽评定　评定味精色泽时，将样品分别在白纸与黑纸上各撒一薄层，进行对比观察。

良质味精——洁白光亮。

次质味精——色泽灰白。

劣质味精——色泽灰暗或呈黄铁锈色，无光泽。

2）组织形态评定　味精外形的感官评价方式同于其色泽的感官评价，主要观察其晶粒形态，以及有无肉眼可见的杂质和霉迹。

良质味精——含谷氨酸钠90%以上的味精呈柱状晶粒，含谷氨酸钠80%～90%的味精呈粉末状。无杂质及霉迹。

次质味精——晶粒大小不均匀，粉末状者居多数。

劣质味精——结块，有肉眼可见的杂质及霉迹。

3）气味评定　感官评价味精的气味时，可打开包装直接嗅闻，或取部分样品置研钵中研磨后嗅其气味。

良质味精——无任何气味。

次质味精——微有异味。

劣质味精——有异臭味、化学药品气味及其他不良气味。

4）滋味评定　进行味精滋味的感官评价时，可取少许晶粒用舌头尝试。

良质味精——味道极鲜，具有鲜咸肉的美味，略有咸味（含氧化钠的味精），无其他异味。

次质味精——滋味正常或微有异味。

劣质味精——有苦味、涩味、霉味及其他不良滋味。

2. 评定掺假的味精

味精中的掺伪物质一般是石膏，可通过以下方法加以检验和评定。

（1）水溶性试验：取检样约1 g，置于小烧杯中，加水50 mL，振摇1 min，观察，如发现不溶于水或有残渣，则可怀疑掺入石膏。

（2）硫酸根检验：取上述水溶液5 mL置于试管中，加盐酸1滴，混匀，加10%氧化钡溶液约1 mL，再混匀，如出现浑浊或沉淀，则认为检品中含有硫酸根。

（3）钙离子检验：仍取上述水溶液5 mL置于试管中，加1%草酸溶液1 mL，混匀，如出现白色浑浊或沉淀，则认为检品中有钙离子存在。

石膏主要成分是硫酸钙，上述试验中如检出钙离子和硫酸根则可认为该味精中掺入了石膏。

六、辛辣料的质量评定

辛辣料是采用植物果实和种子粉碎而配制成的天然植物香料，如五香粉、胡椒粉、花椒粉、咖喱粉、芥末粉等。辛辣料的主要原料有八角、花椒、胡椒、桂皮、小茴香、大茴香、辣椒、孜然等。

1. 辛辣料质量的感官评价

1）色、香、味的评定　进行辛辣料色、香、味的感官评价时，可以直接观察其颜色，嗅其气味和品尝其滋味。

良质辛辣料——具有该种香料植物所特有的色、香、味。

次质辛辣料——色泽稍深或变浅，香气和特异滋味不浓。

劣质辛辣料——具有不纯正的气味和味道，有发霉味或其他异味。

2）组织状态的评定　辛辣料主要的感官评价方式是靠眼看和手摸以感知其组织状态。

良质辛辣料——呈干燥的粉末状。

次质辛辣料——有轻微的潮解、结块现象。

劣质辛辣料——潮解、结块、发霉、生虫或有杂质。

2. 感官评价真假八角

常见的假八角有红茴香、地枫皮和大八角，主要从形态特征上进行感官评价。

真八角（八角茴香）——常由 8 枚蓇葖果集成聚合果；呈浅棕色或红棕色；果皮肥厚，单瓣果实前端钝或钝尖；香气浓郁，味辛，甜。

地枫皮——蓇葖果 10～13 枚组成聚合果；呈红色或红棕色；果皮薄，单瓣果前端长而渐尖，并向内弯曲成倒钩状；香气微弱而呈松脂味；滋味淡，有麻舌感。

红茴香——蓇葖果 7～8 枚组成聚合果；瘦小，呈红棕色或红褐色；单瓣果实前端渐尖而向上弯曲；气味弱而特殊，味道酸而略甜。

大八角——蓇葖果 10～14 枚组成聚合果；呈灰棕色或灰褐色；果实皮薄，单瓣果实的前端长而渐尖，略弯曲；气味弱而特殊，滋味淡，有麻舌感。

3. 掺假花椒面的评定

花椒面中掺入的伪品多为含淀粉的稻糠、麦麸等。因此可以通过检验样品中是否含有淀粉来确定花椒面中是否掺假。

取检样 1 g 置于试管中，加水 10 mL，置水浴加热煮沸，放冷。向其中滴加碘化钾溶液 2～3 滴后观察，掺有含淀粉伪品的花椒面溶液层变为蓝色或蓝紫色。

掺伪花椒面由于在花椒面中掺入了大量麦麸皮、玉米面等，外观上看往往呈土黄色粉末状或有霉变、结块现象，花椒味很淡，口尝时舌尖微麻并有苦味。

4. 评定掺假的辣椒面

1）感官评价　辣椒面掺假较多，有的掺入染红色玉米面，有的掺入番茄干粉，有的掺入锯末，有的掺入红砖面。一般红辣椒粉呈红色，带有油状粉末，并具有浓郁的辣气；而掺假的辣椒面，呈砖红色，肉眼可见大量木屑样物或绿色的叶子碎片，略能闻到一点或根本闻不到辣气。

2）漂浮试验　取待检辣椒粉 10 g，置于带塞的 100 mL 量筒内，加饱和盐水至刻度，摇匀，静置 1 h 后观察其上浮和下沉物体积。掺伪辣椒面在饱和盐水中下沉体积较大，其体积与掺伪量呈正比，正品辣椒面绝大部分上浮，下沉物甚微。

七、调味品的感官评价与食用原则

良质调味品不受限制，可直接销售。但在销售过程中应注意卫生、防止污染，并应经常检查其质量，一旦发现其感官性状发生不良改变，应立刻停止销售。

次质调味品应根据品种和卫生情况、质量变化作综合评价和决策。次质调味品不可用于调制供人直接食用的凉菜；调味品感官评价指标中有 1～2 项为次质品级，其他均合乎良质品级要求的，可限期销售并供烹饪熟菜用；次质调味品数量比较大，生产厂家可重新加工复制。

劣质调味品已变质，能产生对人体有害的物质，因此不可供人食用或做食品工业原辅料，应予销毁或作为非食品工业原料及饲料。

——小结

在日常生活中，应用感官检验手段来评价食品及食品原料的质量优劣是简单易行的有效方法。在有些食品轻微变质时，精密仪器有时难以检出，但通过人体的感觉器官却可以敏感的判断出来，而且不需要相应的试剂、工具和仪器，是其他方法无法替代的。

——思考题

1．对谷物类感官评价的一般步骤？
（提示：眼观、鼻嗅、口尝。）
2．详细说明鲜蛋的感官评价有哪些？
（提示：鲜蛋的感官评价分为蛋壳评定和打开评定。）
3．评酒的基本方法有哪几种？请详细介绍。
（提示：直接品评法、对比品评法、三角品评法。）
4．对畜禽肉感官评价的一般步骤是？
（提示：眼观、鼻嗅、手触。）
5．虾类的感官评价指标有哪些？
（提示：①头胸节和腹节的连接程度；②体表色泽；③伸曲力；④体表是否干燥。）
6．蜂蜜类产品的感官评价依据是什么？
（提示：色泽、气味、滋味三方面。）
7．食用植物油感官评价指标有哪些？具体说明。
（提示：色泽、气味、滋味、透明度、含水量、杂质沉淀物等。）
8．乳制品中异常风味的来源包括哪几方面？
（提示：外界吸附、热处理、微生物、酶作用、光照等。）
9．果品的感官评价包括哪三个方面？
（提示：表观属性、质地属性和风味属性。）
10．罐头类食品感官检验的两个阶段是？请详细介绍。
（提示：开罐前与开罐后。）

第 11 章 实验部分

实验一　味觉辨别实验

一、实验目的

通过对不同试液的品尝，学会判别基本味觉（酸、甜、咸、苦），也可用于选择和培训评价员的初始实验。

二、实验原理

味觉是人的基本感觉之一，是人类对食物进行辨别、挑选和决定是否予以接受的重要因素。可溶性呈味物质进入口腔后，在肌肉运动作用下将呈味物质与味蕾相接触，刺激味蕾中的味细胞，这种刺激再以脉冲的形式通过神经系统传导到大脑，经大脑综合神经中枢系统的分析处理，使人产生味觉。

不同的人味觉敏感度的差异很大，通常用阈值表示。所谓察觉阈值是指能引起某种感觉的最小刺激量。识别阈值是指能使人确认出这种具体感觉的最小刺激量。差别阈值是指感官所能感受到的刺激的最小变化量。感官评价员应有正常的味觉识别能力与适当的味觉敏感度。

酸、甜、苦、咸是人类的四种基本味觉，取四种标准味感物质进行稀释，以浓度递增的顺序向评价员提供样品，品尝后记录结果。

三、实验材料

水、蔗糖、柠檬酸、硫酸奎宁、氯化钠。

四、实验步骤

1. 溶液配制

将蔗糖溶液配制为浓度为 200 g/L 的溶液（A），将柠檬酸溶液配制为浓度 10 g/L 的溶液（B），将硫酸奎宁溶液配制为浓度 0.2 g/L 的溶液（C），将氯化钠溶液配制为浓度为 100 g/L 的溶液（D）。硫酸奎宁溶液配制时先加入一部分水，在70～80℃水浴中加热至固体完全溶解后加水至刻度。

2. 试样溶液的配制

（1）蔗糖试液，取溶液 A 10 mL 和 15 mL 分别稀释至 500 mL，配成 4 g/L 和 6 g/L 的浓度试液。

（2）柠檬酸试液，取溶液 B 10 mL、15 mL、20 mL 分别稀释至 500 mL，配成 0.2 g/L、0.3 g/L、0.4g/L 的浓度试液。

（3）硫酸奎宁试液，取溶液 C 5 mL、10 mL、20 mL 分别稀释到 500 mL，配成 2 mg/L、4 mg/L、8 mg/L 的浓度试液。

（4）氯化钠试液，取溶液 D 4 mL、8 mL 分别稀释到 500 mL，配成 0.8 g/L、1.6 g/L 浓度的溶液。

3. 评价员试液

（1）以随机顺序给评价员提供试液杯，每个试液杯上都有随机的三位数编号，见表 11-1。

表 11-1　四种基本味觉检验工作表

评定次数	编码										结果
	蔗糖/（g/L）		柠檬酸/（g/L）			硫酸奎宁/（mL/L）			氯化钠/（g/L）		
	4	6	0.2	0.3	0.4	2	4	8	0.8	1.6	
1	373	131	200	778	846	448	411	804	757	444	
2	512	809	300	374	680	884	358	817	553	835	
3	891	960	584	970	465	432	977	366	667	280	
4	476	785	890	412	784	579	918	496	160	144	
5	253	260	732	760	558	714	840	975	748	618	
6	864	513	998	986	202	771	217	721	584	885	

（2）品尝试液要按照指定顺序，且品尝每一个试液前一定要用水漱口。

五、数据处理

按照所呈递试样如实填写基本味觉记录表，如表 11-2，在肯定味觉判别时，以“甜、酸、咸、苦”表示，若不能分辨，以“0”表示。

表 11-2　四种基本味觉记录表

第一次	试液号	131	200	778	846	…	804
	味觉						
第二次	试液号	512	809	300	374	…	553
	味觉						
第三次	试液号	970	465	432	977	…	891
	味觉						

实验二　嗅觉辨别实验

一、实验目的

通过实验练习嗅觉辨别的方法，增强嗅觉辨别能力。

二、实验原理

嗅觉属于化学感觉，是辨别各种气味的感觉。嗅觉的感受器位于鼻腔最上端的嗅上皮内，嗅觉的感受物质必须具有挥发性和可溶性的特点。嗅觉的个体差异很大，有嗅觉敏锐者和迟钝者。嗅觉敏锐者也并非对所有气味都敏锐，因不同气味而异，且易受身体状况和生理的影响。

三、实验材料

（1）标准香精样品，如柠檬、苹果、茉莉、玫瑰、菠萝、草莓、乙酸乙酯、丙酸异戊酯等。
（2）具塞棕色玻璃小瓶、辨香纸。
（3）溶剂：乙醇、丙二醇等。

四、实验步骤

（1）将不同香型的标准香精样品，用无色溶剂（如丙二醇）稀释配制成 1%浓度。选出其中的两种，分别记作 A 和 B，将样品 A 稀释 1 倍记作 A^*。

（2）按照表 11-3 中的编号进行装盘，每盘一份评定单（表11-4），评定单的编号要与样品编号一致。

表 11-3　嗅觉辨别检验工作表

评定次数	编码				结果
	溶剂	A	A^*	B	
1	122	709	866	848	
2	848	313	823	932	
3	530	936	483	902	
4	586	904	505	863	
5	194	149	941	288	
6	707	735	281	191	
7	854	928	437	813	
8	164	750	790	373	
9	900	571	361	358	
10	386	466	462	843	

表 11-4　嗅觉辨别检验评定单

姓名：__________　日期：__________　评价员编号：__________

在你面前有 4 个带有编号的样品，其中有两个香味是一样，而另外两个分别不同。请从左到右依次对 4 个样品进行嗅觉评定，然后在香味一样的两个样品的编号后画“√”，另外两个样品编号上分别划圈和横线。可以多次品尝，但不能没有答案。

122 □　709 □　866 □　848 □

感谢您的参与！

（3）让评价员得到 4 个样品，分别是 A、A^*、B 及稀释用的溶剂（对照样品）。按照编号进行嗅觉评定后，填写评定单。

（4）改变上面选出的 A、B 样品，再重复上述评定过程，每位评价员进行 10 次评定。

五、数据处理

评价员评定完成后收回评定单，将评定结果与样品准备工作表核对，统计每位评价员做出正确选择的次数，回答正确一次得 10 分，错误不得分。得分 30 分以下者嗅觉辨别能力较差；30～70 分者嗅觉辨别能力一般；70～100 分者嗅觉辨别能力较好。

实验三　成对比较检验法

一、实验目的

通过成对比较检验法检验不同糖的甜度是否存在差异，熟练掌握成对比较检验法的评定过程及结果统计。

二、实验原理

成对比较检验是最简便也是应用最广泛的感官检验方法。它常被应用于食品的风味检验，如偏爱检验。在偏爱检验中，一般应了解两种样品中，哪一种更受欢迎。由于成对比较每次只需要做一次评定，不易产生味觉疲劳，故可以进行多次实验，一般来说 10 次以内得出的结果都认为是可信的。但是成对比较一般只能用于比较特定的某个感官性质，如哪个样品更甜（酸），不能用于整体感觉的比较。

三、实验材料

使用市售蔗糖和葡萄糖分别配制浓度为 100 g/L 的待测样品 A 和 B。

四、实验步骤

（1）分别准备两种样品，分两组 A 和 B 放置，不能混淆。

（2）按照表 11-5 中的编号进行装盘，每盘一份评定单（表 11-6），评定单的编号要与样品编号一致。

表 11-5　成对比较检验工作表

评价员	序列	编码		结果	评价员	序列	编码		结果
1	AB	384	899		21	AB	550	850	
2	BA	340	490		22	BA	744	807	
3	AB	520	747		23	AB	613	272	
4	BA	322	206		24	BA	439	968	
5	AB	343	993		25	AB	230	439	
6	BA	718	925		26	BA	467	830	
7	AB	189	513		27	AB	235	160	
8	BA	237	692		28	BA	328	779	
9	AB	191	904		29	AB	364	855	
10	BA	382	625		30	BA	722	844	
11	AB	685	276		31	AB	132	235	
12	BA	693	233		32	BA	756	498	
13	AB	614	698		33	AB	798	352	
14	BA	422	616		34	BA	465	975	
15	AB	930	508		35	AB	660	230	
16	BA	841	826		36	BA	668	791	
17	AB	961	432		37	AB	952	191	
18	BA	922	679		38	BA	904	439	
19	AB	173	775		39	AB	861	353	
20	BA	161	122		40	BA	705	846	

表 11-6　成对比较检验评定单

姓名：＿＿＿＿＿＿　日期：＿＿＿＿＿＿　评价员编号：＿＿＿＿＿＿
甜味品尝
请品尝足够的样品以便你能准确判断样品之间甜味的差异。
请按照下面给出的编号顺序依次品尝不同编号的样品（从左到右），而不是盘子里样品的顺序。
请集中注意力只品尝甜味，在感觉更甜的样品编号后面画“√”。
384 □　　　899 □
感谢您的参与！

（3）给评价员随机排序，分别领取相应样品。感官评价尽量安排在品评室中进行，保证环境的整洁与安静，避免评价员之间的交流。

五、数据处理

评价员评定完成后收回评定单，将评定结果与样品准备工作表核对，统计正确选择的人数，根据成对比较检验（单边）法检验表作出判断。

注意事项：由于在实验之前已经预期蔗糖更甜，即实验之前在理论上已经预期哪个样品的感官性质更强，所以采用有方向性的成对比较检验，统计结果时应该注意。

实验四　三角检验法

一、实验目的

通过三角检验法检验不同浓度蜂蜜存在的感官差异，熟练掌握三角检验法的评定过程及结果统计。

二、实验原理

三角检验法是差别检验中最常用的一种方法，主要用于确定两个样品间是否有可觉察的差别，这种差异可能涉及一个或多个感官性质的差异。但三角检验不能表明有差异的产品在哪些感官性质上有差异，也不能评定差异的程度。在三个待鉴别的样品中，有两个是相同的，需要评价员把不同的样品判别出来。

三、实验材料

使用市售蜂蜜（或冲调饮料）作为测试样品，配制浓度分别为 100 g/L 和 90 g/L 的样品 A 和样品 B。为了避免重复品尝带来的味觉疲劳，一般三角检验提供的样品量以一次或两次食用完毕为宜，液体一般在 35～50 mL。

四、实验步骤

（1）分别准备两种样品，分 A、B 两组放置，不能混淆。

（2）按照表 11-7 中的编号进行装盘，每盘一份评定单（表11-8），评定单的编号要与样品编号一致。

表 11-7　三角检验工作表

评价员	序列	编码			结果
1	AAB	470	264	535	
2	ABA	490	570	560	
3	ABB	697	696	876	
4	BAA	994	347	907	
5	BBA	606	859	872	
6	BAB	976	102	719	
7	AAB	294	784	384	
8	ABA	613	813	734	
9	ABB	885	322	726	
10	BAA	149	896	812	
11	BBA	668	425	724	
12	BAB	921	463	360	
13	AAB	398	715	816	
14	ABA	556	742	916	
15	ABB	985	691	202	
16	BAA	306	399	434	
17	BBA	982	775	124	
18	BAB	404	103	451	
19	AAB	942	219	851	
20	ABA	710	167	970	
21	ABB	103	772	802	
22	…				

表 11-8　三角检验评定单

姓名：____________ 日期：____________ 评价员编号：____________

在你面前有三个带有编号的样品，其中有两个是一样的，而另一个和其他两个不同。请从左到右依次品尝三个样品，然后在与其他两个样品不同的那一个样品的编号后画“√”。可以多次品尝，但不能没有答案。

470 □　　264 □　　535 □

感谢您的参与！

（3）给评价员随机排序，分别领取相应样品。要求评价员挑出三个样品中单个的样品，三个不同排列次序的样品组中，两种样品出现次数相等，它们分别是：BAA、ABA、AAB、ABB、BAB 和 BBA。在进行评定时，要使每个样品各排列出现的次数相同，所以总的样品组数和评价员数量应该是 6 的倍数。如果样品数量或评价员的数量不能实现 6 的倍数，也至少应该做到 2 个“A”、一个“B”的样品组和 2 个“B”、一个“A”的样品组的数量一致。

五、数据处理

评价员评定完成后收回评定单，将评定结果与样品准备工作表核对，统计正确选择的人数，根据三角检验法检验表得出结论。

实验五　二-三点检验法

一、实验目的

通过二-三点检验法检验不同浓度奶粉存在的感官差异，熟练掌握二-三点检验法的评定过程及结果统计。

二、实验原理

二-三点检验法的提出是为了降低三角检验的复杂性。因为刺激较强烈的样品，会使评价员的敏感性显著降低，而三角检验又需要组合三个未知量，从而会增加品评难度。在二-三点检验中，测试者要面对的是三个产品，首先提供给评价员一个对照样品，接着提供两个编号的样品，其中一个与对照样品相同或者相似。要求评价员在熟悉对照样品后，从后面提供的两个样品中挑选出与对照样品相同的样品。二-三点检验可以区别两个同类样品是否存在感官差异，但差异的方向不能被检验指明，即感官评价员只能知道样品可察觉到差别，而不知道样品在何种性质上存在差别。

三、实验材料

使用市售奶粉作为评定样品，配制浓度分别为 40 g/L、60 g/L 和 80 g/L 的样品 A、样品 B 和样品 C。分别设置 A 与 B 比较，以及 B 与 C 比较。

四、实验步骤

（1）将标准样品准备 2 组，其中 1 组标记为 R，另外 1 组与同一天准备的其他样品按照表 11-9 标记三位编码，不能混淆。

表 11-9　二-三点检验工作表

评价员	序列	编码			结果
1	R_AAB	R_A	850	155	
2	R_ABA	R_A	628	330	
3	R_AAB	R_A	205	865	
4	R_ABA	R_A	718	213	
5	R_BAB	R_B	873	598	
6	R_BBA	R_B	338	853	
7	R_BAB	R_B	427	893	
8	R_BBA	R_B	245	832	
9	R_BCB	R_B	493	324	
10	R_BBC	R_B	281	905	
11	R_BCB	R_B	167	474	
12	R_BBC	R_B	630	486	
13	R_CCB	R_C	363	647	
14	R_CBC	R_C	438	220	
15	R_CCB	R_C	664	371	
16	R_CBC	R_C	631	175	
17	…				

（2）按照表格中的编号进行装盘，每盘一份评定单，评定单上的编号要与样品编号一致。

（3）给评价员随机排序，根据表 11-9 准备和分发样品，提供如表 11-10 所示的评定单。

表 11-10　二-三点检验评定单

姓名：__________ 日期：__________ 评价员编号：__________
在你面前有三个样品，其中一个标 R 的为“参照”，另外两个标有编号。从左向右依次品尝三个样品，先是参照样，然后是两个样品。品尝之后，请在与参照样相同的那个样品的编号后画“√”。可以多次品尝，但必须有答案。
R　　850 □　　155 □
感谢您的参与！

五、数据处理

评价员评定完成后收回评定单，将评定结果与样品准备工作表核对，统计正确选择的人数，根据二-三点检验法检验表得出结论。

实验六　“A”-“非 A”检验法

一、实验目的

生产企业为降低火腿肠的生产成本，改变火腿肠的质构，而向其中添加一定量的淀粉，本实验通过“A”-“非 A”检验法检验不同火腿肠弹性是否存在差异，熟练掌握“A”-“非 A”检验法的评定过程及结果统计。

二、实验原理

让评价员熟悉样品“A”或“非 A”，然后将一系列的样品提供给评价员，其中有“A”也有“非 A”，要求评价员指出哪些样品是“A”、哪些是“非 A”，最后统计鉴别正确的人数，通过 χ^2 检验分析实验结果。

三、实验材料

不同品牌的火腿肠若干。

四、实验步骤

（1）将两种品牌的火腿肠分为 2 组，其中 1 组标记为 A，另外 1 组标记为非 A，并按照表 11-11 标记三位编码，不能混淆。

表 11-11　“A”-“非 A”检验工作表

评价员	编码						结果
	A	非 A	A	非 A	A	非 A	
1	817	440	160	385	670	460	
2	830	588	605	842	651	307	

续表

评价员	编码						结果
	A	非 A	A	非 A	A	非 A	
3	326	900	668	480	269	756	
4	163	380	521	450	449	971	
5	147	621	618	930	274	678	
6	775	859	604	588	871	762	
7	748	627	654	383	759	717	
8	768	548	111	256	149	178	
9	931	787	326	894	836	491	
10	797	211	380	493	993	821	
11	640	752	374	575	857	426	
12	916	520	835	480	127	751	
13	375	248	529	706	751	223	
14	886	278	197	426	368	469	
15	214	399	867	483	459	910	

（2）按照表格中的编号进行装盘，每盘一份评定单，评定单上的编号要与样品编号一致。

（3）给评价员随机排序，根据表 11-11 准备和分发样品，提供如表 11-12 所示的评定单。

表 11-12 “A”-“非 A”检验评定单

评定表格

姓名：________ 日期：________ 评价员编号：________

试验要求

（1）在试验之前对样品“A”和“非 A”进行熟悉，记住它们的口味。

（2）从左到右依次品尝样品，在品尝完每一个样品之后，在其编码后面相对应位置上画“√”。

注意：在你所得到的样品中，“A”和“非 A”的数量是相同的。

样品顺序号	编码	该样品是	
		“A”	“非 A”
1	817		
2	440		
3	160		
4	385		
5	670		
6	460		

五、数据处理

评价员评定完成后收回评定单，核对评定结果与样品准备工作表，并汇入表 11-13 中，然后对结果进行分析。表中 n_{11} 表示样品本身是“A”，鉴评员也认为是“A”的回答总数；n_{22} 表示样品本身是“非 A”，鉴评员也认为是“非 A”的回答总数；n_{21} 表示样品本身是“A”，而鉴评员认为是“非 A”的回答总数；n_{12} 表示样品本身是“非 A”，而鉴评员认为是“A”的回答总数。$n_{1.}$、$n_{2.}$为第 1、第 2 行回答数之和；$n_{.1}$、$n_{.2}$ 为第 1、2 列回答数之和；n 为所有回答数。之后用 χ^2 检验来进行解释。

表 11-13　结果统计表

判别	"A"	"非 A"	累计
判为"A"的回答数	n_{11}	n_{12}	$n_{1.}$
判为"非 A"的回答数	n_{21}	n_{22}	$n_{2.}$
累计	$n_{.1}$	$n_{.2}$	N

假设评价员的判断与样品本身的特性无关。

当回答总数为 $n \leqslant 40$ 或 n_{ij}（$i=1, 2$；$j=1, 2$）$\leqslant 5$ 时，χ^2 的统计量为

$$\chi^2=\frac{[|n_{11}\times n_{22}-n_{12}\times n_{21}|-n/2]^2\times n}{n_{.1}\times n_{.2}\times n_{1.}\times n_{2.}}$$

当回答总数 $n>40$ 和 $n_{ij}>5$ 时，χ^2 的统计量为

$$\chi^2=\frac{[n_{11}\times n_{22}-n_{12}\times n_{21}]^2\times n}{n_{.1}\times n_{.2}\times n_{1.}\times n_{2.}}$$

将 χ^2 统计量与附录 1 的 χ^2 比较，如果 $\chi^2 \geqslant 3.84$，则认为"A"与"非 A"样品在 5%显著性水平上有差别；如果 $\chi^2 \geqslant 6.63$，则认为"A"与"非 A"样品在 1%水平上有差别。

实验七　五中取二检验法

一、实验目的

熟悉差别检验中五中取二检验法，通过对样品间细微差异的判别掌握该检验法，也可用于测试感官灵敏度。

二、实验原理

五中取二法是检验两种产品间总体感官差异的一种方法，同时评定 5 个样品，有 2 个是相同产品，另 3 个是相同的产品，需要把同一产品的两个样品挑选出来。

三、实验材料

桃李吐司切片面包、米旗吐司切片面包、餐盘。

四、实验步骤

（1）分别准备两种样品，分两组 A、B 放置，不能混淆。

（2）按照表中的编号进行装盘，每盘有 5 个样品，每盘有一份评价单，每个样品的编号均为随机且不重复，评价单上的编号要与样品上的编号相一致。

（3）给评价员随机排序，根据表 11-14 准备和分发样品，提供如表 11-15 所示的评定单。

表 11-14　五中取二工作表

评价员	序列	编号					结果
1	AAABB	720	386	535	896	264	
2	ABABA	140	274	560	425	570	

续表

评价员	序列	编号					结果
3	BBBAA	985	684	876	463	696	
4	BABAB	719	639	907	715	347	
5	AABAB	163	186	872	742	859	
6	BAABA	259	587	719	691	102	
7	BBABA	221	432	384	399	784	
8	ABBAB	684	142	734	775	813	
9	ABAAB	715	561	726	254	322	
10	ABBAA	850	428	812	470	986	
11	BABBA	668	735	724	490	245	
12	BAABB	921	277	360	697	346	
13	BAAAB	398	348	816	994	157	
14	BABAA	556	915	916	606	472	
15	ABBBA	985	265	202	976	916	
16	ABABB	306	279	434	294	402	
17	AABBA	982	874	124	613	285	
18	BBAAA	404	329	451	885	987	
19	BBAAB	942	740	851	149	291	
20	AABBB	710	118	970	704	416	

表 11-15　五中取二试验评定单

姓名：＿＿＿＿＿＿　日期：＿＿＿＿＿＿　编号：＿＿＿＿＿＿　样品种类：＿＿＿＿＿＿

试验要求

1. 按下面的顺序观察或感觉样品，其中有两个样品是同一种类型的，另外三个是另一种类型。
2. 试验后，请在你认为相同的两种样品的编号后画“√”。

编号

1. 720 ＿＿＿＿＿＿ 386 ＿＿＿＿＿＿ 535 ＿＿＿＿＿＿ 896 ＿＿＿＿＿＿ 264 ＿＿＿＿＿＿
2. 140 ＿＿＿＿＿＿ 274 ＿＿＿＿＿＿ 560 ＿＿＿＿＿＿ 425 ＿＿＿＿＿＿ 570 ＿＿＿＿＿＿
3. 985 ＿＿＿＿＿＿ 684 ＿＿＿＿＿＿ 876 ＿＿＿＿＿＿ 463 ＿＿＿＿＿＿ 696 ＿＿＿＿＿＿

…

五、数据处理

评价员评定完成后收回评定单，将评定结果与样品准备工作表核对，统计正确选择的人数，根据五中取二检验法检验表得出结论。

实验八　选择检验法

一、实验目的

通过选择检验法，可以检验若干个样品间是否存在差异，也可用于判断多数人认为最好的样品与其他样品间的差异性。

二、实验原理

选择检验法常适用于偏好的调查，但是不适用于一些味道浓烈或有较长延缓时间的样品。选择检验法需要比较大量的样品，所以要注意尽量保证样品外观一致。

三、实验材料

伊利酸奶、蒙牛酸奶、辉山酸奶、纸杯。

四、实验步骤

（1）将三种品牌的酸奶分为三组，其中一组标记为 A，另外两组分别标记为 B、C，并按照表 11-16 标记三位编码，不能混淆。

表 11-16　三角检验工作表

评价员	序列	编号			结果
1	ABC	483	246	735	
2	ACB	297	750	260	
3	BCA	913	691	186	
4	BAC	761	437	707	
5	CAB	592	762	612	
6	CBA	851	129	579	
…	…	…	…	…	

（2）按照表格中的编号进行装盘，每盘一份评定单，评定单上的编号要与样品编号一致。

（3）给评价员随机排序，根据表 11-16 准备和分发样品，人数多时，应提供随机且不同编号的样品，并提供如表 11-17 所示的评定单。品评后要求评价员根据问答表的内容进行评价，并且如实填入选择检验法评定单。

表 11-17　选择检验法问答表参考表

选择试验法
组号：__________ 产品名称：__________ 姓名：__________
年龄：__________ 性别：__________ 日期：__________
试验要求
1. 从左到右依次品评样品。
2. 品评后，请在您最喜欢的样品号码后画“√”。
483 ________ 246 ________ 745 ________
3. 写出最喜欢该样品的原因________________。

五、数据处理

评价员评定完成后收回评定单，根据评定单求出数个样品之间是否有差别并求出被多数人判断为最好的样品与其他样品之间是否存在差异，采用 χ^2 分布检验来判断结果。数个样品间有

无差异可以根据 χ^2 检验判断（见附录 1）。χ_0^2 通过计算得出，然后与附录 1 的 χ^2 表比较，如果 $\chi_0^2 \geqslant \chi^2$（$f$，$\alpha$），则说明 N 个样品在 α 显著水平存在差别，反之，$\chi_0^2 < \chi^2$（f，α），则说明 N 个样品在 α 显著水平无差别（f 为自由度，$f=N-1$）。

$$\chi_0^2=\sum_{i=1}^{N}\frac{(x_i-n/N)^2}{n/N}$$

式中，N 为样品数；n 为有效分析表数；x_i 为在 N 个样品中，最喜欢其中某个样品的人数。

求被多数人判断为最好的样品与其他样品间是否存在差异的方法如下：首先通过下式计算得到 χ_0^2 值。

$$\chi_0^2=N^2(x_i-n/N)^2/[(N-1)n]$$

再与附录 1 中的 χ^2（1，α）比较，若 $\chi_0^2 \geqslant \chi^2$（1，$\alpha$），则说明该样品与其他样品之间在 α 显著水平存在差异，反之则认为无差异。

实验九 排序实验

一、实验目的

通过对加蔗糖的果汁饮料进行排序实验，熟练掌握排序实验的评定过程及结果统计。

二、实验原理

排序实验可以用来分析比较一系列样品，其形式可以为按某种特性（如咸度、甜度、风味）的强度递增顺序，或者按质量递增顺序。排序实验的优点在于可以同时比较两个以上的样品，但是对于样品品种较多或样品之间差别很小时就难以进行。排序实验的结果取决于鉴定者的分辨能力和食品的性质差异。

三、实验材料

选一种果汁饮料，每升分别加蔗糖 1 g、4 g、8 g、10 g、15 g。

四、实验步骤

（1）由左至右依次品尝样品，先以第一个样品作为参考，近似判断每个样品的强弱，不必重复品尝。注意其中有两个样品的强度相同。

（2）以强度递增的顺序排列样品，标出两个相同强度样品的号码。只有对某个样品的强度有疑问时可以进行重复品尝。

（3）重复一次。

（4）评价小组组织者统计所有试验人员的结果表格，用顺位检验法检验表判断评价员的答案可信度，分析两次重复试验结果是否相同。

五、数据处理

评价员评定完成后收回评定单，将评定结果（表 11-18）进行统计处理。

表 11-18　排序实验记录表

姓名：　　　　日期：

顺序	1	2	3	4	5	6
样品号	651	919	090	871	366	319
强弱排序						

实验十　评分实验（啤酒评比实验）

一、实验目的

本实验通过对啤酒的评分实验，熟练掌握评分实验的评定过程及结果统计。

二、实验原理

要求评价员以数字标度形式来评价样品的品质特性。所使用的数字标度可以是等距标度或比率标度。与其他方法不同的是：它是所谓的绝对性判断，即根据评价员各自的品评基准进行判断。它出现的粗糙评分现象也可由增加评价员的人数来克服。

此方法可同时鉴评一种或多种产品的一个或多个指标的强度及其差异，所以应用较为广泛，尤其适用于鉴评新产品。

三、实验材料

（1）啤酒品评杯：无色透明的玻璃杯。

（2）啤酒样品：5 个以上。

（3）漱口用纯净水。

四、实验步骤

（1）品评前由主持者统一啤酒的指标和记分方法，讲解评酒要求（表 11-19），使每个评价员掌握统一的评分标准（表 11-20）和记分方式。

表 11-19　啤酒感官指标要求

项目	感官指标要求
色泽	浅黄色透明，无悬浮物、无沉淀
香气	啤酒香浓郁，具有啤酒花的酒类香气
口味	香味协调，余味悠长
风格	具有本品固有的独特风格

（2）啤酒样品以随机数标号，注入酒杯，分发给评价员，每次不超过 5 个样品。

（3）评价员独立品评并做好记录。

表 11-20　啤酒感官指标评分标准

色泽	（1）符合感官指标要求得 10 分 （2）凡浑浊、沉淀、带异味、有悬浮物等酌情扣 1～4 分 （3）有恶性沉淀物或悬浮物者，不得分
香气	（4）符合感官指标要求得 25 分 （5）香气欠纯正，带有异香，酌情扣 1～6 分 （6）香气不协调，邪杂气重扣 6 分
口味	（7）符合感官指标要求得 50 分 （8）口味淡薄，味道涩，后尾欠净有其他杂味，酌情扣 1～10 分 （9）酒体尾不净，杂味重，扣 10 分以上
风格	（10）具有本品独特的风格得 15 分 （11）基本具有本品的风格，但欠协调或风格不突出，酌情扣 1～5 分 （12）不具备本品风格要求的扣 5 分以上

五、数据处理

（1）用方差分析法分析样品间差异。
（2）用方差分析法分析评价员之间的差异。

实验十一　定量描述分析实验

一、实验目的

学会运用定量描述分析的原理与方法评定食品的感官特性与指标强度。了解市售火腿的感官质量标准，掌握定量描述分析法对市售火腿感官品质特性强度进行评定的主要程序与过程。

二、实验原理

定量描述分析（QDA）是在风味剖面和质地剖面的基础上引入统计分析对产品感官特性各项指标进行评定的分析方法。

在 10～12 名经验型评价员对产品有大致了解的基础上，对样品（或标准参照物）进行观察，对产品进行描述，尽量使用熟悉的常用词汇，然后分组讨论，对形成的词汇进行修订，并给出每个词汇的定义，重复 7～10 次，最后形成一份大家都认可的词语描述表。

实验时，品评人员单独品评，对产品每项性质（每个描述词语）进行打分，使用的标度通常是一条 15 cm 的直线，从左向右强度逐渐增加，品评人员在标尺上作出能代表产品该项性质强度的标记。实验结束后，将标尺上的强度标记转化成数值，最后通过统计分析得出结论，一般附有一个蜘蛛网形的图标。

三、实验材料

（1）市售火腿：提供三种同类型不同品牌的市售火腿样品。
（2）足够的碟和样品托盘，以及小刀和牙签。

（3）每人一个盛水杯和一个吐液杯。

四、实验步骤

1. 建立描述词汇

向评价员介绍实验样品的特性，包括样品生产的主要原料和生产工艺及感官质量标准，使大家对火腿有一个大致了解。选取有代表性的火腿样品，品评人员轮流对其进行品尝，每人轮流给出描述词汇，在老师的引导下，选定8～10个能描述市售火腿产品感官特性的特征词汇，并确定强度等级范围，重复7～10次，形成一份大家都认可的词汇描述表。实验使用七点标度法进行评定。

2. 描述分析检验

把A、B、C三种火腿样品用托盘盛放，并用三位随机数编号，同描述性检验记录表（表11-21）一并呈送给评定人员。各评价员单独品尝，对每种样品各种指标强度打分。实验重复三次，重复检验时，样品编排顺序不变。

表 11-21　描述性检验记录表

样品	编号	色泽	香气	肉味	咸味	细腻性	弹性	咀嚼性
A	655							
B	874							
C	351							

五、数据处理

汇总记录表，解除编码密码，统计出各个样品的评定结果，并进行误差分析，评定检验员的重复性和样品的差异性。讨论协调后，得出每个样品的总体评定，最后绘制QDA图（蜘蛛网形图）。

实验十二　消费者检验实验

一、实验目的

熟悉消费者检验实验的试验方法和流程。能够通过对消费者检验结果的分析，得出消费者对产品的偏爱程度，进一步提出产品的改进意见。

二、实验原理

消费者检验是一个新产品投入市场前必不可少的程序，通过消费者检验可达到对某种产品的市场潜力预测、进行新产品的开发、对某种产品进行质量维护、提高产品质量、对产品进行优化等目的。对产品的外观、风味等进行一一评价，能够充分地对产品进行改进。

三、实验材料

市售某品牌大果粒酸奶、一次性纸杯、托盘、漱口水。

四、实验步骤

（1）将实验者按照年龄、性别等进行分组，要求各组人员在年龄和性别上基本没有差异。

（2）对实验者分发调查问卷（表 11-22），最后对实验结果进行统计分析。

表 11-22 消费者对大果粒酸奶偏爱程度问卷

姓名 ______________

1. 请在实验前漱口。
2. 对你面前的产品进行品质评价，请先观察再品尝。
3. 请在相应的方框中画“√”，表示你对该产品各种性质的喜爱程度。有必要的话你可以再次品尝样品。

（1）外观

颜色

非常喜欢 非常不喜欢

□ □ □ □ □ □ □ □ □

浅 深

□ □ □ □ □ □ □ □ □

（2）风味

① 总体风味

非常喜欢 非常不喜欢

□ □ □ □ □ □ □ □ □

② 甜度

非常喜欢 非常不喜欢

□ □ □ □ □ □ □ □ □

不甜 非常甜

□ □ □ □ □ □ □ □ □

③ 酸度

非常喜欢 非常不喜欢

□ □ □ □ □ □ □ □ □

不酸 非常酸

□ □ □ □ □ □ □ □ □

（3）黏稠度

非常喜欢 非常不喜欢

□ □ □ □ □ □ □ □ □

不黏稠 黏稠

□ □ □ □ □ □ □ □ □

（4）果粒的口感

非常喜欢 非常不喜欢

□ □ □ □ □ □ □ □ □

软烂 坚实

□ □ □ □ □ □ □ □ □

（5）水果的味道

非常喜欢 非常不喜欢

□ □ □ □ □ □ □ □ □

续表

淡　　　　　　　　　　　　　　　　浓 □ □ □ □ □ □ □ □ □ （6）整体口感 非常喜欢　　　　　　　　　　　　非常不喜欢 □ □ □ □ □ □ □ □ □ 粗糙　　　　　　　　　　　　　　细腻 □ □ □ □ □ □ □ □ □ 评语：请写出你对该产品最喜欢和最不喜欢的地方，以便我们对产品进行进一步改进，谢谢！ 喜欢　　　　　　　　　　　　　不喜欢 ________________　　________________ ________________　　________________ ________________　　________________

（3）对实验结果进行统计、分析。按照消费者接受性检验的 9 点标度原则，从 4 分到−4 分（非常喜欢 4 分，非常不喜欢−4 分）为产品进行评分，根据品尝感觉计算产品总得分，提出产品的改进意见。

主要参考文献

柴兰琴，李晓军. 2010. 食品分析与食品安全［M］. 成都：西南交通大学出版社.

邓少平，朱学春，王逸凝. 1995. 感官剖面描述法在白酒品评中的应用［J］. 南昌大学学报，19（4）：369-373.

丁耐克. 2011. 食品风味化学［M］. 北京：中国轻工业出版社.

方忠祥. 2010. 食品感官评价［M］. 北京：中国农业出版社.

冯莉. 2013. 冲调方便杂粮产品研制及品质评价［D］. 南京农业大学硕士学位论文：16-39.

韩北忠，童华荣. 2009. 食品感官评价［M］. 北京：中国林业出版社.

韩北忠，童华荣，杜双奎. 2016. 食品感官评价. 2 版.［M］. 北京：中国林业出版社.

贺红军，张雪婷，邹慧，等. 2015. 低脂冰淇淋质构与感官评价的相关性研究［J］. 食品科技，（2）：338-343.

贾洪锋，邓红，何江红，等. 2013. 电子舌在食品检测中的应用研究进展［J］. 中国调味品，38(08)：12-17.

蒋丽施. 2011. 电子舌在食品感官品评中的应用［J］. 肉类研究，25(02)：49-52.

靳琳，王晓君，刘彭，等. 2008. 感官评价法鉴别市售纯牛乳制品热处理方式的探讨［J］. 乳业科学与技术. 4：179-182，188.

康明丽，潘思轶，范刚，等. 2014. HS-SPME-GC-MS 法测定不同成熟度蜜柑果汁挥发性成分［J］. 食品工业科技，35(19)：326-330.

李娟，袁信华，过世东. 2008. 鱼骨休闲食品贮藏研究及货架寿命预测［J］. 食品与发酵工业，155-158.

刘宁晶，史波林，赵镭，等. 2012. 电子鼻检测技术研究进展［J］. 食品科技，37(10)：248-252.

马基德. 2005. 我们的五种感官［M］. 程亦赤译. 贵阳：贵州人民出版社.

马永强，韩春然，刘静波. 2005. 食品感官检验［M］. 北京：化学工业出版社.

毛羽扬. 2000. 论味觉科学和味觉变化在烹饪中的应用［J］. 食品科学，21(12)：124-126.

欧阳文昭. 1991. 安全人机工程学［M］. 武汉：中国地质大学出版社.

沈明浩，谢主兰. 2011. 食品感官评定［M］. 郑州：郑州大学出版社.

沈培明，陈正夫，张东平，等. 2005. 恶臭的评价与分析［M］. 北京：化学工业出版社.

生庆海，张海霞，马蕊. 2009. 乳与乳制品感官品评［M］. 北京：中国轻工业出版社.

滕秀金，邱迦易，曾晓栋. 2007. 颜色测量技术［M］. 北京：中国计量出版社.

汪浩明. 2007. 食品检验技术［M］. 北京：中国轻工业出版社.

王飞生，芮汉明. 2008. 食品香气来源综述［J］. 中国调味品，353(7)：27-29.

王俊，崔绍庆，陈新伟，等. 2013. 电子鼻传感技术与应用研究进展［J］. 农业机械学报，44(11)：160-167，179.

王俊，胡桂仙，于勇，等. 2004. 电子鼻与电子舌在食品检测中的应用研究进展［J］. 农业工程学报，20(02)：292-295.

王钦德，杨坚. 2003. 食品试验设计与统计分析［M］. 北京：中国农业出版社.

王振斌，王世清，马晓珂. 2002. 模糊综合评判在食品感官评价中的应用［J］. 青岛农业大学学报，19(1)：41-42.

魏永义，李超敏，李宏信，等. 2010. 模糊数学法在火腿肠感官评价中的应用［J］. 肉类工业，11：28-30.

魏永义，王琼波，张莉. 2012. QDA 在火腿肠感官评价中的应用［J］. 肉类工业：（11）：37-39.

文连奎，张俊艳. 2010. 食品新产品开发［M］. 北京：化学工业出版社.

吴谋成. 2002. 食品分析与感官评定［M］. 北京：中国农业出版社.

吴谋成. 2011. 食品分析与感官评定. 2 版.［M］. 北京：中国农业出版社.

徐树来，王永华. 2009. 食品感官分析与实验. 2 版. [M]. 北京：化学工业出版社.
徐鑫，李德，胡忠慧. 2000. 模糊数学在食品感官质量评价中的应用 [J]. 生产率系统，2：48-49.
余疾风. 1991. 现代食品感官评定技术 [M]. 成都：四川科学技术出版社.
曾广植. 1984. 味感传导的波动性——味信息传导在板块振动模型中的体现 [J]. 自然杂志，(02)：87-90.
张保锋. 2007. 乳与乳制品感官评鉴技术 [M]. 哈尔滨：哈尔滨地图出版社.
张冲，赵征. 2007. 冷饮新产品口味测试方法的研究 [J]. 内蒙古科技与经济，(2)：106-114.
张水华，徐树来，王永华. 2006. 食品感官分析与实验 [M]. 北京：化学工业出版社.
张卫斌. 2012. 食品感官分析标度域 [D]. 浙江工商大学博士学位论文：10-38.
张晓鸣. 2006. 食品感官评定 [M]. 北京：中国轻工业出版社.
张艳，雷昌贵. 2012. 食品感官评定 [M]. 北京：中国质检出版社.
赵镭，刘文. 2011. 感官分析技术应用指南 [M]. 北京：中国轻工业出版社.
赵镭，刘文，牛丽影，等. 2009. 食品感官科学技术：发展的机遇和挑战 [J]. 中国食品学报，9(6)：138-143.
郑坚强. 2013. 食品感官评价 [M]. 北京：中国科学技术出版社.
中国乳制品工业协会. 2004. RHB 101—2004 巴氏杀菌乳感官质量评鉴细则 [S]. 北京：中国标准出版社.
中国乳制品工业协会. 2004. RHB 102—2004 灭菌乳感官质量评鉴细则 [S]. 北京：中国标准出版社.
中国乳制品工业协会. 2004. RHB 103—2004 酸牛乳感官质量评鉴细则 [S]. 北京：中国标准出版社.
中国乳制品工业协会. 2004. RHB 201—2004 全脂乳粉感官评鉴细则 [S]. 北京：中国标准出版社.
中国乳制品工业协会. 2004. RHB 202—2004 脱脂乳粉感官评鉴细则 [S]. 北京：中国标准出版社.
中国乳制品工业协会. 2004. RHB 301—2004 全脂加糖炼乳感官质量评鉴细则 [S]. 北京：中国标准出版社.
中国乳制品工业协会. 2004. RHB 302—2004 全脂无糖炼乳感官质量评鉴细则 [S]. 北京：中国标准出版社.
中国乳制品工业协会. 2004. RHB 401—2004 奶油感官质量评鉴细则 [S]. 北京：中国标准出版社.
中华人民共和国国家质量监督检验检疫总局，中国国家标准化管理委员会. 2007. GB/T 21172—2007，感官分析食品颜色评价的总则和检验方法 [S]. 北京：中国标准出版社.
中华人民共和国国家质量监督检验检疫总局，中国国家标准化管理委员会. 2008. GB/T 15682—2008，粮油检验稻谷、大米蒸煮食用品质感官评价方法 [S]. 北京：中国标准出版社.
中华人民共和国国家质量监督检验检疫总局，中国国家标准化管理委员会. 2008. GB/T 22210—2008，肉与肉制品感官评价规范 [S]. 北京：中国标准出版社.
中华人民共和国国家质量监督检验检疫总局，中国国家标准化管理委员会. 2008. GB/T 22504.1—2008，粮油检验粮食感官检验辅助图谱 [S]. 北京：中国标准出版社.
中华人民共和国国家质量监督检验检疫总局，中国国家标准化管理委员会. 2008. GB/T 22505—2008，粮油检验感官检验环境照明 [S]. 北京：中国标准出版社.
中华人民共和国国家质量监督检验检疫总局，中国国家标准化管理委员会. 2010. GB/T 25005—2010，感官分析方便面感官评价方法 [S]. 北京：中国标准出版社.
钟劲松. 2007. 感官检验在食品企业实施的注意事项 [J]. 中国质量，(8)：94-95.
周家春. 2006. 食品感官分析基础 [M]. 北京：中国计量出版.
周家春. 2013. 食品感官分析 [M]. 北京：中国轻工业出版社.
周奇，原通磊. 2010. 甜度味觉阈值研究 [J]. 重庆理工大学学报（自然科学），24(4)：35-39.
朱滢，焦书兰. 2004. 实验心理学 [M]. 北京：原子能出版社.
Amerine M A, Pangborn R M, Roessler E B. 1965. Principles of Sensory Evaluation of Food [M]. New York：Academic Press.
Amerine M A, Roessler E B, Ough C S. 1965. Acids and the acid taste I the effect of pH and titratable acidity [J]. American Journal of Enology & Viticulture, 16(1)：29-37.
ASTM E679-79. 1991. Standard practice for determination of odor and taste thresholds by a forced-choice ascending concentration series method of limits [S]. In：Annual Book of ASTM Standards, ASTM, Philadelphia. West Conshohocken., PA, 15(07): 34-39.
Basker D. 1988. Critical values of difference among rank sums for multiple comparisons [J]. Food Technology,

42（2）:79-84.

Bengtsson K, Helm K. 1946. Principles of taste testing [J]. Wallerstein Laboratory Communications, 9(28): 171-181.

Bertino M, Lawless H T. 1993. Understanding mouth feel attributes: A multidimensional scaling approach [J]. Journal of Sensory Studies, 8(2):101-114.

Bradley R A. 1953. Some statistical methods in taste testing and quality evaluation [J]. Biometrics, 9（1）:22-38.

Bradley R A. 1976. Science, statistics, and paired comparisons. [J]. Biometrics, 32(2):213.

Bradley R A, Terry M E. 1952. Rank analysis of incomplete block designs [J]. Biometrika, 39（3-4）:324-345.

Cardello A V, Segars R A. 1989. Effects of sample size and prior mastication on texture judgments [J]. Journal of Sensory Studies, 4(1):1-18.

Civille G V, Dus C A. 1990. Development of terminology to describe the handfeel properties of paper and fabrics [J]. Journal of Sensory Studies, 5(1):19-32.

Civille G V, Lyon B. 1996. ASTM lexicon vocabulary for descriptive analysis [C]. American Society for Testing and Materials, Philadelphia.

Cover S. 2010. A new subjective method of testing tenderness in meat—the paired-eating method [J]. Journal of Food Science, 1（3）:287-295.

Fushan A A, Simons C T, Slack J P. 2009. Allelic polymorphism within the TAS1R3 promoter is associated with human taste sensitivity to sucrose [J]. Current Biology, 19: 1288-1293.

GB/T 10220—2012. 感官分析方法学总论 [S].

GB/T 10221—2012. 感官分析术语 [S].

GB/T 12310—2012. 感官分析成对比较检验法 [S].

GB/T 12311—2012. 感官分析三点检验 [S].

GB/T 12311—2012. 三点检验 [S].

GB/T 12312—2012. 感官分析味觉敏感度的测定方法 [S].

GB/T 12315—2008. 感官分析 方法学 排序法 [S].

GB/T 12316—1990. 感官分析方法“A”-“非 A”检验 [S].

GB/T 13868—2009. 感官分析建立感官分析实验室的一般导则 [S].

GB/T 16291.1—2012. 感官分析选拔、培训与管理评价员一般导则 [S].

GB/T 17321—2012. 二-三点检验 [S].

GB/T 22366—2008，感官分析方法学采用三点选配法（3-AFC）测定嗅觉、味觉和风味觉察阈值的一般导则 [S].

Gescheider G A. 1997. Psychophysics: The Fundamentals. 3rd ed. [M]. Mahwah, NJ: Lawrence Erlbaum Associates.

Gilmore M M, Murphy C. 1989. Aging is associated with increased weber ratios for caffeine, but not for sucrose [J]. Perception & Psychophysics, 46(6): 555-559.

Glendinning J I. 1994. Is the bitter rejection response always adaptive [J]. Physiology & Behavior, 56(2): 1217-1227.

Green B G, Shaffer G S, Gilmore M M. 1993. Derivation and I-valuation of a semantic scale of oral sensation magnitude with apparent ratio properties [J]. Chemical Senses, 18：683-702.

Gridgeman N T. 1955. The Bradley-Terry probability model and preference tasting [J]. Biometrics, 11(3): 335-343.

Gridgeman N T. 1959. Pair Comparison, with and without Ties [J]. Biometrics, 4 (3): 382-388.

Guadarrama A, Rodríguez-Méndez M L, de Sajaa J A, et al. 2000. Array of sensors based on conducting polymers for the quality control of the aroma of the virgin olive oil [J]. Analytica Chimica Acta, 69(03): 276-282.

Guinard J X. 2011. Sensory and consumer testing with children [J]. Trends in Food Science & Technology, 11: 273-283.

Harry T L, Hildegrade H. 2001. 食品感官评价原理与技术 [M]. 王栋等译. 北京：中国轻工业出版社.

Hong J H, Chung J W, Kim Y K, et al. 2005. The relationship between PTC taster status and taste thresholds in young adults [J]. Oral Surgery, Oral Medicine, Oral Pathology, Oral Radiology & Endodontology. 99(6): 711-715.

Hyde R J, Witherly S A. 1993. Dynamic contrast: a sensory contribution to palatability [J]. Appetite, 21(1):1.

Jowitt R. 1974. The terminology of food texture [J]. Journal of Texture Studies, 5(3):351-358.

Laska M, Scheuber H P, Carrera S E. 1999. Taste difference thresholds for sucrose in two species of nonhuman primates [J]. American Journal of Primatology, 48: 153-160.

Laska M, Suorra J P, Bautista R M R. 2008. Taste difference thresholds for monosodium glutamate and sodium chloride in Pigtail Macaques (*Macaca nemestrina*) and Spider Monkeys (*Ateles geoffroyi*) [J]. American Journal of Primatology, 70(9): 839-847.

Lawless H T, Tuorila H, Jouppila K, et al. 2010. Effects of guar gum and microcrystalline cellulose on sensory and thermal properties of a high fat model food system [J]. Journal of Texture Studies, 27(5):493-516.

Legin A, Rudnitskaya A, Lvova L, et al. 2003. Evaluation of Italian wine by the electronic tongue: recognition, quantitative analysis and correlation with human sensory perception [J]. Analytica Chimica Acta: Including Cumulative Indexes. 484(01): 33-44.

Lim J, Lawless H T. 2006. Detection thresholds and taste qualities of iron salts [J]. Food Quality & Preference, 17: 513-521.

Magan N, Pavlou A, Chrysanthakis I. 2001. Milk-sense: a volatile sensing system recognises spoilage bacteria and yeasts in milk [J]. Sensors & Actuators B Chemical, 72(1):28-34.

Manly R S, Braley L C. 1950. Masticatory performance and efficiency [J]. Journal of Dental Research, 29(4): 448-462.

Mc Bride R L. 1983. A JND-scale/category-scale convergence in taste [J]. Perception & Psychophysics, 34 (1): 77-83.

Mela D J, Langley K R, Martin A. 1994. No effect of oral or sample temperature on sensory assessment of fat content [J]. Physiology & Behavior, 56(4):655-658.

Mitchell M, Brunton N, Wilkinson M. 2009. Optimization of the sensory acceptability of a reduced salt model ready meal [J]. Journal of Sensory Studies, 24 (1): 133-147.

Norwich K H. 1993. Information, Sensation and Perception [M]. New York: Academic Press.

O' Connell M, Valdora G, Peltzer G. 2001. A practical approach for fish freshess determinations using a portable electronic nose [J]. Sensors and Actuators B: Chemical. 80(2): 149-154.

O' Sullivan M G, Byrne D V, Jensen M T, et al. 2003. A comparison of warmed-over flavour in pork by sensory analysis, GC/MS and the electronic nose [J]. Meat Science, 65(03): 1125-1138.

Oshita S, Shimaa K, Harutab T, et al. 2000. Discrimination of odors emanating from 'La France' pear by semi-conducting polymer sensors [J]. Computers and Electronics in Agriculture, 26(2): 209-216.

Reinbach H C, Allesn-holm B, Kristoffersson L. 2011. Development of a sensory test method for odor measurement in a package headspace [J]. Journal of Sensory Studies, 26(2): 118-127.

Ritaban D, Kashwan K R, Bhuyan M, et al. 2003. Electronic nose based tea quality standardization [J]. Neural Networks, 16(05): 847-853.

Stone H, Bleibaum R N, Thomas H A. 2016. 食品感官评价. 4 版. [M]. 毕金峰等译. 北京：中国轻工业出版社.

Stone H, Joel L S. 2007. 感官评价实践. 3 版. [M]. 北京：中国轻工业出版社.

Szczesniak A S. 1979. Recent developments in solving consumer-oriented texture problems[J]. Food Technology, 10: 61-66.

Toko K, Iyota T, Mizota Y, et al. 1995. Heat effect on the taste of milk studied using a taste sensor [J]. Japanese Journal of Applied Physics, 34(01): 6287-6291.

Tyle P, Kuenn C, Geier L, et al. 1993. Effect of size, shape and hardness of particles in suspension on oral palatability [J]. Acta Psychologica, 84(1): 111-118.

附　　录

附录1　χ^2 分布表

f	α												
	0.995	0.99	0.975	0.95	0.9	0.75	0.5	0.25	0.1	0.05	0.025	0.01	0.005
1	…	…	…	…	0.02	0.1	0.45	1.32	2.71	3.84	5.02	6.63	7.88
2	0.01	0.02	0.051	0.10	0.21	0.58	1.39	2.77	4.61	5.99	7.38	9.21	10.6
3	0.07	0.11	0.22	0.35	0.58	1.21	2.37	4.11	6.25	7.81	9.35	11.34	12.84
4	0.21	0.3	0.48	0.71	1.06	1.92	3.36	5.39	7.78	9.49	11.14	13.28	14.86
5	0.41	0.55	0.83	1.15	1.61	2.67	4.35	6.63	9.24	11.07	12.83	15.09	16.75
6	0.68	0.87	1.24	1.64	2.20	3.45	5.35	7.84	10.64	12.59	14.45	16.81	18.55
7	0.99	1.24	1.69	2.17	2.83	4.25	6.35	9.04	12.02	14.07	16.01	18.48	20.28
8	1.34	1.65	2.18	2.73	3.40	5.07	7.34	10.22	13.36	15.51	17.53	20.09	21.96
9	1.73	2.09	2.7	3.33	4.17	5.9	8.34	11.39	14.68	16.92	19.02	21.67	23.59
10	2.16	2.56	3.25	3.94	4.87	6.74	9.34	12.55	15.99	18.31	20.48	23.21	25.19
11	2.60	3.05	3.82	4.57	5.58	7.58	10.34	13.70	17.28	19.68	21.92	24.72	26.76
12	3.07	3.57	4.40	5.23	6.30	8.44	11.34	14.85	18.55	21.03	23.34	26.22	28.3
13	3.57	4.11	5.01	5.89	7.04	9.3	12.34	15.98	19.81	22.36	24.74	27.69	29.82
14	4.07	4.66	5.63	6.57	7.79	10.17	13.34	17.12	21.06	23.68	26.12	29.14	31.32
15	4.60	5.23	6.27	7.26	8.55	11.04	14.34	18.25	22.31	25.00	27.49	30.58	32.8
16	5.14	5.81	6.91	7.96	9.31	11.91	15.34	19.37	23.54	26.3	28.85	32.00	34.27
17	5.7	6.41	7.56	8.67	10.09	12.79	16.34	20.49	24.77	27.59	30.19	33.41	35.72
18	6.26	7.01	8.23	9.39	10.86	13.68	17.34	21.6	25.99	28.87	31.53	34.81	37.16
19	6.84	7.63	8.91	10.12	11.65	14.56	18.34	22.72	27.2	30.14	32.85	36.19	38.58
20	7.43	8.26	9.59	10.85	12.44	15.45	19.34	23.83	28.41	31.41	34.17	37.57	40
21	8.03	8.9	10.28	11.59	13.24	16.34	20.34	24.93	29.62	32.67	35.48	38.93	41.4
22	8.64	9.54	10.98	12.34	14.04	17.24	21.34	26.04	30.81	33.92	36.78	40.29	42.8
23	9.26	10.2	11.69	13.09	14.85	18.14	22.34	27.14	32.01	35.17	38.08	41.64	44.18
24	9.89	10.86	12.4	13.85	15.66	19.04	23.34	28.24	33.2	36.42	39.36	42.98	45.56
25	10.52	11.52	13.12	14.61	16.47	19.94	24.34	29.34	34.38	37.65	40.65	44.31	46.93
26	11.16	12.20	13.84	15.38	17.29	20.84	25.34	30.43	35.56	38.89	41.92	45.64	48.29
27	11.81	12.88	14.57	16.15	18.11	21.75	26.34	31.53	36.74	40.11	43.19	46.96	49.64
28	12.46	13.56	15.31	16.93	18.94	22.66	27.34	32.62	37.92	41.34	44.46	48.28	50.99
29	13.12	14.26	16.05	17.71	19.77	23.57	28.34	33.71	39.09	42.56	45.72	49.59	52.34
30	13.79	14.95	16.79	18.49	20.6	24.48	29.34	34.80	40.26	43.77	46.98	50.89	53.67
40	20.71	22.16	24.43	26.51	29.05	33.66	39.34	45.62	51.8	55.76	59.34	63.69	66.77
50	27.99	29.71	32.36	34.76	37.69	42.94	49.33	56.33	63.17	67.50	71.42	76.15	79.49
60	35.53	37.48	40.48	43.19	46.46	52.29	59.33	66.98	74.40	79.08	83.30	88.38	91.95
70	43.28	45.44	48.76	51.74	55.33	61.70	69.33	77.58	85.53	90.53	95.02	100.42	104.22
80	51.17	53.54	57.15	60.39	64.28	71.14	79.33	88.13	96.58	101.88	106.63	112.33	116.32
90	59.20	61.75	65.65	69.13	73.29	80.62	89.33	98.64	107.56	113.14	118.14	124.12	128.30
100	67.33	70.06	74.22	77.93	82.36	90.13	99.33	109.14	118.5	124.34	129.56	135.81	140.17

附录2 *F* 分 布 表

$P\{F(n_1,n_2)>F_\alpha(n_1,n_2)\}=\alpha$

									α=0.10										
n_2 \ n_1	1	2	3	4	5	6	7	8	9	10	12	15	20	24	30	40	60	120	∞
1	39.86	49.50	53.59	55.83	57.24	58.20	58.91	59.44	59.86	60.19	60.71	61.22	61.74	62.00	62.26	62.53	62.79	63.06	63.33
2	8.53	9.00	9.16	9.24	9.29	9.33	9.35	9.37	9.38	9.39	9.41	9.42	9.44	9.45	9.46	9.47	9.47	9.48	9.49
3	5.54	5.46	5.39	5.34	5.31	5.28	5.27	5.25	5.24	5.23	5.22	5.20	5.18	5.18	5.17	5.16	5.15	5.14	5.13
4	4.54	4.32	4.19	4.11	4.05	4.01	3.98	3.95	3.94	3.92	3.90	3.87	3.84	3.83	3.82	3.80	3.79	3.78	3.76
5	4.06	3.78	3.62	3.52	3.45	3.40	3.37	3.34	3.32	3.30	3.27	3.24	3.21	3.19	3.17	3.16	3.14	3.12	3.10
6	3.78	3.46	3.29	3.18	3.11	3.05	3.01	2.98	2.96	2.94	2.90	2.87	2.84	2.82	2.80	2.78	2.76	2.74	2.72
7	3.59	3.26	3.07	2.96	2.88	2.83	2.78	2.75	2.72	2.70	2.67	2.63	2.59	2.58	2.56	2.54	2.51	2.49	2.47
8	3.46	3.11	2.92	2.81	2.73	2.67	2.62	2.59	2.56	2.54	2.50	2.46	2.42	2.40	2.38	2.36	2.34	2.32	2.29
9	3.36	3.01	2.81	2.69	2.61	2.55	2.51	2.47	2.44	2.42	2.38	2.34	2.30	2.28	2.25	2.23	2.21	2.18	2.16
10	3.29	2.92	2.73	2.61	2.52	2.46	2.41	2.38	2.35	2.32	2.28	2.24	2.20	2.18	2.16	2.13	2.11	2.08	2.06
11	3.23	2.86	2.66	2.54	2.45	2.39	2.34	2.30	2.27	2.25	2.21	2.17	2.12	2.10	2.08	2.05	2.03	2.00	1.97
12	3.18	2.81	2.61	2.48	2.39	2.33	2.28	2.24	2.21	2.19	2.15	2.10	2.06	2.04	2.01	1.99	1.96	1.93	1.90
13	3.14	2.76	2.56	2.43	2.35	2.28	2.23	2.20	2.16	2.14	2.10	2.05	2.01	1.98	1.96	1.93	1.90	1.88	1.85
14	3.10	2.73	2.52	2.39	2.31	2.24	2.19	2.15	2.12	2.10	2.05	2.01	1.96	1.94	1.91	1.89	1.86	1.83	1.80
15	3.07	2.70	2.49	2.36	2.27	2.21	2.16	2.12	2.09	2.06	2.02	1.97	1.92	1.90	1.87	1.85	1.82	1.79	1.76
16	3.05	2.67	2.46	2.33	2.24	2.18	2.13	2.09	2.06	2.03	1.99	1.94	1.89	1.87	1.84	1.81	1.78	1.75	1.72
17	3.03	2.64	2.44	2.31	2.22	2.15	2.10	2.06	2.03	2.00	1.96	1.91	1.86	1.84	1.81	1.78	1.75	1.72	1.69
18	3.01	2.62	2.42	2.29	2.20	2.13	2.08	2.04	2.00	1.98	1.93	1.89	1.84	1.81	1.78	1.75	1.72	1.69	1.66
19	2.99	2.61	2.40	2.27	2.18	2.11	2.06	2.02	1.98	1.96	1.91	1.86	1.81	1.79	1.76	1.73	1.70	1.67	1.63
20	2.97	2.59	2.38	2.25	2.16	2.09	2.04	2.00	1.96	1.94	1.89	1.84	1.79	1.77	1.74	1.71	1.68	1.64	1.61
21	2.96	2.57	2.36	2.23	2.14	2.08	2.02	1.98	1.95	1.92	1.87	1.83	1.78	1.75	1.72	1.69	1.66	1.62	1.59
22	2.95	2.56	2.35	2.22	2.13	2.06	2.01	1.97	1.93	1.90	1.86	1.81	1.76	1.73	1.70	1.67	1.64	1.60	1.57
23	2.94	2.55	2.34	2.21	2.11	1.05	1.99	1.95	1.92	1.89	1.84	1.80	1.74	1.72	1.69	1.66	1.62	1.59	1.55
24	2.93	2.54	2.33	2.19	2.10	2.04	1.98	1.94	1.91	1.88	1.83	1.78	1.73	1.70	1.67	1.64	1.61	1.57	1.53
25	2.92	2.53	2.32	2.18	2.09	2.02	1.97	1.93	1.89	1.87	1.82	1.77	1.72	1.69	1.66	1.63	1.59	1.56	1.52
26	2.91	2.52	2.31	2.17	2.08	2.01	1.96	1.92	1.88	1.86	1.81	1.76	1.71	1.68	1.65	1.61	1.58	1.54	1.50
27	2.90	2.51	2.30	2.17	2.07	2.00	1.95	1.91	1.87	1.85	1.80	1.75	1.70	1.67	1.64	1.60	1.57	1.53	1.49
28	2.89	2.50	2.29	2.16	2.06	2.00	1.94	1.90	1.87	1.84	1.79	1.74	1.69	1.66	1.63	1.59	1.56	1.52	1.48
29	2.89	2.50	2.28	2.15	2.06	1.99	1.93	1.89	1.86	1.83	1.78	1.73	1.68	1.65	1.62	1.58	1.55	1.51	1.47

续表

n_2 \ n_1	1	2	3	4	5	6	7	8	9	10	12	15	20	24	30	40	60	120	∞
$\alpha=0.10$																			
30	2.88	2.49	2.28	2.14	2.05	1.98	1.93	1.88	1.85	1.82	1.77	1.72	1.67	1.64	1.61	1.57	1.54	1.50	1.46
40	2.84	2.44	2.23	2.09	2.00	1.93	1.87	1.83	1.79	1.76	1.71	1.66	1.61	1.57	1.54	1.51	1.47	1.42	1.38
60	2.79	2.39	2.18	2.04	1.95	1.87	1.82	1.77	1.74	1.71	1.66	1.60	1.54	1.51	1.48	1.44	1.40	1.35	1.29
120	2.75	2.35	2.13	1.99	1.90	1.82	1.77	1.72	1.68	1.65	1.60	1.55	1.48	1.45	1.41	1.37	1.32	1.26	1.19
∞	2.71	2.30	2.08	1.94	1.85	1.77	1.72	1.67	1.63	1.60	1.55	1.49	1.42	1.38	1.34	1.30	1.24	1.17	1.00
$\alpha=0.05$																			
1	161.4	199.5	215.7	224.6	230.2	234.0	236.8	238.9	240.5	241.9	243.9	245.9	248.0	249.1	250.1	251.1	252.2	253.3	254.3
2	18.51	19.00	19.16	19.25	19.30	19.33	19.35	19.37	19.38	19.40	19.41	19.43	19.45	19.45	19.46	19.47	19.48	19.49	19.50
3	10.13	9.55	9.28	9.12	9.01	8.94	8.89	8.85	8.81	8.79	8.74	8.70	8.66	8.64	8.62	8.59	8.57	8.55	8.53
4	7.71	6.94	6.59	6.39	6.26	6.16	6.09	6.04	6.00	5.96	5.91	5.86	5.80	5.77	5.75	5.72	5.69	5.66	5.63
5	6.61	5.79	5.41	5.19	5.05	4.95	4.88	4.82	4.77	4.74	4.68	4.62	4.56	4.53	4.50	4.46	4.43	4.40	4.36
6	5.99	5.14	4.76	4.53	4.39	4.28	4.21	4.15	4.10	4.06	4.00	3.94	3.87	3.84	3.81	3.77	3.74	3.70	3.67
7	5.59	4.74	4.35	4.12	3.97	3.87	3.79	3.73	3.68	3.64	3.57	3.51	3.44	3.41	3.38	3.34	3.30	3.27	3.23
8	5.32	4.46	4.07	3.84	3.69	3.58	3.50	3.44	3.39	3.35	3.28	3.22	3.15	3.12	3.08	3.04	3.01	2.97	2.93
9	5.12	4.26	3.86	3.63	3.48	3.37	3.29	3.23	3.18	3.14	3.07	3.01	2.94	2.90	2.86	2.83	2.79	2.75	2.71
10	4.96	4.10	3.71	3.48	3.33	3.22	3.14	3.07	3.02	2.98	2.91	2.85	2.77	2.74	2.70	2.66	2.62	2.58	2.54
11	4.84	3.98	3.59	3.36	3.20	3.09	3.01	2.95	2.90	2.85	2.79	2.72	2.65	2.61	2.57	2.53	2.49	2.45	2.40
12	4.75	3.89	3.49	3.26	3.11	3.00	2.91	2.85	2.80	2.75	2.69	2.62	2.54	2.51	2.47	2.43	2.38	2.34	2.30
13	4.67	3.81	3.41	3.18	3.03	2.92	2.83	2.77	2.71	2.67	2.60	2.53	2.46	2.42	2.38	2.34	2.30	2.25	2.21
14	4.60	3.74	3.34	3.11	2.96	2.85	2.76	2.70	2.65	2.60	2.53	2.46	2.39	2.35	2.31	2.27	2.22	2.18	2.13
15	4.54	3.68	3.29	3.06	2.90	2.79	2.71	2.64	2.59	2.54	2.48	2.40	2.33	2.29	2.25	2.20	2.16	2.11	2.07
16	4.49	3.63	3.24	3.01	2.85	2.74	2.66	2.59	2.54	2.49	2.42	2.35	2.28	2.24	2.19	2.15	2.11	2.06	2.01
17	4.45	3.59	3.20	2.96	2.81	2.70	2.61	2.55	2.49	2.45	2.38	2.31	2.23	2.19	2.15	2.10	2.06	2.01	1.96
18	4.41	3.55	3.16	2.93	2.77	2.66	2.58	2.51	2.46	2.41	2.34	2.27	2.19	2.15	2.11	2.06	2.02	1.97	1.92
19	4.38	3.52	3.13	2.90	2.74	2.63	2.54	2.48	2.42	2.38	2.31	2.23	2.16	2.11	2.07	2.03	1.98	1.93	1.88
20	4.35	3.49	3.10	2.87	2.71	2.60	2.51	2.45	2.39	2.35	2.28	2.20	2.12	2.08	2.04	1.99	1.95	1.90	1.84
21	4.32	3.47	3.07	2.84	2.68	2.57	2.49	2.42	2.37	2.32	2.25	2.18	2.10	2.05	2.01	1.96	1.92	1.87	1.81
22	4.30	3.44	3.05	2.82	2.66	2.55	2.46	2.40	2.34	2.30	2.23	2.15	2.07	2.03	1.98	1.94	1.89	1.84	1.78
23	4.28	3.42	3.03	2.80	2.64	2.53	2.44	2.37	2.32	2.27	2.20	2.13	2.05	2.01	1.96	1.91	1.86	1.81	1.76
24	4.26	3.40	3.01	2.78	2.62	2.51	2.42	2.36	2.30	2.25	2.18	2.11	2.03	1.98	1.94	1.89	1.84	1.79	1.73

续表

n_2 \ n_1	1	2	3	4	5	6	7	8	9	10	12	15	20	24	30	40	60	120	∞
										α=0.05									
25	4.24	3.39	2.99	2.76	2.60	2.49	2.40	2.34	2.28	2.24	2.16	2.09	2.01	1.96	1.92	1.87	1.82	1.77	1.71
26	4.23	3.37	2.98	2.74	2.59	2.47	2.39	2.32	2.27	2.22	2.15	2.07	1.99	1.95	1.90	1.85	1.80	1.75	1.69
27	4.21	3.35	2.96	2.73	2.57	2.46	2.37	2.31	2.25	2.20	2.13	2.06	1.97	1.93	1.88	1.84	1.79	1.73	1.67
28	4.20	3.34	2.95	2.71	2.56	2.45	2.36	2.29	2.24	2.19	2.12	2.04	1.96	1.91	1.87	1.82	1.77	1.71	1.65
29	4.18	3.33	2.93	2.70	2.55	2.43	2.35	2.28	2.22	2.18	2.10	2.03	1.94	1.90	1.85	1.81	1.75	1.70	1.64
30	4.17	3.32	2.92	2.69	2.53	2.42	2.33	2.27	2.21	2.16	2.09	2.01	1.93	1.89	1.84	1.79	1.74	1.68	1.62
40	4.08	3.23	2.84	2.61	2.45	2.34	2.25	2.18	2.12	2.08	2.00	1.92	1.84	1.79	1.74	1.69	1.64	1.58	1.51
60	4.00	3.15	2.76	2.53	2.37	2.25	2.17	2.10	2.04	1.99	1.92	1.84	1.75	1.70	1.65	1.59	1.53	1.47	1.39
120	3.92	3.07	2.68	2.45	2.29	2.17	2.09	2.02	1.96	1.91	1.83	1.75	1.66	1.61	1.55	1.50	1.43	1.35	1.25
∞	3.84	3.00	2.60	2.37	2.21	2.10	2.01	1.94	1.88	1.83	1.75	1.67	1.57	1.52	1.46	1.39	1.32	1.22	1.00
										α=0.025									
1	647.8	799.5	864.2	899.6	921.8	937.1	948.2	956.7	963.3	968.6	976.7	984.9	993.1	997.2	1001	1006	1010	1014	1018
2	38.51	39.00	39.17	39.25	39.30	39.33	39.36	39.37	39.39	39.40	39.41	39.43	39.45	39.46	39.46	39.47	39.48	39.40	39.50
3	17.44	16.04	15.44	15.10	14.88	14.73	14.62	14.54	14.47	14.42	14.34	14.25	14.17	14.12	14.08	14.04	13.99	13.95	13.90
4	12.22	10.65	9.98	9.60	9.36	9.20	9.07	8.98	8.90	8.84	8.75	8.66	8.56	8.51	8.46	8.41	8.36	8.31	8.26
5	10.01	8.43	7.76	7.39	7.15	6.98	6.85	6.76	6.68	6.62	6.52	6.43	6.33	6.28	6.23	6.18	6.12	6.07	6.02
6	8.81	7.26	6.60	6.23	5.99	5.82	5.70	5.60	5.52	5.46	5.37	5.27	5.17	5.12	5.07	5.01	4.96	4.90	4.85
7	8.07	6.54	5.89	5.52	5.29	5.12	4.99	4.90	4.82	4.76	4.67	4.57	4.47	4.42	4.36	4.31	4.25	4.20	4.14
8	7.57	6.06	5.42	5.05	4.82	4.65	4.53	4.43	4.36	4.30	4.20	4.10	4.00	3.95	3.89	3.84	3.78	3.73	3.67
9	7.21	5.71	5.08	4.72	4.48	4.23	4.20	4.10	4.03	3.96	3.87	3.77	3.67	3.61	3.56	3.51	3.45	3.39	3.33
10	6.94	5.46	4.83	4.47	4.24	4.07	3.95	3.85	3.78	3.72	3.62	3.52	3.42	3.37	3.31	3.26	3.20	3.14	3.08
11	6.72	5.26	4.63	4.28	4.04	3.88	3.76	3.66	3.59	3.53	3.43	3.33	3.23	3.17	3.12	3.06	3.00	2.94	2.88
12	6.55	5.10	4.47	4.12	3.89	3.73	3.61	3.51	3.44	3.37	3.28	3.18	3.07	3.02	2.96	2.91	2.85	2.79	2.72
13	6.41	4.97	4.35	4.00	3.77	3.60	3.48	3.39	3.31	3.25	3.15	3.05	2.95	2.89	2.84	2.78	2.72	2.66	2.60
14	6.30	4.86	4.24	3.89	3.66	3.50	3.38	3.29	3.21	3.15	3.05	2.95	2.84	2.79	2.73	2.67	2.61	2.55	2.49
15	6.20	4.77	4.15	3.80	3.58	3.41	3.29	3.20	3.12	3.06	2.96	2.86	2.76	2.70	2.64	2.59	2.52	2.46	2.40
16	6.12	4.69	4.08	3.73	3.50	3.34	3.22	3.12	3.05	2.99	2.89	2.79	2.68	2.63	2.57	2.51	2.45	2.38	2.32
17	6.04	4.62	4.01	3.66	3.44	3.28	3.26	3.06	2.98	2.92	2.82	2.72	2.62	2.56	2.50	2.44	2.38	2.32	2.25
18	5.98	4.56	3.95	3.61	3.38	3.22	3.10	3.01	2.93	2.87	2.77	2.67	2.56	2.50	2.44	2.38	2.32	2.26	2.19
19	5.92	4.51	3.90	3.56	3.33	3.17	3.05	2.96	2.88	2.82	2.72	2.62	2.51	2.45	2.39	2.33	2.27	2.20	2.13

续表

n_2 \ n_1	1	2	3	4	5	6	7	8	9	10	12	15	20	24	30	40	60	120	∞
$\alpha=0.025$																			
20	5.87	4.46	3.86	3.51	3.29	3.13	3.01	2.91	2.84	2.77	2.68	2.57	2.46	2.41	2.35	2.29	2.22	2.16	2.09
21	5.83	4.42	3.82	3.48	3.25	3.09	2.97	2.87	2.80	2.73	2.64	2.53	2.42	2.37	2.31	2.25	2.18	2.11	2.04
22	5.79	4.38	3.78	3.44	3.22	3.05	2.73	2.84	2.76	2.70	2.60	2.50	2.39	2.33	2.27	2.21	2.14	2.08	2.00
23	5.75	4.35	3.75	3.41	3.18	3.02	2.90	2.81	2.73	2.67	2.57	2.47	2.36	2.30	2.24	2.18	2.11	2.04	1.97
24	5.72	4.32	3.72	3.38	3.15	2.99	2.87	2.78	2.70	2.64	2.54	2.44	2.33	2.27	2.21	2.15	2.08	2.01	1.94
25	5.69	4.29	3.69	3.35	3.13	2.97	2.85	2.75	2.68	2.61	2.51	2.41	2.30	2.24	2.18	2.12	2.05	1.98	1.91
26	5.66	4.27	3.67	3.33	3.10	2.94	2.82	2.73	2.65	2.59	2.49	2.39	2.28	2.22	2.16	2.09	2.03	1.95	1.88
27	5.63	4.24	3.65	3.31	3.08	2.92	2.80	2.71	2.63	2.57	2.47	2.36	2.25	2.19	2.13	2.07	2.00	1.93	1.85
28	5.61	4.22	3.63	3.29	3.06	2.90	2.78	2.69	2.61	2.55	2.45	2.34	2.23	2.17	2.11	2.05	1.98	1.91	1.83
29	5.59	4.20	3.61	3.27	3.04	2.88	2.76	2.67	2.59	2.53	2.43	2.32	2.21	2.15	2.09	2.03	1.96	1.89	1.81
30	5.57	4.18	3.59	3.25	3.03	2.87	2.75	2.65	2.57	2.51	2.41	2.31	2.20	2.14	2.07	2.01	1.94	1.87	1.79
40	5.42	4.05	3.46	3.13	3.90	2.74	2.62	2.53	2.45	2.39	2.29	2.18	2.07	2.01	1.94	1.88	1.80	1.72	1.64
60	5.29	3.93	3.34	3.01	2.79	2.63	2.51	2.41	2.33	2.27	3.17	2.06	1.94	1.88	1.82	1.74	1.67	1.58	1.48
120	5.15	3.80	3.23	2.89	2.67	2.52	2.39	2.30	2.22	2.16	2.05	1.94	1.82	1.76	1.69	1.61	1.53	1.43	1.31
∞	5.02	3.69	3.12	2.79	2.57	2.41	2.29	2.19	2.11	2.05	1.94	1.83	1.71	1.64	1.57	1.48	1.39	1.27	1.00
$\alpha=0.01$																			
1	4052	4999.5	5403	5625	5764	5859	5928	5982	6022	6056	6106	6157	6209	6235	6261	6287	6313	6339	6366
2	98.50	99.00	99.17	99.25	99.30	99.33	99.36	99.37	99.39	99.40	99.42	99.43	99.45	99.46	99.47	99.47	99.48	99.49	99.50
3	34.12	30.82	29.46	28.71	28.24	27.91	27.67	27.49	27.35	27.23	27.05	26.87	26.69	26.60	26.50	26.41	26.32	26.22	26.13
4	21.20	18.00	16.69	15.98	15.52	15.21	14.98	14.80	14.66	14.55	14.37	14.20	14.02	13.93	13.84	13.75	13.65	13.56	13.46
5	16.26	13.27	12.06	11.39	10.97	10.67	10.46	10.29	10.16	10.05	9.89	9.72	9.55	9.47	9.38	9.29	9.20	9.11	9.02
6	13.75	10.93	9.78	9.15	8.75	8.47	8.26	8.10	7.98	7.87	7.72	7.56	7.40	7.31	7.23	7.14	7.06	6.97	6.88
7	12.25	9.55	8.45	7.85	7.46	7.19	6.99	6.84	6.72	6.62	6.47	6.31	6.16	6.07	5.99	5.91	5.82	5.74	5.65
8	11.26	8.65	7.59	7.01	6.63	6.37	6.18	6.03	5.91	5.81	5.67	5.52	5.36	5.28	5.20	5.12	5.03	4.95	4.86
9	10.56	8.02	6.99	6.42	6.06	5.80	5.61	5.47	5.35	5.26	5.11	4.96	4.81	4.73	4.65	4.57	4.48	4.40	4.31
10	10.04	7.56	6.55	5.99	5.64	5.39	5.20	5.06	4.94	4.85	4.71	4.56	4.41	4.33	4.25	4.17	4.08	4.00	3.91
11	9.65	7.21	6.22	5.67	5.32	5.07	4.89	4.74	4.63	4.54	4.40	4.25	4.10	4.02	3.94	3.86	3.78	3.69	3.60
12	9.33	6.93	5.95	5.41	5.06	4.82	4.64	4.50	4.39	4.30	4.16	4.01	3.86	3.78	3.70	3.62	3.54	3.45	3.36
13	9.07	6.70	5.74	5.21	4.86	4.62	4.44	4.30	4.19	4.10	3.96	3.82	3.66	3.59	3.51	3.43	3.34	3.25	3.17
14	8.86	6.51	5.56	5.04	4.69	4.46	4.28	4.14	4.03	3.94	3.80	3.66	3.51	3.43	3.35	3.27	3.18	3.09	3.00

续表

n_2 \ n_1	1	2	3	4	5	6	7	8	9	10	12	15	20	24	30	40	60	120	∞
$\alpha=0.01$																			
15	8.68	6.36	5.42	4.89	4.56	4.32	4.14	4.00	3.89	3.80	3.67	3.52	3.37	3.29	3.21	3.13	3.05	2.96	2.87
16	8.53	6.23	5.29	4.77	4.44	4.20	4.03	3.89	3.78	3.69	3.55	3.41	3.26	3.18	3.10	3.02	2.93	2.84	2.75
17	8.40	6.11	5.18	4.67	4.34	4.10	3.93	3.79	3.68	3.59	3.46	3.31	3.16	3.08	3.00	2.92	2.83	2.75	2.65
18	8.29	6.01	5.09	4.58	4.25	4.01	3.94	3.71	3.60	3.51	3.37	3.23	3.08	3.00	2.92	2.84	2.75	2.66	2.57
19	8.18	5.93	5.01	4.50	4.17	3.94	3.77	3.63	3.52	3.43	3.30	3.15	3.00	2.92	2.84	2.76	2.67	2.58	2.49
20	8.10	5.85	4.94	4.43	4.10	3.87	3.70	3.56	3.46	3.37	3.23	3.09	2.94	2.86	2.78	2.69	2.61	2.52	2.42
21	8.02	5.78	4.87	4.37	4.04	3.81	3.64	3.51	3.40	3.31	3.17	3.03	2.88	2.80	2.72	2.64	2.55	2.46	2.36
22	7.95	5.72	4.82	4.31	3.99	3.76	3.59	3.45	3.35	3.26	3.12	2.98	2.83	2.75	2.67	2.58	2.50	2.40	2.31
23	7.88	5.66	4.76	4.26	3.94	3.71	3.54	3.41	3.30	3.21	3.07	2.93	2.78	2.70	2.62	2.54	2.45	2.35	2.26
24	7.82	5.61	4.72	4.22	3.90	3.67	3.50	3.36	3.26	3.17	3.03	2.89	2.74	2.66	2.58	2.49	2.40	2.31	2.21
25	7.77	5.57	4.68	4.18	3.85	3.63	3.46	3.32	3.22	3.13	2.99	2.85	2.70	2.62	2.54	2.45	2.36	2.27	2.17
26	7.72	5.53	4.64	4.14	3.82	3.59	3.42	3.29	3.18	3.09	2.96	2.81	2.66	2.58	2.50	2.42	2.33	2.23	2.13
27	7.68	5.49	4.60	4.11	3.78	3.56	3.39	3.26	3.15	3.06	2.93	2.78	2.63	2.55	2.47	2.38	2.29	2.20	2.10
28	7.64	5.45	4.57	4.07	3.75	3.53	3.36	3.23	3.12	3.03	2.90	2.75	2.60	2.52	2.44	2.35	2.26	2.17	2.06
29	7.60	5.42	4.54	4.04	3.73	3.50	3.33	3.20	3.09	3.00	2.87	2.73	2.57	2.49	2.41	2.33	2.23	2.14	2.03
30	7.56	5.39	4.51	4.02	3.70	3.47	3.30	3.17	3.07	2.98	2.84	2.70	2.55	2.47	2.39	2.30	2.21	2.11	2.01
40	7.31	5.18	4.31	3.83	3.51	3.29	3.12	2.99	2.89	2.80	2.66	2.52	2.37	2.29	2.20	2.11	2.02	1.92	1.80
60	7.08	4.98	4.13	3.65	3.34	3.12	2.95	2.82	2.72	2.63	2.50	2.35	2.20	2.12	2.03	1.94	1.84	1.73	1.60
120	6.85	4.79	3.95	3.48	3.17	2.96	2.79	2.66	2.56	2.47	2.34	2.19	2.03	1.95	1.86	1.76	1.66	1.53	1.38
∞	6.63	4.61	3.78	3.32	3.02	2.80	2.64	2.51	2.41	2.32	2.18	2.04	1.88	1.79	1.70	1.59	1.47	1.32	1.00
$\alpha=0.005$																			
1	16211	20000	21615	22500	23056	23437	23715	23925	24091	24224	24426	24630	24836	24940	25044	25148	25253	25359	25465
2	198.5	199.0	199.2	199.2	199.3	199.3	199.4	199.4	199.4	199.4	199.4	199.4	199.4	199.5	199.5	199.5	199.5	199.5	199.5
3	55.55	49.80	47.47	46.19	45.39	44.84	44.43	44.13	43.88	43.69	43.39	43.08	42.78	42.62	42.47	42.31	42.15	41.99	41.83
4	31.33	26.28	24.26	23.15	22.46	21.97	21.62	21.35	21.14	20.97	20.70	20.44	20.17	20.03	19.89	19.75	19.61	19.47	19.32
5	22.78	18.31	16.53	15.56	14.94	14.51	14.20	13.96	13.77	13.62	13.38	13.15	12.90	12.78	12.66	12.53	12.40	12.27	12.14
6	18.63	14.54	12.92	12.03	11.46	11.07	10.79	10.57	10.39	10.25	10.03	9.81	9.59	9.47	9.36	9.24	9.12	9.00	8.88
7	16.24	12.40	10.88	10.05	9.52	9.16	8.89	8.68	8.51	8.38	8.18	7.97	7.75	7.65	7.53	7.42	7.31	7.19	7.08
8	14.69	11.04	9.60	8.81	8.30	7.95	7.69	7.50	7.34	7.21	7.01	6.81	6.61	6.50	6.40	6.29	6.18	6.06	5.95
9	13.61	10.11	8.72	7.96	7.47	7.13	6.88	6.69	6.54	6.42	6.23	6.03	5.83	5.73	5.62	5.52	5.41	5.30	5.19

续表

n_2 \ n_1	1	2	3	4	5	6	7	8	9	10	12	15	20	24	30	40	60	120	∞
$\alpha=0.005$																			
10	12.83	9.43	8.08	7.34	6.87	6.54	6.30	6.12	5.97	5.85	5.66	5.47	5.27	5.17	5.07	4.97	4.86	4.75	4.64
11	12.23	8.91	7.60	6.88	6.42	6.10	5.86	5.68	5.54	5.42	5.24	5.05	4.86	4.76	4.65	4.55	4.44	4.34	4.23
12	11.75	8.51	7.23	6.52	6.07	5.76	5.52	5.35	5.20	5.09	4.91	4.72	4.53	4.43	4.33	4.23	4.12	4.01	3.90
13	11.37	8.19	6.93	6.23	5.79	5.48	5.25	5.08	4.94	4.82	4.64	4.46	4.27	4.17	4.07	3.97	3.87	3.76	3.65
14	11.06	7.92	6.68	6.00	5.56	5.26	5.03	4.86	4.72	4.60	4.43	4.25	4.06	3.96	3.86	3.76	3.66	3.55	3.44
15	10.80	7.70	6.48	5.80	5.37	5.07	4.85	4.67	4.54	4.42	4.25	4.07	3.88	3.79	3.69	3.58	3.48	3.37	3.26
16	10.58	7.51	6.30	5.64	5.21	4.91	4.69	4.52	4.38	4.27	4.10	3.92	3.73	3.64	3.54	3.44	3.33	3.22	3.11
17	10.38	7.35	6.16	5.50	5.07	4.78	4.56	4.39	4.25	4.14	3.97	3.79	3.61	3.51	3.41	3.31	3.21	3.10	2.98
18	10.22	7.21	6.03	5.37	4.96	4.66	4.44	4.28	4.14	4.03	3.86	3.68	3.50	3.40	3.30	3.20	3.10	2.99	2.87
19	10.07	7.09	5.92	5.27	7.85	4.56	4.34	4.18	4.04	3.93	3.76	3.59	3.40	3.31	3.21	3.11	3.00	2.89	2.78
20	9.94	6.99	5.82	5.17	4.76	4.47	4.26	4.09	3.96	3.85	3.68	3.50	3.32	3.22	3.12	3.02	2.92	2.81	2.69
21	9.83	6.89	5.73	5.09	4.68	4.39	4.18	4.01	3.88	3.77	3.60	3.43	3.24	3.15	3.05	2.95	2.84	2.73	2.61
22	9.73	6.81	5.65	5.02	4.61	4.32	4.11	3.94	3.81	3.70	3.54	3.36	3.18	3.08	2.98	2.88	2.77	2.66	2.55
23	9.63	6.73	5.58	4.95	4.54	4.26	4.05	3.88	3.75	3.64	3.47	3.30	3.12	3.02	2.92	2.82	2.71	2.60	2.48
24	9.55	6.66	5.52	4.89	4.49	4.20	3.99	3.83	3.69	3.59	3.42	3.25	3.06	2.97	2.87	2.77	2.66	2.55	2.43
25	9.48	6.60	5.46	4.84	4.43	4.15	3.94	3.78	3.64	3.54	3.37	3.20	3.01	2.92	2.82	2.72	2.61	2.50	2.38
26	9.41	6.54	5.41	4.79	4.38	4.10	3.89	3.73	3.60	3.49	3.33	3.15	2.97	2.87	2.77	2.67	2.56	2.45	2.33
27	9.34	6.49	5.36	4.74	4.34	4.06	3.85	3.69	3.56	3.45	3.28	3.11	2.93	2.83	2.73	2.63	2.52	2.41	2.29
28	9.28	6.44	5.32	4.70	4.30	4.02	3.81	3.65	3.52	3.41	3.25	3.07	2.89	2.79	2.69	2.59	2.48	2.37	2.25
29	9.23	6.40	5.28	4.66	4.26	3.98	3.77	3.61	3.48	3.38	3.21	3.04	2.86	2.76	2.66	2.56	2.45	2.33	2.21
30	9.18	6.35	5.24	4.62	4.23	3.95	3.74	3.58	3.45	3.34	3.18	3.01	2.82	2.73	2.63	2.52	2.42	2.30	2.18
40	8.83	6.07	4.98	4.37	3.99	3.71	3.51	3.35	3.22	3.12	2.95	2.78	2.60	2.50	2.40	2.30	2.18	2.06	1.93
60	8.49	5.79	4.73	4.14	3.76	3.49	3.29	3.13	3.01	2.90	2.74	2.57	2.39	2.29	2.19	2.08	1.96	1.83	1.69
120	8.18	5.54	4.50	3.92	3.55	3.28	3.09	2.93	2.81	2.71	2.54	2.37	2.19	2.09	1.98	1.87	1.75	1.61	1.43
∞	7.88	5.30	4.28	3.72	3.35	3.09	2.90	2.74	2.62	2.52	2.36	2.19	2.00	1.90	1.79	1.67	1.53	1.36	1.00
$\alpha=0.001$																			
1	4053+	5000+	5404+	5625+	5764+	5859+	5929+	5981+	6023+	6056+	6107+	6158+	6209+	6235+	6261+	6287+	6313+	6340+	6366+
2	998.5	999.0	999.2	999.2	999.3	999.3	999.4	999.4	999.4	999.4	999.4	999.4	999.4	999.5	999.5	999.5	999.5	999.5	999.5
3	167.0	148.5	141.1	137.1	134.6	132.8	131.6	130.6	129.9	129.2	128.3	127.4	126.4	125.9	125.4	125.0	124.5	124.0	123.5
4	74.14	61.25	56.18	53.44	51.71	50.53	49.66	49.00	48.47	48.05	47.41	46.76	46.10	45.77	45.43	45.09	44.75	44.40	44.05

续表

n_2 \ n_1	1	2	3	4	5	6	7	8	9	10	12	15	20	24	30	40	60	120	∞
	$\alpha=0.001$																		
5	47.18	37.12	33.20	31.09	27.75	28.84	28.16	27.64	27.24	26.92	26.42	25.91	25.39	25.14	24.87	24.60	24.33	24.06	23.79
6	35.51	27.00	23.70	21.92	20.81	20.03	19.46	19.03	18.69	18.41	17.99	17.56	17.12	16.89	16.67	16.44	16.21	15.99	15.75
7	29.25	21.69	18.77	17.19	16.21	15.52	15.02	14.63	14.33	14.08	13.71	13.32	12.93	12.73	12.53	12.33	12.12	11.91	11.70
8	25.42	18.49	15.83	14.39	13.49	12.86	12.40	12.04	11.77	11.54	11.19	10.84	10.48	10.30	10.11	9.92	9.73	9.53	9.33
9	22.86	16.39	13.90	12.56	11.71	11.13	10.70	10.37	10.11	9.89	9.57	9.24	8.90	8.72	8.55	8.37	8.19	8.00	7.80
10	21.04	14.91	12.55	11.28	10.48	9.92	9.52	9.20	8.96	8.75	8.45	8.13	7.80	7.64	7.47	7.30	7.12	6.94	6.76
11	19.69	13.81	11.56	10.35	9.58	9.05	8.66	8.35	8.12	7.92	7.63	7.32	7.01	6.85	6.68	6.52	6.35	6.17	6.00
12	18.64	12.97	10.80	9.63	8.89	8.38	8.00	7.71	7.48	7.29	7.00	6.71	6.40	6.25	6.09	5.93	5.76	5.59	5.42
13	17.81	12.31	10.21	9.07	8.35	7.86	7.49	7.21	6.98	6.80	6.52	6.23	5.93	6.78	5.63	5.47	5.30	5.14	4.97
14	17.14	11.78	9.73	8.62	7.92	7.43	7.08	6.80	6.58	6.40	6.13	5.85	5.56	5.41	5.25	5.10	4.94	4.77	4.60
15	16.59	11.34	9.34	8.25	7.57	7.09	6.74	6.47	6.26	6.08	5.81	5.54	5.25	5.10	4.95	4.80	4.64	4.47	4.31
16	16.12	10.97	9.00	7.94	7.27	6.81	6.46	6.19	5.98	5.81	5.55	5.27	4.99	4.85	4.70	4.54	4.39	4.23	4.06
17	15.72	10.36	8.73	7.68	7.02	6.56	6.22	5.96	5.75	5.58	5.32	5.05	4.78	4.63	4.48	4.33	4.18	4.02	3.85
18	15.38	10.39	8.49	7.46	6.81	6.35	6.02	5.76	5.56	5.39	5.13	4.87	4.59	4.45	4.30	4.15	4.00	3.84	3.67
19	15.08	10.16	8.28	7.26	6.62	6.18	5.85	5.59	5.39	5.22	4.97	4.70	4.43	4.29	4.14	3.99	3.84	3.68	3.51
20	14.82	9.95	8.10	7.10	6.46	6.02	5.69	5.44	5.24	5.08	4.82	4.56	4.29	4.15	4.00	3.86	3.70	3.54	3.38
21	14.59	9.77	7.94	6.95	6.32	5.88	5.56	5.31	5.11	4.95	4.70	4.44	4.17	4.03	3.88	3.74	3.58	3.42	3.26
22	14.38	9.61	7.80	6.81	6.19	5.76	5.44	5.19	4.98	4.83	4.58	4.33	4.06	3.92	3.78	3.63	3.48	3.32	3.15
23	14.19	9.47	7.67	6.69	6.08	5.65	5.33	5.09	4.89	4.73	4.48	4.23	3.96	3.82	3.68	3.53	3.38	3.22	3.05
24	14.03	9.34	7.55	6.59	5.98	5.55	5.23	4.99	4.80	4.64	4.39	4.14	3.87	3.74	3.59	3.45	3.29	3.14	2.97
25	13.88	9.22	7.45	6.49	5.88	5.46	5.15	4.91	4.71	4.56	4.31	4.06	3.79	3.66	3.52	3.37	3.22	3.06	2.89
26	13.74	9.12	7.36	6.41	5.80	5.38	5.07	4.83	4.64	4.48	4.24	3.99	3.72	3.59	3.44	3.30	3.15	2.99	2.82
27	13.61	9.02	7.27	6.33	5.73	5.31	5.00	4.76	4.57	4.41	4.17	3.92	3.66	3.52	3.38	3.23	3.08	2.92	2.75
28	13.50	8.93	7.19	6.25	5.66	5.24	4.93	4.69	4.50	4.35	4.11	3.86	3.60	3.46	3.32	3.18	3.02	2.86	2.69
29	13.39	8.85	7.12	6.19	5.59	5.18	4.87	4.64	4.45	4.29	4.05	3.80	3.54	3.41	3.27	3.12	2.97	2.81	2.64
30	13.29	8.77	7.05	6.12	5.53	5.12	4.82	4.58	4.39	4.24	4.00	3.75	3.49	3.36	3.22	3.07	2.92	2.76	2.59
40	12.61	8.25	6.60	5.70	5.13	4.73	4.44	4.21	4.02	3.87	3.64	3.40	3.15	3.01	2.87	2.73	2.57	2.41	2.23
60	11.97	7.76	6.17	5.31	4.76	4.37	4.09	3.87	3.69	3.54	3.31	3.08	2.83	2.69	2.55	2.41	2.25	2.08	1.89
120	11.38	7.32	5.79	4.95	4.42	4.04	3.77	3.55	3.38	3.24	3.02	2.78	2.53	2.40	2.26	2.11	1.95	1.76	1.54
∞	10.83	6.91	5.42	4.62	4.10	3.74	3.47	3.27	3.10	2.96	2.74	2.51	2.27	2.13	1.99	1.84	1.66	1.45	1.00

十：表示要将所列数乘以 100。

附录 3　斯图登斯化范围表

$q(t, \varphi, 0.05)$，t =比较物个数，φ =自由度

φ \ t	2	3	4	5	6	7	8	9	10	12	15	20
1	18.00	27.0	32.8	37.1	40.4	43.1	45.4	47.4	49.1	52.0	55.4	59.6
2	6.09	8.3	9.8	10.9	11.7	12.4	13.0	13.5	14.0	14.7	15.7	16.8
3	4.50	5.91	6.82	7.50	8.04	8.48	8.85	9.18	9.46	9.95	10.52	11.24
4	3.93	5.04	5.76	6.29	6.71	7.05	7.35	7.60	7.83	8.21	8.66	9.23
5	3.64	4.60	5.22	5.67	6.03	6.38	6.58	6.80	6.99	7.32	7.72	8.21
6	3.46	4.34	4.90	5.31	5.63	5.89	6.12	6.32	6.49	6.79	7.14	7.59
7	3.34	4.16	4.68	5.06	5.36	5.61	5.82	6.00	6.16	6.43	6.76	7.17
8	3.26	4.04	5.43	4.89	5.17	5.40	5.60	5.77	5.92	6.18	4.48	6.87
9	3.20	3.95	4.42	4.76	5.02	5.24	5.43	5.60	5.74	5.98	6.28	6.64
10	3.15	3.88	4.33	4.65	4.91	5.12	5.30	5.46	5.60	5.83	6.11	6.47
11	3.11	3.82	4.26	4.57	4.82	5.03	5.20	5.35	5.49	5.71	5.99	6.33
12	3.08	3.77	4.20	4.51	4.75	4.95	5.12	5.27	5.40	5.62	5.88	6.21
13	3.06	3.73	4.15	4.45	4.69	4.88	5.05	5.19	5.32	5.53	5.79	6.11
14	3.03	3.70	4.11	4.41	4.64	4.88	4.99	5.13	5.25	5.46	5.72	6.03
15	3.01	3.67	4.08	4.37	4.60	4.78	4.94	5.08	5.20	5.40	5.65	5.96
16	3.00	3.65	4.05	4.30	4.56	4.74	4.90	5.03	5.15	5.35	5.59	5.90
17	2.98	3.63	4.02	4.30	4.52	4.71	4.86	4.99	5.11	5.31	5.55	5.84
18	2.97	3.61	4.00	4.28	4.49	4.67	4.82	4.96	5.07	5.27	5.50	5.79
19	2.96	3.59	3.98	4.25	4.47	4.65	4.79	4.92	5.07	5.23	5.46	5.75
20	2.95	3.58	3.96	4.23	4.45	4.62	4.77	4.90	5.01	5.20	5.43	5.71
24	2.92	3.53	3.90	4.17	4.37	4.54	4.68	4.81	4.92	5.10	5.32	5.59
30	2.89	3.49	3.84	4.10	4.30	4.46	4.60	4.72	4.83	5.00	5.21	5.48
40	2.86	3.44	3.79	4.04	4.23	4.39	4.52	4.63	4.74	4.91	5.11	5.36
60	2.83	3.40	3.74	3.93	4.16	4.31	4.44	4.55	4.65	4.81	5.00	5.24
120	2.80	3.36	3.84	3.92	4.10	4.24	4.36	4.48	4.56	4.72	4.90	5.13
∞	2.77	3.31	3.63	3.88	4.03	4.17	4.29	4.39	4.47	4.62	4.80	5.01